近代日本経済の形成

松方財政と明治の国家構想

室山義正
MUROYAMA Yoshimasa

千倉書房

近代日本経済の形成——松方財政と明治の国家構想　目次

序章　松方財政の時代像　001
松方財政を覆うヴェール／松方財政のイメージと研究史／経済実像へのアプローチ
本書の狙い／松方財政の刻印／本書の構成

第1章　大隈財政から松方イニシアティブへの転換　025
1　大隈の積極財政論　025
大隈のインフレ認識と政策／新たな大隈ヴィジョン／外債論の登場
積極政策論と勧業政策転換の相克／外債論をめぐる論争と佐野大蔵卿の財政論
2　政策の揺らぎと明治一四年の政変　049
地租米納論の浮上／米納反対論と井上馨の財政論／過渡期の政策対立
大隈積極政策の集大成／明治一四年政変の含意と政策転換

第2章　松方の政策思想と財政イニシアティブ　077

1 松方構想の生成 077
松方財政の座標軸／鉄道論と外資導入への警戒／勧農要旨／財政管窺概略
財政議と日本銀行設立／財政議の再提出とその背景／松方の政策感覚
政変のインパクトと不退転の紙幣整理／政策信認とインフレ期待
2 松方財政の構造変化と帰結 103
松方財政の基本構想／初期の松方財政／軍備拡張問題への財政対応
健全財政と軍備拡張／会計年度変更と軍備部廃止／海軍公債発行と国債整理
鉄道建設と機動的財政措置／景気回復の実感
第3章 銀円物価と紙円物価の動態 145
1 紙幣円物価と銀貨円物価の推移 145
二つの物価／「二つ」の貨幣相場変動の経済的影響／大隈のインフレ認識と物価
佐野イニシアティブへの反応／松方財政が物価に与えた影響
農産物と製造業製品の価格指数の乖離

2　インフレ率とインフレ期待の変動　164
二つの「インフレ」率／紙幣円ベースのインフレ率と期待インフレ率
紙円ベースの期待インフレ率と金利の動向／銀貨円ベースのインフレとインフレ期待

第4章　マクロ経済の動態と変動要因　181

1　「紙円」GNPと「銀円」GNP　181
GNPの「銀円表示」／紙円ベースと銀円ベースのマクロ経済の動き
「暫定的」実質系列と銀貨系列
2　経済成長の要因分析　190
紙円GNP成長率の変動要因／銀貨円ベースの経済変動
3　松方財政下における景気回復のメカニズム　199
大隈財政期のマクロ経済の停滞／松方財政期のマクロ経済の回復

4　景気回復へのGNP項目別寄与の動態　203
純輸出の成長寄与と為替相場／主要品目の輸出入の動向／政府購入の寄与
個人消費と投資の動向

第5章　各経済主体の所得変動と行動変化　221

1　所得変動と消費変化　221
米価騰落と農民経済／農業部門全体の所得・税負担状況とその含意
士族や公務員の所得と消費／近代産業および在来産業の賃金・所得状況
経済成長と個人消費

2　通貨環境の変化と経済行動の変化　250
混合流通制度下における経済行動とインフレ期待／通貨現在高の推移
政府部門における行動変化／海外荷為替制度の銀円ベース運用
「準備金」保有国債の紙幣との交換／在来綿業へのインパクト／銀円環境への転生

終章　「松方デフレ」のヴェールと経済の実相　271
大隈財政から松方財政へ／紙幣物価のヴェールと経済の動態
銀貨の復帰と「インフレ期待」の転換／松方財政の実像
松方財政のインパクトと政策遺伝子

註　287

あとがき　333

主要参考文献　339
主要事項索引　353
主要人名索引　355

序章◆松方財政の時代像

松方財政を覆うヴェール

大蔵卿松方正義が主導した松方財政は、これまで「不況とデフレ」の厚いヴェールに覆われてきたと言ってよい。日本経済は西南戦争後の不換《ふかん》紙幣増発と、その後の紙幣整理の過程を通じて物価変動の大波にさらされ、紙幣インフレが高進する世界から急激な紙幣デフレが進行する世界へと転換した。今日ではもっぱら、紙幣整理の断行によって日本を厳しいデフレと不況へと導いたのが松方財政だと考えられている。しかし実際には、日本は松方財政の開始とともに本格的な経済成長に転じていた、というのが著者の見解である。

明治一〇年代は、日本の近代国家としての基本骨格が決定された重要な時代である。西南戦争が鎮圧されたことで、新政府への武力的反抗はほぼ終焉した。しかしその戦後に爆発したインフレと貿易赤字への対処をめぐって経済政策の対立が生まれ、これに自由民権運動の高揚と国会開設への道をめぐる政争が加わることで、官民を縦断する論争と対立が繰り返され、政治情勢は流動化した。

そして明治一四(一八八一)年一〇月、いわゆる「明治一四年の政変」によって大隈重信一派が下野すると、憲法制定と明治二三年の国会開設が決定され、薩長藩閥の主導権が固まる。あわせてプロシャ型の立憲君主制を目指す政治的方向性が打ち出された[1]。

明治一四年の政変は経済面においても政策転換をもたらす契機となった。政変によって開拓使官有物払下げも中止され、大隈と並ぶ積極財政派の大物であった黒田清隆らが凋落し、その後の内閣改造をめぐる曲折から、松方正義参議兼大蔵卿が誕生して経済財政運営の主導権を握ったからである。天皇と内閣の支持を取り付けた松方によって、実行間際であった巨額の外資導入(伊藤博文らの「内外債」実行プラン)による紙幣消却論は葬られ、自力で国庫に銀貨を蓄積しつつ紙幣減却を図り、「銀・紙の差」を解消する紙幣整理方式が採用されることになった。中央(日本)銀行の設立によって銀貨兌換制を確立するとともに、財政と金融が分離され、近代的財政・金融制度が整備されていった。

その過程で朝鮮半島をめぐる緊張が高まり、日本は清国を仮想的とする軍備の建設に乗り出していく。松方の財政運営は、紙幣整理事業を推進しつつ軍備拡張を両立させる措置を講じる段階へと進んでいったのである。

従来の研究では、松方の紙幣整理によるデフレと厳しい痛みを経ることによって、はじめて綿紡績業に代表される近代的企業部門が勃興し、日本の経済成長が本格化するというイメージが一般的であり[2]、これと併行して在来産業も新たな発展を開始することが明らかにされてきた[3]。長い松方デフレと深刻な不況による清算や合理化、あるいは原始的蓄積を経ることによって、近代産業の勃興と在来産業の発展とが併行する本格的な経済成長が開始されたと理解されていると言えるだろう[4]。

ただし、以上のような経済像は必ずしもこの時代の日本経済のマクロな状況を明確にした上で主張されているわけではない。現存する断片的な原資料からマクロ経済の全体的動きを把握することには大きな困難がともない、それが大きな壁になってきたからである。さらに言えば、この時代にインフレ高進から厳しいデフレへと転換したという一見明白に見える物価事象が何を意味しているのか、その背後で何が起こっていたのかについても、明確になっているとは言えない。古くから、西南戦争後にインフレが高進して投機が盛行する中、一般の正業は衰退を示していたという観察(松方正義「紙幣整理始末」)や、松方財政期は不況ではあったが企業活動は概して堅調であり、底堅い不況であったという見方(西野喜代作『半世紀財界側面史』一九三二年)もあるのである[5]。

大隈期から松方期にかけてのマクロ経済の状況や松方デフレの実態は、いまだ厚いヴェールに包まれたままである。日本のマクロ経済はどのように動いていたのか、また不換紙幣と銀貨が混合流通する変則的な幣制の下で発生した物価変動は日本経済にどのような影響を与えていたのか、といった基礎的な事象も明示的に把握されるには至っていないというのが正直なところであろう。本書の大きな目的が、基礎的マクロデータに基づいて日本経済の動態を追跡するとともに、その基本要因とメカニズムを解明することに置かれているのもそのためである。

松方財政のイメージと研究史

西南戦争後の経済政策に関する古典的イメージははっきりしている。大隈大蔵卿が主導する積極政策はインフレを高進させ、貿易赤字を拡大させて経済危機を招来してしまった。その後、松方大蔵卿が万難を排して緊縮財政による紙幣整理を実行したことで、近代的貨幣金融制度が整備され、日本経済は崩落の危機から脱出し、長く厳しいデフレと不況を乗り切って本格的な企業勃興を迎えた、というものである。それは、松方の勇気ある政策行動や功績を顕彰しようとした「松方伯財政論集」[6]などに基づく評価であった[7]。

当然、以降の研究は、いささか顕彰論的な松方財政像を修正する方向に進む[8]。その結果、松方は紙幣整理を成功に導いたが、それを松方独自の政策であるとするのは妥当ではなく、前任者である大隈が一八八〇(明治一三)年九月の「財政更改の議」によって敷いた紙幣整理路線を引き継いだにすぎない。むしろ松方財政の独自性は、明治一四年政変後の国権強化に照応した財政の軍事化にもとめるべきである、との見解が提出された[9]。

しかし松方と大隈が同じ政策を追求したのかと問われれば、否と答えざるを得ない。そこから、大隈が政策転換したとみなされた九月「財政更改の議」から政変を経て、松方大蔵卿が伊藤と大隈の内外債案を葬り去る一八八一(明治一四)年一一月までの時期をどのように評価すべきか、大隈は政策を転換したのか否かという点が問題となった。

大隈は、一八七九(明治一二)年六月「減債方案(按)」を提出して政府紙幣消却計画を示し、紙幣消却に着手していた。しかし紙幣消却論は大隈の政策の本筋ではなかった。大隈は、政府主導の積極的な殖産興業によって国内産業を振興し、輸出を拡大して貿易赤字を解消させることを政策目的としていた[10]。そのため政府紙幣を増発して通貨供給を拡大するとともに、起業公債を発行して政府事業を拡大し、さらには国立銀行紙幣を増発させる措置をとったのである。この間に行われた政府紙幣消却は、国立銀行紙幣の増発によって相殺されてしまい、むしろ紙幣発行流通残高は増大していった。さらに準備金からの財政投融資を拡大して産業振興を図ったのである。

この積極政策はインフレと貿易赤字を促進したため、一八八〇（明治一三）年五月に政策継続の切り札として「五千万円外債論」が提議される。巨額の外資によって一挙に銀貨流通制を実現し、インフレ問題を解決しつつ積極政策を継続しようとしたのである。しかし巨額の外債は亡国につながるという反対論は強く、外債論は棚上げされた。

会計部筆頭参議（明治一三年二月官制改革により大蔵卿辞任）として、大隈は当座をしのぐための経済政策を打ち出さなければならなかった。そこで提出されたのが、伊藤の協力を得て作成された「財政更改の議」であった。一〇〇〇万円の財源捻出を打ち出すとともに、紙幣消却方法の決定は別儀であるとして、その使途の棚上げ論（紙幣消却にあてるか正貨蓄積にあてるかは後に決定する）を提示し、併せて地方債による積極政策実施を提議したのである。しかし大隈は外資導入による積極政策自体をあきらめたわけではなかった。一八八一（明治一四）年に入ると伊藤と連名で再度外資導入を目指す五〇〇〇万円「内外債」案を英国公使ハリー・パークスの後押しで作成し、七月末には閣議決定に持ち込み、八月一日に天皇の裁可を経て政府決定に漕ぎ着けたのである。

新提案は、外債亡国論を封じるため「内外債」案とし、国内法を遵守するという条件で外国人応募を許す工夫を凝らした。大隈の積極政策は、外資で紙幣消却を一挙に行い、「財政更改の議」で捻出された年一〇〇〇万円の財源を鉄道建設などの積極政策に投入するという構想に再定義され、政府首脳の多数がこれを支持した。

そして明治一四年政変後の一一月には、内外債論の実行プランが参事院議長へと転出した伊藤博文の手で完成し、いよいよ実施されようとしていた。しかし参議兼大蔵卿に就任し財政経済問題の最高責任者となった松方は、自己の紙幣整理構想に内閣の承認と天皇の支持を取り付けると、それを背景に内外債案を葬った。政変を経て、さらに松方大蔵卿が誕生してはじめて、巨額の外資に依存することなく自力で紙幣整理を進め、中央銀行設立と銀貨兌換制度を確立するという政策路線が政府の方針となったのである[11]。こうして松方のイニシアティブにより、準備金の活用を軸とする紙幣整理が進められていった。正貨蓄積と紙幣減却を併行して、銀貨と紙幣の価値の差を減少させていく路線が不退転の決意で実行されるが、この紙幣整理方式が松方財政下で経済の高成長を生み出す環境・条件を創出していくことになるのである。

松方財政の評価に関してはこの他にも、松方は積極政策が破綻して転向しようと試みた大隈政策を継承したのであるから単なる大隈財政の継承とは言えず、一八八〇年九月以降の政策転換は井上馨参議を中心とした「実質井上財政」と見るべきであるとの見解[12]や、財政政策と金融政策を総合的に判断して、大隈を積極基調、松方を消極基調と区別する見解も提出されている[13]。また大隈と松方の連続性の有無にはあまり大きな意味がなく、両者の政策効果も大きな違いを生んだとは考えられないが、あり得た違いは大隈路線が継続されていれば原蓄の緩慢化が生じ、一八八七年頃から本格化した企業勃興をやや遅らせた可能性である、といった見方も出されている[14]。

松方の紙幣整理は激しいデフレと厳しい不況を引き起こしたという経済像に基づき、それを多かれ少なかれ近代資本主義経済形成のためには不可避の原蓄プロセスであったと評価するのが伝統的な見方である。これらに対し、デフレと不況は松方財政期に顕著となるが、それが松方の紙幣整理によって引き起こされたと考えるのは誤りであり、当時すでに日本経済は自律的な景気反転によって不況局面に突入しており、最初の恐慌と見るべきであるとする見解[15]や、また当時世界経済は不況局面にあり、その影響が日本に波及したために松方デフレと不況が深刻化したという説もある[16]。松方の紙幣整理は、すでに顕在化していた不況の促進要因として作用し、農民の没落はそれがために一層はなはだしくなったという見方である。松方はデフレ政策を実施すべきではなく、むしろ積極的な赤字財政により景気回復を図るべきであったとの評価が生まれる所以であろう[17]。

あるいは大隈財政の時代にすでに景気は反転していて大隈にもデフレに一半の責任があるが、松方財政は砕けた腰を蹴り上げ非情な追い打ちをかけるものであったとの評価もある[18]。換言すれば、松方財政の政策的な健全性に疑問を抱く見方とも言えるだろう。また松方期のデフレは、先行する地租納期繰上げを契機とした米価の大幅低下が紙幣整理効果と複合して現われた点を重視する見方も示されている[19]。その後、松方財政期のマクロデータを銀貨ベースで検討して、国民総生産（GNP）が早期に上昇に転じていること、財政支出が著増し、通貨流通量も顕著に増大して財政金融面から強力な景気押上げ効果が作用していたこと、松方財政は通常イメージされる緊縮財政やデフレ政策とは全く性格が異なること、などが明らかになっている[20]。

経済実像へのアプローチ

松方財政、あるいは松方デフレについての理解や論点は、大きく変化しつつ現在にいたる。しかし未だに、この時期全体の経済動態の素顔を明確に捉えることができているとは言い難い。

松方財政、ことに紙幣整理をめぐる研究史を概観すると、紙幣整理＝紙幣消却というイメージに基づいた理解が強くあらわれ、財政資金による政府紙幣流通量の直接削減がどのようになされたのかという点に評価基準が偏ってきたように思われる。政府紙幣の削減は大隈期から松方期にかけて一貫して進んでおり、両期の消却高も同程度と見てよい。この点を重視すれば、大局的にみて両者は連続しており、経済認識や採用された政策も大枠で見れば大差ないという評価が引き出されることになるのは自然である[21]。

しかし大隈と松方の政策の違いは、政府紙幣消却量の動きを見るだけでは明確にならない。松方の紙幣整理は、準備金の運用を軸に組み立てられている。紙幣の信用を確立することを中心課題に、銀貨兌換紙幣（銀行券）による通貨統一を目指した点に特徴があり、財政資金による紙幣の直接消却自体に重心があったわけではない。大隈と松方の違いは、準備金所蔵の準備正貨量に端的にあらわれている。大隈が銀貨売出しを行なって正貨を枯渇させたのに対し、松方は巨額の正貨を蓄積していった。また準備金についても、大隈期には財政投融資の拡大に活用されたが、松方期には財政投融資は打ち切られている。松方は資金回収と準備金資力の増強を行い、それを海外荷為替に運用してさらなる正貨蓄積を図るとともに予備紙幣全額消却に活用したのである。

決定的な差異は紙幣価格に現われる。大隈期に暴落し続けた紙幣価格は、松方期に入ると急回復している。そこには兌換保証に込められた国家の信用や、紙幣に対する人々の評価を重視した松方イニシアティブの重要な性格が反映されている。大隈財政から松方財政にかけてインフレ期待が大きく変化した。それが経済主体の行動変化を生み出し、経済を動かす原動力として作用したのである。人々の期待変化と行動変化は、松方の確固不抜の方針が導き出したものと言える。日本経済は松方財政開始と同時に景気後退から立ち直りを見せ、松方財政期を通じて力強い成長軌道を描いていくことになる。

この時期の経済動態を把握するのは容易ではない。生産活動や個人消費や民間投資などの基礎資料に関して、信頼できる体系的な年次データが極めて限られているからである。現存する原資料は大部分が断片的であり、統一的な基準と十分なカヴァレッジで調査された時系列データの数は多くはない。時系列の経済動態を原資料のみで把握することは困難である。そのため調査範囲が狭く限定されている統計資料(「農商務省統計」など)に依存するか、比較的信頼性が高いと見られる個別的な調査資料(明治七年「物産表」など)を活用して時系列の動きを推定する方法によらざるを得ないことになる。

このような状況の中で、現存する広汎な原資料を吟味し、統一的な視点で整理し補正を加えて、時系列のマクロデータ推計作業を行ったのが『長期経済統計』(全一四巻)[22]である。この種の推計には終りがなく、多くの問題点も指摘されているが、現在利用できる体系的な経済統計データとして最良のものであると考えられる。そして『長期経済統計1　国民所得』によって、一八八五(明治一八)年以降については、同一基準で日本経済の動きを見ることができるようになっている。

しかし本書が対象としている明治一〇年代を中心とする時期の大部分はこの統計ではカヴァーされていない。したがってマクロ経済の動態を把握するには、『長期経済統計』各巻に収録されている膨大な各種データを活用して、データ相互の整合性を考慮しつつ国民総支出(GNE=GNP)を構成し、この時代のマクロ経済の動きに迫ることが、現在とりうる現実的かつ最上の方法であろう。この時代の対外貿易関係は、大蔵省の「通関統計」が存在するのでかなり正確な輸出入の動きを把握することができる。

原データが『日本貿易精覧』などによって利用できるが、『長期経済統計14　貿易と国際収支』は、金銀混計問題などの原データの問題点を補正した推計値を提供している。また政府購入についても「予算」と「決算」関係資料が存在しており、『長期経済統計7　財政支出』が国民所得計算レベルで活用可能な統計値を提供しているので、かなり正確な動向を把握できる。したがってGNEの内、政府購入項目と純輸出項目については、年次ベースでその動きをほぼ捉えることが出来ると見てよい。問題は個人消費支出と民間投資である。民間投資は、『長期経済統計4　資本形成』で推計値が与えられているが、『長期経済統計3　資本ストック』を活用して各年の資本ストック差額からの推計値を併用することが適当であると考えられる。また最大項目をなす個人消費は、『長期経済統計6　個人消費支出』が利用できる。推計値は東京物価で評価されており、時代が遡るにつれ農村比率が高まることから、過大評価が生じているとみなされている。そのため『長期経済統計1　国民所得』では、例えば一八八五（明治一八）年では約一五％程度小さい値を計上するという補正処理が行われている。しかしこの処理は実質消費量をそのままとして価格水準のみを低減する操作を行っていることを意味するため、問題を残す結果となっている。本書では補正操作を避け、原推計値をそのまま使用することにした。

マクロデータのこのような性格から、分析の妥当性を担保するためには、移動平均値で趨勢を評価するなどの何らかの補完措置が必要であろう。本書ではできうる限り大局的にみて妥当な動きを把握するために、年次単位の時系列数値と並んで、経済的区分としてまとまった時期を一括りにした平均的な動きを捉え、両者を総合して経済変化の動態を把握することに努めたい。

本書の狙い

本書は、基礎的マクロデータに基づいて当時の日本経済の動きを捉えることを主要な目的の一つとしているが、この時代の経済の動きを見る上ではインフレとデフレの影響と意味を捉えることもとりわけ重要な課題となる。

一般にこの時代の日本経済は、大隈の積極政策によって活況を呈すがインフレ高進と貿易赤字拡大を招いて経済危機に陥り、跡を襲った松方の緊縮財政と紙幣整理によって厳しいデフレの中で不況のドン底に沈むものの、この厳しい試練を経ることによって企業勃興期を迎えるとイメージされている。

しかし事態はそれほど単純だったわけではない。この時代の日本の幣制は銀本位制（金銀複本位制）であったが、国内市場では不換紙幣と銀貨が混合して流通する制度であった。国内市場においては不換紙幣の流通が支配的であり、銀貨は開港場において外国貿易取引に使用されることが多かったと考えられている[23]。そのため「銀貨や洋銀」取引のための交換レート（紙幣と銀貨との交換レート）が形成されていた。したがって銀貨一円と紙幣円との市場交換レートに基づいて、銀貨円建て価格と紙幣円建て価格とが存在することになり、物価変動は銀円ベースで生じる騰落と紙円ベースで生じる騰落とが複合した複雑なものとなる。しかし国内市場はもっぱら不換紙幣が流通する世界となっていったため、一般に紙幣円が計算貨幣として使用された。紙幣価格の騰落が物価の騰落に反映され、人々は紙円ベースの物価騰落を一般物価と認識して行動することになる。一方開港場では、銀円ベースの取引が行われた。そこでは時々の「銀・紙交換レート」を通じて、米・生糸・茶をはじめ各種織物・砂糖などの貿易品の紙円価格と銀円価格の動きが示されていた。また銀・紙交換レートを通じて、一般の商品・サーヴィスの銀円価格を認識することもできた。したがって国内市場で取引される商品・サーヴィスも紙円価格と銀円価格をもっていたということができよう。しかし「銀・紙の価格差」が傾向的に拡大するようになると、銀貨は一種の商品のように取引される対象となり、流通から引上げられ、投機の対象となる。国内市場はほぼ紙幣流通専用の世界となり、人々は紙幣で取引を行い、インフレ期待を膨らませていった。これが西南戦争後の大隈財政期の物価高騰の動きを誘導していったのである。松方財政期には、これとほぼ逆の事態が進行することになる。

この時期の経済動向を知るには、まず物価における両者の動きを区分することが必要となる。またインフレ過程とデフレ過程では、人々のインフレ期待が実体経済に対して大きな影響を及ぼすことになるため、紙円ベースと銀円ベースの「二つの」インフレとインフレ期待を区分した分析作業を行う必要も生じる。煩雑になるが、避けて通ることのできない問題である。

松方デフレは近代経済成長のために必要な条件(賃金労働者など)を生み出すための痛みであったという捉え方が伝統的だが[24]、松方財政に「砕けた腰を蹴り上げる」非情な政策であったという見方があることはすでに述べた[25]。このことは、松方はことさらデフレ政策を採る必要などなく、むしろ積極的な景気刺激策をとるべきであったという評価につながる[26]。

松方が大蔵卿に就任した一八八一(明治一四)年には、日本経済はすでに不況(景気後退)に陥っていたことは事実である。しかし重要な点は、景気後退の中でも紙幣インフレは一層進み、紙幣価格の下落が継続した点にあった(表序1)。

西南戦争後の紙幣価格の月次の動きを見ると、価格はおおむね五〜八月期に低下し九月から翌年四月

表序-1　銀貨の月次紙幣価格

	1月	2月	3月	4月	5月	6月	7月	8月	9月	10月	11月	12月	平均
1875 (M8)	0.965	0.955	0.955	0.958	0.958	0.965	0.966	0.985	0.986	0.990	0.994	0.991	0.972
1876 (M9)	0.984	0.978	0.998	0.995	1.001	1.004	1.013	1.049	1.055	1.024	1.020	1.019	1.012
1877 (M10)	1.01	1.04	1.03	1.03	1.02	1.02	1.03	1.05	1.05	1.04	1.04	1.03	1.03
1878 (M11)	1.05	1.08	1.11	1.08	1.07	1.07	1.07	1.08	1.11	1.15	1.13	1.22	1.10
1879 (M12)	1.22	1.25	1.26	1.25	1.16	1.10	1.12	1.17	1.16	1.23	1.29	1.34	1.21
1880 (M13)	1.37	1.39	1.44	1.55	1.37	1.37	1.38	1.39	1.49	1.65	1.69	1.66	1.48
1881 (M14)	**1.73**	**1.75**	**1.77**	**1.80**	**1.62**	**1.63**	**1.63**	**1.63**	**1.69**	**1.73**	1.69	1.70	1.70
1882 (M15)	1.70	1.65	1.55	1.54	1.55	1.57	1.57	1.66	1.61	1.59	1.48	1.40	1.57
1883 (M16)	1.33	1.40	1.41	1.36	1.33	1.33	1.26	1.21	1.19	1.15	1.10	1.11	1.26
1884 (M17)	1.11	1.16	1.13	1.09	1.09	1.07	1.05	1.05	1.05	1.06	1.06	1.15	1.09
1885 (M18)	1.17	1.20	1.19	1.07	1.02	1.00	1.00	1.00	1.01	1.01	1.00	1.00	1.06

資料：「紙幣整理始末」。1877年以降の価格は、厘の位で四捨五入した値である。

にかけて上昇するサイクルで、年々その水準を高める動きを示している。紙幣価格の動きは、前年同月の動きを（すなわち表を縦に）見ることによって上昇局面にあるか、下落局面にあるかを判断することができる。紙幣価格自体の下落の極点は一八八一年四月一・八〇円であるが、翌五月に一・六二円に低下したことをもって紙幣価格が上昇局面へと転じたと判断することは適当ではない。続く六月から九月にかけての値動きも前年同月の動きで（縦に）見ると遙かに高水準で推移しており、実際には紙幣の下落局面が進行していたことがわかる。また一八八二（明治一五）年八月には朝鮮で勃発した壬午事変の影響で相場が一・六六円へと反落するが、前年八月が一・六三円であったことを考えれば、このとき生じた価格反落の大きさの意味を知ることができる。壬午《じんご》事変が人々に与えた影響はそれだけ強烈なものだったのである。

　ともあれ一八八一年には紙幣相場の低落趨勢は継続し、前年より価格低下が進んでいたのである。一〇月政変により松方大蔵卿が誕生し、一一月に内外債案が葬られ、本論で詳述する財政顧問ロベルトソンの解任について英国公使パークスの説得に成功すると、紙幣相場はほぼ下落を停止し、一八八二年初めからは前年同月を下回るようになる。紙幣価格回復の趨勢は明確であった。

松方が登場することによりはじめてインフレ期待は沈静化し、紙幣価格も回復に向かったと言ってよい。大隈財政と松方財政の性格の違いが顕著にあらわれていると言えよう。政策は、人々にどのように受け取られ、人々の行動にどう反映されるかによって効果が決まる。極端な場合、同じような政策を提案したとしても、国民がそれを信じるか信じないかで政策効果はまるで異なることもありうる。松方大蔵卿の登場と、意図を明確にした松方財政の開始は、人々の期待を変化させ、市場における行動の変化を生み出して、紙幣価格を上昇に向かわせることになったのである。

松方が大蔵卿に就任した時、日本経済は、景気後退が強まる中で高インフレが進行するスタグフレーション状態に陥っていた。それは連年の紙幣価格の下落趨勢が続く中で、人々のインフレ期待が急上昇したことを示している[27]。大隈財政の帰結は、まさにこの点にあったのである[28]。日本経済は、インフレを沈静化させつつ経済を拡大させねばならないという極めて困難な舵取りが要求される状況に置かれていたのである。このような情況下では期待の変更は、経済パフォーマンスの重要な決定因となる。

一八八一年を挟んだ大隈期から松方期への転換期に、マクロ経済で何が起こっていたのかを簡単に示せば、図序1のようになる。「紙円成長率」とは紙幣円ベースのGNPの年次成長率、「銀円成長率」とはそれを銀貨円ベースで見たGNP成長率である。「実質GNP」は、GNPデフレーターが存在しないため、消費支出の「総計インプリシット・デフレーター」を用いて暫定的に試算したものである。G

図序-1　大隈期から松方期への経済転換の状況

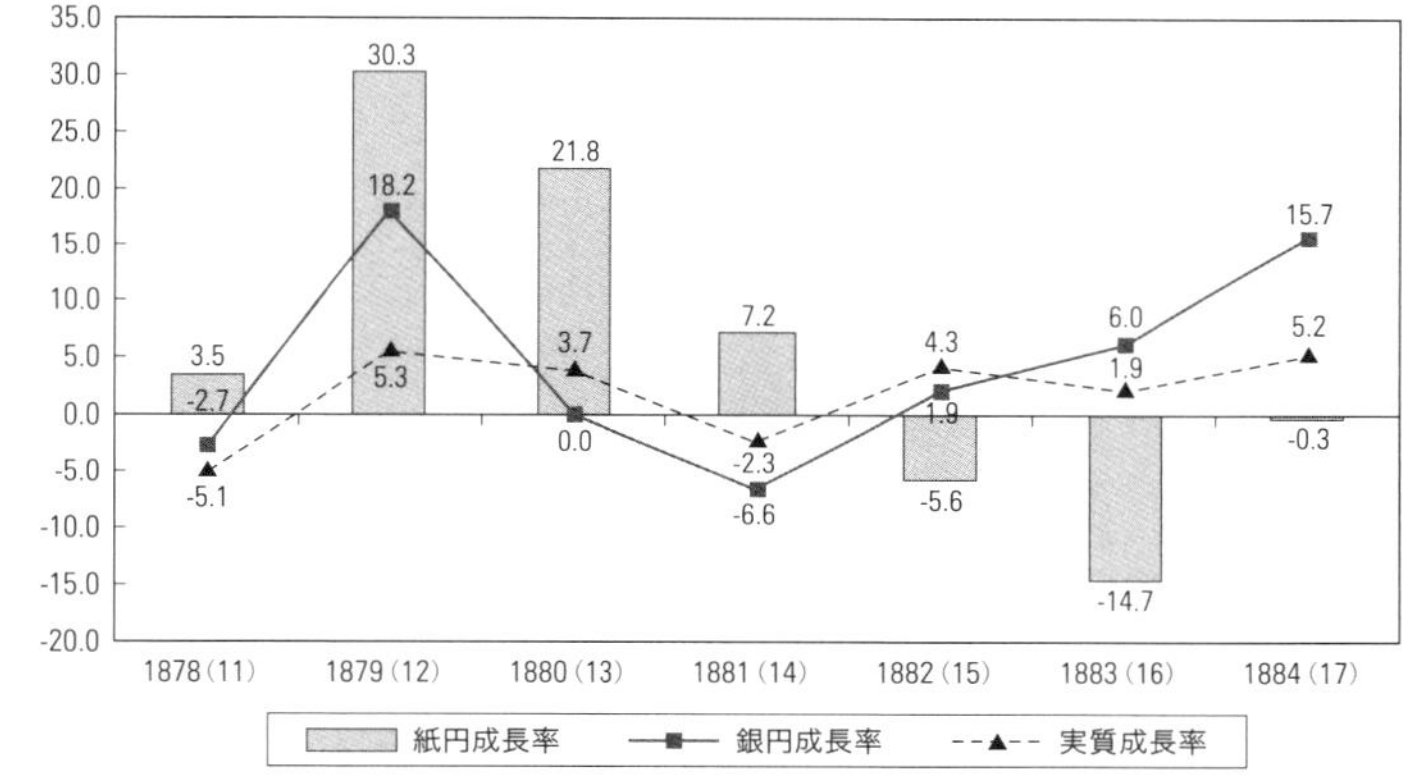

資料：表4-1、4-2
注：実質成長率は、消費支出の「総計インプリシット・デフレーター」を使用して試算した「暫定値」である(第4章参照)。

NPの「実質成長率」は、この時期のマクロ経済に起きていた大まかな実物タームの動きを知るための「参考値」として掲げてある。

紙幣インフレが激しく進んだ一八七九年から一八八一年まで紙円GNPは三〇・三%、二一・八%、七・二%と成長を続け、デフレに転換した一八八二年以降はマイナス五・六%、マイナス一四・七%、マイナス〇・三%とマイナス成長を続けている。これに対して紙幣価格の変動を除去した銀円GNPは一八七九年には一八・二%と大幅に上昇するが、一八八〇年にはゼロ成長となり、一八八一年にはマイナス六・六%という大幅なマイナス成長に陥る。しかし一八八二年にはプラス一・九%の成長に転じ、以後六・〇%、一五・七%と順調な成長を持続することになる。「暫定」実質GNPの動きを見ると、やはり一八七九年に五・三%高い成長を示すが一八八〇年から成長率は低下し、一八八一年にマイナス二・三%成長に陥った後、一八八二年には四・三％と明確なプラス成長に転換し、プラス成長を続けていくことになる。銀円GNPは実質GNPとほぼ同じ歩調の動きを示すが、振幅が大きく出るという特徴をもっているこ とがわかる。詳しい分析は本論に譲るが、松方財政が登場した一八八一年には、日本経済はインフレが高進する中で景気後退に陥っていたこと、松方財政が本格化する一八八二年以降は次第に力強い経済成長のプロセスに入って行くことが明瞭に示されているのである。

「松方の紙幣整理はインフレを沈静化させたが、深刻なデフレと不況の底に日本経済を落し入れた非情な政策であった」となれば、そこから松方の過度な、あるいは不必要なデフレ政策は、日本経済に無用の犠牲を負わせたものであるという評価が出てくることも自然であろう。最近では、そのような政策が「誤ってデフレ政策の成功例」として捉えられたことこそが問題であったという見解もあらわれている。松方が採用した銀本位制が輸出を拡大する作用を持っていたため政策が成功したという物語が演出されたが、それがデフレ政策の成功例と捉えられたため、昭和に入ると井上準之助蔵相による金解禁に伴うデフレ政策、いわゆる井上財政という誤った政策を生み出し、日本を破壊的な不況へと落し込んでいく原因になったという見方である[29]。

著者も、異なる観点からではあるが、松方財政はまったく誤って理解されていると考えている。かつて著者は、松方財政が通常のデフレ政策や井上財政とは全く異なる種類の、極めて特殊な効果をともなった政策であり、財政金融両面からの強力な景気押し上げ効果をもっていたことを示した。しかし松方財政期のマクロ経済の実態分析やインフレ期待の変化が果した役割などの掘り下げた分析は残されたままとなっている[30]。本書はそれらの課題を掘り下げることで、松方デフレ期の経済の全体像に迫ることを目指している。

一般に理解されている松方デフレ下の経済像と、実際にこの時期に生じた日本経済の動きは極めて対照的なものである。紙幣価格の変動を除去した銀円GNPは、大隈期の日本経済は概して停滞し、一八八〇年以降は景気後退に陥るが、松方財政の開始とともに力強い成長経済へと転換するという実相を浮かび上がらせるのである。松方財政が日本経済全体を不況のどん底に陥れたという理解は、根本的に修正されなければならない。

松方が行った紙幣整理は、不換紙幣と銀貨の混合流通制の下で生み出された経済混乱の解消を目指したものであった。弊制の不備を解消するために、大隈は巨額の外資による銀貨調達という切り札によって一挙に正貨（銀貨）流通制度を実現しようとし、松方は自力での銀貨蓄積を実現して銀貨兌換紙幣制度を確立しようとした。松方は、当時の日本の置かれた政治・経済状況から巨額の外債は国家の独立を危うくするとして内外債案を葬り、銀貨と紙幣の価格差が消滅するまで銀貨蓄積と紙幣縮減とを併行し、紙幣の信用（国家の信用）を確立する「正直な」政策を不退転の決意でやり抜くと宣言したのである。そしてこの方式が人々の期待を変更させ行動の変化をもたらし、日本経済を不況から高成長経済へと転換させる動力として作用することになるのである。

松方は、紙幣整理が進行するとともに紙円ベースで物価低下が生じて「繁栄の虚影」は終り、農家の負担が増し、商況の不振を招くと予想したが、紙幣整理が完成すれば紙幣価格変動に起因する投機行動や混乱はなくなり、経済は正業を中心にとして活況を取り戻すと考えていた。しかし事態は、この松方の予想を大きく覆し、紙幣整理のプロセスで極めて迅速な経済回復が進行していくことになったのである。

松方財政の影響を見るには、紙幣整理に起因する紙幣価格変動の影響と紙幣価格変動を除去した動きとに分けてみることが重要なポイントとなる。銀円ベースの動きは、紙幣整理の直接的影響を除去した動きを反映するからである。「銀・紙の差」の解消を目指したのが松方の紙幣整理であるから、紙幣価格変動に起因する紙幣整理の直接効果を除去した動きを追跡すれば、紙幣整理とは独立に生じた物価や経済の変化を抽出することが可能となるであろう。

松方財政の刻印

一四年政変を契機として、大隈が中心となって進めてきた政治的「進歩主義」と経済的「積極政策」を基本とする政策路線は潰えた。また大隈と政治的に決別し「保守」派へ急接近しつつ「積極政策」の継続を策した伊藤路線も阻止される。黒田を中心とする「保守主義」に立脚した「積極政策」路線も挫折した。その結果、政治的「保守路線」と経済的「健全路線」が政府の政策進路として残った。こうして保守的政治を信奉し安全な「健全通貨・健全財政」政策を主張した松方路線が、日本の国家運営の中枢部に位置することになったのである。

そして松方が主張した紙幣整理方式は、インフレと貿易赤字と財政危機に直面していた日本経済を意外な成長路線へと転換させ、企業勃興の時代へと押上げていった。このため松方の声望は高まり、政府内での地位も一挙に上昇する。維新以来何人も成し遂げることができなかった近代的な貨幣信用制度と財政制度を短期間で確立し、機動的で柔軟な実務家的財政金融運営によって近代国家建設に必要な富国強兵施策を実現しつつ、日本経済を近代経済成長の軌道へと一気に乗せ換えたからである。

松方の政策思想は、古典派経済学を基礎とした自由主義的な政策スタンスと財政家としての健全財政・健全通貨に立脚した実務主義を統合したものであり、軍事の突出を抑制し国家の諸政策を優先順位に配慮しつつバランスをとって実現していく手法をとった。そしてこの自由主義的な健全主義経済路線が、政変を契機とする松方財政の成功によって、日本の政策運営の中枢部に定着したのである。

松方財政は、米価下落と地租負担増大をもたらし、農業部門は一時経済的な困難に直面する。しかし農民の中で没落したのは、主として大隈財政期に米投機や田畑土地投機に走り、投機の破綻から借金を清算するために土地を手放さざるを得なくなった中農層であった[31]。通常の生活を営んだ農民は大きな打撃を受けず、経済的余裕のあった大・中地主層(豪農層)も没落しなかった[32]。全体として見れば、農業部門の経済力は保全されることとなり、地租負担の増大も一八七七年減租後の負担水準と比較して相対的に軽度な水準で推移した。一八八五年の米価高騰を契機に農業所得が急回復すると、税負担は軽減されていく。

他方、紙幣価格の急速な回復が進む松方財政期には、非農業部門の雇用者は、経済状況を顕著に改善させた。公務員・士族らをはじめ近代産業部門や在来産業部門の雇用者、商人・企業家(豪農の一部も含む)は、銀円ベースの実質的な所得を顕著に増大させ、個人消費支出を強力に押上げていった。また銀円ベースの政府支出も顕著に増大していく。さらに銀貨の市場復帰が進んで金融緩和が進み、銀円物価水準を押上げて経済環境を改善するとともに実質金利を低下させ投資を促進したのである。日本経済は、松方財政開始と同時に内需主導の高成長へと転換していくことになる。

政府の保護・干渉を排除する自由主義的経済思想を基盤としつつ、健全財政主義に立脚して近代国家建設に必要な富国強兵政策を進める実務的スタンスを旨とした松方路線が、紙幣インフレと経済混乱を短期で収束させ、商工部門の発展を促すとともに農業部門の温存をも可能にしたのである。農業部門の経済的困難が比較的軽微にとどまったため、全体としての日本経済は高成長へと転換することが可能になった。

こうして松方路線は正統性を確立し、政府内の経済政策をめぐる競合を終結させた。健全な経済財政基盤が生み出された結果、伊藤らの積極財政策は出番を失い、封じられることになった。政治の季節が到来し、伊藤は憲法制定、議会開設や内閣制度の整備など法制面へと関心を移し、目覚ましい実績を積んで政治法制面の重臣として重きをなしていく。

一方、在野の自由民権運動は、一八八四（明治一七）年に急速に動力を失い、一時仮死状態（自由党解党・改進党活動停止）となる。この年は米価低落による打撃に加えて、欧米不況による養蚕地帯の苦境が重なり、さらには大凶作に見舞われるという多重の打撃を浴び、農家の経済困難が増大した年であった。しかし農業部門は翌一八八五年以降生産性と米価の上昇によって所得を急回復させると、地租負担の軽減が進だこととあいまって、豪農・地主を中心に経済力を蓄積していった。そしてそれを基盤として民党が急激に復活し、政費節減・民力休養（地租軽減）論を掲げて政府に対抗していくことになる。議会開設時には、地租負担は顕著に低下し、民力休養論は経済問題としての緊要性をすでに失っていた。しかし実態と乖離した地租軽減論が、民党のほとんど唯一の経済財政論となる。

議会が開設されると、民党の非妥協的な地租軽減先行論と松方型の健全財政「富国強兵」路線が正面衝突して国政が停滞した[33]。事態を打開しようとした伊藤は、松方型財政路線への対抗として積極政策を志向し、それが自由党との提携の動きに発展して政党政治への道を切り開いていった。鉄道建設や公共事業によって地方の利益を充足させ農村地主の支持を拡大する政治手法が生まれ、立憲政友会の政治的「保守主義」と「積極政策」路線に結実していくことになる。他方、松方路線は主として官僚系の同志会などの保守勢力に受け継がれ、「自由主義的」政策スタンスと「健全財政・健全通貨」政策を柱とする立憲民政党路線へと連なる流れを作り出していく。

松方財政の成功を背景とした経済財政路線を政治的主導権と結合しようとする官僚系の動きと、伊藤の憲政における成果を経済財政面で有力政策と結合して国政での主導権を確立しようとする政党の動きとの競合的対立関係は、二つの対立する政策潮流が生み出したことになる。それは金本位採用・復帰(「金解禁」)問題とも複合した国家進路の選択問題にも反映され、日本の国家構想の基本に関わる政策競合へと受け継がれていくのである。

ともあれ松方財政の成功は、経済国策面では、「自由主義」経済スタンスと「健全財政・健全通貨主義」の正統性に対する信念を生み出し、政策遺伝子として後の日本の政策思想と政治進路に特有の刻印を記すことになる。松方財政は、その成功の実相は正確に理解されないまま、日本という国家の政治・経済・財政めぐる議論に、きわめて長い期間にわたりインパクトを与え続けることになったと言うことができるだろう。

本書の構成

本書は、西南戦争後から企業勃興期にいたる明治一〇年代を中心とした日本経済の実像に迫るために、「二つの」物価動向を分析し、国民総支出とその構成要素の動きを辿り、紙円ベースの経済動態と銀円ベースの経済動態を明確にしようとしているが、分析の力点は松方財政期に置かれている。「松方デフレ」期に生じていた日本経済の実相を明らかにすることは、日本が近代的経済成長への離陸に成功した秘密を解明することにつながる重要な意味をもち、また松方財政の成功とその政策遺伝子は、その後の日本の政策進路に規定的な意味をもつと考えるからである。

したがって経済財政分析に取り組む前提として、西南戦争後の経済財政政策の変遷を具体的に確認する作業を行い、大隈財政から松方財政へのダイナミックな政策転換と松方財政の進行過程における松方の政策スタンスや政策行動の意味を総括し、政策遺伝子の形成と定着のプロセスを見ておく必要があるだろう。この間に実行された個々の政策や局面をどのように評価するかは、長らく大隈財政や松方財政の研究を突き動かしてきた重要なテーマであるのみならず、具体的な経済動態の意味を理解し評価するために必要不可欠な基礎情報を提供することにもなるからである。

以下、まず第一章で大隈積極政策の動態と競合する政策構想を通観し、第二章で松方の紙幣整理を中心とした政策イニシアティブ全般を吟味することを通じて、松方の政策思想とこの時代の政策状況を全般的に把握し評価する。それを踏まえ、第三章では物価動向を紙円物価と銀円物価の両面から吟味し、併せて「二つの」インフレ期待を導出する作業を行って実質金利の動向を探り、第四章で国民総支出（GNE=GNP）を推計し、それに基づいてマクロ経済の動きを紙円ベースと銀円ベースで追跡し、さらに大隈財政期・松方財政期・企業勃興期に区分して成長に寄与した要因とメカニズムを分析する。第五章では各経済主体の所得変動状況を分析し、貨幣環境変化に応じた経済行動の変化を追究する。そして終章で以上の分析を総括することにしたい。

第1章◆大隈財政から松方イニシアティブへの転換

1 大隈の積極財政論

大隈のインフレ認識と政策

一八七七（明治一〇）年の西南戦争で、政府は四一五七万円の戦費を支出し、第十五国立銀行から銀行紙幣一一三四万円を借り上げたが、インフレは発生しなかった。インフレなしに戦争を乗り切ったことは、戦後の積極政策の露払いの役割を果すことになる。

不平士族の反乱は武力鎮圧され、内治優先の経済政策を推進するための政治環境は整った。大久保利通遭難後、伊藤博文が後任の内務卿に就任し、大隈重信大蔵卿と両輪になって積極政策が推進された。そして政府内の多数が積極路線を支持した。大隈は、戦後の戦費決算に当たって、二七〇〇万円にのぼる巨額の不換紙幣を増発する。この時期財政には巨大な余剰金（明治九〜一〇年度決算剰余は二三九三万円）が発生しており、必ずしも戦費決算のために巨額の紙幣を増発する必要があったわけではない[1]。しかし大隈は、財政余剰を「準備金」に繰り入れて大規模な財政投融資を実施するとともに、政府紙幣を大規模に増発する措置をとった。積極政策を進めるには、通貨を増発して金融を緩和し、資本供給を潤沢にする必要があると考えていたからである。そして紙幣増発を背景として起業公債を発行し、殖産興業事業が実施された。

大隈は、直面する日本経済の困難を、貿易入超により正貨が流出し、紙幣の信用低下と金融閉塞がもたらされ、生産停滞が生じたという因果関係で理解していた[2]。貿易赤字に対しては海関税が有効だが、日本は関税自主権を喪失しているため、別途の措置が必要になる。

「強めて我物産を繁殖し商工を振起し以て外物雑至の勢を圧し現貨濫出の害を防き併せて我国家人民をして富実を致し産業を保ち歳入税額を随て増多なるを得終に理財の本を立て経済の旨を貫ぬかんと欲する」[3]

貿易不振は、資本供給が欠乏して国内産業を停滞させたことに起因している。したがって通貨供給を増大し、殖産興業政策を推進し、国内産業育成と輸出振興を図れば、日本経済は繁栄し国家財政も潤って、問題は解決されると考えたのである。

しかし大隈の政策は功を奏さず、紙幣インフレが顕在化した。銀貨相場は一八七八(明治一一)年一二月には一・二二円以上へと上昇し、貿易赤字も巨大化していった。このような事態に大隈は、一八七九(明治一二)年六月「財政四件を挙行せんことを請うの議」[4]を建議し、貿易赤字のために銀貨が騰貴し紙幣の価格下落が引き起こされたと論じ、インフレの根因は貿易赤字を生み出した国内産業不振にあるので、「道路海港等を修築改良し以て運輸の便利を興し農商工諸職業を振起盛大にし物産の増殖若くは輸出を謀」らねばならないと力説した[5]。

インフレと貿易赤字をコインの両面と理解し、貿易赤字によって銀貨需要が増大し「銀貨が騰貴」したと事態を認識すれば、その救済方法は「短期的」には銀貨供給の拡大(銀貨売出し)を実施して紙幣価格を回復させる措置をとり、「長期的」視点からは殖産興業を推進して国内産業を振興し、財貨の国内供給を増大させ、輸出を拡大して貿易赤字を解消する措置が必要となる。

むろん大隈も巨額の不換紙幣をそのまま放置しようと考えていたわけではなかった。一八七八(明治一一)年八月「公債及紙幣償還概算書」を発表し、政府紙幣全額一億二一〇五万円を明治三八年にいたる二八ヵ年で償還する計画案を示した(表1-1)。計画は、初年度から五年間の紙幣消却を毎年五〇万円とし、六年目以降の五年間を毎年一〇〇万円とし、明治二五年度までの一五ヵ年で西南戦争後に増発した政府紙幣二七〇〇万円を「補助貨幣に交換」するというものであった[6]。実質的な紙幣消却が実行されるのは二三年後の明治三四年度からの計画である。大隈は、紙幣消却を本気で実行しようとは考えていなかった、通貨は過剰ではなく不足していると考えていたからである。

政府が通貨供給を潤沢に行いつつ公共インフラの整備を進めれば、民間投資を抑制することなく国内産業を振興することができる。産業が発達し輸出が拡大すれば貿易赤字は是正され、貿易黒字が計上されるようになれば国内への正貨(銀貨)供給が増大し、紙幣価格は回復し、インフレ問題は解消する。これが大隈の描いた積極政策の基本構造であった。しかし政策が推進される中で、紙幣価格の下落と貿易赤字の拡大が一層進行し、目論見は大きく外れ、大隈構想は破綻の兆しを見せ始めた。

貿易赤字によって銀貨が騰貴した結果インフレが発生したという考えに基づけば、貿易収支が均衡し正貨流出入が均衡すれば、銀貨騰貴は収まりインフレは収束するという理解になる。大隈は、外国貿易さえ均衡していれば、紙幣価格低落つまりインフレは生じないと考えていたのである。

「維新以降本邦は紙幣専用の時世にして別に金銀を要すべき場合なく唯《ただ》海外貿易に於いてのみ独り金銀を通用せり故に金銀需要の範域は単に貿易市上の一部分に止り是部分を除くの外は邦内に於いて曾て金銀の多少伸縮を感覚すること無しと云うも可なり故に若し金銀の輸出入相ひ平均するの有様ならんには假令《たと》ひ邦内の金銀如何に乏少なりとも需要の供給に超過すること無るべし果して然らば金銀は紙幣に対して決して昂上すること能はず紙幣は依然として其格位を保ち邦内に流通して些少の障碍を見ざるべし斯の如き時世ならんには紙幣専用の制も亦た何の不可なることか有らん是を之れ察せずして而て深く紙幣通用の制度を罪するは抑《そもそ》も亦た冤《えん》なり故に紙幣通用は其制の不可なるにあらず唯輸出入不平均の時世に不利なるのみ」[7]

積極政策が効果を発揮し、貿易赤字が解消されれば、自からインフレ問題は解決するというのが大隈の考えであった。そして将来の貿易については楽観的な見通しを描き、ほぼ一〇年後には貿易が黒字に転換すると見ていたのである。

「輸入額の増進と輸出額の増進との割合とを比照するときは、輸入は明治二年より十一年まで十年間に二と三との割合を以て進み、輸出は一と二との割合を以て増加せり、然らば則ち爾後十年間此割合を以て増進せば、輸入は四千八百八拾余万円にして輸出は五千二百六十余万円、輸出の輸入に超過すること三百七十余万円にいたる、を得へきなり」[8]

しかし紙幣価格の下落は予想外に進み、放置し得ない問題と認識されるにいたる。大隈は、一八七九（明治一二）六月「国債紙幣償還方法（減債方案）」を提示して事態を乗り切ろうとした。一八七八年度の紙幣消却予算を七一六万円に増額し[9]、一八年度までの八ヵ年で西南戦争後増発された二七〇〇万円を全額消却する計画（表1–1）であり、七月には一般に公表された。紙幣を補助貨幣に交換するという計画も中止された。

「減債方案」は、政府紙幣流通量の削減案としては、かなり強力なプランと言いうるものであった。西南戦争後に増発された政府紙幣がインフレの原因であるという貨幣数量説的な理解に従うと、二七〇〇万円全額を消却すれば、インフレ解消の目的は一応達成できるはずである。西南戦争まで、銀貨と政府紙幣はほぼ等価で流通していたからである。過剰分は、西南戦争後の増発分ということになる。一八七八（明治一一）年度の七一六万円を皮切りに、残額の二〇〇〇万円も以後七年でことごとく消却されれば、インフレは解消されるだろう。

この「減債方案」は、その後に実行された紙幣消却予算および決算実績と比較してみると、かなり実効性の高い紙幣整理計画案であったと評価できる。方案を額面通りに受け取れば、一八七九年六月時点

表1-1 大隈の紙幣整理計画と実際の紙幣消却予算・決算(単位:万円)

	明治11年8月『概算書』	明治12年6月『減債方案』	紙幣消却予算	紙幣消却決算
1878(M11)年度	50	717	717	717
1879(M12)年度	50	200	200	200
1880(M13)年度	50	200	200	200
1881(M14)年度	50	350	700	700
1882(M15)年度	50	150	330	330
1883(M16)年度	100	134	334	334
1884(M17)年度	100	497	497	—
1885(M18)年度	100	467	352	—
1886(M19)年度	100	100	—	—
1887(M20)年度	100	100	—	—
1888(M21)年度	300	100	—	—
1889(M22)年度	300	100	—	—
1890(M23)年度	300	100	—	—
1891(M24)年度	500	100	—	—
1892(M25)年度	567	100	—	—
1893-1900(M26〜33)年度	—	各年100	—	—
1901(M34)年度	1,211	262	—	—
1902(M35)年度	1,968	1,968	—	—
1903(M36)年度	1,978	1,978	—	—
1904(M37)年度	1,978	1,978	—	—
1905(M38)年度	2,253	1,689	—	—
合計	12,105	12,092	3,330	2,481

資料:『明治財政史』第12巻、204〜217頁。
注:紙幣消却予算・決算は、『大蔵卿年報書』各年度版による。

で大隈の政策スタンスは紙幣消却に向けて大転換を遂げたことになろう。しかし大隈が起業公債と準備金を活用した積極政策をわずか一年余で放棄したわけではない。人々も、大隈の紙幣整理計画を信用せず、市場はネガティブな反応を示した。それは、同時期の国立銀行紙幣の発行残高が、一八七八年六月末の一七〇〇万円から一二月末には二六〇〇万円、一八七九年六月末には三三〇〇万円へと急増していることからも窺える。

インフレが高進するにつれ投機が盛行し、生産的事業はかえって停滞する状況が生まれた。政府財政の逼迫、士族の困窮、貿易赤字の拡大などから、大隈路線の弊害が高唱されるようになり、事態は次第に政治問題化していった。

これより先、一八七七（明治一〇）年六月に土佐立志社は国会開設建白書を提出し、国会開設・地租軽減・条約改正を掲げていた。それは自由民権運動の基本綱領となり、運動は士族から次第に地方の豪農・豪商へと広がり、高揚していった[10]。そして一八七九（明治一二）年一一月の第三回愛国社大会は、全国規模での国会開設運動を決定し、「国会開設の願望致すに付四方の衆人に告くるの書」を発して全国に檄を飛ばし、次いで一八八〇（明治一三）年三月の第四回大会では名称を国会期成同盟と改め、四月には片岡健吉・河野広中を捧呈委員として、二府二二県、八万七〇〇〇人の署名を集め、「国会を開設するの允可を上願するの書」を政府に提出するにいたる。

愛国社の檄文は、現在のような不安定な政治状況の下では「大蔵卿の考案も亦《また》決して行われさるのみならす、益々国債を増加し愈々《いよいよ》償却の道を失い、竟《つい》に如何《いかん》ともす可《べか》らさるに臻《いた》らん」国家の現状を救うために速やかに国会を開設して、人民の愛国心を喚起し、挙国一致してことにあたる必要があると高唱していた[11]。

　また国会開設の上願書では、第八項において、邦国の盛衰治乱は国家の財政に関する事が甚だ多いが、「今日我国の如きは国債固《もと》より夥しく、紙幣頗《すこぶ》る過多にして、物価昂貴し、而して、其勢愈益甚しからんとす。豈《あに》憂ふ可きに非ず哉。就中《なかんずく》外債の如きに至つては事実に外国に渉る。若夫《もしそれ》償却の道を誤るに至らば、則実に国家の存亡に関すべし」[12]と政府の経済政策を厳しく批判した。

　このような中で一八八〇（明治一三）年二月に官制改革が断行され、参議・省卿分離（参議の諸卿兼任の廃止、大隈は大蔵卿を辞任し、伊藤博文・寺島宗則とともに会計部参議となる）が実施された。それは大隈を大蔵省から切り離してその影響力を削減しようとした権力闘争の結果であった[13]が、他面では経済財政政策に対する在野の批判の高まりに対して、政策責任者としての大隈（＝政府）への批判をかわそうとする処置でもあったと考えられる。

新たな大隈ヴィジョン

　大隈は、民権家の批判に対処しつつ、政府部内でイニシアティヴをとるために、新たな経済政策ヴィジョンを示して信認を獲得し、同時に民衆にアピールする国会論を提示する必要に迫られていた。大隈は投機抑制を目指し、四月一二日に株式取引所における金銀貨幣取引を禁止し、米商会所における米の限月売買を無期限禁止する措置をとった。在野の論者は「政府の紙幣増発こそがインフレを招いた原因である」と大隈財政の失敗に対する批判を強めた。四月二一日の『東京経済雑誌』は、通貨価値が安定していれば「投機空商」を招くことはない、大蔵卿が取引所における金銀・米穀の売買を禁止したのはまったくの謬論であり「自ら為せる失策を以て他に嫁せん」とするものである、「今日紙幣の下落を救治するの法唯だ紙幣を償却するの一法あるのみ」[14]と論断した。米価は高騰を続け、五月八日には『東京日日新聞』が米騒動勃発の危機が迫っていると報道するにいたる[15]。

また六月一四日には択善会（東京銀行集会所の前身）会頭の渋沢栄一が「紙幣下落の趨勢は全く紙幣増発の結果なり、徒に銀貨騰貴を抑制すとも其効あるべからず、宜しく紙幣を消却して兌換の制度を立つべし」とし、銀行業界も自ら銀行紙幣消却を実行することが適当であるとして、国立銀行紙幣発行高の二割を上納消却することを提議した[16]。

しかし大隈は、紙幣が下落したのではなく、銀貨が騰貴したとの見方を変えなかった。流通紙幣が過剰であるとも考えていなかった。「洋銀騰貴の原因を察するに第一此年輸出入の平均を得ざるに根基」[17]する。しかし一旦銀貨が騰貴すると「甚きは単に紙幣の増発を以て洋銀騰貴の原因とし物価の昂貴も亦専ら之に原由すと云うにいたる」[18]と反論した。

大隈の理解では、紙幣流通額を削減しても、貿易赤字が継続し正貨流出が生じる限り銀貨騰貴は避けられず、紙幣価格は下落する。紙幣を削減しても、貿易赤字は解決しない。正しい短期対策は、銀貨供給を増やし、銀相場を冷やすことである。そこで一八七九（明治一二）年五月頃から第二国立銀行と三井銀行を通じて政府保有の銀貨二四〇万円を市場に売出し、さらに一八八〇（明治一三）年にも四〜五月頃から第一、第二国立銀行および三井銀行の三行に命じて六〇〇万円に及ぶ大量の銀貨売出しを行い、同時に横浜正金銀行にも一八・五万円の銀貨を売り出させた。しかし銀貨相場は一時的に低下するが、すぐに上昇に転じ、一八八〇年八月には一円三九銭となった[19]。大隈の対策は政府保有の正貨を欠乏させただけで、まったく効果をあらわさなかった。

「銀・紙の差」が解消するまで政府が銀貨を売り続けると市場が信じなければ、銀貨売出し政策は成功しない。だが政府の保有銀貨は潤沢ではなかった。紙幣交換準備のため準備金に蓄積されていた虎の子の正貨が、一八七八年末の一七八四万円から一八八〇年末に七一七万円まで激減する中、一八八〇年九月、銀貨売出しは停止された。

大隈の対策が効果をあげなかった理由は、先の「財政四件を挙行せんことを請うの議」に記された大隈の言から窺うことができる。インフレの根因たる産業不振を克服するには、道路海港等を修築して交通運輸網を整備し、生産拡大と輸出増進を実現しなければならない。そのためには通貨増発=資本供給が必要である[20]。世の論者は紙幣増発こそが経済財政危機の原因であると批判するが、それは「其陸続発行の時たる又恰も洋銀の騰貴、現貨の欠乏に際会するを以って、特とに之を増発と誤認」[21]したものである。しかし放置すれば、「所謂恐慌の禍に漸致し、随て人民中若干社会の生計職業に多少の妨害を与え、遂に一国の理財上就中貨幣政上の事体に関するに至」るであろう。そこで「異常の感触を驚醒し恐慌の禍害を予防する」ための「変通の考案」「権宜の処分」として紙幣消却年限の短縮を提議した[22]。したがって「新聞紙等を以て世間へ頒布し、一般人民をして、右償還支消に於て、其目的方法の在る所を詳悉領知せしめ」ることが必要であるとした。しかし、「但し大に貨幣政上の好結果を見るに至りては、未だ此挙を以て足れりとせず、猶を逐次申請するところあらんとす」[23]と述べて、その本意が微妙な表現で露出しているのである。

紙幣増発が危機の元凶だとする説は「銀貨騰貴を紙幣下落と誤認」した謬論だが、それを人々が信じ実際に経済不安を惹起しているので、緊急避難的に紙幣消却計画を示して人々の不安を沈静化させなければならない。しかし人々の動揺が収まれば別の政策を実行すればよいとしたのである。「方案」は、人々の「惑迷」を晴らすために紙幣消却の「意図」を示して不安を沈静化させ、積極政策を推進できる環境を整備することにあった。こうして同年七月、第一国立銀行と三井銀行を通じて「減債方案」は世間に広く公開されたのである。

人々が政府計画は確実に実行されると信じれば「期待」は修正され、インフレ・マインドは抑制されることになろう。紙幣価格の下落は、現実のインフレを反映する生きた指標である。紙幣価格は日々変動するが、人々は紙幣価格の動きによってインフレ進行の状況をつかみ、相場を予測し、期待を調整する。そして人々のインフレ期待の変動は、実質金利を変動させ、生産の変動を引き起こし、それがまた紙幣価格に反映されていく。

このような状況下でインフレを抑制し紙幣価格を回復させるには、人々のインフレ期待を沈静化させることが必要となる。インフレ対策が成功するか否かは、まさにそこにかかっていた。俊敏な大隈は、そのことを感覚的に認識していた。そこで「減債方案」をマスコミに公表し、人々に周知させる方策を採った。しかし紙幣価格は、一八八〇(明治一三)年一月には一円三七銭にまで下落してしまった。それは、人々が大隈の紙幣消却の公約を信用せず、大隈の新政策に対して不信感を表明したことの現われであった。

市場は信頼できる政策変更にのみ反応する。大隈の新政策は人々の信頼を得ることができなかった。市場は紙幣価格の先行き下落を予想し、人々は紙幣を手放して銀貨や米などの購入に動き、紙幣価格はさらに低下していったのである。

大隈は積極政策を推進すると公言し、実際に実行し、政府の多数派もそれを支持していた。紙幣は過剰ではなく、人々が「銀貨騰貴を紙幣下落と誤認した」と論断し、紙幣整理は一時的な「変通の処置」であると明言した。市場が紙幣消却の公約に信をおかず、大隈の本心は積極政策の推進にあると判断したのは当然であろう。

通貨供給量が政府の裁量によって決定される場合、人々が政府の政策公約を信じてインフレ期待を修正すれば、現実のインフレは沈静化し、政策目的は達成される。そうなれば政府の公約履行インセンティブが弱まるため、市場は政府の発表を簡単には信じない。市場が政府政策を信認するかどうかは、政策の一貫性が担保され、政策責任者がインフレを断固阻止する意志と実効性のある具体策を持っていると信じるか否かにかかっている。

大隈は、人々に政策意図を周知させるという点では極めて妥当な行動をとった。それは大隈の卓越した経済感覚を示していた。しかし政策に対する市場の信認は得られるべくもなかった。建議の中で、紙幣整理という「変通の考案」によって人々の不安が払拭される(インフレ期待が沈静する)場合には、別の政策に転換する(裏切る)と示唆しているからである。このような大隈の真意は当然市場に伝わる。ましてや積極政策を公言してやまない大隈である。政府の多数派が積極政策の推進を望んでいることも周知であった。

通貨流通量の実績を詳しくみれば、さらに事態は明白となる。紙幣流通量は方案発表後に一層膨張しているのである。一八七九(明治一二)年七月の方案発表から一八八〇(明治一三)年一月にかけて、政府紙幣は一億一六〇〇万円から一億一四〇〇万円へと二〇〇万円強削減されたが、この間、予備紙幣は一六〇〇万円から二二〇〇万円へ六〇〇万円も増加し、銀行紙幣も三三〇〇万円から三四〇〇万円へと一〇〇万円増加している。通貨流通総額は、一億六五〇〇万円から一億七〇〇〇万円へとネットで五〇〇万円膨張しているのである[24]。

大隈の政策発表がインフレ期待を沈静化するどころか、むしろ上昇させる方向に作用したのは当然であろう。巨額な財政一時的資金不足を不換紙幣発行に依存している現状では、政府の紙幣整理政策への信認は得られない。国庫に対する国民の信用を獲得するには、財政制度を改革し、予備紙幣発行への依存を根治する必要があった。

この時代のインフレは、貿易赤字に起因する銀貨騰貴に還元できるものではなかった。不換紙幣増発による財源調達や予備紙幣の繰替発行、そして準備金の正貨枯渇に起因する、国家の信用の失墜こそが最重要問題であった。この点の認識の違いが、大隈と松方の紙幣整理政策の明暗を分けた大きな理由となっていく。

外債論の登場

貿易赤字とインフレは深刻度を増していった。通貨は過剰ではないという所信を堅持しつつ、準備正貨を空乏させた失策を補う方法として残された方策は外資導入であった。大隈は暫定的な「変通の考案」を放棄し、巨額の外債を募集して一挙に正貨流通制度へ移行する腹を固める。大隈の認識によれば、銀貨流通制度が実現すれば、インフレ問題は解決され、積極政策を推進して国内産業を振興し貿易赤字解消に専念できる環境が整う。経済政策失敗の批判をかわし、これまで推進してきた殖産興業政策の成果を確保することができるのである。大隈は、一八八〇(明治一三)年五月「通貨の制度を改めんことを請ふの議」[25]を建議して、事態の収拾に動いた。外債五〇〇〇万円を募集し、獲得した銀貨によって不換紙幣の即時全額消却を実行し、正貨流通制度を実現する構想であった。

今日の経済変動を招いた「禍源」である正貨欠乏は、輸出入不均衡による正貨流出と金銀古貨が国内で退蔵されたことにある。前者は、殖産興業の成果が未だ現れていないことと、関税自主権が回復されていないために生じたことであり、即効的な効果は期待できない。しかし正貨流通制度を実現すれば、国内退蔵の金銀が市場に復帰し、通貨流通量を増大させることができる。こうなれば正貨不足は解決され、インフレ問題は解消し、金融は緩和する。経済の縮小は回避され、積極政策推進の環境が整備されるとともに、財政も再建される。「今日の計たる唯正金通用の一事あるのみ」[26]と結論づけたのである。

一八八〇年末の政府紙幣流通額一億五三三三万円の内、七三〇〇万円は外貨五〇〇〇万円と準備金保有正貨一七五〇万円の合計六七五〇万円で消却し(正貨一円を紙幣一・一五五五円で交換する)、残額二七三三万円は国立銀行券の抵当を金札引換証書で代位することによって消却する。正貨流通制度が実現すれば、銀行紙幣三三七〇万円は正貨と同位で流通するので、兌換準備分となる五分の一を控除した二六九六万円が流通する。したがって政府紙幣・銀行紙幣合計一億三九〇三万円にかわって、正貨九四四六万円が流通することになる。そして正貨流通制度が実現すれば、国内に退蔵された五二七一万円の金貨・銀貨(造幣起業初年より一三年までの新貨幣鋳造総額八七六九万円から輸出額三四九八万円を控除した額)が市場に復帰することは明らかであり、正貨の流通額は一億四七一七万円となる。このほか古金銀の現存量一億二三一六万円の半額が市場に復帰することになれば、通貨流通量は二億円を超えることになる。古金銀復帰は度外視しても、正貨流通制度が実現すれば、通貨流通総額は不換紙幣一億三九〇〇万円から正貨一億四七〇〇万円へと大幅に増大することになる。他方、外債返済のために新たな増税が必要となる。そこで外債および金札引換公債の利子支払い年五三二万円には醸造税を一石一円から三円に増徴し、六六二万円の増収を上げて充当するとした[27]。

大隈が外債によって一挙に正貨流通制度の実現を図った狙いは、大規模な通貨供給拡大を実現し、政府主導の積極政策を実行するための環境条件を整えることにあった。古金銀残高の見積りの現実性には問題もあるが、国内に退蔵されている巨額の金銀貨や金銀地金が流通に復帰することが通貨問題解決のカギとなっていると認識していたことは重要であり、大隈の優れた経済感覚を示している。

しかし正貨流通制度が実現しても貿易赤字が解消するわけではない。外債元利償還が加われば、正貨流出額は一気に増加する。大隈の危惧もそこにあり、「僅々弐百余万円の金銀輸出を増加して以て世運の為めに紙幣流通より生する此等の不利を除するを得は是れ豈得多して損少き者にあらすや」[28]と強弁して反発を緩和しようとした。実際には金銀輸出超過は一八七七〜七九（明治一〇〜一二）年平均で七六八万円に達し、これに新たな外債利子三六八万円、外債元金償還二一五万円（元金五三六八万円、二五年償還）が加われば、年々の正貨支払い超過額は一二五〇万円に達する。旧外債全額償還に伴う正貨支払い減少七〇万円やその他の正貨支払い節約による減少分を差し引いても、年々一二〇〇万円前後の正貨流出は避けられない計算となる。有効な対応策を講じなければ、遠からず通貨縮小による経済危機が到来することになる。

大隈は具体的対応策に触れていないが、積極政策の推進構想が頭にあったことは疑いない。そのためには財源が必要である。まず新規利払い五三二万円のために「六六二万円の増税」が行われ、さらに旧外債全額償還にともなう利払い七〇万円は不要となるので、経費節減による財源をひとまずおくとしても、二〇〇万円以上の余裕財源が発生する。また正貨流通制度が実現すれば、「減債方案」の年二〇〇万円以上の紙幣消却財源が不要となり、合計年四〇〇万円以上の余裕財源が発生する。大隈は、正貨流通制度を実現して通貨供給を増大させながら、余裕財源を活用して積極政策を推進しようと構想していたとみて間違いないだろう。

ただし建議において、大隈は正貨の国庫準備高を一七五〇万円と主張し、従来の銀貨売出しの結果枯渇させてしまった正貨保有高を偽っていた。正貨と紙幣の換算レートに一・一五五五円という一八八〇年五月の紙幣相場一・三七円よりも約一九％割高なレートを適用することで、九五〇万円分の余裕正貨が生み出される計算となっていた。従来の正貨政策の失敗（準備正貨枯渇）を、外債募集による正貨導入の影にかくれて穴埋めしつつ処理しようとしていたとみられる。ちなみに、国庫所蔵の正貨高は、一二年一二月末で九九七万円、一三年六月末に九〇七万円であった[29]。この点が後に伊藤が大隈への不信感を強める原因の一つとなっていく。

積極政策論と勧業政策転換の相克

外債論と同じ五月、大隈は「経済政策の変更に就いて」[30]を建議した。それは、「第一　勧誘の為め設置したる工場払下げの議、第二　諸学校を文部に統轄し普通小学の補助金を廃する議、第三　御領を定むるの議、第四　各省中局課の分合所属改替の件」の所謂「三議一件」からなっている。これは二月の参議・省卿分離と官制改革に伴って提起された「理財に関する事項に付き施政の主義管理の方向」を改定する提案であった。

省庁間で重複している事務を整理統合して官庁事務の効率化を図り、冗費を節減する目的でなされたものである。建議中の工場払下げは、「方今国債償還の資を増加するの急且要なる苟も歳出を節減するの方あらば之れか挙行を怠るへからされはなり」[31]と説明されている。それは勧業政策転換や積極政策放棄を策したものではなく、積極政策の推進に必要な財源を捻出するため、経費節減の実を挙げることを目的としたものであった。

大隈は、一八七五(明治八)年の「収入支出の源流を清まし理財会計の根本を立つるの議」において自らの積極政策を解説したが、その中で「専ら事業の緩急軽重を察し費途の多少要穴を詳らかに」[32]するため、官立事業を「然るべき商社等に賣與下附」[33]することを提議していた。工場払下げは、大隈の意識の上では何ら積極政策推進とは矛盾しなかった[34]。

工場払下げは、大隈の財政運営を批判し、一八七九(明治一二)年「勧農要旨」で勧業政策転換を主張していた松方内務卿の望むところであった。松方は、民間主導の経済効率を重視し、政府の保護干渉の排除を求めていた。払下げの趣旨は異なっていたが、勧業政策転換の第一歩を画すものと評価しうるものであった。それは松方内務卿等の直接政策担当者の主張が前面に浮上してきたことをも意味していた。

大隈の工場払下げは、積極政策の推進と一体化して実行される場合には、積極政策とは矛盾しない。しかし積極政策が否定されれば、勧業政策の実質的転換を画する契機となる。外債論が否定される場合にも、払下げを中止することはできないからである。大隈は、どうしても外資導入に執着せざるを得ない立場に追い込まれたのである。

ところで正貨流通制度が実現すれば、政府の財政収入は「紙円」ではなく「銀円」で納入されるので、実質的な「増収」効果が生じる。地租収入は、銀貨三八〇〇万円になるため、実質四七%の増収となる。大隈がこれを隠し財源として活用しようと考えていた可能性は否定できない[35]。しかし正貨流通制度の下では政府支出も当然「銀円」行われるため、収入増と支出増とはほぼ相殺され、大きな財政余剰が生れるわけではない。ただし政府支出の実質額は増大するので、インフレ過程で予算目減りに苦しんできた各省は一息つくことができる。そのため大蔵省は当面予算増加要求を封じる根拠を得ることができるであろう。

正貨流通制度が実現すれば、各省の経費増額要求を封じながら、「余裕財源」を用いて積極政策を継続することが可能となる。「減債方案」の紙幣消却予算(一八八五〔明治一八〕年度までの七ヵ年二〇〇〇万円)と旧公債完済に伴う経費節減等の余剰年二〇〇〇万円を挙げて積極政策に投入すれば、七ヵ年で「銀円」三四〇〇万円規模となる。起業公債による積極政策は六ヵ年総額「紙円」一〇〇〇万円であった。外債論が実現すれば、大幅な通貨供給増大と大規模な積極政策拡大が両立するのみならずインフレ問題も解消し、大隈路線は軌道に乗ることになる。

ただし巨額の外資導入は経済変動の振幅を拡大する可能性を持っていた。正貨流通制度の下で巨額の退蔵正貨の市場復帰が実現し通貨供給が増大すれば、物価上昇を招き貿易赤字を拡大させるであろう。次いで外債元利支払いと輸入拡大により巨額の正貨流出が生じれば、強力なデフレ圧力がかかることになる。巨額の対外債務を抱えてデフレに突入すれば、国民経済に与える影響が深刻化する可能性は高かった[36]。

もっとも巨額な外債論の最大の弱点は、国の独立を危うくするという懸念にあった。一八七九(明治一二)年六月、米国大統領経験者として初めて訪日したユリシーズ・グラントが、外債は国を滅ぼしトルコのような悲運をもたらすと忠告して、明治天皇に大きな影響を与えていた[37]。天皇は強力な外債反対論を唱えた。政府首脳も多かれ少なかれ同様の危惧を抱いていた。大隈路線の採否は、巨額の外債が「国を危うくしない」方法で募集可能であることを説得できるかどうかにかかっていたのである。

外債論をめぐる論争と佐野大蔵卿の財政論

外債論の採否をめぐって議論は沸騰した。黒田清隆・西郷従道・川村純義の薩摩閥三参議と、大山巌陸軍卿、榎本武揚海軍卿、田中不二麿司法卿が外債論に賛成した。薩摩閥と軍部からなる賛成論者たちは、積極政策の推進と勤倹主義反対を唱えた。反対したのは、伊藤博文・井上馨・山県有朋・山田顕義の長州閥四参議と大木喬任参議、松方正義内務卿、佐野常民大蔵卿、山尾庸三工部卿、河野敏鎌《とがま》文部卿という、長州閥と経済財政担当省卿を中心としたメンバーであった。彼らは巨額の外債依存は国家の独立を危うくしかねないという外債亡国論で一致していたが、具体的政策論にはそれぞれ相違があった。

山縣は、産業育成策を実行して貿易赤字を解消すべしとしたが、「外債に籍りて之を救ふは、人参を用い、病を医し得るも、治し得て後家産を失うに異ならさるなり」と論陣を張った[38]。山田は紙幣を増発し公債を発行して積極政策を推進すべきと主張したが、外債亡国論を展開した[39]。伊藤・井上らは巨額の外債に反対で、当面必要な一〇〇〇万円程度の募集にとどめるべきであるとした。言ってみれば、大隈の積極政策には賛成だが、大きなリスクを伴う巨額の外債募集には賛成できないという中間論であった。伊藤は「五千万円に上る巨額の外債を募るは、将来に於ける国家の基礎を危うするの虞《おそれ》ありて民心を安定する所以にあらず、宜しく先ず能ふ限り諸官省の冗費を節減し、以て目下の急に応ずべし、而して当時談判中の条約改正に依り関税収入の増加を得るに至らば、財政にも余裕を生じ、随て不換紙幣の消却も順調に実行するを得べし」[40]と論じた。しかし関税収入の増大は、条約改正が実現しない限り実現しない。伊藤は国家を危うくする巨額の外債に反対したものの、冗費節減以外の具体策はなかった。世論の批判を意識して外債反対論を唱えながら、むしろ積極政策や外債そのものには反対ではないとして、大隈との衝突を回避することに意を用いていた。

閣議は紛糾した。諸省卿の意見を聞くこととなり、三條太政大臣は五月二三日、各省卿に対して意見書の提出を求めた。これに対して松方内務卿は口頭で意見を述べ、六月に入ると「財政管窺概略」[41]にまとめて提出した。その中で松方は、紙幣減却と準備正貨蓄積とを併行実施して自力で「兌換《だかん》」制度を実現するべきであり、外債のような危険な方法をとるべきではないと力説した。佐野大蔵卿も外債反対の意見書を提出した。経済財政を直接担当する内務・大蔵両卿が、国家を危うくするおそれがあるとして大隈の外債論に反対し、具体的な財政論を対置したのである。そして、岩倉具視の五月二九日付け伊藤宛書簡に「種々意見候共、三條には佐野考を可然被申居候」[42]とあるように、佐野意見書が政府首脳の意思決定に大きな影響を与えたのである。

大隈にとって打撃となったのは、大蔵省における大隈意見の代弁者として送り込んだ同郷佐賀出身の佐野大蔵卿が、外債反対論を唱え、政府首脳の間で大きな影響力を持ったことであった。財政の直接担当責任者である大蔵卿の意見が、政策決定に強い影響力を発揮するのは当然であった。佐野は内閣からの下問に次のように答えた[43]。

大隈が主張する正貨流通制度の確立は「必用の政策」である。しかし五〇〇〇万円もの外債には賛成できない。それは「無利無期の内債を以て有利有期の外債に変ずる」計画であり、将来償還に不安があり、国会開設論が盛んな現在、民権論者に口実を与え、政治不安の原因となりかねない[44]。紙幣変動の原因は、貿易赤字による「正貨流出」と「紙幣多額」の両面から生じたものであるから[45]、次のような対策をとるべきである。

第一に、一五〇〇万円を輸出物品の「先払代価」として外債（年六分、三年据え置き一五年償還）にし、貿易赤字補充と輸出増進の資金にする。貿易赤字が大きくなれば正貨を市場に供給し、交換で得た紙幣を「茶生糸等の如き貿易上最も勢力を有する物品の荷為替或は仕入元金に貸与するときは、……一面銀貨の騰貴を抑制し、一面輸出の増加を奨励す」る一挙両得の策となる[46]。第二に、紙幣四六〇〇万円を五年で消却する。金札引換公債によって年七〇〇万円、三年合計二一〇〇万円、歳入余剰（経費節減）によって年三〇〇万円、五年合計一五〇〇万円、減債方案に属する財源で年二〇〇万円、五年合計一〇〇〇万円を消却し、明治一七（一八八四）年度末の流通紙幣額を六六六五万円へ収縮させる。西南戦争で発行した政府紙幣・第十五国立銀行紙幣の合計四二〇〇万円を全額消却し、さらに四〇〇万円を追加消却するので、紙幣価格が回復することは疑いない。外債・金札引換公債の償還には、酒税一石一円を二円に増徴し年四七〇万円を充当する[47]。将来時期を見て「更に一千万円を増借し以て紙幣準備の基金を増加する」措置をとり、紙幣価格変動を鎮圧する。五年以後に生まれる歳入余剰と減債方案の年五〇〇万円の余裕資金を一〇ヵ年で五〇〇〇万円国庫に蓄積し、紙幣の交換に着手する[48]。

要するに「小額の外債を以て貿易上の不平均を調和し、又四六〇〇万円の紙幣を消却し、其他五ヵ年間に興る所の事業即ち物産の繁殖海関税則の改正外国旧公債償還(一四年度限り)等を加算するときは、全治の効を奏す」[49]。諸省定額を明治一二年度予算額に固定した上で、冗費を省き、不急の土木を省略し、外国支出を減少することが緊要であるとしたのである[50]。

佐野は、緊縮財政と増税と内外債募集による大規模な紙幣整理を主張した。外債は一五〇〇万円にとどめ、償還計画を明確にしてリスクを排除しようとした。獲得した銀貨は、貿易赤字決済代金に使用する。余裕銀貨は国庫に保管し、銀貨が騰貴する場合には銀貨を売出し、交換で得た紙幣を輸出業者に荷為替資金あるいは仕入れ資金として供給することで輸出を促進する。輸出代金は、外債償還に充当するという構造になろう。

佐野の構想は当面の貿易赤字決済に必要な外資導入を図り、正貨供給を拡大し、輸出を振興する計画であった。詳細は不明ながら、準備金に正貨を受け入れ、これを基金として紙幣価格安定機能と荷為替資金供給および資金貸出し機能を創出しようとするものだったと考えられる。一面では、一八八一(明治一四)年七月に大隈が提出する「一大銀行設立」構想(「内外債案」)の先駆とも評価でき、また大隈の「銀貨売出し」および「財政融資」政策を代替する構想であったということも可能であろう。

その一方、佐野構想は、自力での準備金の銀貨蓄積に基軸を置く松方構想とは大きく異なるものの、荷為替機能を活用しようとした点においては、松方が同時期に提出した「海外荷為替正金銀行」案と類似した構想であったということもできる。

佐野は西南戦争で増発された政府紙幣・国立銀行紙幣合計額四二〇〇万円よりなお四〇〇万円多い消却を提案しているが、その根拠は説明されていない。すでに一八七八～七九（明治一一～一二）年度に九一六万円が消却されているので、合計五五〇〇万円の紙幣が消却される計画になる。計画が実行されれば政府紙幣流通残高は半減する。金融は極度に閉塞し、経済は窒息状態に陥ることになる。佐野の貨幣論は不明だが、当時の支配的な古典派経済学の理解では、貨幣量の変化は物価水準を変更するが実物変数には影響を及ぼさない。古典派的理解を前提に急速な紙幣消却論を唱えても不思議ではなかったといえるかもしれない。

佐野は海外荷為替運用を提案し、それを実行するために銀貨売出し政策を一八八〇（明治一三）年九月に停止した。佐野構想は、政策的な流れにおいては大隈の銀貨売出し政策の後継と言えたが、その交換紙幣を海外荷為替に融資し正貨で回収するという運用方法を提案した点で、まったく異なる政策となったのである。

その後の動きを一瞥しておくと、佐野の準備金を運用する海外荷為替制度は、一八八〇年九月「預入金規則」によって横浜正金銀行を代理機関として開始される[51]。一〇月、横浜正金銀行は三〇〇万円の委託金を運用し、海外直輸出を営む商社の請求に応じて荷為替の取組を始めた。直輸出を振興し、外国債元利支払いや政府海外払いに充てる外貨を獲得することを目指したが、それが逆に商人の投機行動を煽るという欠陥を露呈させた。為替金貸付は紙幣で行われ、返納は荷物売払い代（外国貨幣）を返納当日の時価相場により換算する規定だったため、輸出商は紙幣価格の高下による利益を得ようとこぞって投機に走ったのである[52]。

また同年一〇月二七日には金札引換公債証書条例が改正された。改正点自体は大きくなかったが、銀・紙の価格差が顕在化して、六分利付き金札引換公債の魅力が増していた。条例は政府紙幣と金札引換公債との交換を請求する者に、元利を正貨で償還することを約束していた。六%の低利だが紙円に換算した利回りが一割を超えるため、にわかに注目を集め、一八八〇年度には三〇〇〇万円の応募があった。しかしその後はまったく振るわなかった。

佐野の紙幣消却論は、大規模な国債発行計画が付随している点で異彩をはなっていた。一五〇〇万円の外債、時期を見て準備基金に充用する一〇〇〇万円追加募集、二一〇〇万円の金札引換国債発行が計画され、総額四六〇〇万円の内外債を募集するという強度の公債依存案であった。政府経費節減により三〇〇〇万円を調達するという点や、各省の定額予算を一八七九(明治一二)年度水準に固定するシーリング方式の提案、土木費の削減提案、外貨払いの官費の節減提案、酒税の増税提案など、後に一八八一(明治一四)年度予算に盛り込まれる緊縮路線の大綱が提案されている点も注目に値する。そして各省定額を一二年度予算額に固定しても物価が低落すれば実質的な政府支出は増大するとして、各省の抵抗を緩和しようとした。これらの諸政策は佐野の提案によるものだが、当時の大蔵省の見解を反映したものと見るほうが妥当かも知れない。

佐野の建議はそのままの形では内閣の採用するところとはならなかったが、政府の財政方針に大きな影響を与えた[53]。ちなみに外債案をめぐる意見の中で、大蔵省のマニュアルである『貨政考要』が取り上げているのは佐野の建議のみである。

政府首脳の内、この時点でこのような厳しい緊縮予算と急激な紙幣消却案を唱えたのは、佐野のみであった。ただし、巨額の紙幣消却の経済効果についての認識は机上の論に近かったことは否めない。この他に紙幣消却を唱えた代表的論者は、松方内務卿であった。松方の紙幣整理論は、準備正貨の自力蓄積による兌換制度確立を中心命題としていた点で佐野の主張とは大きく異なる。しかし経済困難の原因を正貨欠乏と不換紙幣の双方にあると見る点では一致していた。松方の政策論は、行論の都合上、次章でまとめて見ることにする。

2 政策の揺らぎと明治一四年の政変

地租米納論の浮上

一八八〇年六月、外債論を不可とし「勤倹を本として経済の方法を定め、内閣諸省と熟議して之を奏せよ」との勅諭が下された[54]。外債論の挫折で大隈は窮地に陥った。各省定額を三〇〇万円減額し、減債方案による二〇〇万円を加えた五〇〇万円で紙幣消却を実行する案が作成されたが、これも各省の抵抗で頓挫した[55]。各省支出はインフレで目減りが進み、実質的に著しい勤倹が進んでいた。この上、勤倹によってまとまった財源を得ることは、実際問題として困難であった。天皇は、自由民権運動が高揚し、政府批判が高まっている折から、政治的摩擦を避けながら(増税によらず政府自ら経費節減をおこなって)財政整理を実行すべきであるとしたが、もはや増税なしには財政整理は覚束ないことは明らかだった。

　このような中、にわかに地租米納論が浮上し、積極政策推進派の大部分が支持にまわった。米納論は、はじめ大木参議が大隈外債論のへ対案として主張したが、このとき米納論を代表したのは岩倉具視である。岩倉は八月「財政に関する意見書」[56]を提出した。貿易不均衡の救済が今日最大の急務であるが、輸入超過の最大原因は地租の金納化にある。金納化により米価調節権が農民に移り、米価が騰貴して農民が富裕化し、物価騰貴と輸入超過を引き起こした。地租の一部を米納に戻せば、米価が低落して農民購買力は減少し、インフレと過剰輸入は解消される。他方、輸出不振の原因は商工業の不振にある。商工業振興に中心的役割を果すべき「朝野の紳士が商工の道を賤業視する」からである。政府が率先してこの旧弊を打破し、積極的に士族授産＝商工業奨励をはかり、地方の起業を振興し、貿易金融の疎通を図らねばならないと論を展開した。

　米穀生産三二〇〇万石の内、造酒用五〇〇万石を控除した二七〇〇万石が一般消費に充てられる計算だが、農民が富裕化して米食に移ったため、士工商雑業者の食料が欠乏し米価騰貴を招いた。このままでは巨額の米穀輸入は必至である。また農民の富裕化に伴い、綿布・砂糖などの奢侈品消費が増大し貿易赤字の原因となっている。米価騰貴は、農民を富裕化させ、士工商を困窮させ、また政府の財政を困窮させた。そこで地租の四分の一（二一七万石）を米穀で徴収し、一五〇万石を東京、大阪などの中央市場に保蓄して、機を見て適宜売り出せば、政府は米価調節権を奪回できる。米価が低下すれば、地租収入は増大する。農民は米販売量を増加させざるをえず、米食は減少し、節倹意識が高まって、奢侈品輸入は抑制される。米穀輸入は削減され、官庫余裕米の輸出（正貨獲得）も可能になる、と続けた。

岩倉の狙いは、農民の膨張した所得を吸収して、輸入過剰（貿易赤字）を是正し、政府財政を建て直すことにあった。それが士族授産を目的とする積極的な産業振興策と結び付けられて主張されたのである。岩倉の積極政策は、各府県に約一〇〇〇万円の起業資金を募集させ、①輸出物産増殖、②河渠道路改良、③山林原野開拓、④造林、⑤紡績造船等工業振興、⑥金銀銅鉄石炭等鉱山開発を促進し、政府が年八分の利子補給を五年間継続するというものである。「起業資金は其実士族授産の方法にして……各地方遊手無業の士族は国家有用の生産者となること期して」[57]いたのである。

他方、岩倉意見書には、次のような米納＝積極政策論とは異なる政策群が付随していた。①「年々紙幣五百万円を以て海外直輸出入為替の資本に供給し然る後紙幣の償却に充つへきこと」[58]、②「勧業の目的を以て設置せる各官工場を払下する事」[59]、③「年々弐百万円已上の紙幣を歳入中より支消する事」[60]。①は直輸出奨励を目的としたものである。酒税増税により五〇〇万円の財源を確保し、これを海外輸出荷為替資金として内商に貸付け、その売り上げ代金の半額を正貨で受け取り、官用品および民間機械原料輸入資金に充用し、政府紙幣で受け取る半額二五〇万円は直ちに消却する。受け取った正貨は、紙幣価格が著しく下落したときには市場に売り出し領収した紙幣を消却し、紙幣価格が安定しているときは準備金中の紙幣と交換して正貨を蓄積し、紙幣は消却する。このような方法で、財政資金を海外荷為替資金として運用し、直輸出を振興しつつ、対外支払いのための外貨調達と政府紙幣消却を並行させて実施しようという構想であった。紙幣償却額は、減債方案による紙幣消却を加えると年七〇〇万円となる。まさに強力な紙幣消却構想であった。

「此の如く海外へ直輸出をなさしむるときは、官用品輸入の為め貨幣の支出を要せさるのみならす、時としては幾分の貨幣を保蓄し、而して年々五百万円の紙幣を償却することを得べし、因て別款の減債金中より償還せる弐百萬円を併せ年々七百万円の紙幣を減少するの算程なり……右の如く毎歳紙幣を減却し、貨幣を増殖するの事に勉励し、以て之を経営せは、数年を出すして財政の困難を挽回するを得へきなり」[61]。

強力な紙幣消却を実行しつつ、直輸出を推進しようとする政策志向においては、岩倉と佐野のスタンスは、同じ方向を示していた。このことは紙幣消却を実行すると同時に海外荷為替を活用して正貨を調達することがインフレ対策として重要であるという認識が、政府部内で広まりつつあったことを示している。岩倉も、それに配慮したのである。

岩倉の払下げ論は、政府の保護干渉主義の排除を目的とするものではなく、地方政府を介する大規模な起業奨励＝士族授産を推進するための財源手段として主張されたものであった。大隈の起業公債を梃子とした積極構想の地方版とも云うべきものであり、払下げ収入はすべて地方起業に対する利子補給に投入される予定であった[62]。

岩倉は、地租米納を積極政策およびインフレ沈静対策の切り札と考えた反面、紙幣消却のインフレ抑制効果を過小評価していた。インフレの原因を、①米価騰貴、②貿易不均衡（銀貨騰貴）、③紙幣増発に分割すれば、主因は①②、とりわけ①にあると考え、③の影響は僅少であると考えていた。地租米納論を岩倉に入説した五代友厚も①②を主体に論じ、「米納論」で次のように説明している[63]。

「抑も、我国の実況は、金銀実貨の高貴なるか為めに物価に影響を及ぼすと、米価の高貴に依て物価の高貴を促すと、其緩急遅速の別あるは、固より同日の論にあらず、実貨の高貴も、物価に影響を及ぼさざるにあらずと雖も、米価の高直に依て、其影響を及ぼすの速かなるに比すれば、三と七との如し。……全国人民、日々其価を求めて生計を為すものなれば、米価を標準とし、百般の物価を昇降せしむるは、目今の実況なり。故に、仮令、実貨高貴なるも米価さえ廉なるときは、内国の百貨、非常の高貴に進むことなく……若し、之に反して、実貨廉なるも米価高貴なるときは忽ち、百貨の高直を見るは論を待たず」[64]。

岩倉は、米納実施による米価抑制と農民所得圧縮こそが主要なインフレ対策であると考えた。そして緊急課題である士族授産のための産業振興を実施し、海外荷為替を活用した直輸出振興策をとれば、貿易赤字は改善され、銀貨騰貴が抑制されるので、インフレ対策は強化されるとしたのである。さらに金禄公債に依存していた士族の生活保護を徹底させるには、紙幣整理を同時に実施することが合理的である。それは、地租米納を一方的に主張した場合に予想される米納反対論者や紙幣整理論者の反発を緩和し、政策論として多数派を形成することに役立つであろう。

岩倉の頭にあったことは、貿易赤字を解消し、インフレを抑制して、「農民」と「士族および政府」との間に発生していた所得配分不均衡を是正し、財政を救済し、士族の授産と保護を積極化する必要性であった。それは自由民権運動を沈静化させる効果をもつと期待されていた。しかし米納を実施し、同時に年々七〇〇万円の紙幣消却が実行されれば、急激なデフレは免れない。岩倉の米納論は、主観的には財政再建貿易赤字解消と士族授産を中心眼目とする積極政策であったが、客観的には強力なデフレ政策たらざるを得ないものであった。

米納論は当時の経済状況をかなりよく説明していた。米価暴騰によって、農民所得が急激に膨張し、定額金納地租の実質収入が低下した結果、士族所得が圧迫されて社会的な所得再分配が大規模に進み、インフレや貿易赤字や政府財政逼迫などの原因となっていたからである。しかし地租金納化自体がインフレを直接引き起こしたわけではない。米価騰貴のきっかけは、中国の飢饉によって海外米価が高騰し、日本からの米穀輸出が増大し、米の不作とあいまって、日本の米価を引き上げたことであった。米価は諸物価に先行して上昇し、次第に諸物価に跳ね返った。大隈は先の「財政四件を挙行せんことを請うの議」(一八七九[明治一二]年六月)で、この間の事情について解説している。

「甚きは単に紙幣の増発を以て洋銀騰貴の原因とし物価の昂貴も亦専ら之に原由すると云うにいたる勿論此間諸物価中若干品(即ち米穀を始め薪炭等の類)の価直稍昂貴に赴くものありと雖ども是れ其事たる時方さに支那の飢饉を承け内地舊穀を輸出するの多量なる復た平年の比に非ず而して新穀の収穫は全国を概して大に常歳に譲る所あるや米穀の値頓に昂踊し又随て日用諸価の若干品に波及するは固より理勢の必然にして此際仮令ひ洋銀の騰貴紙幣の増発に遭遇せざるも到底其低価を期すべからず」[65]

このように、一八七八(明治一一)年から翌年初めにかけての米価高騰は、主として紙幣や洋銀相場の動向とは相対的に独立した海外米価の高騰・国内不作によって引き起こされたものであった。しかし続く一八七九(明治一二)年、一八八〇(明治一三)年と日本では豊作が続いた。ここで米価の下落が生じても不思議ではなかったが、米価は下落しなかった。紙幣価格の下落が米価騰貴に拍車をかけ、激しい米投機行動が誘発された結果、米価は暴騰した。地租納税額は金納固定されていたため、農民所得の膨張と租税負担の軽減が進み、社会的な所得再分配を一気に促進したのである。

反対に米価が低下すれば、農民所得は圧縮され、インフレ圧力と貿易赤字を縮小する方向に作用することになる。米納制の採用によって米価を低下させることが可能である限り、米納は政策手段として効果を発揮する。ただし政策として有効であるということと、政治的に支持が得られるかどうかは別問題であった[66]。

米納反対論と井上馨の財政論

米納反対論の先頭に立ったのは井上馨である。農民が富裕化して輸入を拡大したとしても、農民利益の一方的圧縮には正当な理由がないとしたのである。大隈も反対の立場を鮮明にした。大隈は、地租改正を断行して旧幕時代の年貢を近代的な定額金納の地租に改め、近代的税制を確立するために多大の時間と労力を投じ、西欧でも高く評価されていた[67]。その成果をなげうって、部分的に年貢を復活させることには反対せざるをえない立場であった。それは近代国家としての日本の国際的信用を失わせ、また経済を縮小に導く米納に与することは、従来の積極政策路線の放棄にもつながりかねない。

外債論でつまずき、政治的リーダーシップ回復のチャンスを模索していた大隈は、米納論に与するかどうか迷った。米納支持の中心勢力である薩摩閥は、米納論に賛成するよう熱心に大隈を勧誘した。しかし薩摩閥との提携関係を犠牲にするという政治的コストを支払いながらも、大隈は米納論反対にまわった[68]。大隈が長州閥の伊藤や井上と提携して米納論に反対したということは、薩摩閥との提携を解消しても政府内で政治力を維持していけると判断したことを意味していた。また外債論否定という枠組みの下では、井上が展開した経済財政論が、大隈にとって当座を凌ぎ、経済収縮への急速な転換を阻止するために取りうる最善の経済論であったことを意味している。

井上は、米納という反動的な政策を採用すべきではないが、経済を不況に陥れる急速な紙幣整理も望ましくないと主張した。経費節減と増税によって財源を確保し、直輸出を振興して正貨を獲得する一方で、デフレを避けながら時間をかけて銀・紙の格差を徐々に解消していくべきであるとしたのである。具体的には、節倹と増税で一〇〇〇万円確保し、準備金保有の正貨で「日本銀行」(海外荷為替を取り組む正金銀行)を設立し、海外直接貿易会社を一〇店程度設立する。一〇〇〇万円の財源で海外直貿易の資本を供給する一方、準備金を充実して減債と紙幣運用の資金にする。向こう三年間は紙幣整理を凍結し、紙幣価格を一円三〇銭程度に維持し(建議が出された一八八〇年八月の紙幣相場は一円三九銭であった)、一〇年をかけて漸進的に銀・紙の差を解消していくべきであるとし[69]、さらに減債方案の二〇〇〇万円についても直接消却に反対した。

井上は、政策転換を提案したのではなかった。紙幣相場の現状水準安定化論は、佐野大蔵卿の急速な紙幣整理案への反対論であった。当面は紙幣消却を凍結し、海外直輸出を促進し、銀貨の獲得を図り、それを紙幣と交換していけばよい。それは減債方案を掲げつつ積極政策を推進した大隈路線を引き継ぎながら、紙幣消却を一層「緩和」したものだったのである。

大隈にとってまさに渡りに船の政策提言であった。外債論が棚上げされた状況下では、これ以外に大隈が取るべき適切な政策スタンスはなかった。さらに善後策を講じる時間的余裕を得ることもできる。伊藤・井上との間で経済論の共通土俵が形成されれば、国会論で「進歩派」としての協調を可能にする条件も整う。大隈が「保守派」の薩摩閥との関係悪化を覚悟して、米納論反対に踏み切った背景をうかがい知ることができよう。大隈・伊藤・井上の三者は、モデルの具体的構想では相違を残しながらも、国会の早期開設論で意見が一致する。このような状況の中、一八八一（明治一四）年一月に黒田清隆を加えた四者会議が熱海で開催され、国会論と財政論についての意見交換が行われるにいたるのである[70]。

一八八〇（明治一三）年後半の緊縮路線へ向けた「政策転換」を、「実質的な井上財政」と評価する見解がある[71]。しかし井上は、佐野型の大規模な急速紙幣消却論を唱えたわけでも、松方型の正貨蓄積・紙幣消却併行論を唱えたわけでもなかった。事実上の紙幣整理凍結論を唱えたのである。そして日本は産金銀量が少なく、外債は弊害が大きいので、正貨を得る道は貿易振興しかないと指摘した。

「独り漸を以て貿易の利に資る一点に在り。乃其効たる終に紙幣を償却するに止らず、又他に貿易を盛んにし、輸出を励すの媒介をなす益あるなり。夫れ貿易の利に資り、正貨を獲て以て今日の紙幣を交換し尽すは、救済の目的たり。紙幣交換の目的を完了するには、一気呵成す可らざるは無論にして、其前に一の必踏むべき順序あり。乃今後両三年間は、紙幣の銀貨一円に対し、一円参拾銭位の貨幣相場を維持する事是れ也」。「益貿易を盛にし、以て正貨を獲るの道を開くには必ず参議大隈の説の如く、先ず毎年一千万円を我歳入より抜き、以て之に充つべし」[72]。

井上は財源捻出が急務であるとして、経費節減で二〇〇万円、地方税則改正で二〇〇万円の計四〇〇万円、酒税増税で四〇〇万円、減債紙幣二〇〇万円の合計一〇〇〇万円案を提案した。そして貿易を振興し正貨獲得を図る方策を掲げた。①準備金の正貨六〇〇万円で「日本銀行」を設立する、②現在の保険会社を一層盛大にする、③海外直接貿易会社一〇店を設立する、④財源の内、六〇〇万円を海外直接貿易の資本に供し、二〇〇万円を準備金に編入して減債紙幣活用の不足を助ける。

一〇〇〇万円の財源調達の目的は紙幣価格の回復にあるのではなく、貿易の振興と正貨の調達にあった。注目すべきは、この主張が大隈との協議を経た上での提案であることが明らかにされている点である。そして井上は、紙幣価格三年間凍結に加え、減債方案による紙幣償却についても、必ずしも消却する必要はなく、海外貿易資本や殖産事業への貸付けなどに利用すべきであると主張した。

「減債紙幣二百万円は、定規の如く之を裁断する固より妨げなしと雖ども、直に減却し去るは、一旦活用するの効能多きに如かざる……或いは以て海外直貿易の資本に供し、或は以て殖産の前貸に充る等、一たび使用し、然后正貨に換りし上、之を公然裁断に付すべし。其活用の制限は予め定め難し。要するに此二百万円は、必しも年々減却の旨を墨守せず、時に臨み活用するの道を開くを望むのみ」[73]

そして④の準備金編入の二〇〇〇万円もこれと同様に運用するという構想であった。こうして一〇年経てば紙幣の額が漸次減少して、正貨と同一の格に進むとしたのである。ポイントは、直輸出の拡大によって正貨を獲得し、その正貨を紙幣と随時交換して政府紙幣の流通量を縮小すれば紙幣整理が実現できるという点に帰着する。そして輸出が拡大して貿易収支が改善すれば、正貨が国内に供給されるので、国内紙幣流通額が減少してもデフレは回避されると考えていたことになる。外債論を唱える以前に大隈が考えていた正貨流通制度とほぼ同様の考え方であった。

井上は、松方が提議していた正貨蓄積方針に反対し、獲得した正貨を順次紙幣と交換する方策を主張した[74]。松方は、井上の意見に批判的であった。松方は、後に「紙幣整理概概要」で、「内閣に於いて正貨準備を蓄積するよりも、寧ろ正貨を得るに従い着々と兌換をなすを可とせずやとの説を提出せられたる人あり」[75]と言及し、「紙幣整理」で次のように述べている。

「正貨を積むよりは正貨を得るに従つて着々兌換を実行する方が宜かろうという説があった、随時兌換をするということになれば紙幣の値が次第に回復するという順序にはならない、其為に時々無用の波乱を起こすことになる、其は宜しくないと私は主張した」[76]。

井上は、海外直輸出の振興を軸に据えて、大隈同様の正貨流通制度の実現を構想していた。しかし「随時交換」を行うのでは、「銀貨売出し」と大同小異となる。もっとも当面三年間は、紙幣価格を現行水準に安定化させることを目的としていたのであるから、銀貨を随時市場に放出して銀貨騰貴のペースを抑制することで、基本的目標は達成されると考えられていたのかも知れない。

井上の財政論は、大隈が外債論提出以前に唱えていた積極構想の延長線上で議論を展開したものであり、「減債方案」で予定された紙幣消却を凍結し、紙幣整理事業を緩和し、毎年総額一〇〇〇万円の財源で輸出振興を図り、その一部は「殖産の前貸し」に活用するという案であるから、大隈構想より一層積極政策の色彩が濃い政策論だったのである。

建議で大隈の主張が引用されていることは、建議に先だって大隈と協議し、その意向が反映されていることを示している。井上案は、政府紙幣消却に関しては恐らく政府部内で最も微温的なものであり、外債論を除けば、この時点では最も強力な積極政策であったといえよう。

過渡期の政策対立

九月一七日、閣議が開かれ、三條実美・有栖川宮熾仁の両大臣、大隈・伊藤・井上・山縣らの反対で米納論は棚上げされた。翌一八日には米納論を不可とする勅諭が下った。自由民権運動が高揚する中で、「今日に行う頗《すこぶる》不穏を覚ゆ」としたのである[77]。

大隈は、会計部筆頭参議として新たな政策案を策定する必要に迫られ、伊藤に協力を要請した。財政調査により準備金の正貨を大隈が無断で売り払っていることを知った伊藤は、不信を募らせ協力を拒絶した。大隈は、天皇の勅諭に訴えて渋る伊藤の協力をとりつけた。伊藤は大隈を高輪の自宅に招き、現在必要とする財源一〇〇〇万円を、酒税増徴四〇〇万円、各省経費節減三〇〇万円、国庫地方補助金停止二二〇万円、その他の諸経費節減八〇万円によって捻出する案を示し、大隈は他に良案はないと賛成した[78]。伊藤案が井上案を下敷きにしていることは明確であり、井上案は大隈の意向を取り入れた計画であった。ことは大隈の思惑通りに進行したといってよかろう。

大隈はこのような手続きを踏んで、九月「財政更改の議」[79]を建議する。内容は伊藤案を下敷きにした一〇〇〇万円捻出案であり、酒税増徴四〇〇万円、国庫地方補助金削減二〇九万円、各省庁経費削減一五〇万円、正貨収支均衡化策による節減一六三万円(プラスアルファ)という内容であった。両者を比較すれば、酒税増税四〇〇万円(伊藤案四〇〇万円)、地方土木費補助削減二〇九万円(同二二〇万円)、各省経費節減三九一万円(同三八〇万円)となりほぼ同じ内容となる。ちなみに井上案は、酒税増税四〇〇万円、各省経費節減と地方補助金削減合計四〇〇万円、減債方案による紙幣消却費二〇〇万円の合計一〇〇〇万円としていたので、減債方案による紙幣整理予算分(二〇〇万円分)だけ財源捻出額が小さかった。ここで打ち出された地方負担増大の方針は、地方政治家(自由民権論者)の政府に対する不信感を強め、財政運営に対する批判をより辛辣なものにする結果を招来する。

「財政更改の議」は、伊藤や井上の共同責任を担保したうえで、財源捻出に重きを置き、紙幣消却方法の具体論については後日改めて提案するとしたものであった。

「方案は之を大別すれば……歳入上に若干の余裕を生ぜしむると……紙幣消却の方法を改正するとの二途の外に出でず。而して其第一途と第二途とは別議に渉るを以て、先ず第一途に付四か条の方案を具陳し第二途は第一途決定の後更に其方案を上陳せんと欲す……一たび歳入上に若干の余裕を得ば、之を以て或は紙幣消却の資に増加するも或は外国荷為替其他の方法に因て正貨を購入して紙幣の準備を増加するも固より爾後廟議の選択する所に依（る）」[80]

ただし、この新財源が主として紙幣消却に投入され、毎年一〇〇〇万円もの紙幣が消却されるとすれば、急激なデフレは避けられない。大隈路線は全面転換を余儀なくされる。それは大隈がなんとしても避けねばならない事態であった。したがって井上の建議のように、当面紙幣消却を凍結し、輸出振興や正貨取得の目的に優先的に使用すると明言したほうが安全である。しかし財源調達と使途を一括して議論すれば、紙幣消却に直結する議論を誘発する恐れがあった。大隈は、その危険を避けるため、使途を財源調達と分離して別途に議論し、紙幣消却方法の決着を先送りして、「五千万円外債案」に替わる新たな外資導入案を取りまとめ、政府首脳の同意を取り付けるまでの時間を稼ぐ必要があったのである。

大隈は、積極政策を放棄する意思はなかった。「財政更改の議」の中にも積極政策推進の主張が巧みに折り込まれていた。建議で大隈は、財源捻出のために地方補助金の停止を受け入れたが、同時に「道路の開設河渠の浚鑿山野の開墾其侘公益に係る事業……府県をして自ら之に従事せしめ……此際地方債を起こすことを許し其之を許すの方法等を布告すべきなり」[81]と主張しているのである。したがってこの措置は、政府部内に強く残る積極志向を汲み上げ、岩倉の士族授産方針や薩摩閥の積極政策要求と相乗りすることで、あらためて積極路線への支持を確保しようと目論んだものとおぼしい。

つまり「財政更改の議」は、増税と経費節減を組み合わせて年一〇〇〇万円の財源を確保するが、その使途についての決定は先送りして新消却案作成までの時間を稼ぎ、当面「国を危うくする恐れのない」地方債を財源として公共インフラ整備のための土木事業を行ない殖産興業の積極政策を実施するというものであった。

しかし大隈が外資導入を梃子とする新計画を準備する間にも、財源調達のための措置は先行して順次具体化されていくことになる。それは政策転換への枠組みが整備されていくことを意味していた。「財政更改の議」は、勧業政策転換への強力な芽を内包していたのである。

一八八〇(明治一三)年九月二七日、まず酒造税則が公布された。次いで一一月五日、太政官四八号布告により地方税負担が地租の五分の一から三分の一に拡大され、府県土木費への国庫補助が停止された。また同日「工場払下げ概則」が制定された。さらに同じ一一月には伊藤・大隈の連名で「農商務省設立建議」が提出される。

「今回財政御改革の主旨たる事務の繁を省き簡に就き善く其緩急を計りて経費の節減を行ふにある……然り而して事務の分合上最も急務と認むるものは各省分任の事務中農商に関する事務を一省に集合する是なり……勧農勧商の実況たる抑も農商事務局の第一の要務たる農商管理の事務即ち博く奨励保護に関する法制を案じ一定の規則に拠りて公平不偏洽ねく農商を誘導するの事は却て第二となり稍々奨励保護の区域を踰越して自ら事業を興起し若くは資金を貸与して直に農商の営業に干渉し……一般の農商と利益を競争するの嫌疑すへき状態あるを免かれす宜しく此主義を顚倒一変して農商管理の事務と為すへきなり」[82]

農商務省は、各省の重複事務を統合・効率化し、経費を節減する目的で設立されたものだが、同時に政府事業や政府の保護干渉主義の排除を目指すことも明言されていた。農商務省新設にあたって、最も利害関係の深い内務省の主張が色濃く反映されるのは当然であった。「農商務省設立建議」には、松方内務卿が「勧農要旨」以来主張してきた勧業政策の「基本方針の転換」も盛り込まれている。内務卿の意向を無視して勧業政策を担当する専門省庁を新設することは困難であり、農商務省設立には松方も深く関与していた[83]。建議には、政府の保護干渉主義を排除することを打ち出した松方型の新たな経済政策スタンスが同時に掲げられることになった。

「工場払下げ概則」も、同様の目的から制定された。大隈は工場払下げを積極政策推進のための財源調達として、やむを得ぬコストとして提案した。大隈の積極政策とセットになった「工場払下げ」論である限りにおいて、それは勧業政策の転換を意味しない。しかし積極路線が伴わなければ、工場払下げは勧業政策転換のシンボルとしての機能を担うことになる。大隈にとって、まさに両刃の剣であった。

一八八〇（明治一三）年九月を画期として、国庫に一〇〇〇万円の余裕財源を調達するために着手された財政更改事業は、その進行過程で次第に実質的な制度・政策変更に帰着する趨勢を顕していった。一八八一年二月には地租納期繰上げ、四月には農商務省設立、五月には北海道開拓使廃止、六月一三日には準備金からの各庁繰替金廃止が決定され、準備金の充実が図られることになった。佐野大蔵卿の下で、準備金からの融資（勧業貸）が廃止され、回収を進める措置がとられた。官業に対する営業資本の貸付が中止されたのである[84]。

準備金による民間企業および官業への投融資は、大隈の積極政策の有力な柱であった。一八七九（明治一二)年六月時点で、準備金総計五二〇〇万円余のうち二三〇〇万円余が民業保護や官業への投融資で占められていたが、大隈が期待した物産工作振興は不発に終り、「官業は概ね損失に帰し、政府保護の民業も皆多くは失敗し貸付金の返納元利共に延滞」するという事態に陥っていた[85]。大隈の銀貨売り出しは正貨を枯渇させ、政府紙幣の信用を担保するという準備金本来の目的を果すことができなくなっていた。佐野による準備金からの投融資の原則廃止措置は、大隈の積極政策失敗への対応策としてとられた措置であった。それは政府の勧業政策を転換し、財政健全化を図る政策イニシアティブに他ならなかった。また横浜正金銀行を通じて海外荷為替取組みを進め、直輸出を振興し、政府支払外貨を獲得しようとする政策も実施された。ただし、制度上の欠陥から逆に投機を煽る結果に陥るなど、必ずしも順調に進んだわけではなかった。

このような流れの中で、一八八一(明治一四)年度予算(七月~翌年六月)では、減債方案で予定された紙幣消却額三五〇〇万円の倍額にあたる七〇〇〇万円の紙幣消却費が計上されることになった。大隈の一時的な「変通の考案」に端を発する紙幣消却方針は、政策転換へ向けての政策枠組みや制度変更をもたらしつつ、紙幣消却予算増額という帰結をもたらしたのである。

大隈積極政策の集大成

「財政更改の議」は、大隈が積極政策を転換し、紙幣消却の実行に着手した画期を示すものであるという主張がある[86]が、そう断定するのは早計であろう。

大隈は「財政更改の儀」の中で、「紙幣消却方法の改正」を「別儀」であるとし、財源調達と分離して先送りする、地方債を梃子とした積極政策遂行の方策を提議していた。そして一八八一（明治一四）年のはじめに外資導入に基づく新たな紙幣整理構想をまとめ、佐野大蔵卿の同意を得ると、四月に伊藤と連名で内閣に「公債を新募し一大銀行を設立する議」[87]（内外債論）を提出した。それが七月末に閣議決定され、八月一日に裁可されたことはすでに述べたとおりである。大隈が主導してきた政策構想を評価するには、これらの動きをあわせて見る必要がある。大隈・伊藤は建議の冒頭で、「昨年以来紙幣消却の元資を増加するの議を実行せられ、紙幣の処置粗ほ其緒に就くと雖も、尚ほ今日に於て是を完整せしむるに緊要なる二様の処置あり」[88]と述べ、建議が「財政更改の議」の継続措置であることを明確にしている[89]。

新計画は、紙幣消却を加速し速やかに海外の金銀を吸収する方策として五〇〇〇万円の新規公債を募集し、正貨吸収を巧妙に実施するために一大正金銀行を設立するというものであった。それは「通貨の多少に関する惑迷の思想を国人の胸裏より一掃」[90]することを目指していた。新募集公債と紙幣との交換を自由にし、通貨欠乏の時には公債と交換に紙幣を放出する。通貨過剰のときは公債で紙幣を吸収して通貨の「需要適応」を図り、適正な紙幣流通量を実現する。通貨量が自動的に伸縮するわけではないが、既定の紙幣消却計画による強制的な通貨流通量縮小を回避することができる。そして「正金を儲存して紙幣の準備を増し、正金通用の地歩を速に進占せしむる」[91]ことが最終目的とされていた。

新規公債は「紙幣を以て応募し正金を以て返償する」[92]建前だが、正金を以て応募することも許し、さらには「新定する募集条例と是公債に関する政府の法律とを遵守する」[93]という条件で外国人の応募を許すことも規定されていた。そして「安全の手段を用ひ我が法律制御の下に海外の金銀を流入せしむるを以て得策とす、而て其最も神速なる術策は唯是れ公債法あるのみ」〔94〕と説明された。大隈は前年の失敗に鑑み、外債を正面から掲げることを避けていた。しかし公債募集の主目的が海外からの正貨吸収に置かれていたことは明らかである。実質的には内外債募集案に他ならなかった。

内外市場の便宜を謀り、「海外より吸入する金銀を引揚げ、之を市場に放出せしめざらんと欲するには、銀行の作用に頼らさるべからず」として、正金銀行の設立が提案される〔95〕。それは米国モデルの国立銀行を中心とする分権的な発券銀行システムに代わる、英仏型の集権的な中央銀行設立構想であった。国債の海外売出しや外貨の保管運用にとどまらず、政府紙幣に代わる兌換銀行券の発行、国庫出納事務を司る政府の銀行機能、外国為替銀行機能などを包含する、資本金一五〇〇万円の巨大銀行設立が提案されていた。

「現時通貨の多少に関する惑迷の思想を国人の胸裏より一掃し去て需要適応の度位を公明に標示認識せしむるの機会を与え又正金を儲存して紙幣の準備を増し正金通用の地歩を速に進占せしむるに足る最も安全にして危険なき一挙両全の得策たるを信ずるなり」〔96〕

前年の外債論の弱点を補強し、巨額の外資導入を実現して、正貨流通制を目指したものである。中央銀行設立をともなった新構想として提案されている点で、格段に洗練された政策論へと進化していた。

内外債案は大隈と伊藤の連名建議であったが、そこに織り込まれた大隈構想の髄は小野梓の「今政十宜」〔97〕（一八八一［明治一四］年二月二八日執筆、三月一八日提出）に示されている。大隈は「もし何事かなす場合には、わが輩一策を建つれば、直ちにこれに骨をつぎ足し肉を付け、ちゃんと形を整えて提供し、その案は往々わが輩の考える以上のものがあった」[98]と小野を評している。「今政十宜」の経済財政論は、「五千万円外債論」・「財政更改の議」を踏まえ、大隈の積極政策構想を体系化したものである[99]。

外債に対して非難はあるだろうが、紙幣価格の浮沈によって財産所有の安固を妨げる弊害に比べれば、害は小さい。紙幣は供給過多に陥ることはあるが、新規事業が起これば順次需給は調整される。貨幣の代理者としての信用を保たせれば、流通額の多量が紙幣価格低落の原因とはならない。いたずらに現行紙幣の焼却を実行するのは、市場逼迫の原因となり害が大きい。外債によって正貨を獲得し、紙幣交換準備金の欠乏を解消し、一挙に通貨安定を確保することが必要である。他方「年々節約して得る所の一千万円は、之を鉄路等の創築に充て、一は以て国内の生産力を誘導し、一は以て市場流通の途を平易ならしむべき也」[100]と構想の核心を説明している。

「財政更改の議」で捻出された年一〇〇〇万円の財源を、挙げて鉄道を中心とする大規模な公共インフラ建設等に投入する計画であった。ここで構想されている積極政策規模は、起業公債総額一〇〇〇万円と比較すれば、まさに未曾有の規模であった。

また国庫出納上一時借入金が大量に生じる難点を改めるために、現行会計年度を改める必要があるとした。しかし「論者或は地税の納期を改正して、会計の年度に沿はしめんとする者あり、……之を今日に施行するは政略上大にその不可なるを覚ゆ」[101]として、地租納期繰上げに反対している。米価低落を惹起する地租納期繰上げは、反政府運動に油を注ぐ結果となり、積極政策を挫折させる恐れがあると考えられていた。

内外債により一挙に通貨安定を図り、浮いた大規模な財源を用いて積極政策を推進するという構想の成否は、巨額の外資をいかに調達するかの具体案にかかっていた。この難問は、英国の駐日公使パークスの建策によって解決された。

「日本に於て一大銀行を設立し、其の資本は内外人をして、其の募集に応ぜしめ、彼を介して、英国より五千万円の外債を募集し、紙幣の相場を以て、金銀を換算すれば、銀貨を吸収するを得べく、之に割増金を附し、抽籤法に由りて返還し、紙幣の消却を行はば、日本現下の財政難を救済して、容易に整理の目的を達することを得べし」[102]

大隈・伊藤案は、小野案をベースとし、パークス案を背後に持ちながら、実質的な外債募集案を巧にカモフラージュしつつ纏め上げられたものであったと言ってよいであろう。そして政府は、中央銀行を設立して紙幣整理を行うのは日本人の手に余るとするパークスの意見に従い、財政顧問に「ロベッソン」を就任させることを閣議決定した[103]。

大隈・伊藤の内外債案が閣議決定されたのは、一八八一(明治一四)年度予算執行の期首にあたる七月であり、八月一日には、「建議の趣御採用可相成に付、公債を新募し銀行設立の方案詳細取調可差出事」[104]が布達され、正式に裁可された。したがってこの時点で、財政余剰によって紙幣消却を実施するという路線を実質的に放棄する方針が決定したといえるだろう。大隈型の積極政策が、外資導入を前提に再定義され、大規模に実施されることになったのである。佐野大蔵卿の下で進んできた紙幣消却路線は一挙に有名無化した。その後、内外債論の実行プラン細部の詰めが行われ、大隈が失脚した明治一四年政変直後の一一月には、その成案が伊藤の手によって出来上がり、伊藤は次のように上申した。

「公債新募銀行設立の議、別紙の通過般建議仕候、建議の趣御採用可相成に付詳細の方案取調可差出旨の御指令を蒙り、爾後方案の取調に着手し、別冊の通一応草定仕候」〔105〕

大隈・伊藤の積極政策推進の構想は、まさに実行寸前の段階に至っていたのである。

内外債論が採用されるに至った理由の第一は、内国債の海外売出しという形式で提案されたことであった。外国人の応募に日本の国内法を遵守するという条件をつけ、「最も安全にして危険なき一挙両全の得策」としたことで、植民地化の危険があるという批判をかわすことができた。内外債案を提出するにあたっては、会計部参議大隈・伊藤の共同建議という形で、まず大蔵省の吉原重俊少輔（＝次官、のちに日本銀行初代総裁）や、佐野常民大蔵卿に建議案を回覧して、特にその同意が取り付けられた〔106〕。前年の佐野大蔵卿の外債反対論は、政府部内で非常に大きな影響力を持った。今回は佐野の賛成が得られるように、佐野の限定的外債論の主張に周到に配慮した内容に調整されたと考えられる。佐野の財政論も、要約すれば内外債案（総額四六〇〇万円）ということになるからである。第二に、内外債という体裁を整えたことは、巨額の外債募集への反対を唱えた論者を封じ込める効果をもっていた。前年に大隈外債論に反対した伊藤・井上・佐野・三條・有栖川宮らは、必要であれば一〇〇〇～一五〇〇万円程度の外債募集は容認できるとしていた。第三に、政府内には緊縮路線を避けたいとする黒田・西郷・川村・

大山・榎本・田中など薩摩閥と軍部を中心とする強力な積極財政派が存在しており、彼らにとって内外債案は願ったり叶ったりであった。長州閥の山縣や山田らも国を危うくしない工夫がなされていれば、積極政策に反対する理由を持たなかった。そして何より伊藤は内外債論の共同提案者であった。第四に、償還期限を五〇年という長期として毎年の償還額を一〇〇万円に縮減するなどの工夫をし、前回苦杯をなめた償還計画不備に対する批判を予め回避する工夫がなされていた。こうして政府首脳部では、両大臣、薩長、大隈グループからなる内外債案賛成論が圧倒的多数を制する状況が生じた。

この時点で外債論に正面から反対したのは松方らごく少数であった。次章で詳述するが、松方は一八八一（明治一四）年五月に「財政議」を提出して大隈案への対案を示し、再び外債反対を唱えた。一八八一年度予算案に結実した政策路線は、短期間のうちに実現の見込みを失い、大隈・伊藤の外資依存積極政策路線が正式な政府決定となりつつあった。「財政議」には、このような政府の無定見振りに対する、松方の怒りと批判が率直に示されている。

「昨十三年国費節減の聖諭たるや、固より天皇陛下の至仁至愛なる英旨に出て、上下官民の共に感戴するや深し。爾後官省の費途に就き、其節減に得へきものは皆勉めて節減の目的を立て、十四年度には自から国庫に余裕を生じ、陛下の聖諭に対ふるの名あれども、前途は安くに在るや未だ窺い知る所無し」[107]

政府首脳が大隈・伊藤案支持に傾き、紙幣整理路線が有名無実化していくことに焦燥感を募らせた松方が、「天皇の意向」を盾にとって必死に抵抗している姿がそこにあった。

松方は、「肌膚粟を生じる」とまで極言して批判した。巨額の外債に依存し、運用を外国人に委ねる大隈・伊藤構想は、財政の目的（国家信用の確立）を破壊し、植民地化への危険を冒すものと映ったのである。

「知識財力共に　富堯の外人に、其の資本を仰ぎ、之を以て内地に散布するときは、固より一時正金の流通を得可しと雖も、その患害の百出するは、言はずして明らかなり。果して然るときは、国家の事復為すべからず」〔108〕

明治一四年政変の含意と政策転換

大隈・伊藤の内外債論が閣議決定され、まもなく天皇の裁可を得ると、一八八一（明治一四）年度予算に盛り込まれた佐野の紙幣消却論は一挙に空洞化する。

この時期は、大隈が国会論・憲法論に関する「密奏」を行い、国会論において伊藤との対立が次第に先鋭化していった時期と一致している。前述のように一八八〇（明治一三）年末から一八八一（明治一四）年の初春にかけて、大隈と伊藤・井上馨は早期国会開設論で協力的な関係を築きつつあった。しかし大隈は、明治一四年三月に、英国型の議院内閣制を創設することを念頭に置いて、「明治一五年に憲法を制定し、一六年に国会を開設する」という急進的な意見書を、有栖川宮熾仁親王を通じて天皇に上奏した。それは伊藤や井上を憲法論で出し抜き、政治主導権を確立しようとする行動であった。大隈の密奏は、六月に伊藤の知るところとなり、大隈と伊藤との対立は深刻化したが、七月はじめに岩倉の周旋で、表面的な和解が成立していた[109]。

大隈は、積極経済政策を再定義する一方、進歩的な国会・憲法論を提起して、財政経済論と国会論の両面で一挙に主導権を握ろうと企てていたのである。その試みは、七月末には成功するかに見えた。憲法論では伊藤との「和解」が成り、経済財政論では伊藤と連名の外資導入に基づく積極政策が正式に政府決定となったからである。勝利を確信した大隈は、北海道・東北へ巡幸する天皇に随行して東京を後にした。

しかしこの七月から八月にかけては、岩倉と伊藤との間で、井上毅《こわし》の献策に基づくプロシャ型憲法を採用すること、その制定の責任者を伊藤にすることが決定した時期であった。伊藤は、経済財政政策で大隈や政府主流の積極派と提携しながら、憲法論では進歩派の色彩を緩和し主流の保守派に移行することによって大隈に対抗し、主導権を奪還しようとしていた。そしてその試みは水面下で成功を収めつつあったのである。

ちょうどそのとき、北海道開拓使官有物払下げ問題が発生し、政治的な大事件となった。開拓使長官である黒田清隆は窮地に陥った。黒田の払下げ案を批判していた在野の自由民権論は、政府内で国会急設の建議を行いさらに払下げ案に反対した大隈に好意的になり、薩長藩閥政府に批判を集中した。政府内では、薩長藩閥対大隈派の対立が先鋭化し、大隈が在野の自由民権派と連合して政府転覆の陰謀を企てているとの疑念が高まった。

こうして起こった明治一四年政変で大隈一派は政府から放逐され、黒田の開拓使官有物払下げ案は中止された。そして憲法の制定と、一〇年後の一八九〇(明治二三)年を期して国会を開設することが発表され、事態の収拾がはかられた。

政変後の内閣改造で伊藤は松方を参議兼内務卿に推薦した。しかし薩摩閥の反対に遭い、松方はそのポストを辞退することになる[110]。伊藤は、松方を参議にしても大蔵卿に据えることは考えていなかった。それまで内外債案の実行プランを作成し、実現しようと努力を傾けていた伊藤に、松方型の紙幣整理を実行する意思がなかったからである。大隈を追放した政変は、大隈型の積極路線の放棄や松方型の紙幣整理路線の採用を意味せず、ゆえに政変後の内閣でも、大隈とともに積極財政路線に深くコミットしてきた伊藤が大蔵卿に就任することが有力視されていた。しかし実際の内閣改造では、当初予定されていた伊藤大蔵卿構想は挫折する。伊藤が参事院議長に転出することになったのである。その結果、ついに松方に大蔵卿の椅子が回ってきた[111]。そして松方は、今度は「一言の辞退することなくして大蔵卿の重任を拝受した」[112]。当時の慣行に照らせば「聊《いささ》か大胆に過ぐ」行動であった。こうして参議兼大蔵卿の地位についた松方は、文字通り財政経済の最高責任を担うことになったのである。

以上のような政治的変転の結果、閣内にはほとんど賛同者のなかった松方型の紙幣整理方式が採用される環境・条件が準備された。松方は、就任後直ちに内閣閣員の紙幣整理への協力を取り付け、また天皇に拝謁して新政策への支持を取り付けた。

他方、政変から時を経ずして伊藤の手により内外債論の具体案が完成していた。松方は、一一月一一日付けの書簡で、「過日粗御話仕置候公債取調の書類両様差上候。一案紙幣消却断然取計候主義は如何にも快然の趣に相見候へ共、今日迄は既に紙幣消却の事は(此挙は既に内外人も承知せり、何も今更に注意すべきに及ばぬ事と存候）順次相運び居候上にわか然公債発令候ては政務上においても余り上策にては有之間敷哉」と伊藤案を拒否し、「何分今日に相成候上は正貨蓄積甚相急ぎ到底交換の正則相守り候為方邦家万全の御事と奉存候」[113]と述べ、急ぎ自力で正貨蓄積を実行して、兌換制度の確立を期すべきであると断じた。松方は伊藤の機先を制して政策転換への敏速な根回しを行い、それを既成事実化することで対抗したのである。こうして松方財政が名実ともに開始されることとなった。

政策転換が経済効果を発揮するには、従来の政策の失敗の責任をとる人物と、新政策を体現する人物が政策責任者に就任することが重要になる。政治責任を明確にし、新政策実行の確実性を担保した上での政策転換でなければ、人々の新政策に対する信認は得られないからである。政変の結果、積極財政政策を体現する大隈と黒田の両巨頭が政治的に失脚し、伊藤が参事院議長に転出することによって、新政策への転換の政治的環境は整った。その一方、政策的な一貫性と信頼性を担保しうる人物として、松方正義の登場もまた不可欠の要素であったと言えよう。

第2章 ◆ 松方の政策思想と財政イニシアティブ

1 松方構想の生成

松方財政の座標軸

ここで、松方の財政家としての定見がどのように形成されてきたか、時系列で振り返っておきたい。松方の経済財政論は、一八七五（明治八）年九月の「通貨流出の防止に関する建議」[1]において体系的な形を取り始めた。四度にわたる「海関税権回復」建議[2]の趣旨を踏まえ、「金貨流出」問題の解決なしには、財政経済は安定化しないことを論じたものである。正貨流出は、国産品輸出が少なく外国品輸入が多いため輸入超過となっていること、メキシコ銀が貿易取引に使用され金貨本位が一定しないこと、国内紙幣が巨額で正貨交換が保証されてないこと、外債や海外駐在経費が巨額に上ること、金銀比価が内外で乖離したことに原因があるとした。金銀比価の乖離は、ドイツの金貨本位移行にともない生じたものだったが、その他の原因は貿易不均衡と幣制不備に帰着するものであった。

貿易不均衡の是正には、税権回復が有効だが直ちには実現できない。しかし政府が大節倹して外国品需要を制限し外国人雇用を削減すれば、その効果は大きい。併せて国産品の生産と使用を奨励し、輸入品を代替することが必要である。

他方、貿易決済にメキシコ銀が流用されているため、金本位制度が揺らぎ、金貨流出を招いている。外にメキシコ銀が貿易通貨として使用され、内には不換紙幣があるので、金貨は一個の商品として扱われて本位貨幣として機能しなくなり、メキシコ銀が内外通貨の本位として機能している有様である。これが金貨流出の一大原因である。海関税徴収や貿易取引に金貨を使用させ、金本位を確立しなければならない。

正貨が海外に流出する一方で、紙幣の発行額は九〇〇〇万円の巨額に達しており、兌換に応じることができない。そのため政府紙幣の信用は低下している。有事には正貨と紙幣の間に差位が生じるのは疑いない。現在、金貨流通はほとんど途絶し、金利が著しく騰貴して、農・工・商は停滞している。速やかに紙幣の兌換を実現し、国民の信用を確実にする必要がある。そのためには紙幣流通額を減額しつつ、国庫に正貨を蓄積しなければならない。大蔵省では準備金一〇〇〇万円のほか、この春（一八七五［明治八］年のこと）以来、五〇〇万円の金貨を蓄積して、準備を厚くすることに着手した。国産品輸出に紙幣で所要資金を貸し付け、海外で輸出代金を正貨で受け取る方法によって政府所要の外貨支払いを行い、あわせて国内産業と輸出を振興して、正貨流出を防ぎ正貨蓄積を進めることができる、と松方は主張した。紙幣流通額削減と準備正貨蓄積を併行実施して金貨本位兌換制度を確立することが急務であるとして、健全通貨と国産奨励・輸出振興とを統合した政策論を打ち出したのである。

この時期、大久保利通内務卿や大隈大蔵卿は、国立銀行条例を改正して兌換制度を放棄し、不換銀行紙幣増発を梃子に運輸交通事業を推進する積極政策を実行しようとしていた。これに対して松方は、兌換制度を確立し、海外荷為替資金を供給して、輸出振興と国内産業の発展を図ることこそが経済財政問題の根本的解決策であるという持論を展開したのである[3]。大久保・大隈の運営方針と松方構想は、ともに国産奨励・輸出振興を目指しながら、まったく異なる座標を指していた。

当時、政府首脳は、秩禄処分を断行して巨額の金禄公債を発行したため、公債価格を維持し華士族の財産を保全する必要からも、国立銀行条例を改正して新規の国立銀行の設立を促進することが重要課題であると認識するようになっていた[4]。折しも既設の国立銀行が経営難に陥り、国内金融も逼迫していた。このような状況の中で松方の意見が容れられる余地はなかった。

松方は、紙幣整理を実行して兌換制度を確立することが経済財政の実践的中心課題であり、そのための政策手段として有効なのは、輸出荷為替資金を供給して産業を振興しつつ正貨を蓄積することであるとの確信をもつに至っていた。松方の政策思考の中心にあったのは、国家の信用(=紙幣の信用)を確立することが重要であるという信念であった。

西南戦争後の一八七八年から一年あまりにわたり、仏国万国博覧会副総裁として渡欧した松方は、仏国大蔵大臣レオン・セーと交流し、古典派経済学の洗礼を受けた。セーは、フランスの金本位採用の経験を話し、各種銀行が統一なくバラバラに営業を行うことは好ましくなく、政府保護の下に中央銀行を設立することが重要であると助言した[5]。それは、分権的な国立銀行を中心とする日本の通貨・信用制度の欠陥を指摘するものであった。

松方は、自己の健全通貨に基づく経済構想に欠けていた重要な要素を認識した。低利資金供給と兌換制度確立を同時に達成する中央銀行を中心とした近代的貨幣信用制度を整備する中で、自己の政策構想を実現することであった。松方が日本の幣制改革と日本銀行設立に邁進することになるのは、セーの助言が大きな契機となっていた[6]。紙幣整理途上の一八八三(明治一六)年、松方の推薦によってセーに勲一等旭日大綬章が贈られた。それを知らせる手紙の中で、松方は「余が財政の事に於けるや、決して軟貨を以って目的を定めず、固より硬貨の主義に是れ依る。故に敢えて現今の形況に満足するの念慮毫末も存せず。是れ乃ち閣下が曽て余に向かって懇々教示せられたる大趣旨にして、余が終始確執して動かざる所なり」と述べている[7]。

松方は、ベルギー国立銀行を訪れた際に、同行した大蔵省の加藤済(のちに日本銀行創設委員)をブリュッセルに残し、中央銀行制度を研究させている[8]。

鉄道論と外資導入への警戒

またカランツ仏国博覧会事務官長との対談で、「欧州諸国が富強を競い、今日の繁栄を見るに至った原因をどう考えるか」と問われた松方は、欧州視察で得た知見に基づき「交通機関の完備、就中鉄道の敷設である」と応じ、「運輸の便起るにあらざれば、農工商の業、決して振興し得ざるは、必然の勢いである」と所見を披瀝《ひれき》した。これに対してカランツは、日本は縦に長く横に狭い地形なので、全国の中央を縦断貫通する基幹線を建設し、そこから枝線を張る建設方針が軍事的観点から見ても適切であると応じた。さらに鉄道の敷設は政府が行うべきか民間に任せるべきかとの問いに、カランツは、民間に任せるほうが経済効率はよいが、収益の期待できない場所は政府が建設する必要があると答え、加えて外国資本の導入の弊害を強調した。

「政府は決して外国人に対し、鉄道経営の免許を与え、外国の資本を用いて、之を建設せしむべからず。先年我が仏国において、鉄道経営を英国人に委し、大に其の損害を招いた悪経験があったことは、現に余の諒知する所。当時我が仏国が損害を受けたことは、莫大であったので、呉々も忠言を呈して置く。勿論平時にありては、措て問わざるも、若し一朝外国と戦端を啓く場合に於て、外国人をして、鉄道経営の衝に当たらしめんか。之が為に不測の大害を醸すべく、此の如き鉄道あるは、却って之れ無きに勝るの万々なるを以て、深く之を戒めなければならぬ。殊に日本が永遠独立の国権を維持する上に於て、最も緊要なる事項中の眼目である」[9]。

仏国鉄道の例を引きながら、重要産業を外国資本に依存し、外国人に経営を委ねたことの負の側面を実体験に基づいて力説され、日本の独立を危うくする危険性を率直に指摘されたことは、松方に大きな影響を与えた。日本の鉄道建設は主として英国資本を導入して行われていたからである。国家の自主独立と貿易不均衡是正のため条約改正と税権回復を再三にわたって建議していた松方にとって、その思いは同じであり、危惧の念は直裁であった。外資導入は国家の独立を危うくしない方法を選ばねばならない。後に松方が、大隈・伊藤が提起した外国人支配人による「中央銀行」設立と巨額外資導入案に対して、「国を危うくする」と断固反対した理由の一つは、ここに根をもっていると推察できる。

仏国滞在は、中央銀行を設立し兌換制度を確立して統一的貨幣信用制度を確立すること、政府の産業振興政策の中心は鉄道を中核とする運輸交通インフラの整備に置かれるべきこと、そして安易な外資依存を回避しなければならないことを教えるとともに、松方が抱懐する経済財政運営の正しさに自信を与えた。松方の政策構想は、古典派的経済観の上に再構築されることになるが、大隈の急進的で華麗な構想とは対照的に、「いかに学術の精緻なるも、論理の高尚なるも、実際に適応せざれば、国家に何等の効益がない」[10]という実務家的政策観に基づいて育まれていった。

勧農要旨

帰国した松方は、大蔵大輔(次官)兼内務省勧農局長として政務に復帰する。その政策スタンスの一端は、一八七九(明治一二)年九月の「勧農要旨」に現われている。

「農業の進歩に最も緊要なる学術若くは有用の農産農具等にして、人民未だ其利を知らず或は其利を知れるとも之を行ふの気力に乏しく或は其志あるも其の方法を解せざる如きは、政府已むことを得ず人民に率先して之が端緒を開き其の実利実益を示して以て人民の方向を導かさるべからず、……然れども人民既に政府が指示せる方向に進み各自相競ひて之に従事す場合に至ては、政府は直に其事務を抛却して之を人民自為の進歩に付せさるべからず、之を例するに上州富岡製糸場泉州堺紡綿場下総牧羊場或は東京府下に設立する試験場の類是なり。此種は固より一時の仮設にして到底政府の永く関与すべきものにあらず。……政府以て各般の民業に着手し事を好み功を貪ほる如きは、反て人民自為独立の気勢を挫折し、大に国内の生殖力をして減退せしめ、其弊害たる得て測るべからざらんとす」[11]

人々が近代的知識や技術に欠ける段階では民間を政策的に誘導する必要もあるが、政府の官営事業や民間への関与は永続的に行われるべきものではない。不必要な保護干渉は、民間の自主独立の精神を挫折させ有害である。政府は「民業」から手を引き勧業政策を全面的に転換すべきであるとしたのであった。松方の古典派的経済観が露出しており、自由放任の市場主義こそが経済政策の基本に据えられるべきことが明確にされている。民主導を重視する自由主義的経済観に立脚し、勧業政策を司る内務省の勧農局長(「農」には軽工業が含まれる)が、政府の殖産興業政策を真っ向から否定する意見を公言したのである。それは、省内において、政府事業の非効率に対する深刻な反省の機運が醸成されていたことをも示している。

政府財政が逼迫し、経費節減の必要性が痛感されると、非効率な赤字官営工場払下げ論が浮上するのは自然である。当初は財政再建を目指して、収益のあがらない官営事業を切り捨てつつ、優良官営事業は政府直営とする方針であった[12]。しかし積極政策路線が行き詰まると、官業払下げは勧業政策の全面的な転換にまで行き着くことになる。

松方は一八八〇(明治一三)年二月伊藤の後を受けて内務卿に就任し、政府の勧業政策の実務責任者となった。松方が抱懐する勧業政策方針は、内務省としての政策スタンスになったといってよい。

財政管窺概略

松方は同年六月「財政管窺概略」[13]を提出し、大隈外債論を批判した。大隈の主張する正貨流通制度は、「貨幣の常則」であるから言うは易い。しかし日本の現状には適さない。安易な外債依存策は結局大難を招くとして、全一八目からなる自らの対応策を対置した。

①現行紙幣を減却する事、②海関税の事、③官有鉱山収入金の事、④民有鉱山の出鉱を買入るる事、⑤広業会社及び三池炭鉱の事、⑥生糸茶等其他輸出品為替の事、⑦輸出品抵当貸付所を横浜に設立する事、⑧米穀の輸出を禁する事、⑨外産の米穀を買入れ貯蓄する事、⑩農工商を勧奨して物産を増殖する事、⑪徒手の士族をして産業を起さしむる事、⑫海外荷為替正金銀行を設立する事、⑬貿易会社を設立する事、⑭生糸会社を設立する事、⑮節倹の精神を養う可き事、⑯正貨を以て為す可きの事は殊に節倹を用ゆ可き事、⑰民業に関する事業は断然民有に帰せしむ可き事、⑱印刷局の事

①〜⑦で、紙幣減却と正貨蓄積を併行して行い、「現今の紙幣を変して正貨兌換の紙幣となすを目途として漸次減却し尽くすの法」を実施する基本方針を論じ、⑧⑨で米価騰貴の抑制策を論じる。そして⑩〜⑱で、当面とるべき具体策が示された。⑩⑪で産業振興と士族授産の必要が、⑫⑬⑭では直輸出振興と海外荷為替運用による正貨吸収策が、⑮⑯で経費節減と正貨払い節約、⑰で民間の自律性を涵養する勧業政策の転換、⑱では予備紙幣増発を制度的に解消する具体策が示された。

経済困難が、貨幣的側面と米価騰貴の両面から捉えられていた。紙幣過剰発行と準備正貨空乏が紙幣下落をもたらしたとする一方、米価騰貴も所得再分配を促進して経済困難をもたらしていると分析された。したがって紙幣減却と正貨蓄積、および米価抑制を併行して実行すべきである。そして紙幣減却が

第一目で論じられていたが、主要なテーマは自力で準備正貨を蓄積することにおかれていた。紙幣減却に関しては、準備金の中から一〇〇〇万円を捻出して裁断し、金札引換証書により一五〇〇万円を回収するという案が示された。金札引換証書による紙幣消却は、応募が確実ではなく不確定な要素が多い。松方は提示した紙幣消却措置を「是れ或は現今紙幣の下落を維持するの一小助となることあらん」[14]と評価していた。提案された紙幣減却案は微温的であり、紙幣の直接消却に主要な力点が置かれたわけではなかったことがわかる。

これに対して「第二より第七の諸目に依りて得る所の正貨は勉めて準備に増加し以て紙幣の価格を維持すへし」と述べており、正貨蓄積の紙幣価格に及ぼす効果を最重視していた。松方の認識は、結論部分で「目下正金の不足に苦み随って紙幣の下落を生せり」[15]と明確にされている。それは、「紙幣の信用」を担保する交換準備が欠乏していることが問題の元凶になっているという認識を示したものであり、準備正貨の枯渇を招いた大隈の失政を批判したものでもあった。「概略」は、大部分が正貨吸収の方策を述べており、「危険の策である」外債案に代わる「安全な」正貨蓄積案を示すことに重点が置かれていた。

松方案は、佐野の大規模な急速紙幣消却案と比較すれば、相当緩やかな紙幣減却構想であった。紙幣消却財源として増税を考えておらず、天皇の増税回避論と同一歩調をとっていた。金札引換証書による紙幣回収は必ずしも目標額を達成できるものではないので、直接減却の主要な手段は、準備金の資金を使用した紙幣一〇〇〇万円の裁断であった。「準備金の都合を謀る」内容は不明であるが、紙幣の直接消却にはそれほど大きな力点は置かれていなかった。これとの関連で、「印刷局の事」において予備紙幣の発行停止が急務であると指摘していることは極めて重要である。

「現今紙幣の下落せし一原因は、此局の官有にして殊に大蔵省に属するか為めの故に政府は恣ままに紙幣を製造し新旧の引換を以て名とするも其実只に新札を増加して其底止する所を知らずと人民中自から疑念を生するの多きに帰せさるを得ず……官の民情を察するの密ならず其嫌疑を避くるの勇ならざるの招く所歟……故に願くば印刷の事速に人民の所有に帰せしめ以て其疑心を散すべし」[16]

一時的財政資金不足をファイナンスするために採用してきた予備紙幣の大量発行が人々の疑念を生み出し、紙幣価格の低落を招いたと指摘されている。松方は、政府がつぶさに民情を察し、人々の疑心を解消させ、信用を得ることがインフレ抑制に極めて重要な役割を果すと認識していた。政府や政策に対する人々の信認の獲得こそが、インフレ対策の要であることを明確に認識していたことは、松方の卓見を示すところであった。それは予算制度の欠陥是正が紙幣整理に重要な役割を果すという認識に連なっていくのである。

ここでは大蔵省印刷局の民営化すら提案されており、⑰の民主導の経済運営論と相俟って、民間経済への政府関与を停止し、民業の自律的発展環境を整えることが経済発展の基礎であるとする市場主義が明確な形をとっている。そして政府の急務は財政を整理し、国家の信用を確立することであると主張された。自由主義的あるいは古典派的経済思想と財政実務家的政策措置に立脚した提言となっている。

松方の紙幣整理の特徴は、準備金を活用した正貨蓄積を優先しつつ、予備紙幣消却を重視したことである。政府（財政）と政府紙幣に対する国民の信用獲得こそ重要であるとの認識から、国民に負担を求める増税を回避し、直接的な財政負担を伴わない予備紙幣の消却に重点を置いたのである。財政資金による政府紙幣の直接消却に大きな比重が置かれていたわけではない。

紙幣の信用は、具体的には兌換の確実性を保証する準備正貨に依存するが、正貨調達に「外債」という危険な方法を用いるべきではない。海外荷為替を活用して準備金に「自力で」正貨を蓄積する方法をとるべきである。国民負担の過重を回避しながら、正貨蓄積と紙幣減却を進めれば、政治的摩擦は回避され、兌換制度への道筋が見えてくる。

「概略」は、大隈の積極政策や準備金を活用した財政投融資拡大とは対照的な政策志向を示していた。政府の非効率な支出を削減し、増税を回避して民間負担の増大を避け、民間と競合する官営工場を払い下げて保護干渉措置を停止し、市場活力を重視した経済運営を行なう。産業振興と輸出促進を図るために、金融支援にシフトした政策運営を目指す。この建議には、松方の財政運営に関する基本姿勢が明確に現れているといえよう。

しかし松方は総ての官業を否定していたわけではない。なかんずく鉄道を中心とする運輸交通網の整備は産業発達の基礎的要因であると提唱した。一八八一（明治一四）年一二月に設立された日本鉄道会社も、松方の助力が大きな後押しとなっていた。一八八〇年二月、安場保和らが松方内務卿のもとを訪れ、鉄道敷設計画について説明した折、松方は「事極めて重大なり、政府の保護なくば成功を期し難からん、政府は宜しく其の利益を保証し、若し其の利益一定の額に満たざる時は此れを補給すべきなり」[17]として、郵便税を増加して財源を調達する腹案を示していた。松方は、鉄道の経済機能について深い見識をもち、鉄道建設に熱心であった。経済効率重視のスタンスをとりながらも、あくまで実践的な財政家だったのである。

財政議と日本銀行設立

大隈・伊藤の内外債案による大規模な積極政策推進の動きが明瞭になる中で、松方の政策構想は一層進化し具体的な形をとる。一八八一(明治一四)年五月に「財政議」[18]を提出した。「貨幣運用の機軸を定め」、中央銀行・貯蓄銀行・勧業銀行等を設立し、「正貨を蓄積して紙幣償還の元資を充実せしめ、物産を興隆して輸入を制するの目的を立てる」ことなどが主張の眼目であった。資本金一〇〇〇万円の「日本帝国中央銀行」を官民共立で設立して貨幣運用の機軸とし、①政府の官金出納事務を委託し、②普通銀行業務として各地銀行や諸会社を対象とする大口貸借を行って全体の運用を綜理し、③横浜正金銀行を合併して海外荷為替業務を行う。これによって財政資金の運用を円滑にし、全国の金融の疎通を図り、国庫に正貨を蓄積する。同時に官立の「貯蓄銀行」を設立して地方農民の余剰所得を吸収し、全国の資金需要に応え、併せて農民の貯蓄意欲を高める。他方で「勧業銀行」を設立して農工業および運輸交通業の起業を促進し、低利資金の供給を図って物産を振興する構想であった。

そして松方は、政府の現状に対する疑問を開陳した。

「正貨は日に空乏を告げ随って紙幣は益々下落の勢あり、然るに廟堂の上常に一定の議決なく前途の目的茫乎として存せず……凡そ国家の大事を行う必ず先ず其目的の確然たるを要す、目的既に定まり而して其達す可きの理勢あるを信すれば断然決行し毫も中道の困厄に撓まず只其達す可きの地位に達せされば已まさるの主義に出す可し、然らされば百事百業決して功績を挙くる能はさるなり」[19]。

紙幣の下落は、増発のみに原因があるのではなく、準備正貨が空乏したことに原因がある。正貨欠乏は貿易の不均衡に原因があり、それは物産が繁殖しないことに原因がある。そして産業が停滞しているのは、貨幣運用の機軸が定まらないからである。採るべき政策は、貨幣運用の機軸（中央銀行システムと兌換制度の確立）を定めるところに帰着する。

政府は、一八八〇（明治一三）年の国費節減の聖諭に沿って財政整理を進めており、翌年度には国庫に余裕資金が創出され紙幣消去方針で予算編成が進んでいた。しかしながらそれを実質的に否定する大隈・伊藤の内外債論が内閣に提出されている有様である。「陛下の聖諭に対ふるの名あれども、前途財政の実績を挙ぐるに於て政府の目的は安くに在るや未だ窺ひ知る所無し」

政府を批判した松方は、返す刀で在野の経済論も両断する。「世の論者は、紙幣の下落を以て単に其増発に帰し減却の説を唱ふれとも、正貨を収めて償還するの法あるを知らず、物産興隆の事に於ては紙幣を使用して資本を流通するの道あるを弁せす、漫に勧奨保護を非議するは蓋し時勢に闇にして論理に惑へるの甚しきものと謂はさるを得ず」[20]。紙幣を単に減却するだけでは、紙幣整理を実現（兌換制度を整備）することはできない。紙幣を海外荷為替に活用して、物産興隆を促進しつつ、正貨蓄積を図る措置を併行しなければ目的を達成することはできないとしたのである。

その上で「大蔵省は財政の本部たるが故に、大蔵卿は能く全国貨幣の運用上其凝滞円通の景況を脳裡に統轄し、歳入出の予算決算等正確にして其実を失はす、内外人民の信用を収攬するは固より其職分とす」[21]と断言した。「内外人民の信用を収攬する」ことが大蔵卿の職分であるという認識には、インフレと経済困難収束の成否は、兌換制度と財政規律を確立する道筋を示して大蔵卿への信認を収攬することができるかどうかに大きく依存しているという考え方が示されていた。政策責任者たる大蔵卿個人の信念と信頼できる政策行動が、政策に対する人々の期待を左右する。無論、大蔵卿の方針が人々の信認を獲得するためには、政府が断固として不抜の方針で臨むことを明確にする必要があった。ここには大隈・伊藤の政策運営のみならず、内外債論に同意して大蔵卿の職分を放棄したと見えた佐野常民への批判も込められていたといえよう。

「智識財力共に富堯の外人に其資本を仰ぎ之を以て内地に散布するときは、固より一時正金の流通を得可しと雖も、其患害の百出するは言わずして明らかなり」[22]と断じる松方の、内外債論と政府の無定見への批判は徹底したものであった。

財政議の再提出とその背景

松方は「海東伝記資料　談話筆記第一」「松方正義聞書ノート」[23]でも次のように述べている。

「(明治)一四年五月六日(当時参議と各省長官と分立)、侯は三條公に書き上りて、我国財政遂に埃及《エジプト》、土耳古《トルコ》たらんとするを論じ、遂に伊藤公を訪ひ、之に謂いて曰く、今日の財政は君と大隈との所為也、之儘に打過さねば埃及、土耳古たらんのみ、予は已に鄙見を三條公に呈す、行はれずんば覚悟せざる可らず、君大隈に付随して居るは如何、気の毒なり、現状ならば現政府に望みなし、内務卿を辞せんのみと、伊藤公曰く、予も考えあり、辞表は姑く見合せられよ、侯曰く、君にして考慮する所あらば、今必しも辞職せす姑く隠忍して君等の所為を観んのみ、不日にして伊藤公いたる、曰く、怪事あり、未だ閣僚に告げず、又未だ條公にも語らず（岩倉公は下総出張）、大隈は一六年国会開設の建白を独断にて陛下に上れり、侯曰く、ソレ見よ大隈の尻馬に付随して居ては、如此き事となるなり、今や大隈の為にやられたり、能々お考なさるべし、云々」[24]

松方が「財政議」を三條に提出し大隈・伊藤の内外債論を批判したのは、じつは五月六日であった。ついで伊藤を訪れ、その財政責任を追及して辞職を仄めかしたが慰留されたのである。四月末に佐野大蔵卿の同意を得て政府に提出された大隈・伊藤の内外債案の内容を掴んだ松方は、その方針が正式決定されないよう、直ちに自己の対案を三條太政大臣に建策した。外資に依存した一大正金銀行設立案に対して、外資に依存しない中央銀行設立案を対置した。そして五月九日に伊藤に面会し[25]、辞職を仄めかしながら、その採用を迫った。伊藤は松方の辞表提出を慰留したが、松方建議採用については即答を避けた。政府部内は、ほとんど積極政策派に属していたからである。政府内で最大の難関であった佐野大蔵卿も、大隈・伊藤の提案が内外債案であったので反対しようがなかったと見られる。この時点では大隈の急進的な即時国会開設の「密奏」を伊藤は知らない。そのため内外債案は政府首脳間で合意された。その後、七月二九日に大隈・伊藤案は閣議に提出され、八月一日には天皇の裁可を得て政府の正式決定になった。

この間、六月二七日に大隈の蜜奏を知った伊藤は、七月に入って態度を硬化させ辞職を仄めかすが、岩倉の周旋で表面的には和解していた。しかし憲法論・国会論で大隈との対立は決定的となり、伊藤はこの事情を松方に告げた。松方は東北巡行の先発として東京を離れたが、「内外債案」の採否が気懸りであり、八月九日伊藤に「理財論は其後如何様之御模様に候や。定而彼是御苦配之御事と奉察候」[26]と確認の書簡を送った。松方は、憲法論・国会論での大隈と伊藤の対立から、「内外債案」が否決される可能性を信じていた。しかし「内外債案」は八月一日すでに政府の採用するところとなり、「財政議」は棚上げされていたのである。

ところが北海道開拓使官有物払下げ問題が政治問題化して、「薩長藩閥」対「大隈一派」という対立構図が鮮明になる。民権派の薩長藩閥攻撃は激しさを増したが、大隈は国会急設を唱え開拓使払下げに反対したことから、好意的に扱われた。批判はもっぱら薩長藩閥に集中した。財政論の失敗に関して、本来最も責めを負うべき大隈に対する批判の声は聞かれなかった[27]。このような状況の中で、大隈の財政政策の失政を攻撃し民権派の財政論を論破する議論の政治的効用が大きくなった。しかし伊藤をはじめ積極派の政府首脳は、財政論で大隈の失政を追及できる立場になかった。大隈=民権派の政府転覆陰謀論を楯にとって大隈の追い落しを図る上で、松方の経済財政論は政治的効用を増した。

「財政議」の日付は、一八八一(明治一四)年九月となっている。しかし前節で述べたとおり、松方が「財政議」を提出したのは、この年の五月である。しかも松方は、七月二三日から天皇の山形・秋田および北海道巡幸の先発として東京をはなれていた[28]。九月下旬、山形県庄内において三條太政大臣からの急電で帰京するよう指令をうけ、酒田で天皇の許しを得て急ぎ帰京している[29]。樺山資紀の日記には、「一〇月三日、晴、午後二時松方氏を訪ふ。留守なり。昨日帰京又西郷氏を訪ふ。……、四日、晴、……午後二時より松方氏へ赴き四時過帰る」と記されている[30]。

松方が帰京したのは一〇月二日であった。そして、大隈の財政経済政策における「失政」批判の切札として、先に提出された「財政議」が九月付けで再度使用されることになったのである。九月二三日付け伊藤宛の書簡で、松方は次のように述べている。

「御地の形勢吉井より承知、且御伝言の趣逐一拝承仕候。亦条公閣下よりも電報にて可成速に帰京候様承知仕候間、速に御暇仕一日も早目帰京相決罷在候所、……一応は酒田にて奉迎、翌朝より打立必す来る三十日には帰京仕候上、何も拝承仕度、……、今般は断然と大姦物の暴状を明挙して可退事緊要と第一着に被存候」[31]。

国会論をめぐる議論では、参議ではない松方は発言権を持っていなかった。急遽呼びもどされたのは、薩摩閥の省卿であったという事情に加えて、財政論での大隈の「暴状を明挙」する切り札として使用しようとする伊藤・三條ら政府首脳の思惑があったからである。ただし松方の紙幣整理論自体は、この時点でも政府首脳の賛同を得ていたわけではない。そのことは、政変後直ちに大蔵卿の椅子が松方に用意されなかったことから明らかである。

五月六日に提出された「財政議」は、日付を含めて幾分修正され「九月付」で再提出された。でなければ、建議中にある「他日財政の益々危殆に陥るにいたるや必ず資本を外国に仰ぐの説を生すへし」[32]との表現は、大隈の内外債案が正式に裁可された八月一日より一ヵ月以上後に提出された文言として不自然の感を免れまい。

松方の政策感覚

松方の紙幣整理論の特徴は、「準備金」を活用して、自力による正貨蓄積を重点的に進めつつ予備紙幣消却を中心に流通紙幣を削減することによって、銀・紙格差の解消と兌換制度の確立を目指したところにあった。そして確固不抜の紙幣整理方針を明らかにし、人々の信用を獲得することに務めた。松方は財政と紙幣に対する人々の信用が失われている点を重視していた。それは大蔵卿の職分を「人々の信用を収攬する」ことにあるとする見解と結びついていた。紙幣整理事業には、人々の政策に対する信認が極めて重要な役割を果たす。事業の成否は、人々の期待を変更させることができるかどうかに大きく依存している。松方は、政策に対する人々の信認が人々の経済行動を左右し、政策の有効性を左右することを深く認識しいていたのである。天性の経済感覚を持っていたということができよう。

松方は、準備正貨蓄積に非常に大きなウエイトを置いていた。大蔵卿就任後、大隈・伊藤の内外債案の背後にいた英国公使パークスを訪ね、次のように所信を披瀝している。

「紙幣下落は人民の信用を失えるに由る。……元来人民の信用を得んと欲せば財政上唯正直の一途あるのみ。即ち人民をして不安の念を抱かしめす専ら信を政府に置かしむれば足れりとす奇策を用ふるか如きは断じて不可なり。今や紙幣の下落は財政上に対して人民の信用を失へるに由る。是れ不正直なるか為にして紙幣は即ち紙なり。紙を以て通貨と為すは不正直に非ずや。畢竟之を正金に引換へ得るに非ずんば到底正直なること能はす。而して之を正直ならしめんか為には乃ち引換準備金を増加し順次交換を実行せさるべからず」[33]

紙幣価格下落は、政府財政に対する人民の信用が崩壊していることに原因がある。人民の不安を払拭し、政府に対する信認を回復する具体的措置が必要である。財政制度の欠陥を是正し、紙幣の正金（銀貨）への引き替えの確実性を増すことである。兌換が確実であると信用されれば、紙幣価格は回復する。政府が信用を獲得する近道は、準備正貨を着実に蓄積し「兌換の確実性」を担保することであった。潤沢な準備正貨は、人民の不安の念を取り去り、政府の正直を証明する目に見える証となる。『紙幣整理始末』も、正貨蓄積額と正貨準備比率の動向を大きく取り上げ、紙幣価格の回復を説明している。そこには正貨蓄積を、松方が如何に重視していたかが示されている。

財政制度が改革され、紙幣流通量が減少し、準備正貨の蓄積が進めば、政府が掲げた銀貨兌換制度確立という政策に対する人々の信認は確かなものとなるであろう。「我に奇策あるに非ず、……唯正直あるのみ、正直に之を行へは人民必ず之を信せん」[34]。

政変のインパクトと不退転の紙幣整理

松方の紙幣整理が実行されれば、物価が下落して商況不振に陥ると考えられていた。政府内で紙幣整理に本心から賛成する者はほとんどいなかった。不人気な紙幣整理が実施されることになった最大の理由は、明治一四年政変後の組閣人事の紆余曲折を経て、松方が参議兼大蔵卿に就任し、名実ともに経済財政政策の最高責任者の地位に就いたことにある。薩摩閥の反対に遭い、一度は参議兼内務卿就任を辞退した松方であったが、佐野が元老院副議長へと転出し、大蔵卿就任が有力視されていた伊藤は参事院議長に転出し、財政通として自他共に任じていた井上馨も参議兼外務卿として条約改正に取り組んでいる最中だった。いわば財政経済に通じた人物たちの消去法によって、松方に参議兼大蔵卿の椅子がまわってきたのである。

再提出された「財政議」は、大隈の積極財政を失政として攻撃するという文脈で活用されたため、薩長閥も政変後には松方路線を尊重せざるを得ない立場に置かれた。なにより、政変で大隈が失脚し、積極財政派の巨頭、黒田清隆も開拓使払下げ問題で政治的に傷つき、積極路線を推進してきた中心人物が閣内からほぼ消え去るという政策環境の変化が起こった。

こうして初めて、大隈・伊藤と黒田が主導してきた積極政策は本格的に転換される可能性を持つことになった。大隈・伊藤路線を批判してきた松方が、政策転換の可能性を現実にするには、まず内閣で紙幣整理に対する確固たる保障を取り付ける必要があった。

松方は、直ちに閣議において、紙幣整理には五年間の忍耐を必要とすること、紙幣整理事業遂行中は、①各省は経費緊縮方針を堅持し、②国民の騒擾を抑えるよう協力するという二ヵ条の保障を求めた。閣議は松方の提議を承認し、紙幣整理については松方の措置に任せることを決議した[35]。さらに松方は政策遂行途上、必ず中止論が沸騰することを予見し、三條実美・岩倉具視両大臣に同道を求めて天皇に拝謁し、国を危うくする外債に依らず財政を救済することが必要である所以を説き、紙幣回復に伴い物価が下落して一時国民に動揺が生じるであろうが、断固紙幣整理を完成させることが必要であると奏上した[36]。これに対して天皇は「松方の意見の通り断行せよ」と大命を降し、中途で政策転換を決して行わないとの保障を取り付けた。松方は、天皇の支持と両大臣の共同責任を担保した上で、「一死報国の決心」で紙幣整理を完遂する決意を固めたのである[37]。

松方は、経済財政最高責任者の地位に就き、当時の政治システムの下で望みうる最善の保障を取り付け、紙幣整理事業の遂行に不退転の環境条件を整えた。その上で一一月に伊藤の手で具体案が完成しまさに実施寸前の段階にあった、外国資本と外国人支配人に依存する内外債論を廃案に持ち込み、政策の全面的な転換を成し遂げていったのである。松方は次のように述べている。

「明治一三年大隈侯爵が大蔵卿であった。其時五千万円の外債を起こして紙幣消却を行うという議が持ち出されたが、其のことは行われなかった。処が一四年の七八月頃になって或有力な外国人から斯ういふ説が出た。紙幣整理というような重大な事は、日本人では難しい。外国人に遣らせる方が宜しい。相当手腕のある人物を撰んで専らこの事を担当させることにして内国からも外国からも資本を募って一つの銀行を作る。而して之に賞与金付証券を広く内外に発行せしめる。その資金を以て紙幣を整理することとすれば、間違いなく目的を達することができる。其で之事を担当せしめるには前の東洋銀行の支配人『ロベルトソン』が宜しかろう。こう云う意見である。政府も大分之の意見に傾いてきて居たのであるが私が大蔵卿になる、国家財政上の大事を挙げて外国人に託するのは宜しくないと考えたから止めにして貰った」[38]

しかしロベルトソン解任について、井上外務卿は「英使パークスの如きは、今日の財政は到底日本人の力に及ばずという、因て英商ロベッツトソンを財政顧問として御雇いの事に一決し、已に閣議書に諸大臣の調印あり、今之を破棄し難し」と主張して反対した。これに対して松方は、「我国に大蔵卿ありて財政を整理する能はずんば、何の面目ありてか陛下に事へん、速に約を解からず可らず」として、解約を閣議決定に持ち込んだのである[39]。井上は外交的紛議を避けたいとして異論を唱えたが、デフレをなんとしても回避したいとの本意から松方の紙幣整理路線へ抵抗したものとも見られる。

また必ずしも各省の全面協力が直ちに得られたわけではなかった。それは経費据置方針が守られなかったことに現われている。各省から提出された一八八二(明治一五)年度予算では、各省定額が一八八一(明治一四)年度予算に比較して七〇〇万円以上も超過していた[40]。これを認めれば紙幣整理計画は崩壊しかねない。松方が財政調査を行った結果、紙幣整理に充当できる財源はおおよそ年七〇〇万円と判明していたからである[41]。松方は一八八二年二月「明治一五年度予算に関する意見書」を建議する。一切の新規事業を中止し、一八八一年度の予算定額を標準として三年間固定するという要旨であった。前年の五ヵ年固定路線を三ヵ年固定へと短縮して各省の不満を抑え、その間に紙幣整理事業を完成させるという決意を示したのである。

「今日の惨状を顧慮せられ、其の拡張せんと欲するものは、先づ之を止め、物価騰貴の為め、不足を生ずるものは、緩急を斟酌して之が処分を為し、偏に一四年度の定額を以て標準と為し、耐忍不撓此の三箇年を経過せらるるあらば、正義誓て将に紙幣正貨の価差を少々ならしめ、以て此の困難を救済せんと欲するなり。然り而して若し其言の如くならば、前に掲載する所の差減は、則ち其の増額と為り、殊に此際に至らば、更に幾分の増額も相成るべし。然らば即ち其の事業を拡張し開進する、各其欲する所を遂ぐるにいたる可し」[42]

一八八二〜八四(明治一五〜一七)年度の三年間で紙幣整理事業は完成するが、その間に紙幣価格の回復に応じて各省予算は実質増大が進む。そして紙幣整理完成後の一八八五(明治一八)年度には予算定額の増額も実現できると示唆して、各省の協力を要請したのであった。

それは、紙幣価格回復により実質予算が大幅に増大するが、予算削減を行わず、増額分を各省の裁量に任せると確約したものであった。一八八二年四月に三条太政大臣に提出した「各庁経費額三箇年据置の議」の中で、次のように述べている。

「各庁経費は、一に本年度の定額を以て程度とし、萬不得止分は、之を斟酌加除し、以て十五年度の額と定め、以後三箇年間は確固不動のものとなり、歳尾に至り、残金あるも、返納を要せず、之を不足の年度に充用せしむるの制を設けられ候はば、各庁に於ても、度支の際自ら流融不迫の目途も相立、財政上の得策と存候」[43]

紙幣整理の過程で名目予算額を一八八一(明治一四)年水準に固定することで、各省支出の大規模な実質増大を担保し、三年経過した後の一八八五(明治一八)年度以降には各省の経費定額の増額を認める方針を明確にしていたのである。松方財政の実際を見れば、当初から一般的な緊縮財政とは全く色合いの異なった政策であったことがわかる。松方の云うごとく、紙幣価格が一・七円から三年後には一円へと回復する場合には、銀貨ベースで三年間に各省予算は七〇%も増大することになるのである。しかし三年間予算定額据置き措置は、当初は苦しい厳しいとのみ受け取られ、松方の説明は理解されなかった。伊藤や陸奥宗光などは「あの遣り方はどんなものであろうか」と緊縮方針を批判していたので松方の苦労は並大抵のものではなかった(「渋沢栄一談」[44])のである。しかし紙幣整理が進行する過程で、政府各部門は口では厳しいと唱えながら、実際には紙幣整理事業の成功に深い利益を見出すことになる。結局、政府内部から松方財政に対する本格的な批判や中止論が出なかった理由を理解できるだろう。松方の財政実務家としての天性のセンスが光っており、それが政府各部門の利害統一を可能にする基礎的条件を提供していたのである。

政策信認とインフレ期待

松方の紙幣整理にかける確固不抜のスタンスは、インフレ収束に大きな効果を及ぼした。人々が政府の「紙幣整理に不退転の決意で取り組む」という声明を心底信じれば、先行きの紙幣相場の回復を予想してインフレ期待は下方修正される。現実のインフレも収束に向かう。松方は大蔵卿就任後、大蔵省に次官局長以下の人々を集めて、次のように訓示した。

「今日財政上第一の急務は不換紙幣の弊害を救うことである。紙幣が下落してから既に四五年になっておる。之が為に官民の蒙りたる損害は挙げて数ふべからざるものである。然るに一般世間の人々は眼前の繁昌を見て満足して居るように見えるが是は大変な間違いである。其実禍根の深く存するものあることは我外国貿易が近来益不振になって来たのを見ても明らかなることである。この如くにして荏苒日を送るときは実に国家の安危にも関わることとなろうと思われる。私が大蔵卿を拝命いたしたについては断然自分が確信するところを持って紙幣整理のことを決行する。世間の議論などは決して顧みないのである。併し大事も往々にして細事から敗れることがある。この事を決行するについては決して人から心事を疑われる様なことがあってはならぬのである。私も諸君も一身を持することは極めて厳正に、相場などに関係するというようなことは噂だけでもあらせてはならないのである。万一この点にして一度世間の信用を失うようなことがあればこの事は忽にして失敗するのである。諸君は深くこの点に注意して私と共同してこの一大事業の遂行に尽力あらんことを望むのである」[45]。

「世間の議論などは決して省みない」と断言して紙幣整理にかける決意を披瀝し、「決して人から心事を疑われる」ことがあってはならぬと政策信認の重要性に注意を喚起したのである。また「相場などに関係するというようなことは噂だけでもあらせてはならない」とあるように、人々が相場に浮かれ正業を顧みないという経済状況を是正することが緊急の課題であるという思いが強く現れていた。

紙幣に対する国民の信用は、究極的には正貨との兌換保証に依存している。兌換制度実施の確実性に対する国民の信用は、紙幣の発行量と兌換準備のストック量との比率に大きく依存する。その意味で、紙幣を減却しつつ正貨蓄積を進め、市場で銀・紙の差が消滅するまでこれを継続して兌換制度へ移行するとした整理方針は、国庫の正貨蓄積状況と市場の紙幣相場の動きを介して、情報の透明性を担保し、紙幣に対する国民の信用を回復する上で有効な作用を及ぼしたと評価できよう。

高率のインフレを沈静化するという事業は、極めて困難な仕事である。政府は西南戦争以後に様々な試みを行ったが、紙幣インフレの解消には成功しなかった。投機熱を冷まし、紙幣価格変動を解消し、経済を正常な発展軌道に乗せるには、人々の期待と行動を変化させることが必要である。そのためには正貨蓄積と兌換制度確立への具体的取組みを通じて、人々の政策信認を獲得することが必要であった。

現実の世界では、古典的貨幣数量説のように、通貨量の変化に応じて物価が比例的にすばやく変化するわけではない。西南戦争後に急増した不換紙幣ストックは一八八〇（明治一三）年一月にピークに達し、以後徐々に減少していくが、紙幣インフレは逆に高進していたのである。

大隈は紙幣整理計画を公表し、紙幣消却に着手した。しかし紙幣消却計画は一時的な「変通の方策」であるとして積極政策を推進したため人々の信認は得られず、同時に実行された銀貨売出し政策も失敗して正貨準備を枯渇させた。そのため大隈のインフレ対策は市場の信頼を得ることができなかった。このような状況では、紙幣ストックを多少削減してもインフレ期待を修正することはできない。市場が大限や政府首脳の政策意図を読み込み、それが紙幣価格に反映されるのは当然のことだった。

これに対して松方は、紙幣整理に対する天皇以下政府首脳の支持を取り付け、直ちに伊藤の内外債案を葬り、中央銀行設立設立による兌換制確立への具体的道筋を示し、不退転の決意を披瀝して正貨蓄積と紙幣消却に着手した。市場は、政策の再転換はありそうにないと考え、「銀・紙の差」は解消に向かうとの確信を強めていった。松方財政期に紙幣ストック削減率を遥かに上回る紙幣価格の急回復が生じる鍵がそこにあったといえよう。

2 松方財政の構造変化と帰結

松方財政の基本構想

松方は、市場効率を重視する古典派経済学の洗礼を受けた。積極政策を主導した大久保利通の構想の根底にあったのも英国型モデルであった[46]ため、その下で財政経済の実務を担当してきた松方には、何らかの形でイギリス型の経済発展スタイルを大きな違和感なく受け入れる素地が醸成されていたといえるかもしれない。ただし日本が近代国家として発展する上で、松方がとりわけ重視した要因は、国家の信用であった。紙幣整理を行うにあたって、内にあっては「国家の大事を行う必ず先ず其目的の確然たるを要す」[47]とし、対外的には「紙幣の下落は外国に向て我財政の不整理を示すものにして其国威を損じ政府の信用を害すること決して尠しとせざるなり」[48]と喝破している。

そして条件が整わない中で巨額の外資に依存することは、日本の独立維持を危うくすると考えていた。そのため国家の財政基盤を確立し、自力で銀本位制度（究極的には欧米と共通基盤に立つ金本位制度）に立脚した安定的な通貨・金融制度を整備することを重視し、健全で安定的な経済発展を目指した。松方の紙幣整理に関する具体的方針は、次の五点に集約される。

①準備正貨の蓄積を重点的に行い、併せて紙幣減却を進める。
②一時的資金不足を予備紙幣でファイナンスする弊害を根治して、国民の財政信認を確立する。
③準備金の充実に努め、財政資金の一時的繰替え余力を増大させつつ、海外荷為替取組みを大規模に行って海外から正貨を吸収する。
④中央銀行を設立して発券権を独占させ、国立銀行を普通銀行に移行させる。
⑤「銀・紙の差」が解消した時点で、日本銀行に政府の準備正貨を移管し、兌換銀行券を発行させて、政府紙幣と国立銀行紙幣を合同消却して、紙幣整理を完成する。

銀・紙の差をなくし兌換制度を確立するというシンプルな政策方針をとったため、人々は紙幣整理の進行度合いを紙幣価格で刻々確認し、中央銀行の整備状況によってチェックすることができた。そして政策の必要性と政策実行にともなう一時的な厳しい経済状況をあらかじめ周知させる方法をとった。紙幣整理のための不退転の政治体制を整え、情報の透明性を高め、正直な政策を強調し、政策実行の確実性に対する人々の信認を獲得することに注力したのである。

初期の松方財政

　松方大蔵卿は、直ちに予備紙幣の消却と正貨蓄積に着手した。予備紙幣消却を進めるため、国庫金取扱手順が大改正された。「財政管窺概略」で予備紙幣発行が紙幣価格下落の一大要因であると厳しく批判し、次いで「財政議」において大蔵省の出納手続きの不備を是正することが急務であると主張していた。歳入金は納入されてから本納完了までの仮納期間が長く運用不能になる一方、歳出は一定額が前渡しされる制度となっていた。そのため一時的な歳入不足が巨大化し、その額は一八八〇（明治一三）年第一四半期には二二〇〇万円に達した。不足は予備紙幣発行によってファイナンスされていたのである。

　歳入出出納順序が改正され、国庫金取扱所に納付された現金を直ちに電信で報告させて使用できる制度に変更し、国庫資金繰りは大きく改善された[49]。また一八八一（明治一四）年二月に布告された地租納期繰上げが、一一月から実施されることになり、地租の年内徴収高が増大した。歳出面でも、一八八一（明治一四）年度紙幣消却予算の執行が操作された。「財政金融の実況を察し、営業資本の移出より得る所の紙幣を以て……まず正貨の増殖に着手し、紙幣の支消は姑く乙期に送」る措置を執ったのである[50]。当時の国庫の実況は、「本年度初一季の末日即ち十四年九月三十日の計算に在ては、歳入の不足は千三百六十九万四千余円にして之が為め其補充として借入たる金員は千四百万千余円なり」[51]という状況にあった。松方が大蔵卿に就任した一〇月末には、予備紙幣発行残高は一四五〇万円となっていた。そこで予備紙幣発行を圧縮するために、予算を組替え、紙幣消却費七〇〇万円を乙期（明治一五年度間に執行）に移して甲期（明治一四年度執行予算）の財政収支不均衡を是正する措置をとったのである。さらに準備金の余裕資金を繰替え使用して一時的財政資金不足をファイナンスし、予備紙幣発行を圧縮する方策をとった。

同時に準備金の「営業資本及び繰替金」を常用部に肩代わりさせて準備金を充実させつつ、それを海外荷為替に活用して正貨を蓄積する事業に着手した。一一月「準備金運転正貨増殖方略の議」で、「経済上の理論より之を言へば、凡そ貿易の事たる、宜く之を人民の自営に放任すべきものにして、然かも政府の干渉を要せざること言を俟たず。即ち右一方の如きは固より理財の真理に背馳す。然れども、今日我国の時勢に在りて、右一方の実に止むべからざるものあるは、蓋し識者の共に允す所にして、……現時不可止の要務と謂はざるを得ざる也」[52]として、輸出金融（海外荷為替）に関しては、政府の役割を重視する実利重視の政策スタンスをとった。外債に依存せずに正貨を蓄積するには、輸出振興に傾斜せざるをえない。日本は金銀産出が少なく、関税権を失っていたからである。一八八二（明治一五）年二月には「外国為換金取扱規程」[53]を制定して、海外荷為替制度の根本的改正を行った。従前の直輸出奨励・政府対外支払い資金の調達という目的から、主目的を「大蔵省へ正貨を収入する為め（第一条）」へと変更した。そしてこの新運用方針に基づき、一八八一〜一八八三（明治一四〜一六）年度の三ヵ年で合計一四〇〇万円が準備金に繰り込まれた。

荷為替金の相場は取組日の相場で予め外国貨幣に換算する方式に改定され、清算時の時価で換算する従前方式で発生していた投機の弊害を防止する措置がとられた。準備金を海外荷為替資金として輸出商に紙幣で貸付け、その売上代金を海外において正貨で領収する方法が重視されたのは、国内で銀貨を調達すれば銀貨騰貴を惹起するが、海外で調達すれば銀貨を騰貴させずに銀貨蓄積が可能になると考えら

表2-1 流通紙幣額と正貨準備高の推移（単位：100万円、％）

	1月	2月	3月	4月	5月	6月	7月	8月	9月	10月	11月	12月	正貨高	準備率
1877(M10)	106	106	107	108	110	115	118	119	119	119	119	119	15	13
1878(M11)	153	155	155	156	157	158	162	162	162	163	164	166	18	11
1879(M12)	166	168	167	167	168	165	165	165	165	165	165	164	10	6
1880(M13)	170	170	168	164	164	161	160	157	157	156	158	159	7	5
1881(M14)	159	158	158	158	157	151	152	152	153	155	155	153	13	8
1882(M15)	150	147	147	144	144	147	147	147	147	147	147	144	17	12
1883(M16)	140	140	140	133	133	133	133	133	133	133	132	132	26	20
1884(M17)	132	132	132	129	125	125	125	125	125	124	124	124	34	27
1885(M18)	124	124	124	121	123	124	125	125	123	122	123	122	45	37

資料：大蔵省『紙幣整理始末』
注：正貨高は、12月末準備高。準備率は12月末比率。

れたからである[54]。

正貨準備高は、一八八二年末に一七〇〇万円、一八八三年末に二六〇〇万円、一八八四年末に三四〇〇万円、一八八五年末に四五〇〇万円と急速に増加し、一八八六年末には五〇〇〇万円に達した。一八八〇年に四・五％にまで落ち込んだ正貨準備比率も、一八八五年には三七％へと急増した（表2－1）。

松方は、充実した準備金資力を単に正貨蓄積の手段に活用するにとどまらず、常用部の一時的歳入不足を補う資金として活用した。予備紙幣の発行残高は、予算組み替えと準備金活用によって急速に縮減され、一八八三（明治一六）年一月には完全に消却された。しかし正貨蓄積が進み準備金中の紙幣がほとんど正貨に変換されるに及んで、予備紙幣発行を代位する機能は制約された。そのため国庫一時資金不足をファイナンスする手段として新たに短期国債（大蔵省証券）を発行する制度が導入された。同年九月の「大蔵省証券発行の議」は次のように述べている。「大卒秋冬五六ヶ月間金額二千万円内外の繰合せを要するは年々避くへからさる実況に有之候。尤準備金中より繰替ふべき筈に候得共、平常必ずしも之に対する余裕あるにあらす……此場合に於て当省より定期支払い証券を発行し、其授受売買を許し以て支弁の正路を開き候へは、豈に繰替金の補助を得るのみならす自ら会計上の一弊竇を相塞ぎ可申候」[55]。こうして近代的な短期財政資金の調達制度が整備された。

松方は準備金の充実に努め、それを活用して自力で正貨を蓄積するとともに大量の予備紙幣を短期間で消却した。それは松方の紙幣整理政策の性格を集約的に表現している。予備紙幣消却は、経常財源による直接消却ではなかった。財政制度の改革と財政資金運用の改善によって予備紙幣発行を急速に解消し、まず国家財政への人々の疑念を払拭したことは、紙幣整理を成功に導いた重要な要因であった。

松方財政が開始されると、前年同月比の紙幣価格は上昇パターンから下降パターンへと変化をはじめた。一八八一(明治一四)年一〇月に一円七三銭であった紙幣価格は、予備紙幣の全額消却が完成した一八八三(明治一六)年一月には一円三三銭まで回復する。

実際に一八八一年度予算の経常財源による七〇〇万円の直接紙幣消却が実施されたのは、予備紙幣の全額消却が完了した三ヵ月後の一八八三(明治一六)年四月であった。経常財源による政府紙幣(第一種)整理の推移を見てみよう(表2-2)。紙幣消却費と実際の流通残高の減少額との間にズレが生じているのは、明治一一年度の一部と明治一四・一五・一六年度の紙幣消却が、「乙部(次年度執行予算)」で実施されたことを意味している。

政府紙幣消却実行額では、大隈期の一八七八〜一八八〇(明治一一〜一三)年度には一一一七万円、松方期の一八八二〜八四(明治一五〜一七)年度には一三六四万円となり、両者に大差なかった。明治一五

表2-2 政府紙幣および銀行紙幣の消却状況(単位：千円)

	11年度	12年度	13年度	14年度	15年度	16年度	17年度	18年度
政府紙幣期首流通額	120,927	116,270	108,683	105,976	105,635	98,290	93,432	89,881
政府紙幣増減額(1)	-4,657	-7,587	-2,707	-341	-7,345	-4,858	-3,551	-12,946
引揚高	-4,310	-4,857	-2,000	0	-7,000	-3,300	-3,340	-6,478
散失高	-355	0	0	0	0	0	0	0
公債引換高	0	-2,730	-707	-341	-345	-1,558	-212	-6,468
紙幣整理関連歳出額	7,166	2,000	2,000	10,803	8,500	8,340	7,000	5,400
紙幣消却費	7,166	2,000	2,000	7,000	3,300	3,340	0	0
(乙部消却高)	-2,857	0	0	-7,000	-3,300	-3,340	0	0
実際消却高	4,310	4,857	2,000	0	7,000	3,300	3,340	0
準備金繰入高	0	0	0	3,803	5,200	5,000	7,000	5,400
銀行紙幣期首流通高	16,815	32,357	34,420	34,385	34,359	34,328	31,412	30,585
銀行紙幣増減高(2)	15,542	2,063	-35	-26	-31	-2,916	-827	-570
合計増減高(1)+(2)	10,855	-5,524	-2,742	-367	-7,376	-7,774	-4,378	-13,516

資料：『大蔵卿年報書』(第5回～第12回)
注：政府紙幣の明治18年度末流通額は、76935千円、銀行紙幣の同年度期末流通額は、30015千円である。

年度に執行された「一四年度乙部」予算を松方の政策イニシアティブとすることには議論の余地がありうる。明治一四年度当初予算を編成したのは佐野大蔵卿だったからである。しかし佐野は大隈・伊藤の、内外債案に基づく紙幣消却計画に同意し、それは八月一日には政府決定となっている。その時点で佐野が編成した明治一四年予算原案に基づく紙幣消却は、一旦は有名無実化したと見ることができよう。松方が一四年政変後の一一月に内外債案を葬ったことで、一四年度予算案の紙幣消却予算は実質的に復活した。そして予備紙幣消却を進めるために紙幣消却予算七〇〇万円を乙部に組替える実行予算を編成し、一五年度において直接消却を実行した。このような経緯に照らすと、「一四年度乙部予算」の紙幣消却を松方財政の直接消却の出発点と考えて、松方の政策イニシアティブに含めて評価することは間違いではあるまい。もっとも一四年度予算原案を佐野大蔵卿が編成した点を重視し、一四年度予算は過渡期の「松方・佐野」イニシアティブとして評価し、一五年度予算以降を純粋な松方財政とすることもできる。このように考える場合には、松方紙幣整理における準備金の運用を中心軸とする正貨蓄積と予備紙幣消却の位置づけは格段に大きくなる。松方の紙幣整理方式は、当初より財政余剰による直接消却にはそれほど大きな重点を置いておらず、「準備金」の充実を背景とした予備紙幣消却と正貨蓄債が国家信用との関係で重視されていた。予備紙幣の消却完了後、紙幣価格の動向を睨みながら「銀・紙の差」が消滅するまで直接消却を実施するという方針を採ったのもそのためであった。

松方期と大隈期で明確に異なるのは準備金の位置づけであり、それは準備金の運用方法に歴然と現われている。大隈には、準備金を活用して正貨を蓄積するという発想はほとんどなかった。大隈は、準備金からの勧業貸付を拡大し、銀貨を売り出して銀貨相場の騰貴を抑制しようとした。その結果、準備正貨を枯渇させ、政府紙幣の一層の信用下落を招いた。大隈路線は破綻し、準備金からの勧業貸付は停止され、銀貨売出し政策も停止された。そして佐野大蔵卿は準備金を活用し横浜正金銀行を介して直輸出拡大を目指す海外荷為替運用を始めるが、制度上の不備から投機の手段となり、紙幣価格の一層の低下を招き、結果としてインフレを高進させてしまった。

松方は、紙幣整理事業の重心を「準備金を充実して正貨を蓄積する」ことへと移した。松方の主要な関心は、巨額の外債に依存することなく、紙幣整理（兌換）に必要な準備正貨を安全に調達することにあった。直輸出振興を目的とした荷為替取組み方針を改革し、正貨蓄積を積極化する方策を導入した。「外国人為替取組手続」を公布して、従来内商のみに限定してきた海外荷為替制度を外商に拡大した[56]。

内商に保護を与え直輸出を奨励するという政策から、外商にも貿易金融の便宜を与えて輸出を拡大し、正貨吸収機能を強化したのである。

同時に準備金の充実は、予備紙幣全額消却のための主要な手段でもあった。松方期に実行された経常財源による直接紙幣消却高は一三六四万円（一四年度乙部消却を除けば六六四万円）であったのに対して、準備金を活用した予備紙幣消却高は一四五〇万円であった。松方の政府紙幣消却の重点は、予備紙幣の全額消却に置かれていたことは明らかであろう。そして直接紙幣消却は一八八三（明治一六）年度で早々に打ち切られ、一八八四（明治一七）年度、一八八五（明治一八）年度に予定されていた直接紙幣消却予算は全額準備金に繰り入れられて正貨蓄積資金に充当する措置が執られたのである。

また銀行紙幣の動向も大隈期と松方期では対照的であった。大隈期の一八七八～八〇（明治一一～一三）年には一七五七万円の銀行紙幣が増発されたが、松方期の一八八二～八五（明治一五～一八）年には四三四万円の削減が進行している。銀行紙幣増発は大隈の積極政策を支える主要な柱の一つだった。

通貨増発による資金供給と準備金を梃子とした財政投融資や巨額の銀貨売出しを実行した大隈に対して、松方は準備金を活用して正貨を蓄積し、予備紙幣の弊害を除去して、国家信用と兌換制度の確立に注力した。両者は財政や準備金の役割とその運用について対照的な考え方に立っていたのである。大隈は結局、巨大な外資導入による正貨流通制度を目指したが、松方は国を危うくしない安全確実な方法で正貨を蓄積する兌換紙幣（銀行券）制度を目指した。財政主導の経済発展方式を重視した大隈に対して、松方は安定的資金供給による金融支援を重視し、政府関与を縮小し健全な財政基盤に基づいて国家信用を確立することを重視したのである。市場主義的・自由主義的政策路線が松方の政策スタンスの基盤となっているのである。

軍備拡張問題への財政対応

松方財政に対する最大の挑戦は、海外からやってきた。一八八二(明治一五)年七月、朝鮮で起こった壬午事変に端を発する対外危機の高まりがそれである。川村純義海軍卿は一八八一(明治一四)年一〇月「軍艦製造及造船所建設計画」[57]案を提出し、二〇ヵ年で六〇隻の軍艦建造と、西部に一大造船所を新設する海軍拡張案を建議し、翌年一月には山縣有朋参謀本部長が常備兵定員四万人を割り込む現状を憂い、所定の全員を今年度から徴募すべきとする意見書を提出した[58]。しかし紙幣整理遂行のため一八八二～八四(明治一五～一七)年度の三ヵ年経費据え置き方針が閣議で承認され、軍備拡張案は退けられていた。壬午事変が勃発すると、清国の脅威は一段と深刻なものとなり、在野の論調も強硬論を唱えるものが大勢を占める事態となった。

七月三〇日、緊急閣議が開かれ、黒田・山縣は開戦論を唱えた。しかし井上馨外務卿が艦隊を派遣してその圧力で日本の要求を実現すべしと主張し採用された。八月二日に予備軍召集が発令されると、五日には戒厳令が定められ、一二日には徴発令が布告された。新聞は連日そのニュースを伝え、福澤諭吉も台湾・琉球問題以来の日本を敵視する清国との開戦を主張した[59]。まさに「朝野の衝動が甚だしく、直《すぐ》にも開戦するかの如く湧立」[60]ったのである。このような事態の中で山縣は、八月一五日「陸海軍拡張に関する財政上申」を建議する。

「陸海軍の拡張を謀るは方今の急務にして……曩きに海軍卿は上疏して海軍を拡張せんことを建白せり、然れども財政に関係するを以て未だ之を挙行する能はすと雖も我邦と直接付近なる列国と比較して之を論せは少くとも軍艦四十八艘を備え……以て現今の目的を立て将来に至ては益々之を拡張するの計画なささる可からす、又陸軍の如き先年徴兵令を改正するに当り之を国力に照量し常備兵四万人と定められたりと雖も……夫れ四万の兵を以て果して能く十分に我邦を維持するに足るへきか況や其数未だ充実せさるをや、是亦宜しく早く其策を運すへきなり……然れども財政方に困難の秋なるは容易に之を弁すへきに非ず、因て之を松方大蔵卿に諮りしに卿も亦此に見ることあり近頃将に改革の挙あらんとする烟税を以て軍費の内に加えんことを予定せり、之費目の増加あるも未だ十分なる目的を達すへきには非すと雖も今より漸を以て軍備を増加するは実に今日当務の急なり」[61]

直接付近の列強（清国）に対抗する軍備の必要が唱えられた。日本の軍備が具体的想定敵国を標準として考えられるようになったのである。政府は、松方の紙幣整理事業に全面的に協力すると約し、三ヵ年予算据え置きを決定していた。既定財政方針の下で、大規模な軍備拡張を実現することは困難である。山縣は松方との協議の末、「烟税」を拡張財源に充ててもよいとの内示を引き出すことに成功した。松方も清国の脅威が明確となったため、具体的な財源調達措置を講じざるをえないと判断したのである。

この時点で山縣が主張したのは財政に配慮した「漸を以て」陸海軍備を拡張する案であり、松方が示した財源は烟税であった。両者の念頭にあったのは、年一〇〇万円規模の拡張であり、一挙に大規模な軍備拡張を実現しようとしたものではなかった。既定財源の中で、紙幣整理を進めつつ、大軍備拡張を併進させることは困難であり、また民権論者の政府批判が激しさを増す中で大規模な増税を行うことも困難視されていた。しかし岩倉右大臣が海軍拡張を強硬に主張した。一六日対清戦備を速成すべきであるとの意見書を各参議に示し[62]、九月に入って「官民を調和し海軍を拡張するの意見書」を提出する。

「目下の急務は海軍を拡張するに如くもの莫し其費額を支弁するに至ては非常収税の方法を起すの外他策なかるへし、夫れ非常収税の方法を起すは人民の怨を取るに近し然れども已むを得さるなり、是れ日本国を保護するに緊急の要務なれはなり」[63]

壬午事変で露呈された日本海軍の弱体振りに驚愕し、清国に対抗できる海軍を急速に整備することを主張したのである。「非常収税」もやむをえない、人民の激しい反対が生じても断固実行すべきであると政府首脳の決意を促した。大軍備拡張が不可避となれば、取りうる財源措置は、大規模な増税か、紙幣整理を凍結するかの二つに絞られる。

松方は、紙幣整理の既定方針を遵守する姿勢を曲げなかった。政府内では増税により必要な財源を捻出する方向で意思統一が図られ、一八八二(明治一五)年一一月に合意が成立する。一一月一九日に出された岩倉の「租税増徴に関する意見書」は、次のように述べている。

「蓋し増税は実に今日の一大難事にして固より喜む処にあらさるも如何せん国家の大計外防の急務

は仮令ひ多少障礙あるも断行せさるを得さるなり此国家の急難を救ふは唯増税の一策あるのみ而して増税のことは諸卿の同意を得たり」[64]

一二月二五日三條太政大臣より諸卿に対して、「方今宇内の形勢に於て陸海軍の整備は実に已むを得さる事宜なり」とする御沙汰が伝えられ[65]、軍備拡張が正式に決定された。二六日松方は、酒・煙草税を増税し、年七五〇万円を軍備拡張財源に充当する計画案(「軍備皇張之議」[66])を提出する。

松方案は、拡張費総額を八ヵ年六〇〇〇万円とし、年七五〇万円の予算枠内で対処するというものであった。拡張予算年額を、海軍三〇〇万円、陸軍一五〇万円の合計四五〇万円とし、拡張に伴い将来増加する軍艦維持費をも含めて年七五〇万円の枠内で処理するという計画案である。そのため準備金の中に新たに「軍備部」を設け、拡張期の前半で発生する余剰分を軍備部に積み立て、後半で七五〇万円の枠を超過して増大する維持費増大分に充当し、全体として八ヵ年で六〇〇〇万円の収支均衡を図るという計画であった。

軍部が要求した拡張規模は総額九〇〇〇万円であった。松方は三分の一に及ぶ大幅な圧縮を要求し、陸軍要求はほとんど半額に切り下げられた[67]。軍備拡張の主目的は海軍拡張にあったからである。しかし陸軍には大きな不満が残る内容だった。

政府内部には、紙幣整理に反対する薩摩閥と軍部からなる積極派が存在していた。彼らが対外危機の高まりを奇禍として国防の優先順位の高さを主張し、紙幣整理を凍結してその財源を軍備拡張に充当すべきである、と唱えても不思議はない。そうなれば松方は窮地に陥らざるをえなかっただろう。実際、状況は紙幣整理路線が一旦凍結されても不思議ではないところまで来ていた。

しかし松方は、軍備拡張は必要であるが、それを実現するには紙幣整理の成功が前提条件となるという論理で踏み止まった。紙幣整理を中断し、その財源を軍備拡張に充てれば、結局、軍備拡張自体が不可能になる。紙幣整理は規定方針通り遂行し、これに抵触しない方法で軍備拡張を併行させるべきであるとして、「増税＝軍備部」方式を提示したのである。

一八八二（明治一五）年一二月「各地方長官の延遼館集会席上に於ける演説」は、この間の事情を雄弁に物語っている。まず今日の財政困難の主因は紙幣下落にあり、紙幣整理こそが最大の急務である旨を述べた後、壬午事変を契機とする対外情勢の急変に説き及び、「果して目下財政を救済するの大目的を変じて、以て海陸軍の経費に充つべき乎、其の目的を変ぜずして別に兵備を拡張するの策を講ずべき乎」と論点を集約して、次のように論じた。

「兵備の拡張を図らんと欲せば益々財政の速やかに救治せざる可らざるを見る。……夫れ紙幣の下落は全国一般の損失にして財政上の百弊此より生ず……然るに今遽に兵備を拡張せんとすれば、兵艦・武器より以て百般の装具にいたるまで、今日猶ほ給を外国に仰ぐもの蓋し尠々ではない。若し十分に之を整備して、独立帝国たる兵制に愧づるなからんことを欲せば、益々外品の輸入を促し、紙幣益々下落して全国一般の弊害、将た何れの日か之を矯正するを得ん。況や一朝外事あるに当っては、土崩の勢腹た之を奈何ともするなきに至らんとするに於てをや。是れ及ち正義が財政を捨て、兵備を専らにするの不可なるを論ずる所以にして、諸君も蓋し余と同感なるべきを信じて疑わぬ。財政の救治にせよ兵備の拡張にせよ、其の偏廃す可からざるや此の如し。今や此の二者をして双進併行相悖らず、之に処して其宜しきを得せしめんことを欲せば、蓋し国帑を増加するの外方法がない。……税額を増加し、一方には海陸の軍備を皇張し、他の一方には現今財政の目的を変ぜず、益々救済の方を進むるに於ては、是れ所謂両全の策である」[68]

松方は、紙幣整理という大目的を変更せず、軍備拡張に要する予算を増税額の範囲内に抑制することによって、紙幣整理と安全保障上の要請を両立させようとした。一八八二(明治一五)年一一月、増税によって海軍拡張を実施することが決定されたが、その時点で軍備拡張に要する正貨支出に関しても検討が行なわれ、紙幣整理に必要とされる正貨蓄積と抵触することなく実行可能であろうとの見通しが行われていた。

井上馨は、年一〇〇〇万円の酒・煙草増税で海軍拡張を実行することが内決されたことを知らせる伊藤宛の書簡で、「正金準備弐千五百万円も準備の目的確然相立又紙幣も其内には切捨漸次減却の功を奏し可申と存候。何分此等の目的を達するには中央銀行の働き第一肝腎に有之候」[69]と報告している。

その後実際の軍備拡張計画は、一一月の時点で内決された年一〇〇〇万円の増税による海軍拡張計画から、陸軍拡張も同時に実施する計画に変更され、その上で陸海軍拡張費と以後の維持費も含めて年七五〇万円枠まで圧縮されることになる。さらに松方は大規模な正貨支出が見込まれる海軍拡張に関して、「方今の如く内国銀貨欠乏の際に在ては、海軍卿上請の如き巨額の銀貨目下支弁の道無之候間、新艦製造費は先以年々通貨三〇〇万円を目的とし、其銀貨を要する分は総て時価交換取計」[70]という強力な歯止め措置を要請したのである。紙幣価格が回復していく環境で、準備金保有の正貨と常用部海軍予算を時価交換すれば、準備金に大規模な交換差益が発生することになる。この措置によって紙幣価格回復にともなって生じる常用海軍予算の実質増額分の一部が準備金に移転され、準備金の資力を充実させることになるのである[71]。松方は、軍備拡張規模を年額四五〇万円へと大幅に圧縮しつつ、軍艦製造に要する正貨支出に時価交換の枠を課すことで、揚超効果と準備金充実効果を働かせ、紙幣整理事業が阻害されることがないように、慎重な予防措置を講じた。

紙幣整理を成功させ、中央銀行を設立して近代的財政・金融制度を整備し、経済発展の基礎を確立することが、本格的な軍備拡張を可能にする条件であるとする立論は、強い説得力を発揮していた。対外危機感の高まりの中で、松方は軍事優先を唱える岩倉や軍部の拡張予算要求水準を紙幣整理に抵触しない規模にまで圧縮しつつ、紙幣整理計画を堅持したのである。そして紙幣整理の継続は、実質的予算増額を保障し各省利益に直結していることから、松方の方針を支持する政府部内圧力が働いていたと考えられよう。

健全財政と軍備拡張

壬午事変勃発で八月に一時反落した紙幣価格は急速に回復していった。対外的危機が勃発し軍備拡張が決定されたにも拘らず、松方の不退転の紙幣整理方針は変更されないことが実証されたことで、市場に政策遂行の確実性に対する「信認」が広く浸透していったことが示されているといえよう。紙幣相場を追って見ると、対外的危機のインパクトで八月には一円六五銭に下落し前年同月相場を上回ることになるが、壬午事変が開戦に至らず収束したことを受けて一一月には一円四八銭、一二月には一円三九銭にまで回復した。そして軍拡予算問題が決着する中で紙幣整理方針が変更されないことが明確になると、紙幣価格は上昇軌道を描き一八八三(明治一六)年一二月には一円一一銭にまで急回復した。

ただし、だからといって軍部が簡単に引き下がったわけではない。一八八二(明治一五)年一二月に軍拡案が決定した後、海軍は製造期限を短縮するために、一八八三(明治一六)年二月常用部の造船費三三万円を拡張予算に統合して軍艦製造費を年三三三万円へと増額し、五月には一八八三(明治一六)年度一〇五万円、一八八四(一七年度)二一一万円、一八八五(一八年)度九二万円を、それぞれ後年度の一七〜一九年度から繰上げ支出することを要求し裁可された[72]。海軍要求は、既定配布予算内での年度配分額の変更にとどまっていた。明治一六〜一九年度の予算合計一三三二万円を、一六年度、一七年度に厚く、一八年度、一九年度に薄く配分するという要求であった。そして軍艦兵器の購入遅延による予算減額などにより[73]、実行プランの一六〜一九年度予算配分額は一二五六万円と当初配分額を幾分下回る支出に収まった(表2-3)。しかし予算配分の変更は一六年度、一七年度の財政資金繰りを大きく悪化させ、新たな財政対応を必要とする要因となった。陸軍も強力な巻き返しを図り、一六年一月二二日「明治一八年度以降の部隊増加費」として年二〇〇万円の追加を勝ち取った[74]。一五〜一七年度の三ヵ年予算凍結方針で示唆されていた一八年度以降の予算増額を予め確保する案であった。さらに五月三〇日には一七年度から通貨五〇万円を追加するよう求め、結局一七年度二〇〇万円、一八年度以降は四〇〇万円へ予算が増額されることになる[75]。陸軍拡張予算は大規模になったが、三箇年予算凍結の当初方針に照らせば、一七年度に五〇万円が増額されただけの微温的なものに止まっていた。松方は、軍備

表2-3 明治16～23年度軍備拡張プラン

	16年度	17年度	18年度	19年度	20年度	21年度	22年度	23年度	改定プラン合計(A)	当初プラン合計(B)	差引(A)-(B)
増税収入	7,828	7,878	1,332	7,878	7,878	7,878	7,878	7,878			
酒造税	6,265	6,367	0	6,367	6,367	6,367	6,367	6,367			
煙草税	626	1,240	1,022	1,240	1,240	1,240	1,240	1,240			
仲買人税	933	272	310	272	272	272	272	272			
拡張充当額	7,500	7,500	1,332	7,500	7,500	7,500	7,500	7,500	53,832	60,000	-6,168
軍備部より	0	182	1,263	122	0	0	0	0	1,547	4,360	-2,813
軍拡総額	6,083	7,682	6,391	8,461	9,568	9,773	9,849	9,602	67,408	59,520	7,888
陸兵増加費	1,500	2,000	3,000	4,000	4,000	4,000	4,000	4,000	26,500	12,000	14,500
東京湾砲台	193	322	489	974	965	971	847	400	5,161	5,520	-359
軍艦製造費	3,625	4,388	2,133	2,415	3,330	3,330	3,330	3,330	25,880	24,000	1,880
軍艦維持費	250	404	599	799	999	1,200	1,398	1,598	7,247	17,000	-9,753
差引き	1,567	0	-3,791	-839	-2,068	-2,273	-2,349	-2,102	-13,426	480	-13,906
軍備部繰入	1,547	0	0	0	0	0	0	0	1,547	4,840	-3,293

資料：当初プランは、『明治前期財政経済資料集成』第1巻、34頁。改定プランは、「自16年度至22年度軍備皇張費」伊藤博文『秘書類纂 財政資料』中巻、321～333頁。

注：1．「軍備部計算の件」（伊藤博文編『秘書類纂　財政資料』下巻、123～135頁）でも、本表と同様の数値が掲げられている。松方が、軍備部廃止の財政的経緯を説明したときに示されたものであり、会計年度変更決定を踏まえた拡張プランの推移を説明したものである。

2．軍艦製造費の16年度の実行予算は、333万円に105万円が追加され、438万円となったが、76万円の減額削除が行なわれた結果、363万円となった。

3. 陸軍陸兵増加費の明治18年の予算額は、「軍備皇張費取調諸表」では、400万円となっており、したがって総額は2750万円となる（伊藤博文編『秘書類纂　兵制関係資料』262頁）。本表では、19年度以降の会計年度変更を織り込んで、18年度は9ヵ月予算が組まれており、年度400万円の陸軍拡張費は、9ヵ月分の300万円が計上されている。

拡張要求を紙幣整理と抵触しない範囲に押し止めていたのである。

陸軍拡張費が、当初プランの総額一二〇〇万円から二六五〇万円へと一四五〇万円拡大したため、改定プランベースでは差し引き一三四三万円の大幅な赤字要因が発生することになる。他の条件が変らないとすれば、陸軍の追加拡張は七五〇万円の財源枠で実行される八ヵ年計画の軍備部方式を実行不可能にしてしまうであろう[76]。このような中で陸軍の拡張要求が曲がりなりにも可能になったのは、軍艦維持費が当初プランに比して一〇〇〇万円弱圧縮されて内部財源が生み出されていたからである。陸軍拡張要求は、陸海両省間での了解の下に要求されたものと推定できる。それにしても陸軍の追加拡張は、四〇〇万円前後の支出超過を生じさせることになる。

改定プランでは、一八八五(明治一八)年度に軍備部積立金を繰り入れても三七九万円の財源不足が発生し、一八八六(明治一九)年度以降は軍備部積立金が枯渇する中で、軍備拡張支出は財源枠七五〇万円を遥かに超過し続けるという事態が生じる。そして一八八五年度以降のプランは実行不可能となるのである。

海軍拡張の根拠は明確であったが、陸軍拡張に明確な根拠が示されていたわけではない。しかし陸軍要求に対して政府部内から反対意見が出た様子はない。一八八三(明治一六)年三月二八日の伊藤宛て書簡で、松方は次のように述べている。

「過日増税収入且支払之順序等は委細申上候付疾に御承知被下候半。如御示諭出来候丈は海陸之経

費を重行候積に御座候。当年(則六年)予算取調も出来上り、去る二六日例之如く条公御宅に而内閣一同集会御評決相成、大に安心仕候間御歓可被下候。当年海軍艦製造費三百三十三万円増加相成、陸軍は百五十万円之同様に御座候。毎歳如此歳計を成し候得は軍艦も追次増加可相成、唯人物、製造方是より肝要と存申候。御承知通海軍人は技芸中々不一故随分注意可致事に御座候」[77]

松方は、専門軍人育成や軍艦整備には時間がかかるので、軍艦維持費は実際に執行される額よりかなり大きな額が計上されていると判断していた。しかし陸軍の増額要求については特に過大であるとする言及はない。陸軍要求が財政計画を破壊したとは考えていなかったと見てよかろう。陸軍の追加増額要求は、当初の陸軍要求規模に照らして、織り込み済みの規模にとどまっていた可能性は否定できない。

八ヵ年財政計画では、軍艦維持費は相当の余裕をもって計上されていた。そして増税による増収見込み額は、慎重な内輪の見積りが行われていた。松方は、酒造税の増税が酒需要を大きく減少させるとは考えていなかった[78]。一八八〇(明治一三)年の酒造税増税で酒需要はほとんど変化せず、一八八一～八二(明治一四～一五)年度の造石高実績は五〇〇万石を超えていたからである。実際に編成された一八八三(明治一六)年度酒造税予算は一六七七万円に抑えられていた。税率は一石四円(内増税分一石二円)であるから、課税ベースとして使用した造石高は四二〇万石程度となる。軍拡財源として提示された酒造税収入見積もりは、当時の大蔵省の造石高見通しからすれば、相当内輪の計上額であった[79]。松方は「増税金取扱要領」において、実際の増税収入が予算額を上回る事態を想定し、余剰財源の使途について次のように指令している。

「造酒、烟草、株式取引相場の三税は、将来其額七百五十万円以上にいたるとも、必ず之を軍備部に移して、海陸軍拡張費に充つべし。自余の諸税は増税総額七百五十万円以上に至りては、其際地方土木費補助、其他支出の途を定め裁可を請ふべし」[80]

増税措置による実際税収額は予算額を上回ることが予想されるので、増加分の一部は軍備拡張予算に積み増し、他の一部は地方土木費補助等の増額に支出することが可能であるとしている。紙幣整理が完成する三年後には、七五〇万円以上に増大すると予想される財源の余裕分を、軍備拡張と地方土木費補助及びその他の重点施策に投入する構想を抱いていたことがわかる。ここには税収額を内輪に見積もりその範囲内で新規事業を実行するという慎重な健全財政スタンスが示されているが、財源が許す範囲内では出来るだけ必要な事業拡張を実現しようとする実務家的政策スタンスが明確に現われている。

松方は紙幣整理の完成を最優先させていた。しかしこの大目的に抵触しないよう慎重に財源措置を講じながら、軍備拡張を実現し、地方公共事業を推進するという、健全財政・健全通貨を基礎とした富国強兵路線を遂行しようとしていたのである。

酒税収入が順調に推移し、陸軍の追加拡張が海軍の軍艦維持費の余裕部分で大部分吸収できる程度のものにとどまれば、既定の財政計画の変更を伴うことなく、陸軍の追加拡張要求を実行することは不可能ではなかった。既定計画を超える拡張についても予定財源が生み出す増収によって柔軟に対応する考えであった。軍備拡張財源として提示した増収予定額は、相当内輪の計上額であり、財政計画にはかなりの余裕が織り込まれてもいた。

紙幣整理が予定の三ヵ年後に完成すれば、一八八五（明治一八）年度以降は「紙幣整理財源」は予備財源となり財政上の余裕が発生する。紙幣整理完成後には、予算定額凍結方針を見直し、軍備拡張をはじめ各省の増額要求にも応じ得る。したがって一八八三（明治一六）年の時点で一八八五（明治一八）年度以降の年二五〇万円の陸軍追加支出が決定されたことが、どの程度松方が描いていた財政構想と抵触することになったのかの判断は微妙である。財政当局が大きな異論を挟んだ形跡がないことからすれば、松方構想を破壊するほどの要求額とは判断されなかったと見ることが自然であろう。

ところで陸軍拡張の根拠はどのように考えられたのであろうか。陸軍は「十二月二五日御沙汰相成候御趣旨貫徹候様可致」[81]を理由としたが、御沙汰は「方今宇内之形勢において陸海軍之整備は実に不得已之事宜に有之」[82]というものであり判然としない。これより後一八八五（明治一八）年一〇月、大山陸軍卿が「陸軍経費定額削減し能はざる理由の上奏」の中で、このときの陸軍拡張計画について次のように述べている。「聖旨を遵奉し、大に計画する所あり。兵備を一新して七軍管内師団旅団の編成に改め、或は連隊の数を増し、或は大隊を連隊に中小隊を大隊に改編し、又出師の準備を定め戦列補充後備所諸隊の制を建て、明治二一年を期し悉く之大事業を完結し、一朝有事の日に方り約ね二十万の戦兵を興すに足るべきの基礎」を目指した[83]。それは「外侮」を防ぎ、隣国有事の際に「局外中立」を保つための兵備を備え、「必らずや進んで攻るの力ありて而て後ち退きて守を得、期するに積極の遠略を以てして始めて消極の防守を保つべきのみ」[84]という観点から計画されたものであった。

海軍力に自信を持てない以上、外敵の来襲に備える本土防衛能力の充実が必要となる。西南戦争が終結し、陸軍に求められた内戦に備える治安警察機能の必要性が薄れ、外敵〔清国〕の脅威に備えた国土防衛機能および装備充実の必要性が認識されたのである。壬午事変を契機とした陸軍軍備の拡張は、日本の軍事力が、独立を維持し、外交を支援し、本来の国土防衛機能を果すこと求められるようになった画期を示すものであったと考えてよいだろう。山縣の軍備拡張に関する先の建議においても、陸軍については「我邦を維持するに足る」[85]軍備の整備が主張されていた。

当時の日本には、大陸作戦を実行できる兵力も、大陸への揚陸能力も、シーレーンを確保できる海軍力もなかった。むしろ海軍力で優位に立つ清国や列強が日本に外交的圧力をかけ、日本本土に侵攻するというシナリオに沿った軍備や作戦計画に現実性があった。

陸軍は本格的な軍制改革に乗りだす。一八八四〔明治一七〕年二月に欧州へ視察に出かけた大山巌陸軍卿が一年後に帰国し、ドイツ式軍政の採用が決定されると、一八八五〔明治一八〕年一二月に内閣制度が発足すると同時に、作戦・用兵に関する統帥事項は内閣総理大臣の管掌外であることが明確化され、軍政と軍令が分離されて、軍の政治的中立性を担う統帥権の独立が制度として確立した。またメッケル少佐の指導の下にドイツ型軍事システムが導入され、一八八五〔明治一八〕年五月に鎮台条例が改正された。従来有事には旅団に編成されるとされていたものを師団へと格上げし、鎮台司令官は有事には師団長となり、監軍が二個師団を率いて軍団長になる制度へ拡充された。一八八八〔明治二一〕年五月には、鎮台制が廃止されて平時編成も六個師団となる。一八九一〔明治二四〕年には近衛兵を師団に改変して、平時七個師団体制が完成する[86]。

外敵に備え、その侵攻地点に迅速に兵力を集中して撃退する機能を持たせるため、機動力を有する師団編成が必要とされたのである。陸軍のこのような軍事的要請は、参謀本部の鉄道建設構想にも反映されていた。川上操六参謀次長は、「日本軍事鉄道論」において、次のような議論を展開している。全軍の敵侵入地点への集中運動の遅速が勝敗を決定するので、それを可能にする鉄道の整備こそが今日の最大の急務である。幹線鉄道は、敵の戦時の艦砲射撃による破壊を避けるため、できるだけ内陸部に敷設することが必要である[87]。

会計年度変更と軍備部廃止

軍備部積立金が消滅し、収支が継続的に赤字になれば、軍備部の存在意義は消失する。松方は、軍備部廃止の経緯を次ぎのように説明した。

「去る明治十五年十二月中陸海軍皇張之議被仰出、酒造煙草等の諸税許多増額と相成、右増税の分は国庫中別途の計算に相立、……明治一六年度以降実行せしに爾後年々軍備に要する費額は予定の外に出て、十八年度には既に参百七拾九万円余の不足を生す可き計算に之れ有、因て明治一五年中予定せられたる計画は目下全く画餅に属せしに付、前陳増税の分別途計算軍備部繰入の方法は明治一九年度以降廃止し然る可」[88]

支出が「予定の外」の膨張を遂げたので明治一八年度に大幅赤字に転落し対処不能になったと説明されている[89]が、最も重要な点が抜け落ちている。一八八五(明治一八)年度には七五〇万円の財源枠が

表2-4 造石税および煙草税の動向(単位:千円)

	造石税				煙草税		
	予算額	決算額	増減	備考(造石高)	予算額	決算額	増減
明治13年度	10,264	5,511	-4753	—	349	293	-56
14年度	9,613	9,836	223	5,052	349	276	-72
15年度	9,613	15,300	5,686	5,063	349	281	-68
16年度	15,605	12,302	-3,303	3,175	974	2,154	1,180
17年度	15,676	12,991	-2,684	3,252	1,588	1,294	-294
18年度	0	15	15	2,679	1,284	905	-379

資料:「歳入歳出決算報告書」(明治13〜18各年度)『明治前期財政経済資料集成』第5巻、第6巻。造石高は、『法規分類大全』37(租税門)による(単位は千石)。造石高については、『米穀統計年報』の数値(14年4,714、15年5,895、16年3,063、17年3,189、18年2,623)とは多少相違しているが、大要では一致した動きをしている。
注:明治16年度の造石税決算額は、上記資料では11,302千円となっているが、明らかな誤記であり、12,302千円が正式の決算額である。

保証されなかったのである。軍備部方式が一八年度に破綻した直接的な原因は、酒造税六三七万円の繰入が停止されたことにあった。酒造税収入が編入されていれば、一八年度には財源不足は発生せず、二五八万円の余剰が生じて軍備部残高は二七〇万円となる。この場合、改定プランの一八八六(明治一九)年度八四万円、一八八七(明治二〇)年度二〇七万円の支出超過の大部分は、ファイナンスされることになる。そして一八八六(明治一九)年度以降には充当財源が増収を生みだす可能性も残されていた。軍備部方式破綻の直接因は、一八八五(明治一八)年度酒税収入の繰入停止措置にあったといってよい。

造石税および煙草税の予算・決算の推移を見てみよう(表2-4)。一八八〇(明治一三)年に酒税税率が一石一円から二円へと引き上げられた。しかし造石税第三期(九月徴収)分を会計年度区分(七月〜翌年六月)に従って一八八一(明治一四)年度に編入したため、四七五万円の減収が発生した[90]。一八八一年度には、酒税決算が予算を二二万円超過し、増税にも拘らず造石高は順調に伸びていた。一八八二（明治一五）年度も造石高は堅調に推移した。多額の決算増加が生じたのは、第三期分五一二万円を一八八二（明治一五）年度に収納したためであった[91]。一八八二年度に予備紙幣の急速な消却を進める上で、この造石税編入は大きな役割を果したと考えられる。しかし一八八三（明治一六）年度に事態は急変する。造石税予算を一五六〇万円以上と見込んだのに対して、決算は一八八三（明治一六）年度一二三〇万円、一八八四（明治一七）年度一二九九万円と低迷した。造石量が大幅に低下し、不納者も増大（例えば一六年度は四四万円）したからである。造石高の減少に起因する減収額は、一八八三（明治一六）年度二八三万円、一八八四（明治一七）年度二六二万円に及んだ[92]。

農村不況の深化と農民所得の減少によって自家醸造や密造が急増し、造石税収入が落ち込んだのである。大蔵省の税収見通しは齟齬を来たし、財政資金繰りは強い圧迫を受けた。結局、一八八三（明治一六）年度には歳入欠陥を埋めるため準備金から四〇〇万円の補填繰入を実施せざるをえなかった[93]。このような準備金の消耗は、松方の紙幣整理事業の基礎を掘り崩すリスクを高めた。

財政収支と資金繰りが悪化する中で、抜本的打開策として打ち出されたのが会計年度の変更であった。会計年度変更にともなって、一八八五（明治一八）年度の造石税収入は一八八六（明治一九）年度歳入に編入されることになり、一八八五年度における造石税の徴収は停止され、軍備拡張充当財源から除外された。軍備部方式は、一八八五年度にそれを支える確定財源の裏づけを喪失することになったのである。

松方は一八八四（明治一七）年一〇月一八日、会計年度変更を太政大臣に建議した。酒税の納期は、第一期・四月、第二期・七月、第三期・九月であるが、会計年度が「七月〜翌年六月」であった関係から、通常酒税第二期、第三期分は前年度収入に組み入れられていた。「夫か為め歳出の歳入に先つ事甚しきを加え一周年間国庫の金繰逼迫を告げ、将来大蔵省証券発行高非常に相嵩み可申、国家の経済上に関係不少候に付、此際断然右両期の酒増税は後年度の歳入に組替候様取計申度」[94]。一八八〇（明治一三）年の酒税増徴以来、納入年度を操作して資金繰りを調整してきたが、その方式は限界に達していた。そして酒税の収入低下が追い討ちをかけた。租税納期と会計年度の不一致を根本的に解消するために、会計年度を「四月〜翌年三月」へと変更し、一八八五（明治一八）年度は九ヵ月予算とする経過措置がとられた。その結果、四月納入の第一期を併せて、三期分全額が一八八六（明治一九）年度へ組み替えられることになったのである[95]。

会計年度の変更は、予備紙幣発行を停止させ、大蔵省証券による財政資金繰りを軌道に乗せることによって、紙幣整理を最終的に完成させるための財政制度改革であった。兌換制度を核とする近代的通貨信用制度は、予備紙幣発行を完封する財政制度の整備なしには完成しない。「会計年度更正趣意書」は、次のように述べている。

現行の会計年度と租税納期の不適合により、毎月「多きは二千五六百万円少きも数百万円の不足を生せり。此月計上の不足額は準備金より借入尚不足の分は従前に在ては数千万円の予備札を発行して以て補填に充てたり。之か為めに紙幣の価格度外に低落し遂に一国経済の根本を紊らんとする一大危険に逢着せしを以て、百方此危険を救ふへき方策を講じ、一面には準備金を金銀貨に換へて国庫に蓄積し他年紙幣引換の元資に供し、一面には断然予備紙幣発行を停止し且紙幣消却の履行を厳にし之か為めに紙幣の価格は今日の景況を見るにいたると雖とも、前陳月計上の不足額に至ては畢竟会計年度と租税納期と相適合せすして歳入期の歳出期に後くるる事殆と半年なるにより生したる結果にして……此会計年度と租税納期とを適合ならしめんと欲せは会計年度を更正するの他に良策ある事なし」[96]

会計年度変更は、造石税収を主要財源とする「増税＝軍備部方式」を事実上不可能にした。それは財政資金繰り悪化を食い止め、準備金の目減りを食い止め、予備紙幣発行を抑止する切り札として実行されたものである。準備金を充実し、財政制度を整備し、予備紙幣発行を根絶するという紙幣整理方針が、結局、軍備部の廃止をもたらした要因であった。

海軍公債発行と国債整理

日本と清国の海軍バランスは、清国優位に傾いていた[97]。世界的に建艦技術の革新が進むとともに、清国が七四〇〇トン級の甲鉄戦艦二隻（定遠・鎮遠）を実戦配備したことから、これに対処する手段が模索され、新たな海軍拡張要求が噴出していた。海軍拡張整備計画は、新たな財源の裏づけのもとで抜本的な再編を必要とする段階を迎えていた[98]。

このような状況の中で、低利公債を発行して海軍拡張財源に充てる構想が浮上した。紙幣整理が進捗して公債価格が額面価格を上回るようになり、市場金利が低下して低利公債の発行条件が整いつつあったからである。低利公債の発行に成功すれば、高利公債の低利借換えに道が開かれ、公債費の大幅な圧縮が可能になる。一八八四（明治一七）年度現在の政府の国債費負担は一九八二万円の巨額に上り、軍事費一七四九万円を遥かに上回っていた。高利国債の圧縮は、財源難に悩む政府の焦眉の課題となっていた。実現すれば、政府事業を縮小させることなく大規模な国費節減を実現できる。

松方は海軍公債を発行する腹を固めた。海軍拡張計画総額二六六四万円から一八八三〜一八八五（明治一六〜一八）年度支出額九九〇万円を控除した一六七三万円を公債発行によって確保し、一八八六（明治一九）年度以降三ヵ年で軍艦製造・鎮守府建設・海防水雷等の諸事業に投入する計画であった（「海軍公債条例制定の議」明治一九年五月）[99]。海軍公債は、額面一七〇〇万円、五分利付で、一八八六（明治一九）年から一八八九（明治二二）年まで四回募集された。応募額は三倍以上となり、実収高は一七二四万円と好成績をおさめた。

五％の低利海軍公債の発行に成功したことは大きな意味を持っていた。松方は、すでに一八八三（明治一六）年度に六分利付きの中山道鉄道公債を募集して、その余裕資金によって高利の金禄公債償還（実質的には借換）を試みていた。公債利子負担の重圧を軽減することは、財政整理と資金繰り改善のための重要課題と認識されていた。一八八四（明治一七）年の会計年度変更決定も、財政一時資金の必要性を低減させ、大蔵省証券発行額を低減して利子負担を軽減することがその目的の一つとなっていた。海軍公債は、巨額の高利公債を整理する上で露払いの役割を果すものだったのである。

一八八六（明治一九）年九月、松方は「低利の新債を募集し、以て高利の旧債を償還するの時宜正に今日に在り。……借換を断行するは、実に財政上の急務とす」として、「整理公債条例制定の議」[100]を内閣に提出し、元老院において次のように説明した。

「今日の市場の景況を察するに、金利は漸く低落し、各銀行預金の利子は、百分の三乃至四と為り、政府より発行せし公債証書の時価の如き六分以上利付は額面を超過し、中仙道鉄道公債証書は、一時百十五円の時価を占め、曩に募集せし五分利海軍公債証書の如きも、百円以上の価格を以て募集するを得たり。此れ実に財政上の好時期なるを以て、政府は此の時期を失せず、負債を借換するの計画を施行せざるべからず」[101]

整理公債計画は、一八八六(明治一九)年から六年間で五分利公債一億八二五〇万円を募集し、六分利以上の借換え可能な内国債一億七五二〇万円を五分利に借換るというものであった。これによって年間利子支払額は、三百数十万円軽減される見込みであった[102]。

海軍公債の発行は、軍備拡張財源の再編であるとともに、高利公債の低利債への借換を促進し、財政整理を促進する機能を果すものでもあった。一八八六(明治一九)年以降新たに海軍公債を財源とする別枠の「特別費」が設定され、軍艦製造・海防水雷・鎮守府建設・軍港整備等は特別費で賄われることになった。その結果、常用部には「軍艦製造予算」相当の財源余裕が生まれ、軍備拡張に伴う常用部の経費増大を賄うことが可能となった。さらに海軍拡張の財源確保の補足措置として、一八八七(明治二〇)年三月には所得税が導入された[103]。

しかし軍備拡張は、軍艦兵器の輸入を増加させた。大量の正貨流出は、万難を排して実現した兌換制度の基礎を掘り崩す[104]。松方は一八八七(明治二〇)年「二一年度予算調整の期に際し社会経済の景況並に救済の儀に付建言」を提出し、紙幣整理=兌換制度確立の経緯を述べた上で、それが民間企業勃興と政府事業(軍艦・鉄道)拡大による輸入増加によって重大な脅威を受けている状況を説明し、官民事業の「緩急相計り得失相鑑み、是を勧め彼を制し本末を正」さなければ、国際収支が破綻し、銀本位制度が崩壊し、再び経済は衰退に向かうと警告した。軍艦兵器輸入を一時制限して士官や技術者の養成に尽力し、民間輸入余力を確保し、経済成長が軌道に乗り、国際収支が好転してから軍用輸入を行うべきであると主張した[105]。大規模な軍艦兵器輸入は、銀本位の根幹に関わる問題と認識されており、やがて金本位制への移行問題にも重要な影響を及ぼす論点となっていくのである。

鉄道建設と機動的財政措置

松方は、民業の自立的発展を重視する古典派的政策スタンスに立ち、健全な財政金融基盤を築くことによって国家信用を確立することに注力した。しかしその一方で近代国家建設に必要な軍備拡張や地方土木事業などはできうる限り実現させようとする実務的な志向を併せ持ち、鉄道建設を中心とする海陸運輸交通網の整備にも積極的な姿勢をとっていた。

万国博覧会副総裁として仏国に滞在中、近代商工業を発達させた最も重要な要因が運輸交通網の整備とりわけ鉄道網の建設にあるとの確信を得ていた。先に触れた仏国博覧会事務官長カランツとの会談で、「我日本国の如き海運の便なるは固有の事と雖とも、内地に農工事業を起し盛大ならしむるには大に陸路の便を開き鉄道を設くるに如かさるの所以を実視せり」[106]と欧州視察の結果得た所見を披瀝した松方に、カランツは中山道鉄道を幹線とする鉄道敷設案を提案した。帰国後、松方は政府にこの案を進言し、政府は雇外国人ボイルらに利害を調査させた。その後、山縣有朋が中山道鉄道建設を政府に建議する。政府は、一八八三(明治一六)年八月、工部卿佐々木高行に路線の選定、地形の測量を命じ、佐々木は具体的方案を政府に稟請した。松方は直ちにこれに同意して準備金より五〇万円を支出し、一〇月には鉄道公債を起し工事の都合に応じて漸次募集するという財源案を提議する[107]。

ただし紙幣整理途上で巨額の鉄道公債を起債すれば、政策一貫性に対する人々の信認を毀損する恐れがあった。一八八三(明治一六)年一二月の「鉄道公債証書発行之議」において「右公債発行之儀は独り鉄道布設の用に供するのみならず、傍ら現今紙幣価格の挽回を謀るの一助とも相成候」[108]と強調し、さらに「公債証書発行意見書」で中山道鉄道公債と金札引換公債とをセットにして発行する計画を示し、建設の趣旨と紙幣整理への効果を説明した。

現在の財政困難の原因は、詰まるところ「内外貿易の権衡を得ざると、正貨紙幣の平準を失すると に在」る。「貿易の権衡を得ざるは其実内国物産の繁殖せず、運路開けず、交通の便利ならざるに由る。故に……鉄道布設の今日に必要なるを知る。然りと雖とも一方に於て正貨紙幣の平準も亦之を復せさる可からす。若し紙幣をして其平準を復せしめんと欲せば、漸次之を消却して以て流通高を減少するより急なるは莫し。政府既に財政の進路を之に取りたる以上は豈又之を中廃すへけんや。故に鉄道素より布設せざるべからず、紙幣も亦減少せざる可からず。……必ずや非常の画策を立て、一は以て交通の便利を開き、一は以て紙幣の平準を復せんことを探求せざる可からず。……新に鉄道公債証書を発行し以て之が財源を開くより善きは莫し。何となれば該公債の発行は特り其鉄道の成功を期するのみならず、兼て紙幣減少の点に就き与って大に力有るを以てなり。然りと雖とも紙幣の減少は未だ単に該公債のみに依頼して足れりとせず。必ず別に金札引換公債を発行し、以て之れが補助を為さすんばある可からざるなり」[109]。

紙幣整理を完成させる措置と産業を振興して貿易収支を改善させるための鉄道建設を併進させることが必要であり、そのために鉄道公債と金札引換公債を合わせて募集するというのである。「不景気を来

す の原因を尋ぬるに、紙幣の価格日に騰貴し、物価日に下落し、昨日仕入れたるものは今日已に幾分の損失を生じ、今日仕入るるもの明日は若干の損失を来す可きの有様なれば、凡そ商賈工匠たる者中心皆畏懼の念を懐き只手を拱して紙幣の価格一定の日を待つが故なり。……不景気を挽回して克く繁盛に至らしめんとするには、実に正貨紙幣の平準を復せしめ一日も早く人民をして其業に安んぜしむるより急なるは莫かるべし」[110]

既往の事跡から判断して「我国には蓋し一億円内外の紙幣を以て適度」と考えられる。不換紙幣の流通高を適度に復せしむるには、「鉄道公債及び金札引換公債を発行し、一は以て其収集したる紙幣を定規の如く裁断焼却するに在り。尤も鉄道公債に依り集収したる紙幣は毎年其若干額を鉄道資本に供するものなれば、素より永久之が流通を止むるに非ずと雖とも、其之を資金に供するは徐々なり、之を政府に集収するは急なれば、其間に於て紙幣の価格を騰貴せしむる」[111]。

一八八三(明治一六)年一二月の時点で紙幣価格は一・一一円まで回復していた。松方は、紙幣整理期限を短縮して紙幣デフレに起因する不景気を早期に終焉させる方策を模索していた。すでに農業不況の浸透に伴う納税者の困難を緩和する措置として、一八八三(明治一六)年一〇月二四日に「地租納期繰下げ」を提議していた[112]。人民の生産拡大や消費拡大を阻害する原因である紙幣デフレを短縮するには、速やかに「銀・紙の差」を解消する必要がある。紙幣価格の回復過程では、紙幣を計算貨幣として使用する人々は「高く仕入れて、安く売る」ことを強制されるため、買い控え(=生産抑制)行動が誘発される。公債により紙幣を吸収し、銀・紙の差を速やかに解消して紙幣価格を安定させるとともに、産業振興の動脈となる鉄道建設を進める政策は、経済回復効果を発揮するとしたのである。

銀・紙の差を解消するには、流通紙幣量を削減するとともに、正貨蓄積を促進する必要がある。鉄道公債は、一時に巨額の紙幣を流通市場から引き上げるが、鉄道建設に支出する金額はその一部にとどまるため、当面紙幣の市場流通額は減少し、紙幣価格の回復に貢献する。計画の骨子は、一八八三(明治一六年)度以降、三、四年間に鉄道公債二〇〇〇万円を発行して一八〇〇万円の実収を得る一方、年一八〇万円の建設支出を行うというところにあった。三年募集計画ならば年六〇〇万円の収入が得られるので当初三年間は年四二〇万円の揚超が生じ、四年募集の場合でも年四五〇万円の収入が得られるので当初四年間は年二七〇万円の揚超効果が生じる。その後は年一八〇万円の散超が七、八年続く。いずれにせよ当初の三、四年間は、年二七〇万から四二〇万円程度の揚超が生じるので、紙幣整理促進効果が生れる[113]。

しかし鉄道建設費の三分の一は輸入資材からなるため、正貨需要が発生する。正貨流出が増大すれば紙幣整理事業は阻害されるため、正貨吸収を促進する措置が必要となる。そこで鉄道公債は、正貨での応募を許可した。「此公債証書は紙幣を以て其代り金を納付すへきものなりと雖とも、其望人の便益たるに於ては又正貨を以て納付せしむる事」[114]。紙幣価格の回復が確実に予想される中で、正貨応募者には断然有利な状況が生じていた。鉄道公債の募集にあたって正貨による応募を認めたことは、紙幣整理事業を成功に導く大きな要因となる。

大規模な公債発行で鉄道建設を実行すれば、短期的揚超状況が作り出されるとともに、大規模な正貨流出を発生させることは明らかであった。それは紙幣整理に対して促進効果と阻害効果を同時に及ぼし、さらには金融を逼迫させて民間部門の経済発展を抑制する危険さえ伴う。したがって鉄道公債発行を実

表2-5 政鉄道基金歳入歳出計算表（単位：千円）

	17年度	18年度	19年度	20年度	21年度	22年度	通計
中山道公債募集金	13,507	4,784					18,291
鉄道費補充公債募集金					500	1,507	2,007
歳入合計	13,507	4,784			500	1,507	20,298
中山道鉄道建設費	900	2,250	2,379	300	1,350	807	7,985
敦賀大垣間鉄道興業費	458						
東海道鉄道建設費			870	3,850	6,757	250	11,727
中山道鉄道公債募集費	51	20					71
鉄道費補充公債募集費						10	10
鉄道費補充公債利子						25	25
歳出合計	1,409	2,270	3,249	4,150	8,106	1,091	20,275
収支	12,098	2,514	-3249	-4150	-7607	416	23

資料：『明治財政史』第1巻、895〜896頁。

施するには、確実に紙幣整理を促進するとともに、金融逼迫の影響を緩和する仕掛けが必要になる。

鉄道公債募集と建設支出の状況を見ると、表2－5のごとくなる。鉄道基金収支について、『明治財政史』は、「中仙道鉄道建設費は当初予算を千百五十三万八千弐百五拾七円と定めしに明治一九年閣令第二十四号を以て中仙道鉄道の全通を止め更に工事を東海道に起こすに決したるを以て総予算を七百九拾八萬五千壱百八拾参円に更正し二十二年度までに悉皆支出を了したり」[15]と説明している。中山道鉄道公債は、当初、高崎～大垣間の中山道沿いに縦貫鉄道を建設する目的で起債されたが、後に鉄道費補充公債二〇〇万円が追加され、基金は合計二〇三〇万円に拡充された。しかし一八八六（明治一九）年に計画が変更され、中山道全通計画が中止され、東海道線建設に変更となり、一一七三万円が一八八九（明治二二）年度までに支出された。この間一八八四（明治一七）年度には、敦賀～大垣間鉄道の建設費補助として四六万円が支出されている。

注目すべき点は、中山道鉄道の建設予算総額が当初一一五四万円であったにも拘らず、最終的に一八二九万円もの財源が調達されたという事実である。差額の六七六万円は当初から鉄道以外の目的で募集されたということになる。一八八四(明治一七)年度には一二一〇万円の揚超状況が創出されたが、同年度募集分に計上された一三五一万円のうち五二八万円は、公債取扱銀行である日本銀行を通じて一八八三(明治一六)年度の国庫に収納された[116]。一八八三年度以降に悪化した国庫金の一時的資金繰りをつけるためにこの余裕資金が活用され、予備紙幣発行を回避する方策として活用されたのである[117]。さきの海軍拡張予算の繰上げ支出がその一因となっていると考えられる。

建設予算を大幅に上回る起債を行い、実際の建設に先立って余裕資金を国庫に吸収して予備紙幣発行を回避したことは、通常の一時的揚超効果とは異なる紙幣整理効果をもたらした。一八八三(明治一六)年度以降、三年間で一〇〇〇万円の金札引換公債発行を発行し、なおかつ外国人の応募を許可することによって、正貨吸収の促進が図られた[118]。「一は以て国家富強の根原たる鉄道布設の資金を得るに容易にして、一は以て紙幣の価格を救護し、金融の閉塞を開通し、速かに商工業の萎靡不振を挽回し所謂一挙両全の画策と思へり」[119]。金札引換公債への外国人の応募を許可したことは、国を危うくしない方法によって懸案の外資導入に道を開いたことを意味する。しかし多くの外国人応募を期待することはできなかった[120]。

鉄道公債募集にあたっては揚超の紙幣整理促進効果が強調されたが、翌年一八八四(明治一七)年四月には「中仙道鉄道公債募集金を以て金禄公債償却の儀に付上申」が稟議されている。鉄道公債募集金のうち未使用の余裕金は利払いを要するので、そのまま保有することは財政上不利なため、高利の一割利付き金禄公債の償還に充てれば財政上効率的であるとの主張であった[121]。五月、上申は政府に容れられ、一八八四(明治一七)年度二〇〇万円、一八八五(明治一八)年度三〇六万円、合計五〇六万円の高利金禄公債の消却が、中山道鉄道公債収入金を流用することによって実行された。紙幣整理を加速する方途であると説明された国庫保有の公債募集金の内、五〇六万円分の政府紙幣は別のルートで市場に還流されていたのである。

公債発行の経緯を追って見ると、松方は当初から六分の低利鉄道公債を「余分に」募集し、予備紙幣発行を回避するための一時資金に使用して紙幣価格の回復を促進しつつ、同時に高利金禄公債の消却(公債利払いの節約)を目指していたと考えられる。その結果、合計一〇三四万円分の国庫保有紙幣は別の回路を通じて一八八三(明治一六)年度以降、市場に環流していた。紙幣整理を確実に促進しつつ財政整理を進め、さらには金融市場の閉塞を回避する措置がとられていたのである。

実際の財政運営は景気動向に応じた機動性が要求される。松方は一八八三年度以降、公債募集による急激な流通通貨収縮を緩和する措置を併用し、金融を逼迫させる効果を極力相殺するという老練な政策運営を実施していった。

中山道鉄道公債は、財政整理の焦眉の課題となっていた高利公債の低利借換えを実現し、財政負担を軽減する道筋をつける上でも大きな役割を果した。それは低利の海軍公債発行構想へと連なるものであった。

紙幣整理と近代国家建設に必要な政府事業を併行しつつ、民間経済の順調な発展を支援する金融環境を創出していこうとする実務的政策スタンスは、まさに松方の真骨頂と言えた。それは市場経済の効率性を重視しつつ、常に実務家としてのリアリズムを併せ持つ現実対応型の政策運営であった。松方財政期には、実質予算額の増大にともない道路・港湾などのインフラ整備が進んでいったが、山縣が内務卿となる一八八四（明治一七）年以降は内務省の地方土木費補助要求が強力になる。松方は、その制度化は認めず、要求額も大幅に削減したが、土木費増額は認める措置をとってバランスを図った[122]。

紙幣整理は進捗し、金融緩慢の傾向は一八八四年春頃まで続いていたが、中山道鉄道公債応募代金の大量払い込みが進んで七月以降は引き締めの傾向が現れた。さらに年末に朝鮮で起こったクーデター甲《こう》申《しん》政変に至る過程で、「銀米の価格次第に騰貴し、商況活発となり、金融は一日毎に繁忙を加え、金利は著しく昂騰」（日本銀行）する状況になった[123]。松方の国庫金の環流措置は、このような金融状況へ対処する機動的財政措置であったといえよう。

景気回復の実感

松方は、一八八四（明治一七）年半ばには、景気回復を実感していた。七月三一日、関西から伊藤に宛てた書簡で、「商法上之運動は昨年夏頃と比較いたし候へは大に好き景況に立向、幾分與面白相成候姿に罷成候。尤人心之方向大に安堵せし模様に而、此上は精々正実に事業相進め置候事に御座候」[124]と書き送っている。景気は力強く上昇して「大に好き」状況となり、人々の景況感も「大に」上向いて、実業は活況を呈していたのである。さらに九月一三日付でニューヨークの高橋公使に宛てた書簡の中で、日本経済の現状について次のように述べている。

「幸に現今財政の目的漸く其法を得て紙幣の間差は僅に四五銭の間に昇降す。最早正貨とほとんど同等の価格を保持せしと云へるも可ならん。去る程に本年に至り一般の口猶不景気を唱うれども、諸商家に於は皆隠然として其目的初めて立ち、自から活発の萌芽を発生したるの勢あり。」「本年既に世上には隠然活発の萌芽を生ずるの勢いありて不景気の時限案外に短く、破産倒貲の輩格別に多からざりしは欧米諸国の実歴に照らし実に意外の好結果にして、却て怪む可き程なり……」[125]

ここで松方は「欧米諸国の実歴」に言及しているが、とりわけ米国の事例が念頭にあったものと考えられる。米国では、南北戦争後、戦費調達のために大量に印刷・発行されたドル紙幣をゆっくり回収して、戦前の平価で金本位に復帰することが決定された。戦前の二倍に達した物価水準を引き下げるべくデフレ政策が実行に移され、米国経済は一八七三(明治六)年から一八七九(明治一二)年に及ぶ史上最長の景気後退を経験していた。そしてようやく一八七九年に物価水準は戦前の水準に復帰し、金本位制度への復帰も達成された[126]。米国の長く苦しいデフレの経験と比較して、日本では予想外の事態が生じていたのである。

このような状況を受けて、財政資金で直接紙幣消却を実行したのは一八八三(明治一六)年度までとなり、一八八四(明治一七)年度、一八八五(明治一八)年度に予定されていた紙幣消却支出合計八四九万円の紙幣消却は中止され、一七年度以降は、紙幣整理資金はすべて準備金に編入して、もっぱら正貨蓄積に充当することになったのである。

松方が一八八四(明治一七)年に景気上昇の確かな手応えを実感していたことは重要である。それはこの年の金融情勢に関して、商業手形割引歩合の引き上げを主張する日銀の東京本店と据え置きを主張する大阪支店との判断の食い違いに、松方が行った指示にも表れている。景気上昇について、大阪支店は四月二四日に実施した支店商業手形割引歩合の大幅引き下げの効果があらわれたものと判断しており、そのため公定歩合引き上げはその芽を摘むことになりかねないと、商業手形割引促進方針に固執していた。これに対して本店は九月二七日、大阪支店に次のように打電している。「本日（松方）大蔵卿御来臨あり、金融の景況御熟視の上其支店割引歩合引上げの義御談しありたり、依て壱銭八厘に引上くべし」。こうして大阪支店は公定歩合を引き上げることになった。一〇月一日、吉原重俊日銀総裁は大阪支店長に書簡を送り、金利は資金の需給により決まるもので、市場の実勢を無視した低金利政策を推進しても効果を挙げ得ないと説明した。この年の後半には、すでに商況が活況を呈し、金融が繁忙を加えて市場金利が上昇するという状況が生じていた。この状況に応じて公定歩合の引上げが実行されることになったが、それも松方大蔵卿の内示によるものであった[127]。

松方が一八八四（明治一七）年に景気回復の確かな手応えを実感したということは、それより相当以前に景気は反転していたことを含意している。一般に松方デフレによる不況は、深刻な農業不振（秩父困民党事件に象徴される）を反映して一八八四（明治一七）年頃ピークに達し、一八八六（明治一九）年頃まで続いたと理解されている。しかし松方の景気実感は、実際の日本経済がこれとは相当異なった景気局面にあったことを示唆している。

日本経済は、松方が当初予想した事態とは全く異なる「実に意外の好結果」を現していた。松方が「怪む可き」状況と漏らしていることは象徴的であり、松方自身にとっても想像を遙かに超えた経済状況が出現していたのである。次章ではさらに進んで、西南戦争前後の時期から大隈財政・松方財政を経て企業勃興期にいたる日本経済の動態を分析し、その実像に迫ることにしよう。

第3章◆銀円物価と紙円物価の動態

1 紙幣円物価と銀貨円物価の推移

二つの物価

一般には、西南戦争後にインフレが爆発し農業を中心に経済は活況を呈するが、続く松方財政期にはデフレが進行し経済は深刻な不況に陥ったという理解が広く浸透している。しかし事態は、それほど単純だったとはいえない。

例えば戦前期の代表的な経済統計集である『日本経済統計総観』[1]は、巻頭の「国勢摘要表」において一八九七(明治三〇)年を一〇〇とした物価指数を掲げている。それによれば、物価は西南戦争後に継続的に低下し、反対に松方財政期にはほぼ一貫して上昇している。指数は、西南戦争が戦われた一八七七年の六六から、一八七八年六五、一八八〇年六〇と低下し、一八八一年には五八となって底を打つ。そして松方財政の開始とともに底入れし、一八八三年には上昇を開始し、以後ほぼ一貫して上昇するの

図3-1　明治前期の物価動向

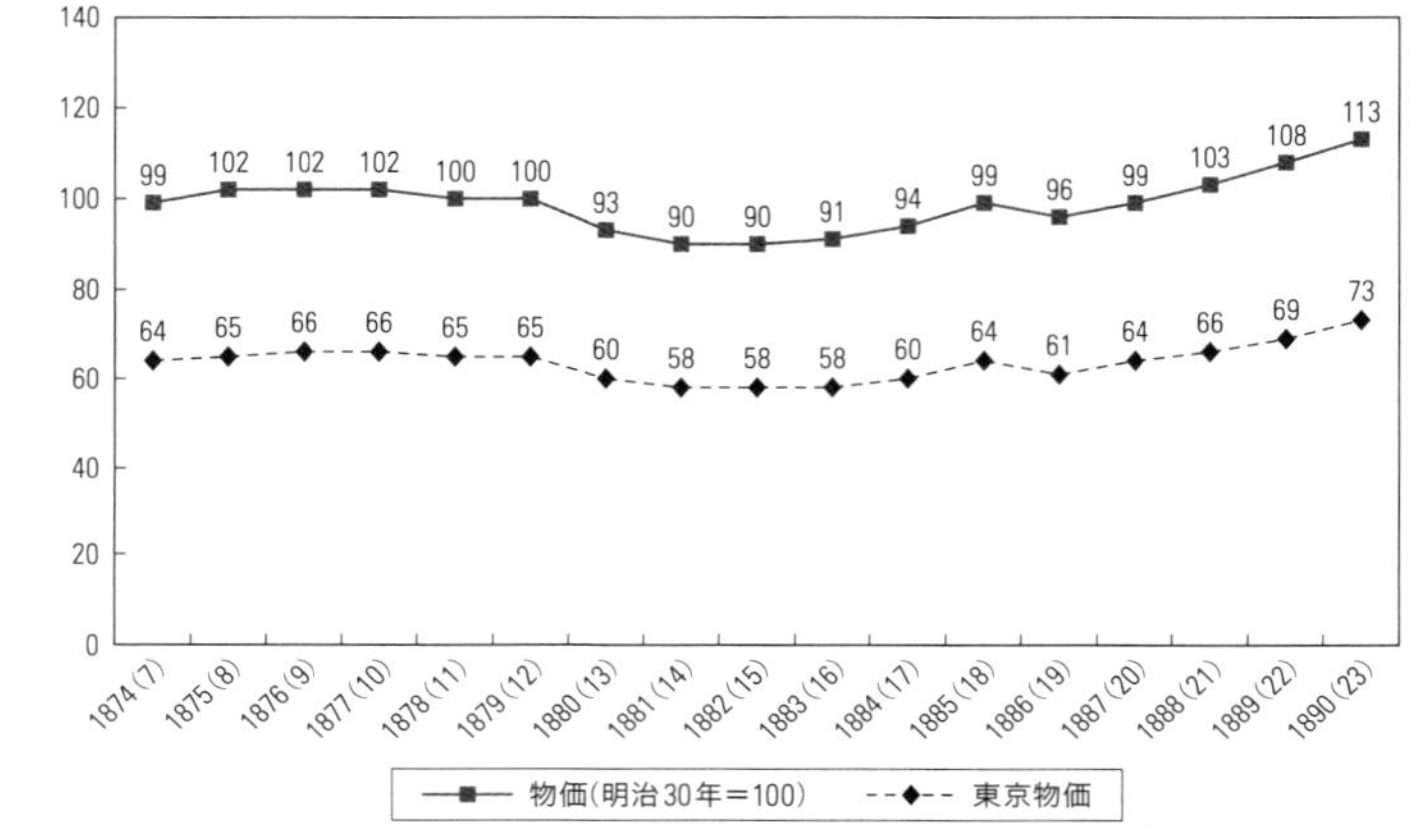

資料：『日本経済統計総観』、『貨幣制度調査報告』。

である（図3－1）。この物価指数は、貨幣制度調査会が調査した東京の四二品目の銀貨ベース物価指数の平均値を基にして作成されたものである。図には、貨幣制度調査会の指数（明治六年から一〇年にいたる五年間の平均価格を一〇〇とした物価指数）を同時に示してある[2]。

この時期の紙幣円（不換紙幣）表示の物価は確かに一八七八年以降、著しく上昇し、一八八一年にピークに達するが、銀貨円表示の物価は一八七七年以降一貫して下落基調で落ち着いた動きを示している。当時の日本は、実質的に銀本位（金銀複本位）制度下にあった。したがって物価は銀円ベースで評価することが自然であり、経済実態を反映しているということもできる。この時期以前や以後の物価の動きを含めて、一貫した物価趨勢を見る場合には、銀円ベースで見ることが適当であるといえよう。

銀円ベースの物価指数の動向は、大阪の主要一六品目についても調査されている。東京と大阪の物価

図3-2 東京物価と大阪物価

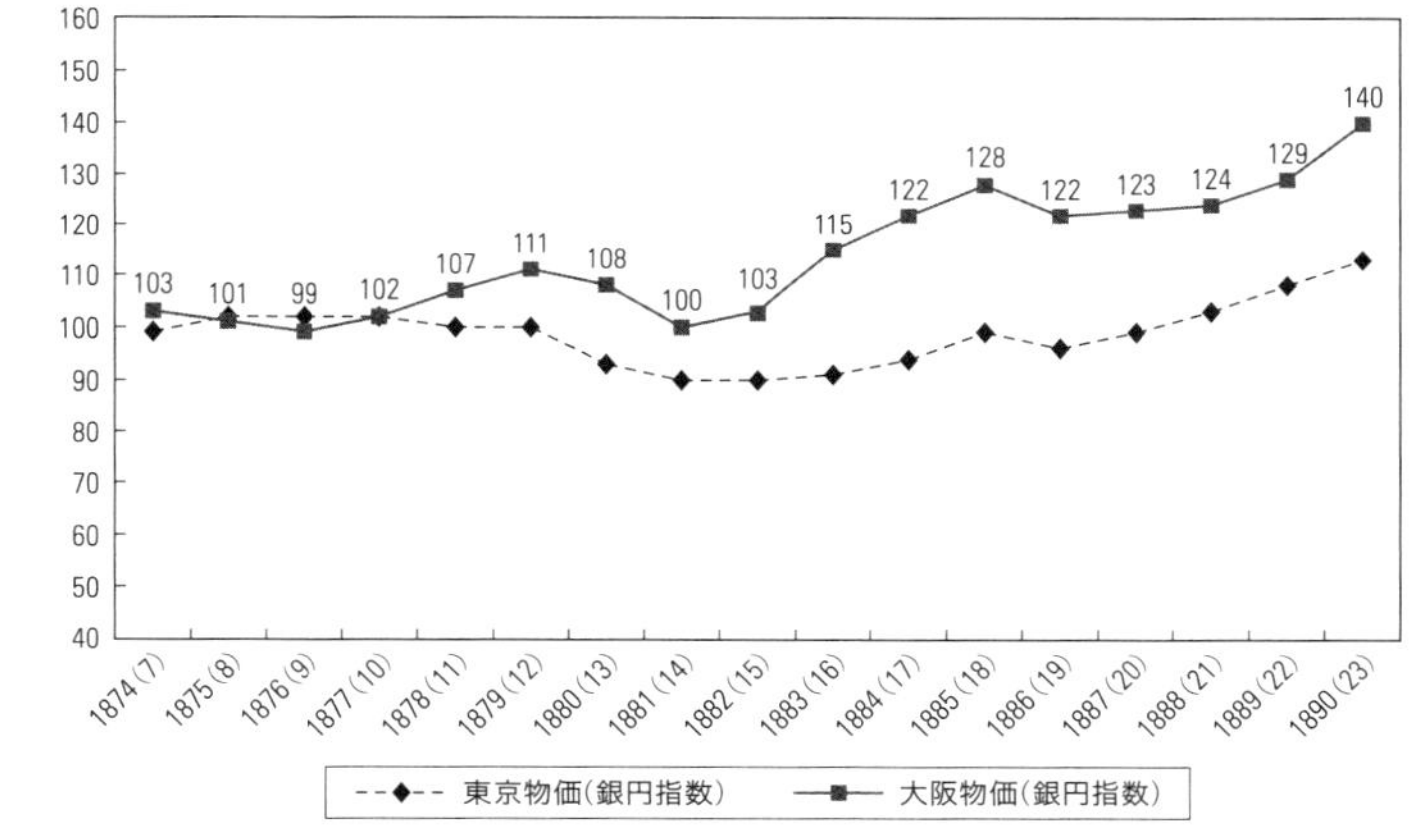

資料:『貨幣制度調査報告』。

の動きは、大局的には同傾向を示しているといってよいが、大阪指数には明確な上下動の波が現われることが特徴である。東京指数は四二品目にのぼる多品目の指数を単純平均しているため、変動が相殺されてかなり平板で単調な動きとなっている。これに対して大阪指数は主要一六品目の平均値であるため、価格の動きがより明確に大きく出ており、実際の日常物価変動により近い動きになっていると推定される。

大阪指数は、まず一八七七年の一〇二から一八七九年の一一一へと緩やかに上昇した後、一八八〇年以降には低下に向かい一八八一年に一〇〇となって西南戦争期よりやや低い水準まで低下する。そして一八八二年以降には、明確な上昇に転じるという動きを示している(図3-2)。

ところで貨幣制度調査会は、東京物価の動きを示すものとして、もう一種類の統計を使用している。それは賃金動向と物価動向を比較するために九品目

図3-3 東京物価の紙幣ベースと銀貨ベースの動き

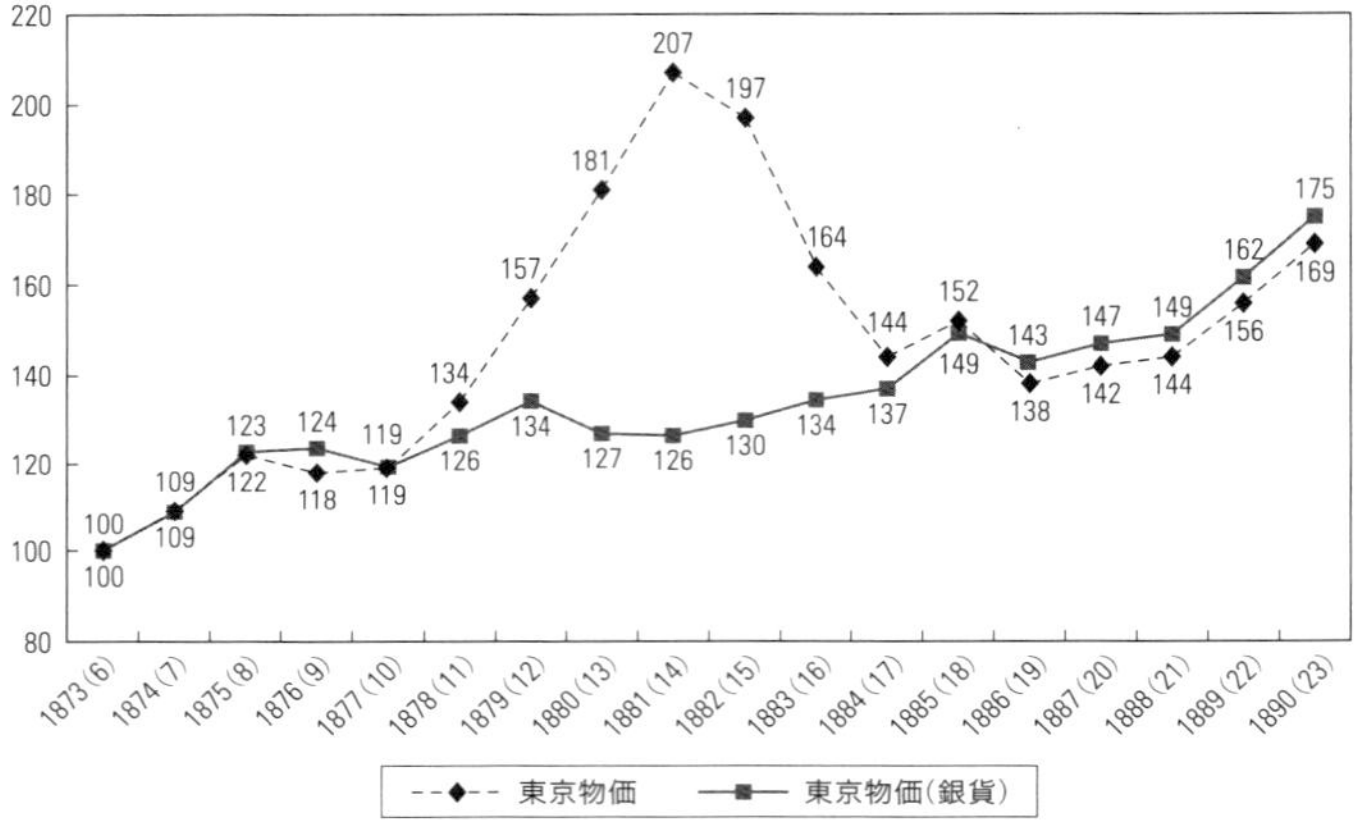

の価格指数から作成された物価指数である。九品目とは、米・味噌・塩・醤油・薪・炭・木綿織物の主要消費財価格に家賃・湯銭を加えたものであり、当時の消費者物価の動きを代表するものとして賃金水準との比較に使用されているものである。この九品目の物価指数を一八七三(明治六)年＝一〇〇として紙円ベースと銀円ベースで計算して示したものが図3－3である。

物価水準は、紙円、銀円のいずれにおいても、一八七三年から一八七七年にかけて二割程度の上昇を遂げていた。政府紙幣が一八七三年一月の七〇一一万円から一八七七年一月の一億四五七万円へと三五％増発されたが[3]、この時期には銀貨と紙幣はほぼ等価で流通していたのである。

西南戦争を契機に事態は大きく変化する。紙円と銀円の物価指数が大きく乖離した動きを示すことになるからである。紙円ベースの物価指数から見ていくと、一八七七年には一一九の水準にあったが、一八七九年には一五七、一八八〇年には一八一へと上昇し、一八八一年に二〇七へと急騰してピークに達する。その後、一八八二年から下落に転じ、一八八四年には一四四となり、一八八六年には一三八まで低下してボトムに達する。以後、再び上昇に転じて一八九〇年には一六九へと上昇する。

この紙円ベースの物価の動きは、従来の明治一〇年代におけるインフレからデフレへと変化する物価変動の一般的な理解と一致した動きであるといえよう。

しかし銀円ベースでみた物価指数は、これとは対称的な動きを示している。一八七七年から一八七九年にかけては一一九から一三四へと上昇する動きを示す。しかし一八八〇年以降は一転して下落に転じ一八八一年に一二六へと低下してボトムに達する。そして一八八二年には一三〇となって上昇を始め、以後一貫して上昇し、一八八五年には一四九に達している。その後一八八六年には一時低下するが一八八七年には上昇に転じ、一八九〇年には一七五に達する。先に見た大阪の物価動向とほぼ同様な動きをしていることから、銀円ベースでみたこの時期の物価騰落の実相を示していると見てよいであろう。

紙幣円ベースで激しいインフレの時代と認識される一八七七～八一（明治一〇～一四）年の物価は、銀貨円ベースでみれば、一八七八（明治一一）年にかけての小幅な上昇と一八八〇（明治一三）年以降の明確な低下の動きを示していたのである。そしてこの時期を全体としてみれば、物価はほとんど上昇せず、停滞していた。ことに紙円ベースで物価が西南戦争後のピークに達する一八八一年は、銀円ベースではこの時期の物価のボトムであったという点は、記憶されるべきであろう。

これに対して、通常激しいデフレが進んだと認識されている一八八二～八五（明治一五～一八）年の時期は、銀円ベースで見れば、顕著な物価上昇が進行した時代だったのである。

図3-4 銀貨の紙幣相場変動率の推移

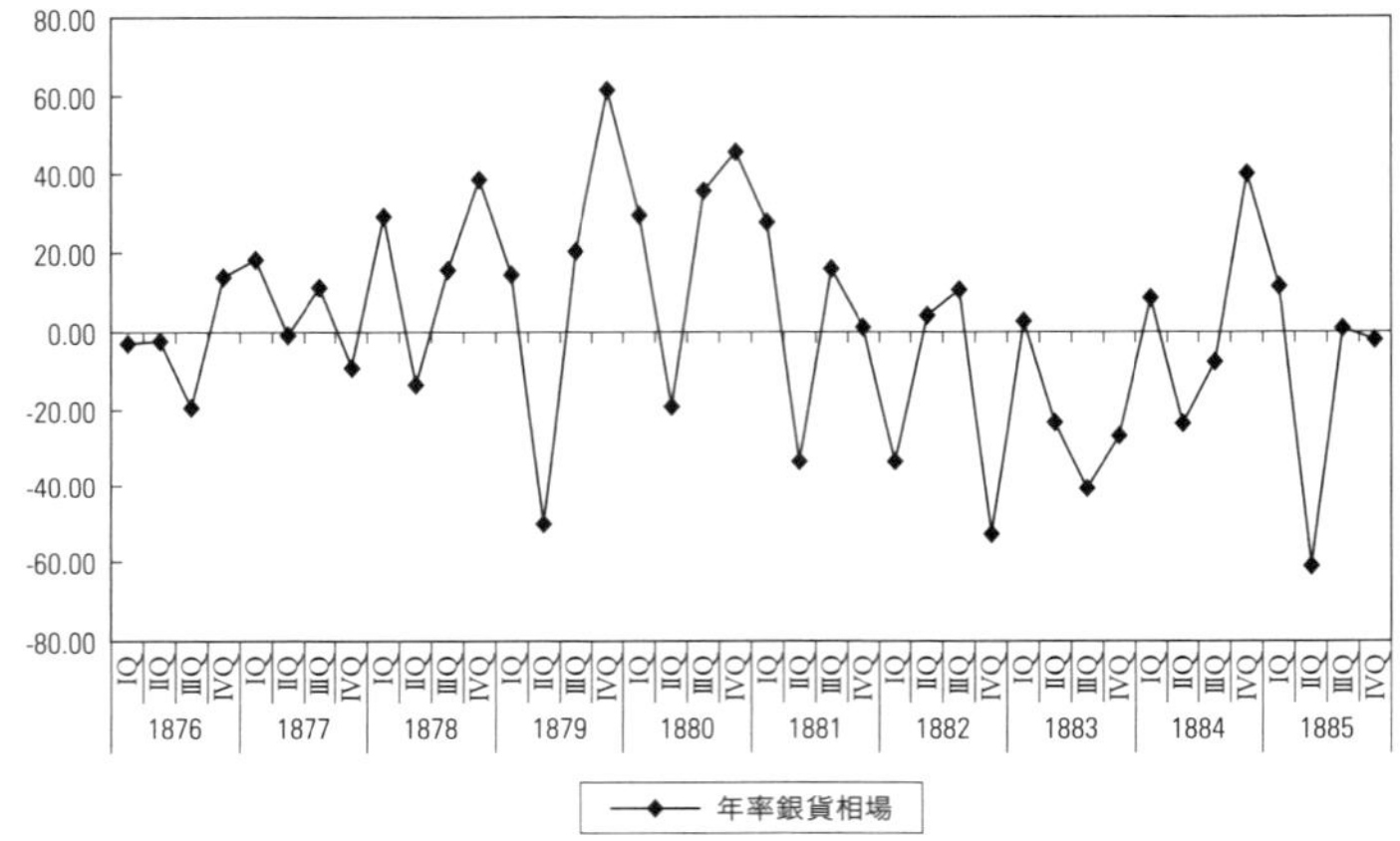

このことは明治一〇年代の物価動向を判断するにあたっては、紙円ベースで捉えるか銀円ベースで捉えるかによって、時代像が全く異なったものになる可能性を示している。

「二つ」の貨幣相場変動の経済的影響

紙円ベースで物価の動きを捉える場合、銀貨に対して紙幣価格が上昇することは、紙幣がそれだけ減価し購買力が減少したことを意味し、紙円インフレが進むことを意味する。そして紙幣価格上昇率がマイナスに転換する一八八二年以後には、紙幣購買力が増価していくので、紙円デフレが進行することを意味する。

銀円ベースで物価の動きを捉える場合には、銀貨の価格が低下するということは、それだけ銀貨の購買力が増大したことを意味し、銀円デフレが進むことを意味する。そして銀貨価格は一八八二年にはプラスの上昇率に転じ、以後銀貨の購買力は低下を続けるので、銀円ベースの物価は上昇し、銀円インフレが進行して

図3-5　紙幣の銀貨相場変動率の推移

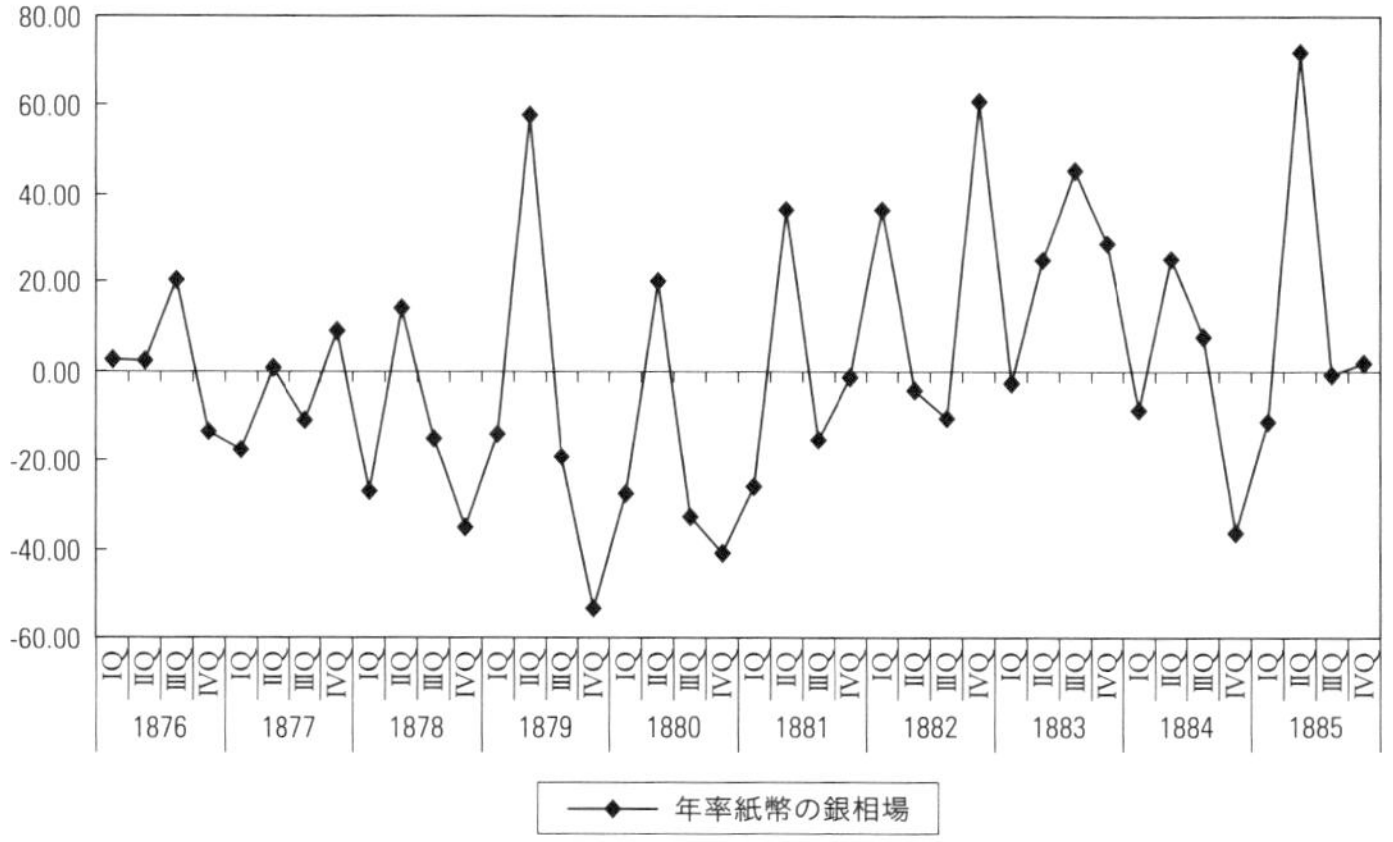

いくことを意味する。

銀貨相場と紙幣相場の変動を、四半期ベースで見たものが、図3－4、3－5である。銀貨の紙幣価格は、一八七八年以降一八八〇年までは、おおむね第一四半期から第二四半期にかけて低下し、第三、第四四半期に連続して上昇して、第一四半期にやや落ち着くというサイクルを辿っている。しかし一八八一年には、第二四半期に下がり、第三四半期には上昇するが、第四四半期には下落に転じている。一八八一年第四四半期以降には、明らかなパターン変化が現われている。また従来のパターンの中では、銀貨の売り出しが行われた一八七九年、一八八〇年の第二四半期において下落幅が大きくなっている。他方、紙幣の銀貨価格がこれと対照的な動きを示すことは言うまでもないであろう。

紙幣の銀貨相場と銀貨の紙幣相場を年率でまとめると図3－6のようになる。一八八一年を境にその前後で物価趨勢が逆転する状況が明確に現われている。紙幣ベースではインフレからデフレへ、銀貨ベースでは

図3-6 銀貨の紙幣相場と紙幣の銀貨相場の変化年率

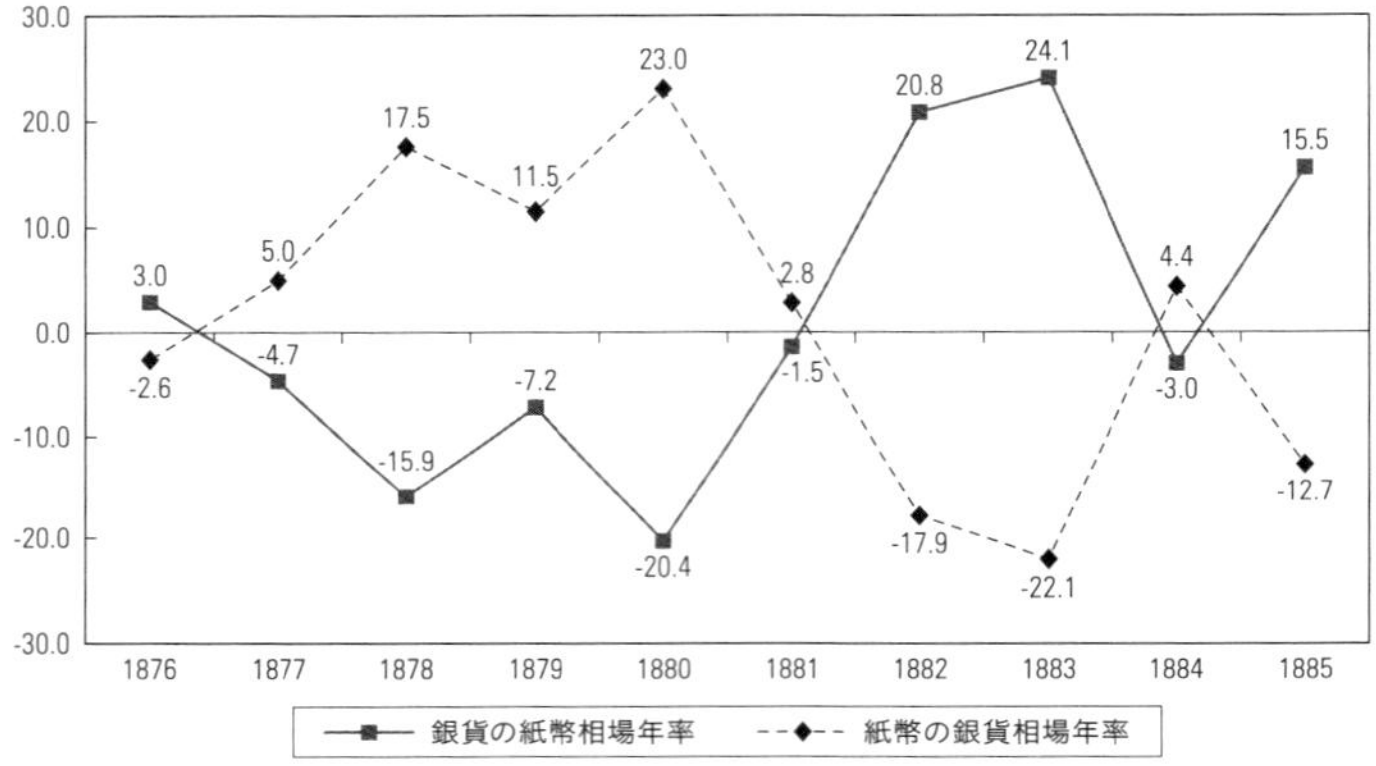

デフレからインフレへの明確な転換が生じるのである。

西南戦争後の一八七七〜八一年の時代は、紙円を基準にすればインフレの時代であったが、銀円を基準に見れば「デフレ的」な時代だったのである。これに対して一八八二〜八六年の時代は、紙円を基準にすれば深刻なデフレが進んだ時代であったが、銀円を基準にみれば顕著な物価上昇が継続する「インフレ的」な時代だったのである。

当時の日本は、巨額の不換紙幣と銀貨が混合して流通する変則的な幣制の下にあったが、西南戦争にいたる時期までは、不換紙幣と銀貨はほぼ等価で流通しており、不換紙幣の価格が銀貨を上回ることもあった。紙幣が銀貨の代理物として人々に信認され等価で流通しているうちは問題なかったが、銀貨と紙幣との間に傾向的な価格乖離が生じるようになると、人々の行動は大きな変化を示すことになる。銀貨の紙幣価格が上昇し、それが継続すると人々が考えるようになれば、銀貨は一個の商品として投機の対象となる。銀貨の値上がりが確実に見込めるようになれば、銀貨は流通から引上げられ保蔵される。市場でもっぱら紙幣のみが流通するようになれば、人々は紙幣円で決済し、物価動向を見るようになる。紙幣円が支配的な計算貨幣となり、銀貨円ベースの物価は背後に退いていくことになる。同時に、紙幣が減価し銀貨が市場から退場するため、実質的な通貨現在高は急速に縮小してしまい、金融は閉塞状況に陥り、市場名目金利は上昇する。ただし紙幣円ベースのインフレ期待が上昇すれば、紙幣円ベースの実質金利は低下するので、実際の資金コストは低下するという事態が進行する。人々が労せず利益が得られる銀貨や米あるいは田畑などへの投機に駆られたのは当然であった。「魚屋が売り歩く途中に洋銀の騰貴と聞いて天秤棒を投げ出して取引所に駆けつけたといふ話も伝えられてあるほどに洋銀相場に投機を試みしもの頗る多かった」[4]という状況が引き起こされたのである。

投機に資金が集中されれば、生産投資や正業への投資は停滞する。大隈時代の激しい紙幣インフレと実質資金コストの低下は、短期的な高収益が期待出来る投機活動を煽り、正業の停滞を招来する金融環境を生み出す結果となっていったと考えられる。

大隈がインフレと貿易赤字の原因を輸出不振に求め、産業振興の必要と積極政策の推進を唱え続けていたのは、当時の日本が産業不振の状況に陥っていたことを反映した動きであったと見ることもできよう。また松方は、当時の人々が眼前の虚栄に惑わされ、産業不振の状況を顧みず、正業を放擲して投機に走る状況に強い危機感を覚えていた。状況はまさしく、人々がインフレ期待を高め投機に浮かれる中で、生産停滞が生じるスタグフレーションに陥っていたのである。

これとは逆に、松方財政期には政策が転換され、紙幣価格が回復に転じる。この流れが確実であると人々が信じるようになれば、銀貨供給が増大し、その価格は下落していく。銀貨を保蔵し続ければ、継続的に損失が発生する状況が生まれたのである。この場合、減価が予想される保有銀貨を増価が予想される紙幣へ交換する動きが強まることは自然の流れである。

人々は単に保有する銀貨を紙幣に交換するだけで利益をえることができるからである。例えば銀貨一円の価格が一・七円から一・四円へと回復すると予想されるようになれば、銀貨を保有し続けることは明確な損失につながる。そこで銀貨一円を紙幣一・七円に交換し、銀貨が減価した時点で紙幣と再交換する行動をとれば、銀一・二一四円を手にすることができるので、差額〇・二一四円（二一・四%）の高利益を上げることができる。

こうして紙幣に対する投機的な保有需要が発生し、大隈期に退蔵され保蓄されていた巨額の銀貨・地金や古金銀は急速に市場に復帰することになる。銀貨は、市場の計算貨幣へと復権していく。銀円ベースの価格変動と収益計算が人々の主要な関心事になるからである。銀貨の市場復帰が進み、紙幣価格が回復するにともなって銀円ベースの通貨流通量は急速に増大していく。この過程では、紙円ベースの期待インフレ率はマイナスとなるため「紙円」実質金利は急騰するが、逆に銀円ベースの期待インフレ率はプラスとなるため「銀円」実質金利は大幅に低下していくことになる。

当時、政策論レベルでは、物価状況を判断するにあたって、「銀貨が騰貴」したという見方と「紙幣が下落」したという見方が対立していた。大まかに言えば、前者の判断は大隈と大隈系官僚の見解であり、後者は松方に代表される見解であった。

銀貨騰貴は裏を返せば紙幣下落を意味するという形式的な理解から、両者は同じことをコインの逆の面から見ただけであると理解されてきたため、両見解による物価動向の捉え方の違いが持つ意味合いが、それ以上掘り下げて考えられることはなかった。しかしこの二つの見方は、論理的には物価に対して全く異なる見方を導くものである。そしてまさにその点に、この時代の物価変動の意味を解読するためのカギが潜んでいるのである。

大隈のインフレ認識と物価

インフレは、銀貨騰貴によって紙幣価格の下落が引き起こされた結果生じた、というのが大隈重信の理解であった。大隈は、紙円ベースで激しい物価上昇に直面していたが、物価騰貴は貿易赤字により銀貨が海外へ流出して「銀貨が騰貴」した結果であると考えた。人々がこのことを正しく認識できず、それを紙幣増発による紙幣減価と誤認してパニックに陥っていると捉えたのである。

しかし銀貨が増価(騰貴)したのであれば、銀貨の購買力が増大するのであるから、実際には物価下落=デフレが生じていなければならないはずである。この場合、産業が不振に陥ることも不思議ではない。このような情況下で経済振興を図り輸出を促進するためには、通貨供給を増大させる政策や積極施策が採られることは自然である。政府保有の銀貨を売出す短期政策も妥当性を持ち得るだろう。銀貨が計算貨幣として使用されている状況であれば、銀貨を追加供給しつつ、積極政策を実施して産業を振興し、輸出拡大を目指すという方策は論理的一貫性を主張できる。そして銀円ベースで見れば、確かに西南戦争後はデフレ的な経済停滞の時代だったのである。大隈が認識していたように、西南戦争後の実体経済は概して低調であり、貿易も逆調が続いていた。

ところが当時、実際に起こっていた物価状況は大隈の理解と異なっていた。銀貨が退蔵され、紙幣円が支配的な計算貨幣として使用される「紙幣専用」の世界の中で、紙幣が信用を喪失して暴落し、激しい紙円インフレが進行していたのである。人々が事態を誤認したからではなく、大隈のインフレ認識に混乱があったのである。このような状況では、大隈の積極政策も銀貨売り出し政策も、インフレ対策としては効果を現すことはなかった。人々は大隈が積極政策を継続するのは確実だと考えたため、インフレ期待は高まり、紙幣価格は低下し続けたのである。

大隈は、積極政策を継続しつつ「銀貨騰貴によるインフレ」を一挙に解決する切り札として、「五千万円外債論」を提議する。それは、「銀貨騰貴」が引き起したと認識された経済混乱を一気に解決する方策であった。銀貨騰貴がインフレを引き起こしたというのは大いなる錯誤であったが、外資導入によって一気に正貨流通制を確立すれば、銀貨が計算貨幣に復帰して流通貨幣が一元化されるため、紙幣インフレは根治される。大隈の政策と主張の一貫性は、結果的には担保されることになる。大隈にとって、外資導入論は、通貨やインフレにおける自らの議論の正統性と従来の積極政策、そして経済問題の最高責任者たる会計部筆頭参議としての政治生命を守る上で必須の政策であった。

佐野イニシアティブへの反応

政府の「一八八〇(明治一三)年九月以降の新政策」は市場に信用されなかった。大隈を始めとする政府首脳の大部分が、経済収縮を回避したいと考える積極派に属していたという状況の中では、当然の帰結であったといってよい。

佐野常民大蔵卿によって、「経費節減」と「増税」と「地方土木費補助の削減」を柱とする財源捻出策が実行に移され、準備金からの投融資も停止された。政府予算の具体的立案や制度変更は、佐野大蔵卿のイニシアティブの下で進められ、工場払下げ、地租納期繰上げなどが次々に政策化されていった。そして一八八一(明治一四)年度予算では、紙幣整理予算が三五〇万円から七〇〇万円へと倍増された。

佐野は、政府内では最も強力で急進的な紙幣消却論者であった。しかし一般には、大隈のロボットであると見られており、渋沢栄一も「佐野さんは、まるで大隈さんの御名代」[5]と見ていた。佐野の財政論の独自の意義はあまり認識されず、人々の期待や政策信認にそれほど大きな影響を与えなかったのも当然であろう。

佐野のイニシアティブで予算編成が進んだが、国家政策レベルでは、会計部筆頭参議の大隈が依然として実権を掌握し、積極政策方針を堅持していた。同じく会計部参議であった伊藤博文も大隈とほぼ共同歩調をとっていた。また財政通を以て任じていた井上馨参議は、減債方案による紙幣消却テンポは急激に過ぎるとして、三年間の紙幣消却凍結論を主張していた。

政府内で財政問題について発言権をもち、かつ紙幣消却論を主張したのは、佐野大蔵卿を除けば、財政のエキスパートと認められ「財政問題に関し、寺島(宗則)、伊藤、大隈諸参議会議の列に班する」[6]松方内務卿のみであった。

佐野大蔵卿は、大隈の外債論に歯止めをかけ、政府の財政経済政策に実質的転換を促すうえで一定の役割を果しつつあったが、大隈の息がかかった人物とみなされていたこともあって、佐野の政策イニシアティブは人々の期待を変更させる効果をほとんどもたらさなかった。紙幣価格は、一八八〇(明治一三）年九月から翌年四月にかけて一円四九銭から一円八〇銭まで一気に暴落してピークに達し、その後も対前年同月を上回る相場下落状況が続いていたのである（表序1）。

一八八一（明治一四）年七月二九日、太政官達第六七号において、佐野イニシアティブが集約された明治一四年予算案が、世間一般に公表された。酒造税増税等により八六四万円、経費節減により一〇〇万円、国庫地方費補助減額により二五〇万円、合計一二一四万円の財源を生み出し、紙幣消却費を七〇〇万円（内三五〇万円は減債方案に拠るもの）に増額し、営業資本四五〇万円を常用支出に繰り替えて準備金を充実するという内容であり、思い切った紙幣消却と政策転換を盛り込んだ予算案であった[7]。

しかし一四年度予算案が人々の期待を修正させる力を持ち得なかったことは、これまでたびたび述べてきたとおりである。予算案公表の当日である二九日に大隈・伊藤の内外債案が閣議決定され、八月一日には政府の正式決定となったからである。この内外債案に同意を与えたことで、佐野は自身が進めてきた政策イニシアティブを一挙に有名無実化してしまったと言えよう。

紙幣相場は、対前年同月比で一〇月まで継続的に高騰を続け、物価は上昇することになった。人々（市場）も、大隈・伊藤主導の大規模な積極政策が実行されると信じたのである。

松方財政が物価に与えた影響

明治一四年一〇月政変後の内閣改造をめぐる曲折を経て参議兼大蔵卿に就任した松方は、直ちに内閣と天皇の支持を取り付け、伊藤の「内外債」案を速やかに葬り、銀貨蓄積と紙幣減却を併進させる紙幣整理に着手した。それは、政府紙幣の信用を回復させて銀・紙の購買力を一致させ、弊制の混乱を根治し、国家信用を確立することを目指した政策であり、人々の期待を確実に変化させていった。その結果、紙円インフレは速やかに沈静し、やがて急激な紙幣デフレが日本経済を覆った。

しかし、紙幣価格の回復の進行は、流通から引上げられていた巨額の退蔵銀貨や外国人が保有する銀貨による紙幣購入の動きを生み出す。国内市場への退蔵銀貨の供給は増大し、海外荷為替制度を活用した銀貨流入などと相俟って、銀貨価格を低下させていった。人々の経済活動において銀円ベースでの収益計算が復活し、銀円ベースの取引拡大が生じて、銀円は計算貨幣としての機能を回復していった。銀円ベースの通貨流通高も顕著な増大を示し、銀円物価は上昇軌道を辿っていったのである。

銀円ベースの取引は、政府部門では準備金の銀貨運用や海外荷為替などの分野において顕著となり、鉄道公債などの公債募集においても広く実施されていった。

「銀・紙の差」を解消するという松方の紙幣整理公約が人々に信じられるほど、こうした作用は強力に働くことになる。大量の銀貨流入と銀貨価格の急速な低下(紙幣価格の急速な回復)は、銀円ベースの通貨現在高の急速な増大をもたらすと同時に、銀円ベースで物価上昇を導き、金融を緩和させて実質金利低下を導いて行くことになるのである。

このような中で、農業部門は大隈時代から続く継続的な銀円ベースの米価下落による打撃を受けていたが、それに加え、急激な紙円デフレにより地租負担が加重され、紙円ベースで堆積された高利負債の清算で追い詰められた中農は土地を失い大打撃を受けることとなった。しかし第五章で見るように、松方財政は、士族や公務員、在来産業、近代製造業や商業・金融・運輸部門など非農業部門の就業者に対しては、所得状況の改善を支援する強力な要因として作用することになるのである。

大隈期から松方期にかけて生じた物価変動の大波が農業部門と非農業部門に与えた影響は大きく異なっていた。その違いは農産物と工業製品の価格の動きの中に象徴的に現われている。両部門の物価動向を見ておこう。

農産物と製造業製品の価格指数の乖離

ここでは『長期経済統計8　物価』の農産物と製造業の物価指数を使用し、紙円ベースと銀円ベースで価格の動きを比較検討することにしよう。

一八七三年を一〇〇とする指数でみると、紙円ベースの農産物総合指数と製造業製品指数は、ともに一八七七年から一八八一年にかけて約一・八倍となり、以後急落して一八八六年にはほぼ一八七八年水準に落ち着くという急上昇と急反落の過程を辿っている。両指数は、一八七七年以前と一八八五年以後においてはやや異なる動きをしているが、一八七八年以降急速な上昇を遂げ、一八八一年に一七七～一七六へと高騰してピークを迎え、一八八二年から一八八四年にかけて急速に低下するという動きでは共通している（図3－7）。したがって紙円ベースの両価格指数は、概括的には一致した動きを見せているといってよい。紙円ベースの物価の動きで見る限り、農産業と製造業はともに、西南戦争後の激しいインフレと好景気の時代から、松方財政下の急激なデフレと深刻な不況へ転換したという通説的イメージ通りの動きを示しているといってよいであろう。

しかし銀円ベースで価格指数の動きを見ると、これとはまったく異なる動きが現われてくる。比較上の便宜のために、農産物総合の銀円指数を一八七四＝一〇〇に揃えた指数で示すと図3－8のようにな

図3-7 紙円ベースの農産物および製造業指数の動向(1873＝100)

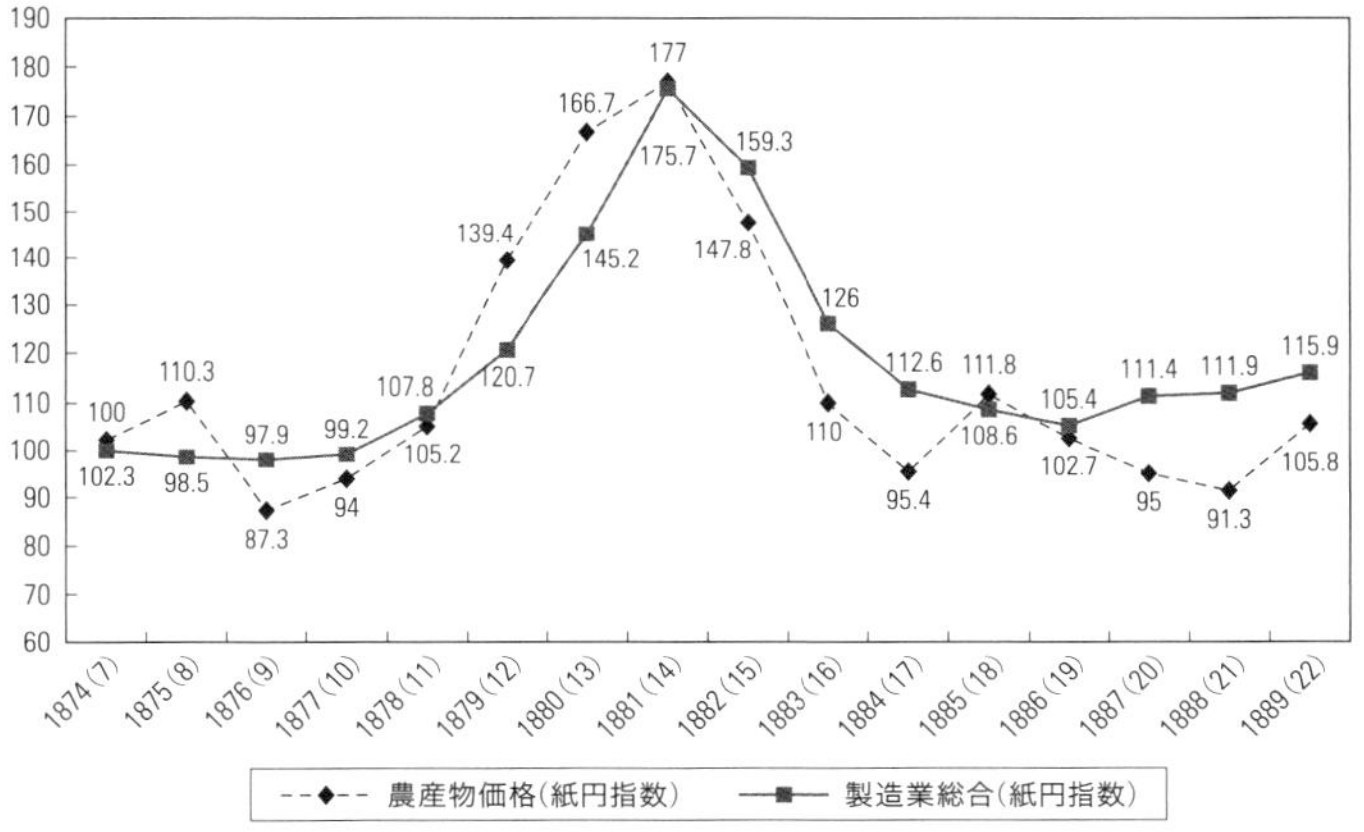

資料：『長期経済統計8　物価』。

る。製造業価格指数は、概して安定的な動きの中で推移するが、全体としては徐々に右肩上がりの上昇を示す。これに対して農産物価格指数は、激しい上下動を繰り返していることがわかる。

農産物指数をやや詳しく見ると、一八七五年に一〇八・七へ上昇した後一八七六年には八九・六へと低落し、一八七七年の西南戦争を契機に上昇へと転じ、一八七九年には一一六・六まで高騰してピークに達する。しかし一八八〇年から低下を始め、一八八一年には一〇五・九と低下傾向を明確にし、松方財政期には一八八二年九五・四、一八八三年八八・二と急速に低下して底をつけ、翌一八八四年にも八八・八と低迷を続ける。だが一八八五年には一転して一〇七・五へと急上昇し、一八八六年にも一〇四・二の高値水準を維持する。その後一八八八年にかけて九二・六まで低下するが、一八八九年には再び一〇七・五の高米価水準に復帰するという動きを示している。一八七四年

図3-8 銀貨円ベースの物価の動き

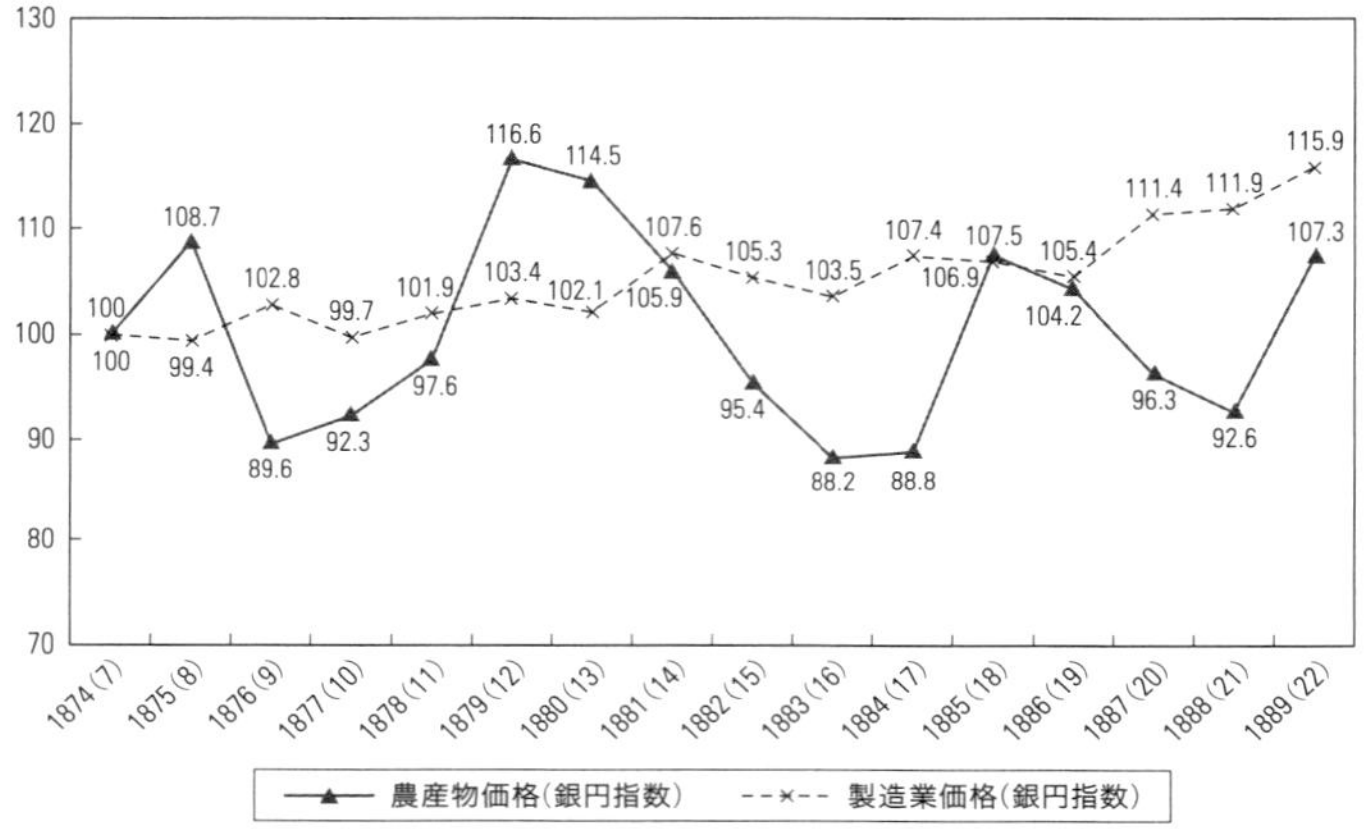

注：「銀貨円指数」は、『長期経済統計8　物価』から筆者計算。

水準を基準（一〇〇）としてみると、農産物価格は、大隈期、松方期、企業勃興期の全体を通じて、ほぼ上下一〇%の幅で上下動を繰り返す動きを示しているといってよいが、一八七六~七九年の急上昇と一八七九~八三年の急低下の動きは、通常の変動幅を超える大きさと持続性をもっていることがわかる。

西南戦争後から松方財政期にかけて激しい農産物価の騰落の波が生じたが、そこには銀円ベースで生じた農産物価格の激しい上下動が基礎的要因として作用していたことがわかる。銀円価格は、紙幣価格変動の影響を除去した動きであり、紙幣整理による紙幣価格の変動とは独立の要因で生じたものであった。したがって大隈期から松方財政期にかけての持続的な銀円農産物価格の下落は、松方の紙幣整理が直接の原因で生じたものではないということができる。

これに対して製造業物価の銀円指数は、一八七六年の一〇二・八九から一八八〇年の一〇二・一まで極めて安定しており、「紙円インフレ」が高進した時期には全く停滞した動きを示していた。しかし一八八一年以降に上方へのシフトが生じ、松方デフレが進んだ一八八二〜八六年に一〇四〜一〇八という一段高い水準で推移した後、一八八七年以降には一一一〜一一六へとさらに上昇を遂げる動きを示している。製造業の銀円価格指数は、西南戦争後には極めて停滞的に推移するが、一八八一年以降は二段階の上方シフトをともなう右肩上がりの上昇トレンドを示しているということができよう。紙円ベースでみたイメージとは、全く異なる変化パターンを示しているのである。

銀円指数の動きは、想像上のイメージではなく、当時の市場価格(銀貨の紙幣価格)によって導かれるリアルなものである。それは紙幣の相場変動によって生じる価格変動を除去した正貨(銀貨)ベースの価格変動を示すものである。したがって西南戦争後のインフレ過程と松方デフレの時代に生じた物価動向は、紙円(紙幣価値)の騰落により生じた物価変動の動きと、その基礎で生じていた銀円ベースの物価の動きとに区別し、その複合的な過程を頭において評価しなければならない。

西南戦争後や松方財政期の物価変動の経済への影響を見るには、紙幣相場(購買力)の変動による所得再配分や人々の行動様式や期待インフレ率の変化によって引き起こされた影響を分析する作業と、このような環境下で紙幣相場の変動を除去した経済実態を分析する作業とを総合する必要があろう。松方の紙幣整理の効果の程度は、主として紙幣価格の変動と紙幣円ベースの物価の動きに現われるが、その直接的影響を除去した物価の動きは銀円ベースの物価に示されるのである。

2 インフレ率とインフレ期待の変動

二つの「インフレ」率

明治一〇年代のインフレとデフレの意味を把握するには、銀円ベースでの物価動向と紙円ベースでの物価動向を同時に見ることが必要である。その上で「インフレ期待」の動きを把握することが、この時代を理解する上で重要になる。

一般にインフレ率を把握するには、消費者物価指数を利用するのが便利である。しかし明治前期には時系列で整備された消費者物価指数は存在しない。年ベースの推計値(『長期経済統計8　物価』)は存在するが、カヴァーされている時期が限定されるうえに、推計値の性格から、それを時系列のインフレ率変動の分析に使用することには慎重でなければならないだろう。

この時期の物価変動を統一的基準で評価する場合、利用可能な一次データは限られる。その中で最も有用な系列と考えられるのは「銀貨の紙幣価格月次データ」であろう。市場で形成された紙幣相場の変動率と銀貨相場の変動率から紙円と銀円の購買力の変化率を計り、それを紙円ベースおよび銀円ベースのインフレ率の指標として使用することができるからである。その上でこれらデータを使用して、二つのインフレ期待を時系列モデルで推計し、紙円ベースと銀円ベースの実質金利水準を捉えることを試みてみたい。もとより現在の物価連動債などから算出される期待インフレ率や実質金利などに比肩する精度を期待することは出来ない。しかしこの時期のインフレ期待の水準と変動状況を捉える目安としては有用なデータが得られると考えられる。

紙幣円ベースのインフレ率と期待インフレ率

紙幣価格の変動は、この時期の物価変動のすべてを表わすものではないが、紙幣購買力の変動によって引き起こされる一般的物価騰落を代表する指標となる。また紙幣価格の変動は、市場で形成されたリアルなものであるため、恣意性や技術的不確実性からは免れているという利点をもっている。

まず紙幣価格月次データから紙幣相場変化率を計算し、それを用いて紙円ベースの期待相場変化率を推計することにしよう。紙幣相場変化率は、月次データから四半期変化率を算出し、それを年率ベースに変換したものを使用する。

人々が銀貨と紙幣との交換売買を行う場合、過去の相場の動きを参考にしながら将来の値動きを予想して行動し、そこに偶発的な要素が加わって相場が形成され、取引が繰り返されるというプロセスを辿ると考えることができる。そこで現実の取引データを確率過程の対応する確率分布にしたがって生成された実現値と見て、自己回帰和分移動平均ARIMA（p, d, q）モデルを適用する[8]。括弧内のpはAR（自己回帰）項の次数、dはデータ階差の次数、qはMA（移動平均）項の次数である。

ARIMAモデルを適用すると、四半期原データの一次階差を用いた三次のAR項をもちMA項を持たないARIMA（3, 1, 0）が最適モデルとなる。一次階差は、単位根（ADF）検定のp値が〇・〇一以下であり、弱定常系列と見てよい。一次階差を用いたモデルのパフォーマンスを比較すると、表3－1のようになる。ar1～ar5はAR項の各パラメーターの値、σ^2は残差の分散、log Lは対数尤度、AICは赤池情報量規準、AICcは小標本数の修正情報量規準、BICはベイズ情報量規準の動きを算出したものである。

モデル次数が一次から三次へと上昇するにつれ、残差の分散は顕著に縮小し、対数尤度の絶対値も大きく低下して、モデルのフィットが上昇する。しかし四次以上では残差の分散や対数尤度の変化はごく僅かとなり、推定式の複雑化に見合う効果は出ない。赤池情報量規準（AIC）を見ると、三次で最小になる。AICでベストモデルを判定すれば（BICで見ても同様）、ARIMA（3, 1, 0）となる。推定式は、次のごとくである。

$$Y_t = -0.8868Y_{t-1} - 0.9237Y_{t-2} - 0.4106Y_{t-3} + e_t$$

(0.1149)　(0.1076)　(0.1181)

（括弧内は標準誤差、残差の分散552.4, AIC=50.56, BIC=659.55, e_t：ホワイトノイズ）


確認のため、一次階差系列の自己相関係数（ACF）と偏自己相関係数（PACF）を計算して、コレログラムを作成すると、図3−9のようになる。図中の点線は、九五％信頼区間を示している。

自己相関係数は次第に減衰していく動きを示しており、偏自己相関係数はラグ3で明確な切断が生じている。したがってAR（自己回帰）モデルが妥当し、次数は三次であると判断できる。原データ系列の一次階差を用いたAR（3）モデルが最適モデルといえよう。

ARIMA（3, 1, 0）モデルの検定結果は、図3−10のごとくである。残差の自己相関は二〇期までのラグで皆無であり、一〇期までのLjung–Box検定p値もすべて有意性の限界の上方に位置している。残差

表3-1 時系列モデルのパフォーマンス比較

	ar1	ar2	ar3	ar4	ar5	σ 2	logL	AIC	AICc	BIC
ARIMA (1,1,0)	-0.3812					1155	-346.23	696.46	696.64	700.96
ARIMA (2,1,0)	-0.6246	-0.6932				650.1	-326.75	659.51	659.87	666.25
ARIMA (3,1,0)	-0.8868	-0.9237	-0.4106			552.4	-321.28	650.56	651.17	659.55
ARIMA (4,1,0)	-0.85	-0.8397	-0.3276	0.0973		547.5	-321	652	652.94	663.24
ARIMA (5,1,0)	-0.838	-0.8952	-0.4717	-0.0508	-0.1782	531.6	-320.05	652.1	653.43	665.59

図3-9 階差系列の自己相関と偏自己相関

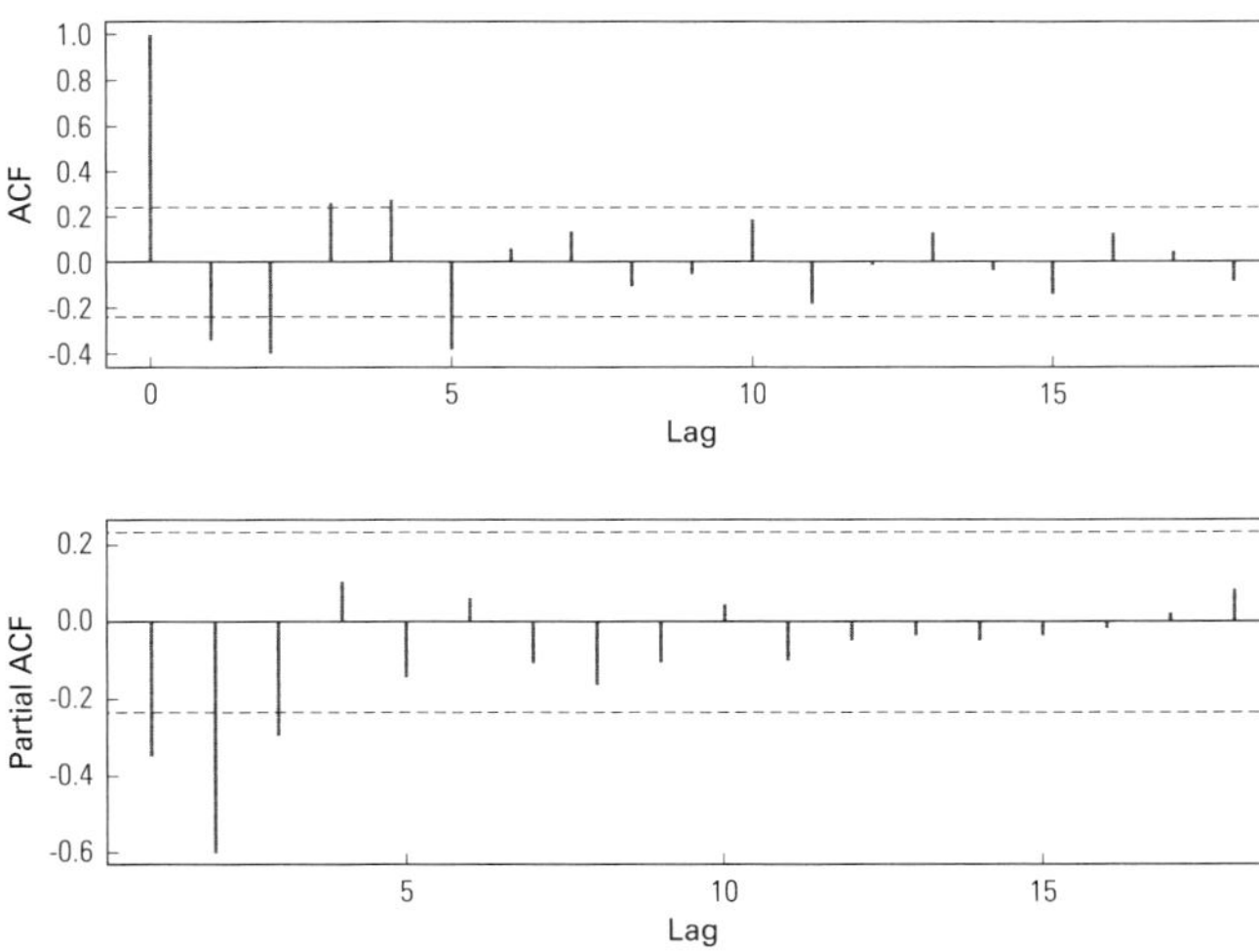

図3-10 残差自己相関の診断

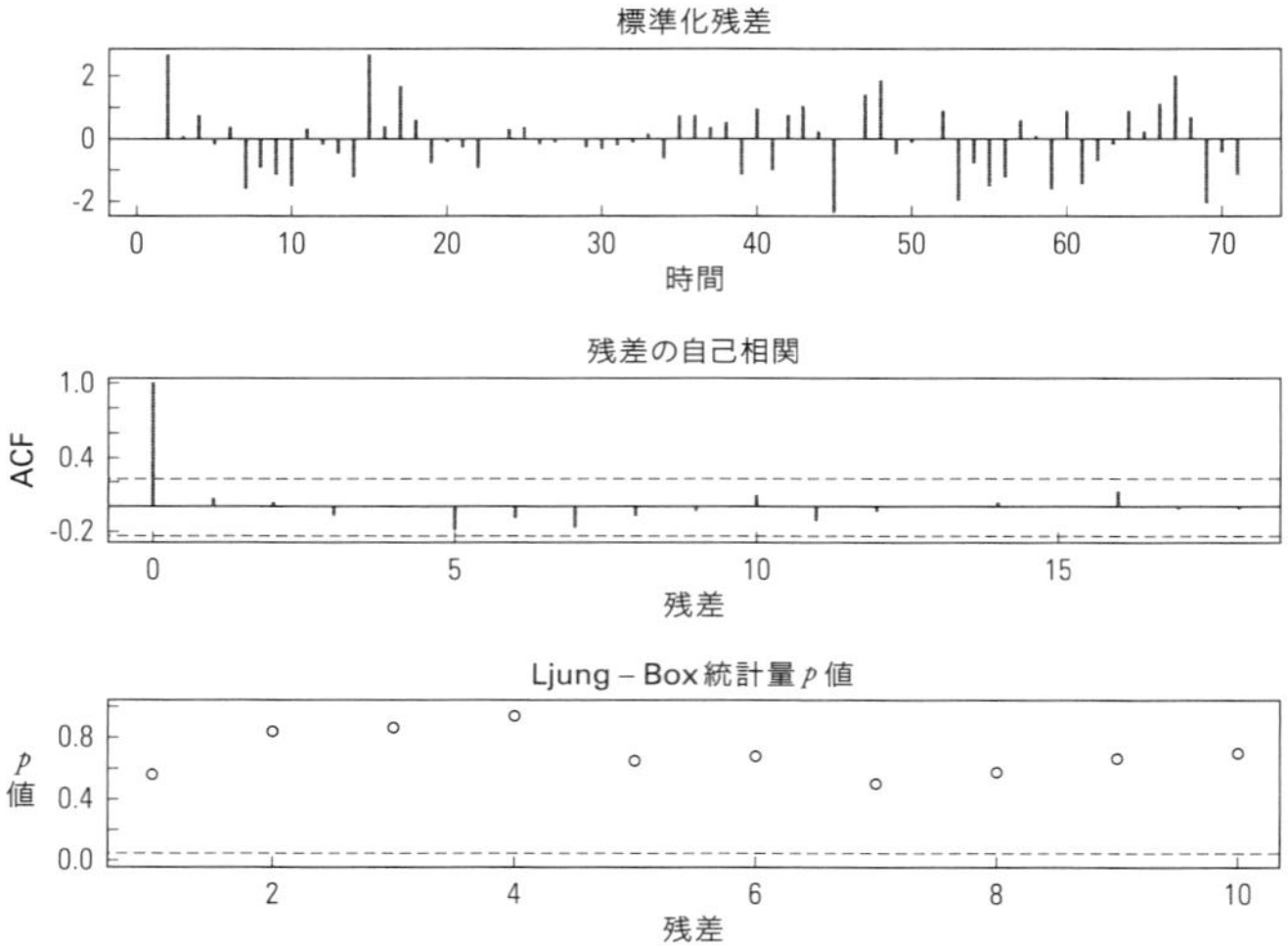

はホワイトノイズと考えてよく、残差に系列相関はないと判断できる。したがってARIMA(3,1,0)は適合的なモデルである。

モデルが予測するデータ内の期待紙幣価格変化率の推移を示せば図3－11のごとくなる。これによってインフレ期待の動きを追ってみよう。

一八七七年西南戦争後に上昇を始めたインフレ期待は、大隈の銀貨売り出し政策などにより一八七九年、一八八〇年に一時的な大幅低下を示し、さらに一八八一年には地租納期繰上げに伴う沈静化の動きと見られる低下を示しつつ、一八八〇年までは一貫した上昇を辿り、一八八一年にも高水準を持続していた。しかし一八八一年末の松方による政策転換を契機として、一八八二年には一気に沈静化へ向かい、以後持続的マイナス傾向へと転換して、急速にデフレ期待へと変化していった。松方財政開始と同時に、インフレ期待は急激な変化を遂げている。

図3-11 紙幣相場の変動からみた期待インフレ率の四半期ベースの動き

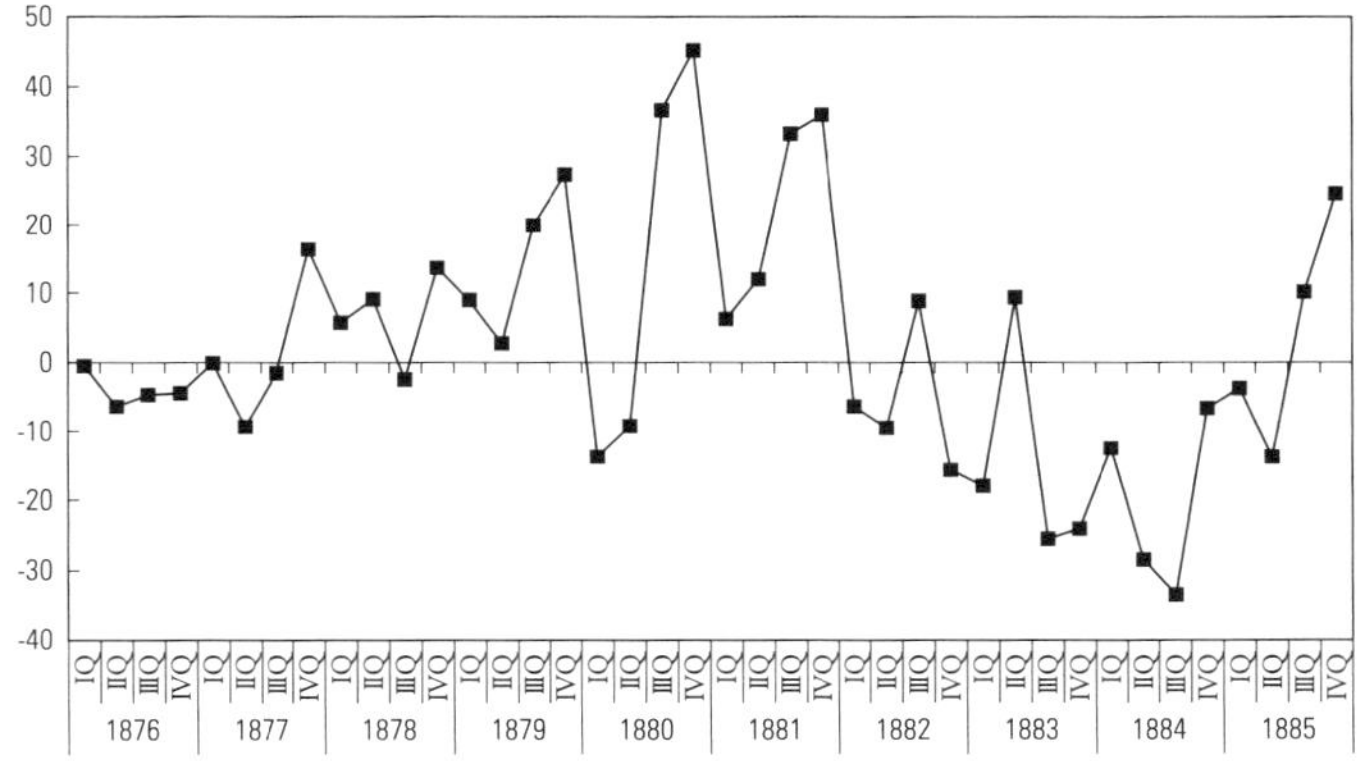

資料：銀貨の紙幣価格は、「紙幣整理始末」。月次データより四半期年率系列を算出して、期待変化率を計測。

松方財政は、紙円ベースのインフレ期待を一気に解消し、デフレ期待へと導いて行った。デフレ期待は一八八二年、八三年、八四年と深化し、八四年第三四半期に底に達する。その後第四四半期には急速な下げ止まりに転じ、八五年第三四半期以降はプラスのインフレ期待へと転換していったのである。

紙円ベースのインフレ期待の動きを、明治初年から平均年率で総括しておくと、次のようになる（図3-12）。明治維新から一八六九年にかけて二三・三％へと上昇したインフレ期待は、一八七一年の井上デフレでマイナス三・九％へと急変した。しかし一八七二年には四・五％へと上昇し、その後落ち着いた動きの中で徐々にレベルを下げ、一八七六年にはマイナス四・〇％まで低下する。

西南戦争が勃発した一八七七年にはプラス一・四％に転換するが、まだ強いインフレ・マインドが形成されるには至らなかった。しかし一八七八年には明確な上昇を示して六・五％となり、一八七九～

図3-12 紙円ベース期待インフレ年率の推移

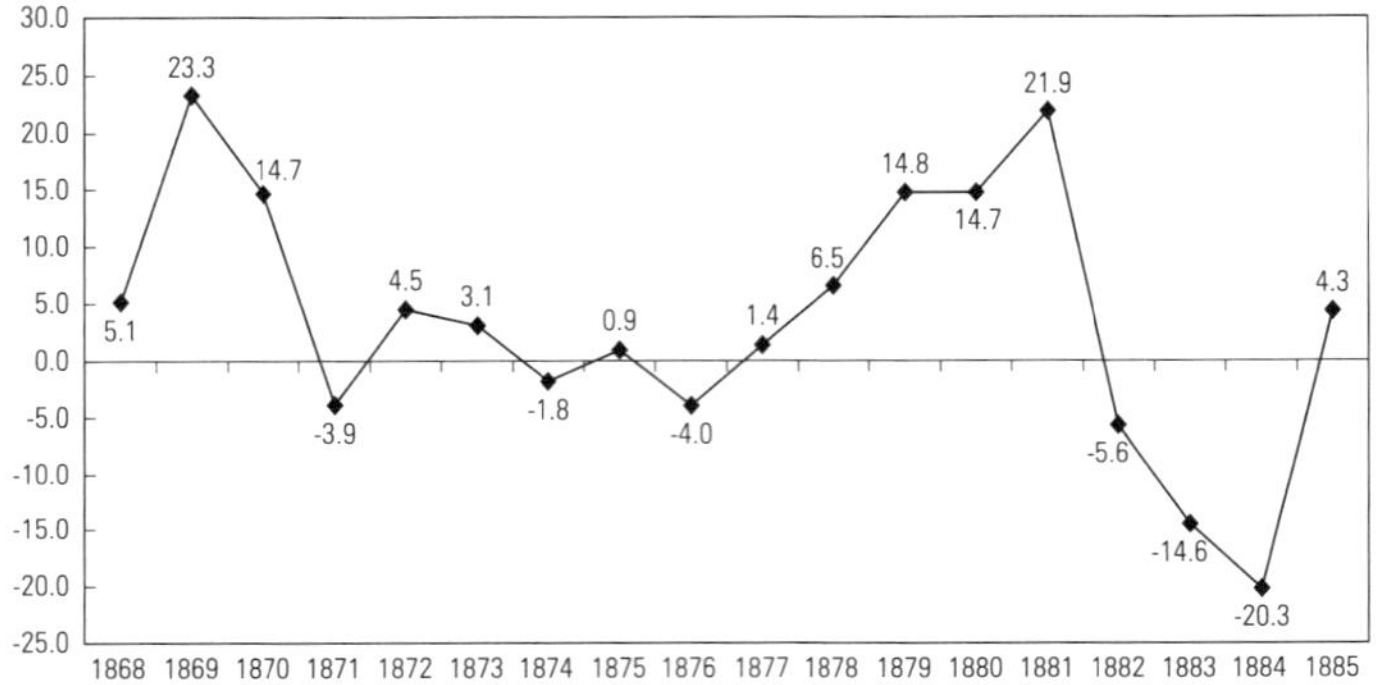

八〇年には一四・七〜一四・八%と二桁に急上昇し、一八八一年には二一・九%とピークに達する。松方財政が本格化すると、一八八二年にはインフレ期待はマイナス五・六%へと急落して完全に沈静化しさらにデフレ期待が強まって、一八八四年にはマイナス二〇・三%に達した。しかしそれを底として一八八五年にはプラス四・三%へと転換し、デフレ期待は解消する。

人々の紙円ベースのインフレ期待は、松方財政の開始とともに急激に収まり、さらにデフレ期待が支配する世界へと転換した。松方財政は、紙幣インフレ期待を一挙に解消させたのみならず、深いデフレ期待へと急激に変更させていったのである。

紙円ベースの期待インフレ率と金利の動向

紙幣インフレの過程で、「紙円」名目金利は急上昇する。一八七八年に一〇・五%であった市中金利は、一八八〇年には一四・一%、一八八一年には一五・二%へと高騰し、金禄公債利回りも八・四%から一〇・一%へと上昇した。

図3-13 名目金利の動き

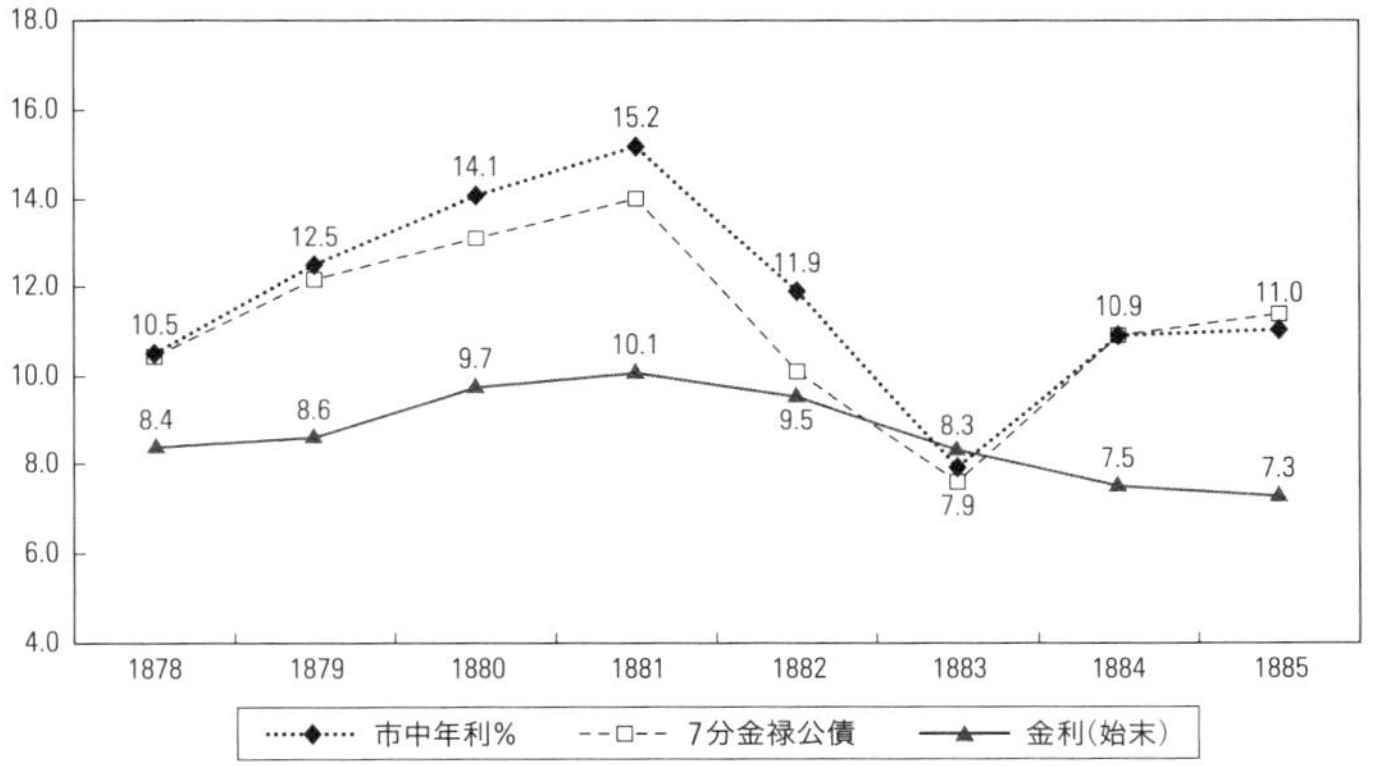

資料：『日本経済統計総覧』、『紙幣整理始末』。金利(始末)は、『紙幣整理始末』に掲げられている金利。

そして松方財政が開始されると、市中金利は一八八三年には七・九%へ急落し、一八八五年以降には一一%水準に安定する。金禄公債利回りも徐々に七・三%にまで低下していった(図3－13)。

しかしこのような名目金利の上昇と下落の動きは、実際の資金コストの変化を表わすものではない。金利の果たす機能を見るには、実質金利の動きを見なければならない。実質金利は、「名目金利－期待インフレ率」として求められる。人々のインフレ期待の変化は、実質金利を変化させ、経済活動に影響を及ぼすのである。実質金利を、紙円期待インフレ率を使用して示すと図3－14のようになり、様子が一変する。

紙円実質市中金利は、一八七八年には四・〇%であったが、一八七九年にはマイナス二・三%へと低下し、一八八〇年にもマイナスを続け、一八八一年にはマイナス六・七%にまで低下する。しかし一八八二年には一気にプラス一七・五%へと急騰し、さらに一八八三年二二・五%、一八八四年三一・二%へと急激に

図3-14 紙円ベースの期待インフレ率と「実質」市中金利

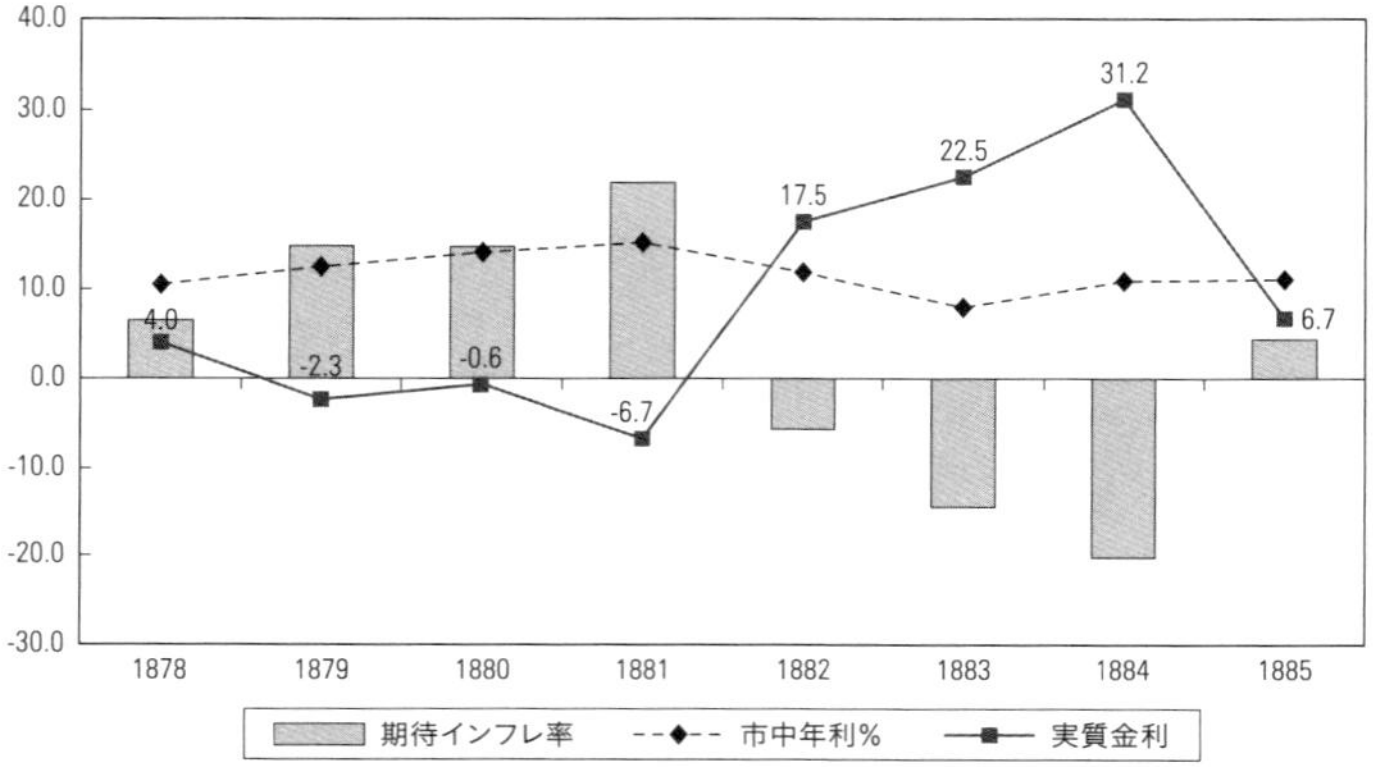

高騰し、その後一八八五年には六・七%へ低下する、という動きを示している。このようなインフレ期には実質市中金利の動きは、一八七九～八一年のインフレ期には投資促進的に作用し、一八八二～八四年の松方デフレ期には投資抑制的に作用したことを意味している。

同様に七分利付き金禄公債で実質市場金利の趨勢を見ると（図3－15）、一八七八年の一・九%から一八七九年のマイナス六・二%、一八八〇年のマイナス五・〇%、一八八一年マイナス一一・八%へと惨落する。しかし一八八二年にはプラス一五・二%へと急上昇し、さらに一八八三年二二・九%、一八八四年二七・八%へと高騰するが、一八八五年には一転して二・九%へ落ち着く、という動きを示す。

金禄公債の実質利回りは、紙幣インフレ過程の一八七九～八一年には大幅なマイナスに陥ったが、一八八二～八四年のデフレ過程ではプラス一五～二八%の高率に転換した。金禄公債利子は、市場長期金利のみならず士族等の所得を反映している。したがってインフレ過程では

図3-15 金禄公債の実質利回りの推移

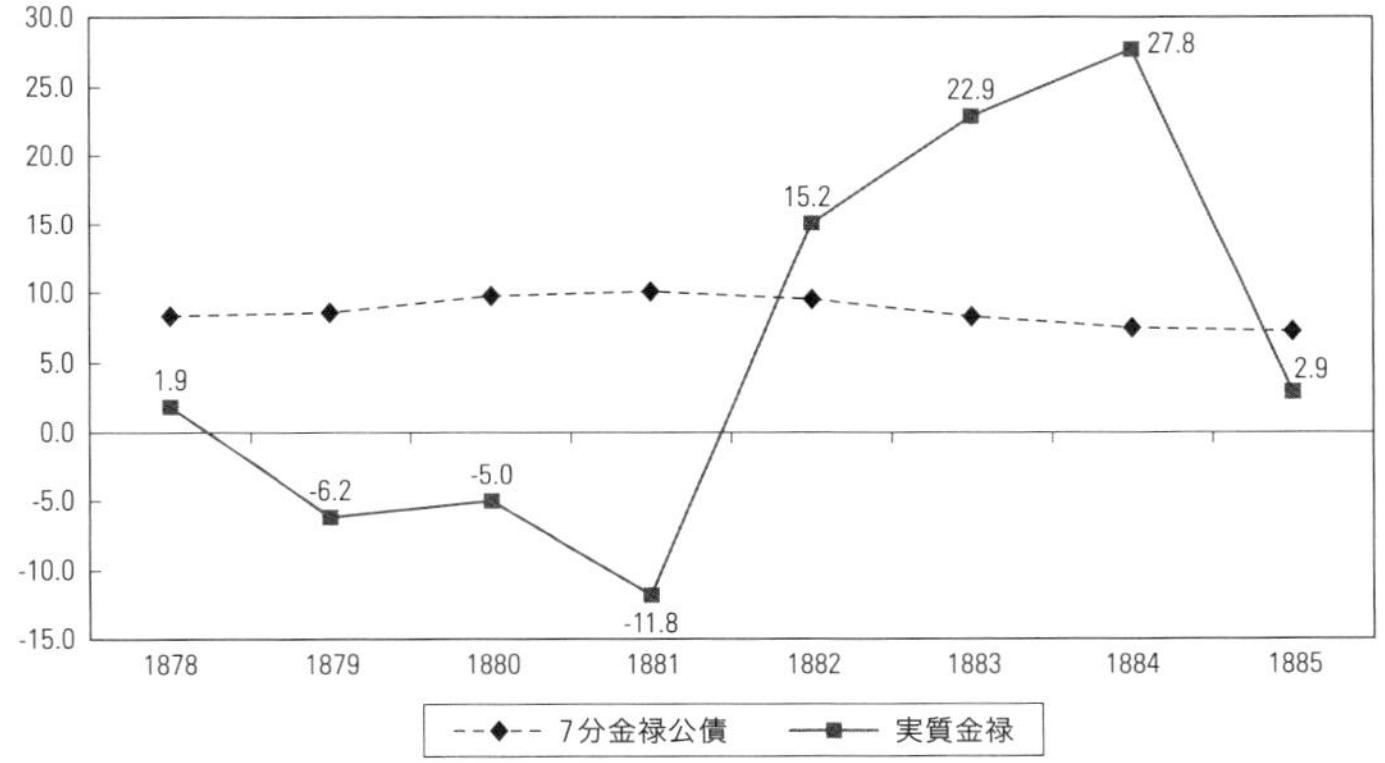

投資促進的に機能すると同時に士族所得の大幅な目減りをもたらし、デフレ過程では一転して士族所得がほぼ倍増するほどの実質利回り高騰をもたらすと同時に強力な投資抑制的効果を及ぼすことになったと考えられよう。

この過程で士族等に対する大規模な所得再分配効果が働いたことは間違いない。紙幣インフレ過程では農民の地租負担が軽減され、デフレ過程では農民の地租負担が増大した。その間、士族の利子所得は大幅目減りから大幅上昇に転じたのである。財政を通じて、インフレ過程では農民への大規模な所得移転が進み、デフレ過程では士族への所得の大規模移転が進んだ事情が、実質金利の変動に明確に反映されているといえよう。

紙幣インフレ過程では、実質金利が大幅に低下し、マイナス金利となったのであるから、本来なら生産事業が大幅に拡大してもおかしくなかった。実際、生糸生産や養蚕部門のように、欧米への輸出の急拡大と糸価の上昇が生じたため、負債を拡大して生産増大を図った部門もあった[9]。しかし全体として見れば、あまり強力な生産刺激作用を及ぼすには至らなかった。国民貯蓄の主要供給源であり、在来産業のへ資本供給源であった豪農あるいは地主層は、米価高騰によって富裕化するとともに米投機や田畑（土地）投機に走り、その他の生産事業への投資は不活発にとどまったと見られるからである。投機に走った農民は、手元に米を保蓄して値上がりを待ち、借金をして生活するようになった。インフレ過程における農民富裕化と実質金利の急速な低下は、主として短期的に高収益が見込まれる米・田畑投機や消費生活のための負債を促進させる方向に作用していったと見られる。また商人（豪農・地主の一部を含む）は、生産事業や貿易取引などの正業の事業取引に資金を使用することよりも、相場や銀貨投機に多額の資金を投入した。インフレ過程で投機が盛行し、生産事業はかえって停滞現象を呈するという一般的傾向が顕著となり、紙幣インフレの中で繁栄の外観が演出されていった。そのため米投機が行き詰まり、政府の銀貨売り出しが停止されると、投機資金が銀貨へとシフトしてさらに銀貨投機が強化され、紙幣価格の低下が進み、インフレ（期待）が高進する中で景気が後退するという事態を促進していったと考えることができる。

しかし松方財政が開始されると、銀貨下落（紙幣価値回復）が予見されるようになり、銀貨投機が破綻するとともに、紙幣デフレが進行することになった。紙円ベースの借金で累積した負債は極端な高利債務となり、多額の債務を抱え返済不能に陥った農民は土地を手放し、没落を余儀なくされた。インフレ過程から継続して紙円ベースで将来予想を行い、投機（投資）活動を行っていた農民や商人や企業家は、紙幣デフレが進行する中で禁止的に高い実質金利に直面することになる。松方財政の開始は、紙円ベースの取引環境の極端な悪化を招くことになった。一八八〇年代前半における紙円ベースでの実質金利の低下は主として投機を促進し、後半の紙円ベースの実質金利高騰は、主としてこれらの投機を破綻させ、債務負担を加重する側面で機能したということが出来よう。

銀貨円ベースのインフレとインフレ期待

かりに松方財政期において、総ての経済主体が継続的に紙円ベースで従来方式の経済活動を行ったとすれば、継続的な価格低下と極端な実質高金利が投資活動を閉塞させ、日本経済の生産活動全般に逼塞的低下が生じていたに違いない。しかし次章で詳しく見るように、実際には松方財政期には、個人消費支出が拡大し、非農業部門の生産活動が活性化して経済はプラス成長へと転換し、次いで近代企業の勃興が見られるようになっていったのである。この時代に、一体なにが起ったのであろうか。

この課題に迫るためには、もう一つのインフレとインフレ期待を見ておかねばならない。図3－16は、前項と同様の手順によって、銀貨相場の変動を四半期年率で計算し、ARIMAモデルを用いてデータ内の期待相場変化率を推計したものである。

銀円ベースで見ると、西南戦争後の大隈期は銀貨の購買力が増大する過程であり、その意味では「銀円デフレ」が進行した時期であった。逆に松方財政期には銀貨の購買力が下落する過程が継続したため、「銀円インフレ」の時期であったといえよう。すでに図3－1でみたように、銀円ベースでみた物価指数は、西南戦争後の大隈期に低下し、松方財政期に顕著な上昇を示していたことを想起すると理解しやすいであろう。

銀貨の購買力の変化を銀円ベースのインフレ率の指標とみれば、期待銀貨相場変化率は、銀円ベースのインフレ期待を反映する指標とみなすことができる。

図3-16 銀貨円の期待相場変化率

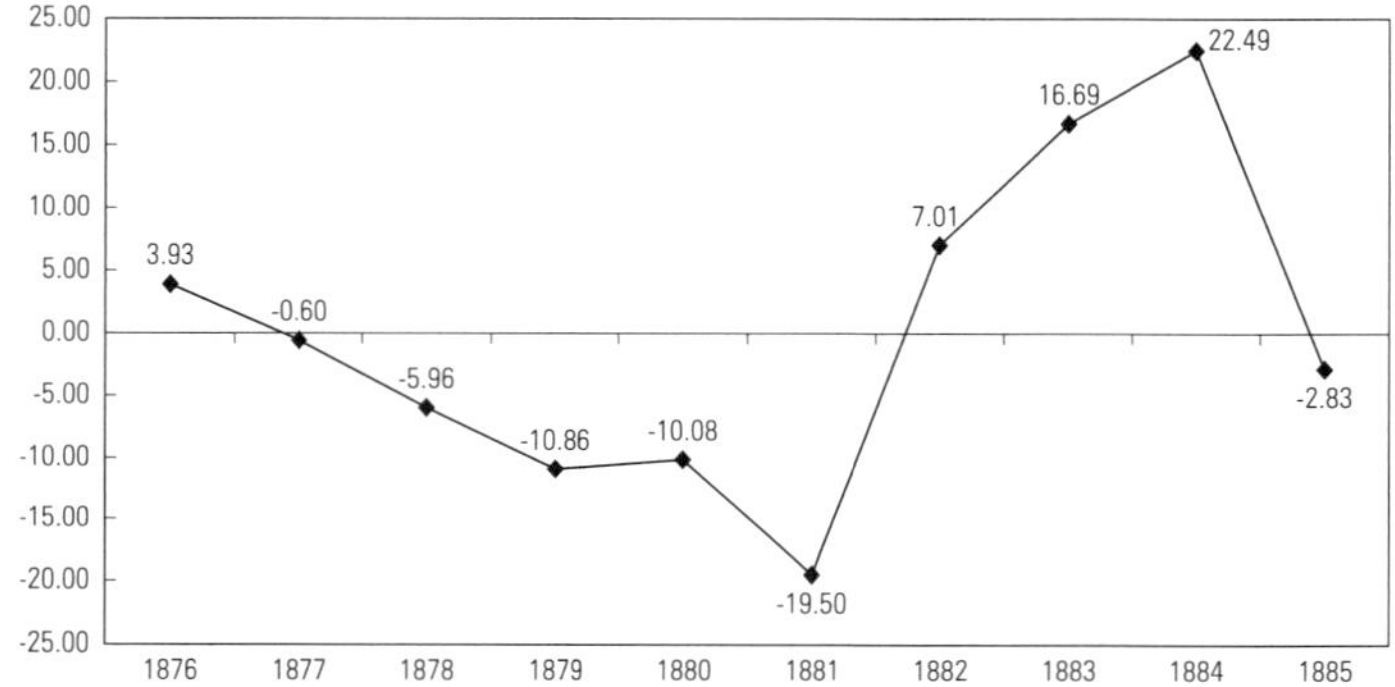

資料：銀貨の紙幣相場月次データから、銀貨相場の変化を算出し、その四半期変化年率系列から ARIMAモデルによって、期待銀貨相場変化率を算出したものである。数値は総て年率換算値である。

注：推定式は次の通りであり、検定の結果、残差に系列相関はなかった[10]。

$$Y_t = -0.9193Y_{t-1} - 0.9346Y_{t-2} - 0.4219Y_{t-3} + e_t$$

(0.1137)　(0.1097)　(0.1177)

(括弧内は標準誤差、残差の分散558.8、AIC＝651, BIC＝659.99、e_t：ホワイトノイズ)

銀円インフレ期待は、大限期にはマイナス幅を拡大し、一八八一年にはマイナス一九・五%に達している。しかし松方財政が開始されると一八八二年にはプラス七%に転化し、一八八三年一六・七%、一八八四年には二二・五%へと上昇する。このことは、松方財政期に銀円ベースで経済行動を行なう主体にとっては、将来の価格上昇が見込まれる経済環境が出現したことを意味する。また実質金利が急低下する金融環境が現われたことをも意味していた。

銀円期待インフレ率を用いれば、銀円ベースの実質金利の動きに接近することができる(図3-17)。ただし銀貨ベースの時系列市場金利データが利用できないため、通常の市場金利をそのまま使用して試算した。したがってこの銀円実質金利は、暫定的な参考値にとどまるものである。

図3-17 銀円ベースの期待インフレ率と市場実質金利の参考値

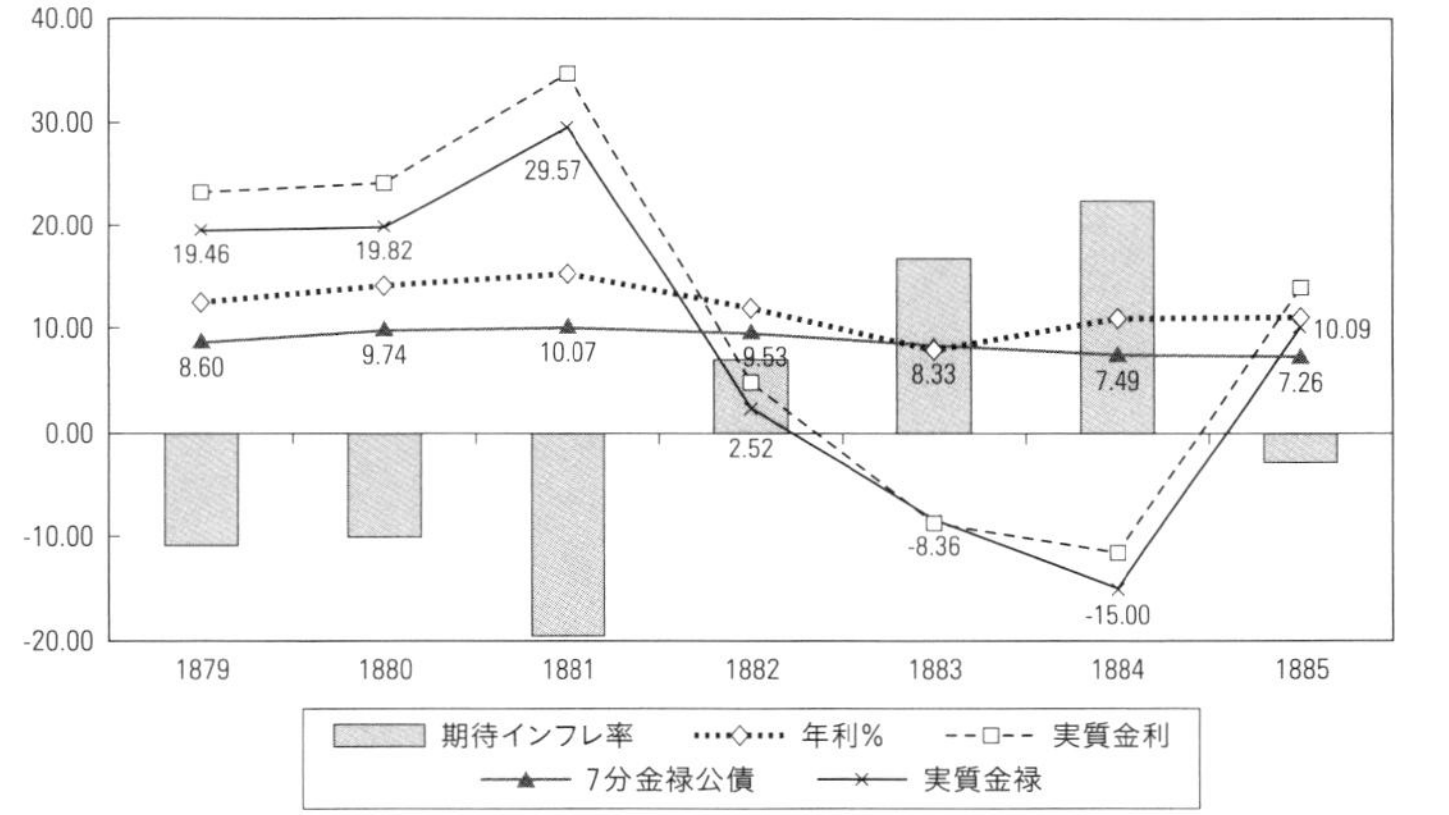

市中貸付金利と金禄公債金利はほぼ同じような動きをしているので、ここでは金禄公債金利を用いて長期市場実質金利の大きな動きを捉えることに主眼を置き、その意味を例示的に見ることにとどめよう。銀円ベースの実質金利は、大隈期には二〇%水準以上にも達する高利水準にあったが、松方期には急低下し、大幅なマイナス水準への大転換が生じることになった。

西南戦争後の大隈期に銀貨円ベースで資金を借入れる場合には、銀貨の騰貴によって実質金利負担は極めて高いものになる。例えば一八八〇年に九・七四%で借りた場合には、実質一九・八二%の金利負担を負うことになってしまうわけである。

しかし反対に松方財政期に銀貨円ベースで資金を借り入れた場合には、これとは逆の金利負担軽減効果が現われる。たとえば一八八三年に八・三三%で借入れた場合、その負担はマイナス八・三六%になるという具合である。銀貨で借り、銀貨で返済する正貨ベースの取引を考えると、単に「借りて、返す」だけでも、銀貨の著しい減価が進むために利益を手にできる可能性が生じるわけである。したがって銀貨円ベースで投資活動を行う主体にとっては、松方財政が作り出した経済環境は極めて有利なものとなるのである。そして銀円ベースでは物価が上昇していくわけであるから、生産拡大や取引拡大へのインセンティブが高まることはいうまでもない。

松方の「銀・紙の差を解消する」紙幣整理が不退転の決意で実行されたことにより、銀貨を使用して経済活動を行えば、高い利益が得られる経済環境が出現したのである。松方の紙幣整理方式が、経済を不況から脱却させ高成長へと導く環境を直接生み出す役割を演じた大きな理由がそこにあった。

銀貨を保有している人は、それを紙幣に交換するだけで容易に利益を得ることができたが、さらにそれを銀行や郵便貯金に貯金すれば、もっと利益は拡大することになる。また値上がりが期待される財貨や収益が見込まれる事業に投資すれば、高い利益率が期待できた。

したがって西南戦争後の大隈期に流通から引上げられ退蔵されていた巨額の銀貨・地金や古金銀の市場復帰が進むことになる。居留地などの外国人保有銀貨の流入も促進されることになろう。それは流通する紙幣価格の増価（紙幣の銀価格の回復）をも伴うため、銀円ベースの市場通貨残高を顕著に増大させていく。その結果、銀円ベースにおいては、金融は緩和して市場金利が低下し、さらにインフレ期待上昇が加わるため実質金利は急低下して、経済の投資環境は好転していくことになるのである。

日本経済全体が「デフレと不況深化」に喘《あえ》いだと考えられてきた松方財政期に、銀円ベースで高成長が生み出される基礎的経済環境が、このようなメカニズムに支えられて生み出されたと考えてよかろう。

無論、米投機・田畑投機が破綻し、地租負担が増大し、紙円ベースで堆積した高利負債に苦しんだ中農層を中心に、紙幣デフレによる価格低下の影響に強く晒された経済部門は、松方財政期に深刻な困難に直面した。また一八八四〜八五年には米作と並んで農家経済の大きな柱であった養蚕部門が欧州不況の煽りをうけて不振に陥ったため、農業部門の打撃はさらに深刻なものとなった。加えて一八八四年には、農作物は大凶作に襲われた。したがって松方財政期に農業部門は、「紙幣円デフレ」による地租負担増大、「米・田畑投機破綻」による負債清算が引き起こした土地喪失、「輸出環境悪化」による養蚕部門の困窮、「大凶作」による打撃を次々に経験した。特にこれらのほぼ総ての打撃が重なった一八八四年には、農業部門は特に中農層と養蚕地帯を中心に深刻な打撃に呻吟することになったのである。

これに対して「非農業」部門は、かなり異なった経済環境にあった。紙幣デフレの影響は、賃金労働者、士族、公務員などの所得環境を劇的に改善した。しかも巨額の銀貨・地金や古金銀を保有する商人などにとっては、新たな所得獲得とビジネス・チャンスがもたらされたのである。前章で見たごとく、松方は、この農業不況がほぼピークに達した一八八四(明治一七)年には、確かな景気回復を実感し、実際の商況も繁忙期を迎えようとしていたのである。

銀円ベースの物価上昇とプラスのインフレ期待は、商況の改善と実質金利の急低下を導き、紙円デフレによる打撃を緩和させる作用を及ぼしつつ、日本経済を高成長に導く動力になっていったと見ることができよう。このような期待変化を確実にしたのは、松方の「銀・紙の差」を解消する紙幣整理政策への信認の高まり、紙幣相場の持続的回復、国庫の銀貨蓄積の進展、そして日本銀行設立と銀貨兌換券条例の発布、近代的貨幣信用制度の整備に基づく通貨の円滑供給の道筋明確化などの要因があげられよう。そして円為替相場が徐々に低下するなかで輸出需要が伸びるとともに、輸入物価上昇が生じ、さらに一八八五年には物価に大きな影響を及ぼす米価が高騰した影響が加わることとなったのである。

第4章 ◆ マクロ経済の動態と変動要因

1 「紙円」GNPと「銀円」GNP

GNPの「銀円表示」

『長期経済統計8 物価』は、一八七九(明治一二)年以降の戦前の総合支出(物価)指数を提供しているが、農林業などの一次産業を含まないため、この時代の総合的な物価を代表するものとはいえない。本書の対象とする時代の全物価を代表する信頼性の高い価格指数は存在しないといってよいが、すでに見たように明治初年からの紙幣価格変動を示す月次データは存在している。紙幣の価格変動はすべての物価変動を表すものではないが、紙幣の購買力自体の変動を表わすため、この時期の名目物価水準の変動を示す機能を備えている。したがって紙幣価格でデフレートした「銀貨円」ベースの国民総支出は、この時期の実質国民所得の動きを相当程度反映した動きを示すと理解できよう。

従来の研究では、「紙幣円」ベースの各種データに依拠して、西南戦争後期は激しいインフレと好況の時代、松方財政期は厳しいデフレと不況の時代と捉えられてきた。経済分析の主要な関心が、農家経済の推移とその後の農民層分解の進展、西南戦争後の殖産興業政策やインフレ・貿易動向、松方デフレと国内産業や対外為替・貿易関係との関連などの解明に力点が置かれていたことと無縁ではないと考えられよう。また西南戦争後の財政や自由民権の盛衰と絡んで、政府や士族と農民との所得や負担の再配分の影響に関心が集まっていたためでもある。所得再分配や投機行動の影響と帰結などに関しては、紙幣円ベースの分析は適合性をもっているのである。

農民と士族や政府との所得再分配は、主として米価の騰落によって引き起こされていた。この時代は、農業が経済の主力を形成しており、日本の生産と税収の増減は、農民(農業)に大きく依存していた。当時の人々の社会関心や景況判断が、農民の経済状況に対する判断や認識よって大きく左右されたのは、当然の成り行きであったろう。松方自身も地租改正の実務責任者として農村の実情や地租負担の変動状況については熟知しており、農村の経済状況に強い関心を寄せていた[1]し、前田正名《まさな》などの経済官僚の関心は松方財政期の地方農村地域の経済窮状とその振興に向けられていたのである[2]。しかし農業が置かれた経済状況が当時の日本経済全般の動きを表していたわけではない。

松方デフレ期の一八八二年を例にとれば、大阪紡績会社が設立され、共同運輸会社が設立され、浅野総一郎が深川セメント工場の払い下げを出願するなどの動きが出るとともに、日本銀行が創立されており、前年一一月には日本鉄道が創立されていたのである。松方財政の影響を受けたのはもっぱら地方の広汎な豪農・豪商であり、中央や都市の巨商・政商に対してはむしろ財政支援が強化されていたとの見方も出されている[3]。この時代を見るためには、農業部門のみならず在来産業や商工業部門や政府部門などの動きを全体として総合的に捉える必要があるであろう[4]。

そこで本章では、まず明治一〇年代を中心とする日本経済の国民総支出（GNE＝GNP）の動きを、紙円ベースと銀円ベースの両方の指標により把握する作業から始めることにする。次いでそのデータに基づき、大隈財政期から、松方財政期を経て、企業勃興期にいたるマクロ経済の動きを統一的な数量ベースで把握し、その特徴を分析することにしたい。

紙円ベースと銀円ベースのマクロ経済の動き

紙幣円ベースと銀貨円ベースで一八七五～九〇年のマクロ経済の動きを示したものが、表4－1、4－2である。

二つの国民総支出（GNE＝GNP）系列の動きを比較すると、図4－1のようになる。紙幣円と銀貨円は、一八七六（明治九）年にはほぼ等価で流通していた。そして一八八六（明治一九）年には銀貨兌換制が確立し、銀貨と紙幣の価格は完全に一致する。したがって「二つの」GNPは、一八七六年にはほぼ同額であったが、その後大きな乖離が生じ、一八八六年に再び一致するという動きをとることとなる。

まず紙円GNPの動きを追ってみよう。一八七六年の五億五〇三〇万円から一八七七年五億七六七〇万円、一八七八年五億九六七〇万円へと若干上昇するが、安定した動きを見せていた。しかし一八七九年に大膨張へ転じて一気に七億七七八〇万円へ上昇し、一八八一年には一〇億一六二〇万円とほぼ倍増してピークに達する。しかし一八八二年には九億五九二〇万円と下落に転じ、一八八三年には八億一八二〇万円へと急落、一八八四年にも八億一五四〇万円へと若干低下して底に達する。一八八五年に八億

表4-1「紙円」国民総支出(単位:百万円)

	個人消費	政府購入	民間投資	輸出	輸入	純輸出	国民支出
1875(8)	504.6	42.8	56.7	21.2	47.1	-25.7	578.4
1876(9)	454.6	46.9	56.8	29.7	37.1	-8.0	550.3
1877(10)	477.9	55.3	60.4	26.2	42.7	-16.9	576.7
1878(11)	521.8	36.4	62.5	31.0	54.3	-24.0	596.7
1879(12)	681.2	51.1	69.5	36.8	60.0	-24.0	777.8
1880(13)	857.1	55.9	69.7	46.7	81.5	-35.0	947.7
1881(14)	904.3	59.1	75.2	58.7	81.1	-22.4	1,016.2
1882(15)	829.8	62.9	68.2	65.8	68.8	-1.7	959.2
1883(16)	686.5	67.2	67.4	51.1	55.1	-2.9	818.2
1884(17)	690.6	76.2	57.3	41.4	50.3	-8.7	815.4
1885(18)	757.7	61.5	62.7	44.5	48.0	-3.0	878.9
1886(19)	727.7	78.0	68.0	54.8	48.8	6.7	880.4
1887(20)	772.8	78.7	81.4	59.1	67.1	-7.0	925.9
1888(21)	791.0	80.3	114.1	73.8	79.5	-4.2	981.2
1889(22)	883.9	80.4	119.1	78.1	78.5	0.8	1,084.2
1890(23)	1,001.4	94.7	127.6	64.8	96.6	-29.8	1,193.9

資料：個人消費は、『長期経済統計6　個人消費』第1表、財政支出は『長期経済統計7　財政支出』第6表、第7表、投資(非1次)は『長期経済統計4　資本形成』第1表、投資(1次)は『長期経済統計1　国民所得』第5表(『長期経済統計3　資本ストック』より計算された推計値)、輸出入は『長期経済統計　貿易と国際収支』第15表による。

注：1．政府購入は、国民所得概念における政府財貨・サーヴィス経常購入と政府資本支出の合計である。『長期経済統計7　財政支出』第7表における財貨・サーヴィスの経常購入には、軍事投資が含まれており、「資本支出」(ア)には非軍事投資が計上されている。一方、『長期経済統計4　資本形成』では、政府固定資本形成が再推計され、軍事投資と非軍事投資(イ)とが算出されている。両推計を比較すると、後者の非軍事投資額(イ)が、上記「資本支出」(ア)を若干上回る金額となっている。『資本形成』の政府固定資本形成額を採用すれば、『財政支出』で計上されている「政府財貨・サーヴィス経常購入額」も調整せざるを得ない。いずれにせよ、「財貨・サーヴィスの経常購入額」と「資本支出」の合計額で見れば、両者はほぼ一致すると考えてよいだろう。

この時期の国民所得を推計する場合に、政府経常購入に『財政支出』第7表の「財貨・サーヴィスの経常購入」を使用し、政府資本形成に『資本形成』第1表、第8表の政府資本形成を採用すれば、「軍事投資部分」が重複計上されることになる。一方、政府に非軍事資本形成に『資本形成』第1表の「非軍事投資」を採用すれば、その差額分に相当する「財貨・サーヴィス経常購入」額を調整せざるを得なくなる。したがって本表では、『財政支出』第7表の数値を基本的に採用することにした。
政府資本形成額そのものを問題とする場合には、『資本形成』第8表の方が、より詳細な広いカヴァレッジを持つ情報を提供していることはいうまでもない。ただし政府軍事資本形成の推計方法や推計値自体には再検討の余地を残している(室山「戦前期における海軍費の統計的研究」および『近代日本の軍事と財政』参照)。

2．輸出入は、各年平均紙幣価格を乗じて算出した額を掲げている。純輸出の項目には、関連項目をすべて含んでいるので、表中の輸出入差額とは一致しない。

表4-2「銀円」国民総支出(単位：百万円)

	個人消費	政府購入	民間投資	輸出	輸入	純輸出	国民支出
1875(8)	490.4	41.6	55.1	20.6	45.8	-25.0	562.1
1876(9)	459.7	47.4	57.4	30.0	37.5	-8.1	556.4
1877(10)	462.6	53.5	58.5	25.4	41.3	-16.4	558.2
1878(11)	474.8	33.1	56.9	28.2	49.4	-21.8	543.0
1879(12)	562.0	42.2	57.3	30.4	49.5	-19.8	641.8
1880(13)	580.3	37.8	47.2	31.6	55.2	-23.7	641.6
1881(14)	533.2	34.8	44.3	34.6	47.8	-13.2	599.2
1882(15)	528.2	40.0	43.4	41.9	43.8	-1.1	610.5
1883(16)	543.1	53.2	53.3	40.4	43.6	-2.3	647.3
1884(17)	634.2	70.0	52.6	38.0	46.2	-8.0	748.7
1885(18)	718.2	58.3	59.4	42.2	45.5	-2.8	833.1
1886(19)	727.7	78.0	68.0	54.8	48.8	6.7	880.4
1887(20)	772.8	78.7	81.4	59.1	67.1	-7.0	925.9
1888(21)	791.0	80.3	114.1	73.8	79.5	-4.2	981.2
1889(22)	883.9	80.4	119.1	78.1	78.5	0.8	1,084.2
1890(23)	1,001.4	94.7	127.6	64.8	96.6	-29.8	1,193.9

資料：表4-1に同じ。銀円国民総支出は、各年平均銀貨価格から筆者計算。

七八九〇万円へと上昇に転じるが一八八六年は八億八〇四〇万円に停滞する動きを見せ、その後一八八七年に九億二五九〇万円、一八八九年には一〇億八四二億ドルと急速な上昇に転じる。

西南戦争後の大隈財政が行われたインフレ期にGNPは急上昇し、松方財政が本格的に始動する一八八二年以降のデフレ期に急激な低下を示すが、一八八五年には回復の動きを見せ、一八八七年以降は再び急速な拡大に向かうのである。

これは、大隈財政でインフレと好況に沸いた日本経済が、松方財政により深刻なデフレと不況に呻吟し、その後に企業勃興の時代が訪れて近代経済成長に転じるという従来の明治一〇年代の一般的なイメージを、ほぼ忠実に裏付ける動きと言ってよい。

しかしこれを紙幣価格の変動を除去した

図4-1　紙円国民総支出と銀円国民総支出

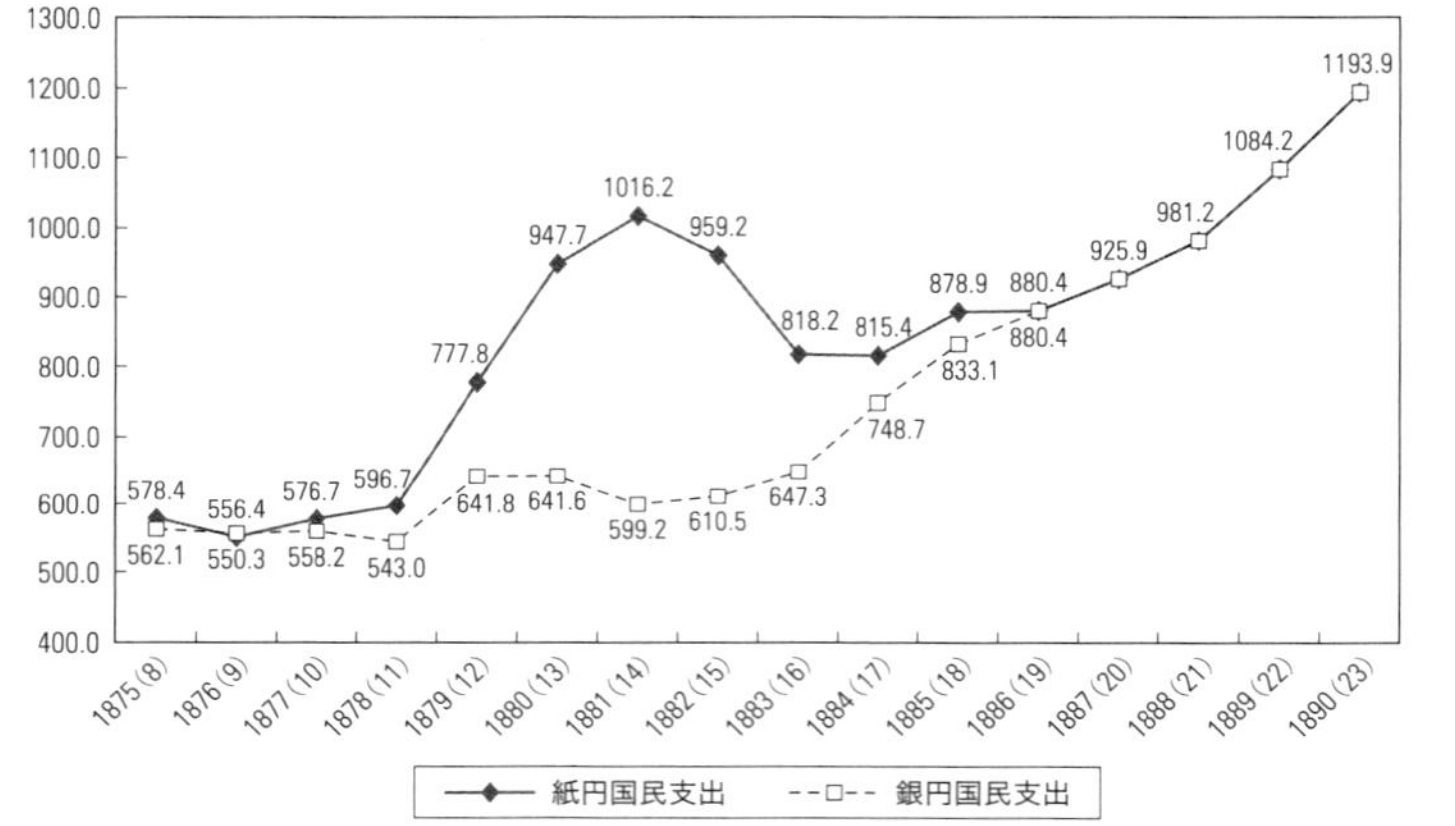

銀貨円ベースで見ると、事態は全く異なる様相を呈していたことが明らかとなる。銀円ＧＮＰは、一八七六年から一八七八年にかけては五億五六四〇万円から五億四三〇〇万円へと漸減していた。このような中で一八七九年には、一気に六億四一八〇万円への上昇が生じる。ところが経済上昇は継続せず、翌一八八〇年には早くも六億四一六〇万円と微減に転じ、一八八一年には五億九九二〇万円まで低下する。しかし一八八二年には六億一〇五〇万円と上昇に転じ、一八八三年には六億四七三〇万円と一八七九年水準を超え、一八八四年に七億四八七〇万円、一八八五年には八億三三一〇万円と急速な上昇を続け、「銀・紙の差」がなくなった一八八六年には八億八〇四〇万円となっている。このように銀円ＧＮＰは、紙円ＧＮＰとは、全く異なる動きを示しているのである。

　銀円ＧＮＰで日本経済の動きを見ると、西南戦争後から一八八一年にいたる時期は、一八七九年の大幅上昇を例外として変動は小幅であり、全体的には停滞情況で推移していた。これに対して松方財政が本格的に始動する一八八二年以降には高成長とも言うべき急速な経済拡大が生じているのである。

紙幣円でみたGNPの動きは、多分に紙幣価格自体の騰落を反映した経済の膨張と収縮の動きを示しているのに対して、銀円ベースのGNPの動きは、紙幣価格の変動を除去した当時の経済規模の実体的な動きを示しているといえよう。

銀貨一円と紙幣円の換算レートは、その時々に市場で形成されたものであり、推計値ではない。また紙円GNPを構成する個人所得、投資、政府購入、純輸出の内、政府購入は財政の決算額に基づく数値であるのでほぼ実体を捉えた数値であると考えることが出来る。純輸出も、大蔵省の通関統計から推計されたものであり、当時の統計資料の中では最も信頼度の高いものである。個人消費と投資については、統計的に改善の余地は存在しているが、大局的な動きは捉えていると考えることができる。ここで示したGNPの各項目は、この時期のマクロ経済の趨勢的な動きを捉える材料としては現在ほぼ最善のものであるといってよい。したがって銀円GNPは、当時の実体的な経済の動きをかなり忠実に反映しているると考えてよいであろう。

「暫定的」実質系列と銀貨系列

同期の実質GNPの推移を見て置くことは重要である。しかしこの時期にはGNPデフレーターが存在しないので、実質GNPの本格的推計は後の課題とせざるをえない。ここではとりあえず、『長期経済統計6　個人消費支出』で算出された消費支出についての「総計インプリシット・デフレーター」を

図4-2 銀円GNEと「実質」GNE系列の比較

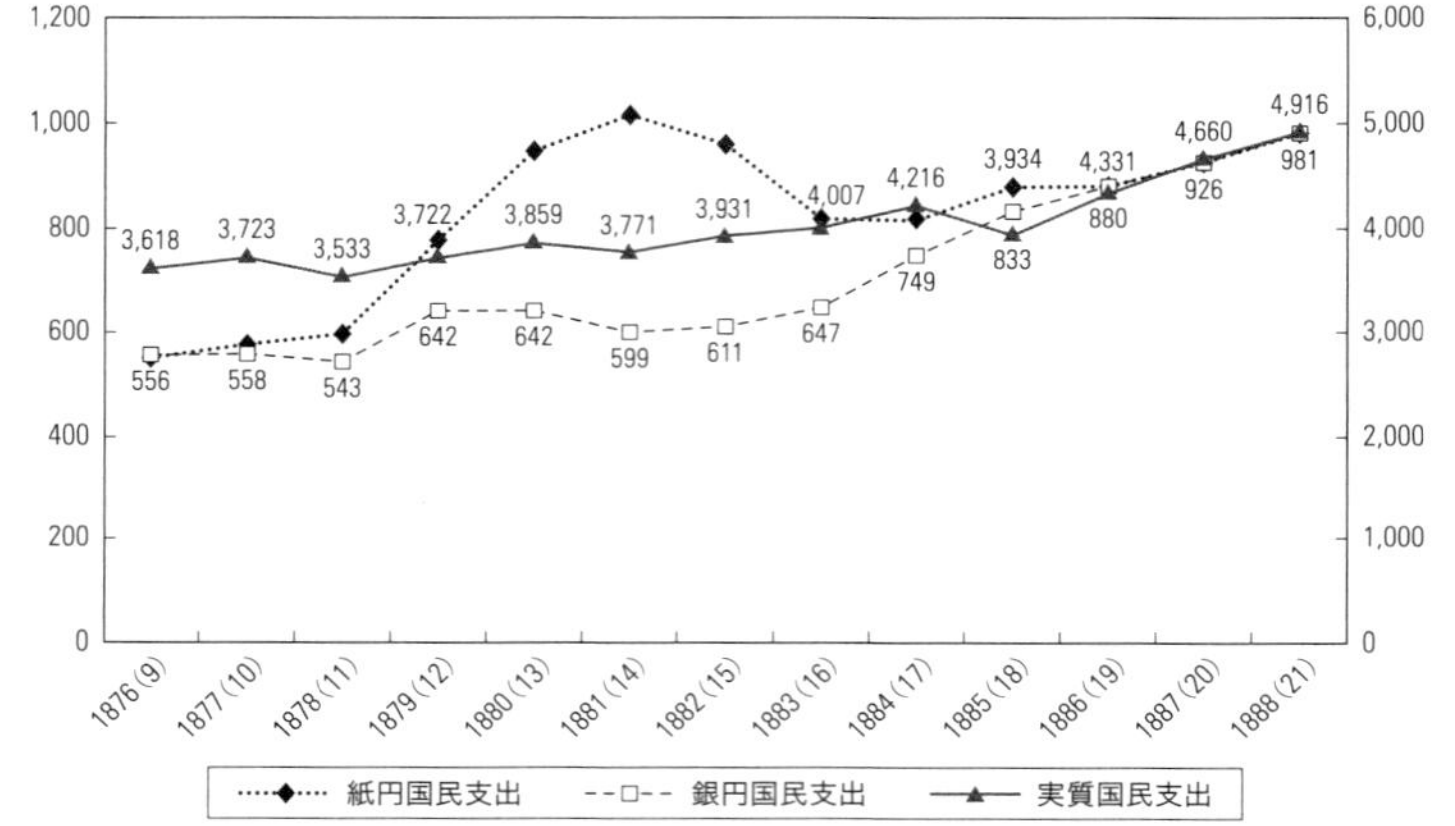

資料：表1、表2。実質国民所得系列のデフレーターには、『長期経済統計6　個人消費支出』表8-9（1934-36＝100）の「総計インプリシット・デフレーター」を使用。

使用して、暫定的な実質GNP系列を試算し、銀円GNPの動きと比較して、両系列の性格の違いを確認しておくことにしよう[5]。

一九三四〜三六年価格で見た実質系列は、銀円系列に比べて変動の起伏が小さく、ほぼ一貫した右肩上がりの動きを示している。一八八五年に一時的な低下が現われているが、同年のデフレーターが一五・五%という大きな上昇になっていることの影響である[6]。銀円系列と実質系列の動きは、傾向的には同様な推移を示しているといってよい。

実質GNPの流れを追って見ると、一八七六年の三六・一八億円から一八七八年の三五・三三億円に低下した後上昇に転じ、一八八〇年の三八・五九億円まで上昇する。しかし一八八一年には三七・七一億円へと低下する。その後一八八二年からは一貫した上昇に転じる。一八八二年三九・三一億円、一八八三年四〇・〇七億円、一八八四年四二・一六億円と上昇し、一八八五年の三九・三四億円への低下を経て、一八八六年四三・三一億円、一八八七年四六・六〇億円、一八八八年四九・一六億円と堅調な上昇を続けている。暫定的な試算の域を出ないが、実質GNPも一八八一年にかなりの低下を見せた後、松方財政が本格的に開始される一八八二年以降には堅調な成長軌道に転換しているのである。

実質GNP系列に対して銀円GNP系列は、銀貨の市場価格でデフレートしたものであるから、恣意性や技術的歪みなどは免れており、市場の動きに沿ったより自然な動きを示していると見られる。そして銀円系列は、紙幣価格の変動の要因を除去したものであるから、紙幣整理の直接的政策効果を判断する上で有効な指標となる。

また銀円系列は、松方期の経済状況を見る上で、有用な情報を提供する。というのは好不況の大波に晒されるなど急激な価格変化が生じる場合、実質GNP系列（数量ベースの動き）では、経済実態を捉える上で重要な情報が脱落してしまう可能性があるからである。例えば、昭和恐慌期に困窮を極めた農村の経済苦難を象徴するのは繭生産である。当時の繭生産額は実質系列でみれば増大していた。それは生産数量が増加したことを示している。この時期、生糸の輸出不振の煽りで繭価格が下落し、農業所得が低下した結果、農家は生産量の拡大でそれを補おうと行動して、一層の価格低下を招いた。結局、所得の一層の低下を引き起こして経済困難が増幅されたことは周知のとおりである[7]。このような場合には、実質生産額の動きは必ずしも農家経済や所得状況の実態を捉える指標とはならないのである。当年価格の変化を同時にみることは、所得状況を把握する上で大きな役割を果すのである。

この時期の銀円系列は、紙幣相場変動の影響を除去した当年価格系列として、この時代の経済の実態的な動きや所得変化と政策効果の状況を同時に把握できる優れた指標であると考えることができよう。その意味で、松方財政期を含めて明治一〇年代を中心とする経済を分析するうえで極めて適合的な特性を備えたデータ系列であると云ってよい。

2 経済成長の要因分析

紙円GNP成長率の変動要因

ＧＮＰの変動とそれを導いた要因を、まず紙円ベースで考察しておくことにしよう。ＧＮＰ成長率と各構成要素の成長寄与を示せば、表4－3および図4－3のとおりである。紙円ＧＮＰ成長率は、西南戦争を機に一八七七年四・八％、一八七八年三・五％とプラス成長に転じ、一八七九年に三〇・三％、一八八〇年に二一・八％という驚異的な高成長を記録し、一八八一年にも七・二％の成長を続けた。しかし一八八二年にはマイナス五・六％成長に転じ、一八八三年にマイナス一四・七％と急激な落ち込みを示し、さらに一八八四年にもマイナス〇・三％と低下して底を打つ。その後、一八八五年に七・八％のプラス成長に転換し、一八八六年には〇・二％と停滞するが、一八八七年以降は五％以上の成長を続けるというプロセスを辿っている。そしてこの経済成長率の大きなうねりは、主として個人消費支出の増減の波によって引き起こされたものであった。

この時期の経済変動プロセスの趨勢的な動きと特徴を把握するため、西南戦争後の一八七七～八一年

表4-3 紙幣円GNPの項目別成長寄与(単位:%)

	個人消費	政府購入	民間投資	輸出	輸入(-)	純輸出	国民支出成長率
1876(9)	-8.6	0.7	0.0	1.5	1.7	3.1	-4.9
1877(10)	4.2	1.5	0.7	-0.6	-1.0	-1.6	4.8
1878(11)	7.6	-3.3	0.4	0.8	-2.0	-1.2	3.5
1879(12)	26.7	2.5	1.2	1.0	-1.0	0.0	30.3
1880(13)	22.6	0.6	0.0	1.3	-2.8	-1.4	21.8
1881(14)	5.0	0.3	0.6	1.3	0.0	1.3	7.2
1882(15)	-7.3	0.4	-0.7	0.7	1.2	2.0	-5.6
1883(16)	-14.9	0.4	-0.1	-1.5	1.4	-0.1	-14.7
1884(17)	0.5	1.1	-1.2	-1.2	0.6	-0.7	-0.3
1885(18)	8.2	-1.8	0.7	0.4	0.3	0.7	7.8
1886(19)	-3.4	1.9	0.6	1.2	-0.1	1.1	0.2
1887(20)	5.1	0.1	1.5	0.5	-2.1	-1.6	5.2
1888(21)	2.0	0.2	3.5	1.6	-1.3	0.3	6.0
1889(22)	9.5	0.0	0.5	0.4	0.1	0.5	10.5
1890(23)	10.8	1.3	0.8	-1.2	-1.7	-2.8	10.1
1877～81	13.2	0.3	0.6	0.7	-1.3	-0.6	13.5
1882～85	-3.4	0.0	-0.3	-0.4	0.9	0.5	-3.2
1886～90	4.8	0.7	1.4	0.5	-1.0	-0.5	6.4

注:表4-1から筆者算出。

を大隈財政期、一八八二～八五年を松方財政期、一八八六～九〇年を銀本位確立後の企業勃興期と区分して、各期の平均成長率と項目別成長寄与を見てみよう(図4-4)。

紙円ベースGNPの平均成長率は、「大隈期」には一三・五%に達していたが、「松方期」にはマイナス三・二%へ転落し、その後「企業勃興期」に六・四%へ回復している。その変動は、主として個人消費支出の寄与が一三・二%からマイナス三・四%そして四・八%へと変動したことによって引き起こされたものであったということができる。

一般に松方デフレ以降は、海外

図4-3 紙円GNPの成長率と寄与要因(単位:%)

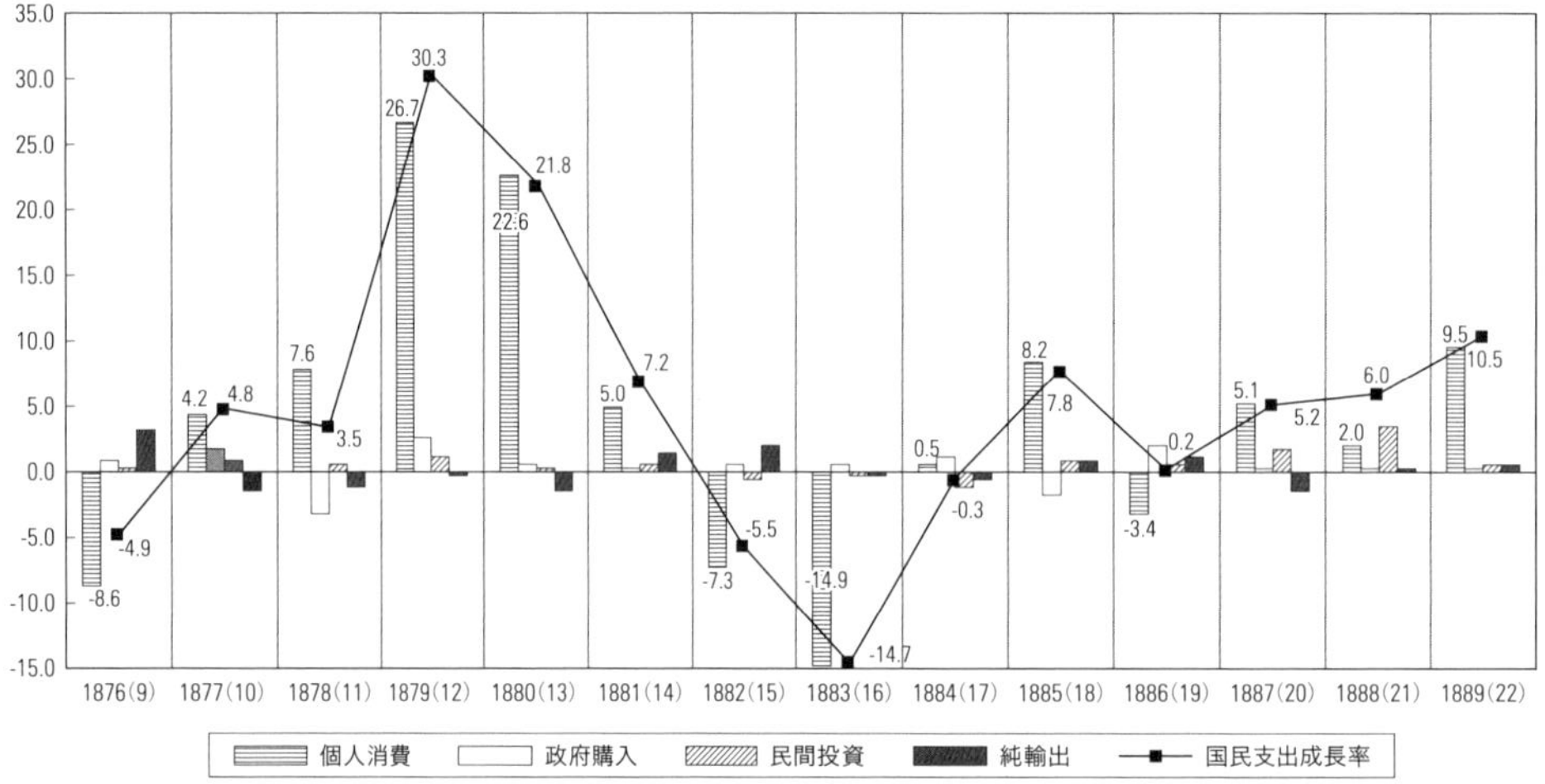

資料：表4-3。

図4-4 紙幣円GNPの時期区分別の成長寄与の推移（単位：%）

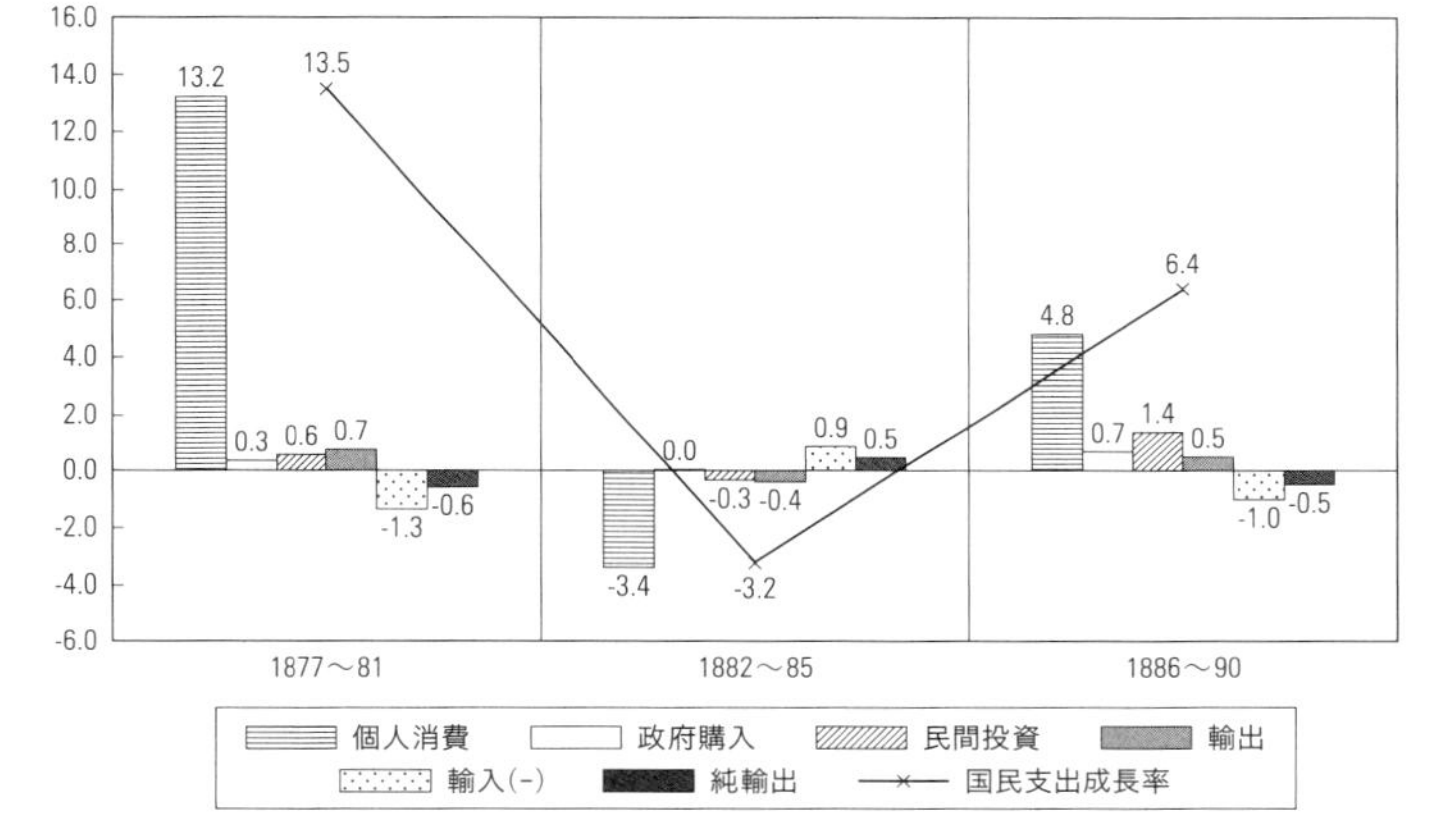

資料：表4-3。

貿易の成長が日本の経済成長に大きく寄与したと考えられてきた。国際的な金・銀比価の低落によって為替相場の円安が進み、輸出促進効果が大きく働いたと考えられたからである。しかし紙円GNPデータは、外需が全体の動きを左右するような要因ではなかったことを示している。輸出の成長寄与が〇・七%と比較的大きかったのは、円相場が安定していた大限期であった。その後松方財政期の輸出寄与はマイナス〇・四%に転換し、企業勃興期に再びプラス〇・五%へと回復する動きを示している。この時期全体（一八七七〜九〇年）を通してみると寄与度は小さく、マクロ経済レベルでは、輸出は全体の動向を左右するような要因にはなっていない。また純輸出（＝輸出−輸入）の成長寄与を見ると、大限財政期にはマイナス〇・六%となり成長抑制要因となる。これに対して松方財政期には〇・五%の寄与となる。輸入減少による〇・九%のプラス寄与が貢献したからである。そして企業勃興期には純輸出の寄与は再びマイナス〇・五％となる。輸出はプラス〇・五％の寄与に転換するが、輸入がマイナス一・〇％と大きく拡大するからである。円安は、輸出拡大を促進したが、輸入拡大にとりわけ大きく貢献していたのである。明治一〇年代を通して見ると、輸出は、大隈インフレ期も、松方デフレ期も、企業勃興期にも経済成長の主要な動力であったとは言い難く、概してマイナーな要因だったことが示されている。

紙円GNPの成長寄与要因の動きは、松方財政が成功したと捉えられたのは輸出に有利に働く銀本位制を採用したからであるという議論[8]には大きな限定が必要であることを明らかにしている。また大隈期を含め、この時期の日本は実質的に銀本位制下にあり、外国貿易は基本的に銀円建てで行われていた事情も考慮されなければならない。逆に、松方デフレを一層厳しいものにしたのは海外不況が日本に波及したためであるという主張[9]にも留保が必要であろう。紙円GNPデータは、この時期のマクロ経済に対する外需の影響を誇大に評価することには慎重でなければならないことを示唆している。

一方、紙円ベースの政府購入の寄与は、大隈期に〇・三％となり、松方期には〇％に低下するが、企業勃興期に〇・七％へ上昇するという動きを示す。政府財政は大隈期・松方期には成長動向にほとんど影響を与えなかったことになる。

民間投資を見ると、大隈期にはプラス〇・六％の寄与となり、松方期にはマイナス〇・三％へと縮小するが、企業勃興期にはプラス一・四％となり成長寄与はかなり大きくなる。大隈期にはプラスに作用し、松方期にはマイナスに転換し、その後、民間投資牽引型の成長パターンが出現するのである。

紙円GNPで見れば、日本経済は大隈期に急上昇し、松方期に急落してマイナス成長を続け、企業勃興期に回復して中成長に転じるというパターンを示す。変動を引き起こした主因は、圧倒的に個人消費

表4-4 銀貨円GNPの項目別成長寄与（単位：%）

	個人消費	政府購入	民間投資	輸出	輸入	純輸出	国民支出
1876(9)	-5.5	1.0	0.4	1.7	1.5	3.0	-1.0
1877(10)	0.5	1.1	0.2	-0.8	-0.7	-1.5	0.3
1878(11)	2.2	-3.7	-0.3	0.5	-1.5	-1.0	-2.7
1879(12)	16.1	1.7	0.1	0.4	0.0	0.4	18.2
1880(13)	2.8	-0.7	-1.6	0.2	-0.9	-0.6	0.0
1881(14)	-7.3	-0.5	-0.4	0.5	1.2	1.6	-6.6
1882(15)	-0.8	0.9	-0.2	1.2	0.7	2.0	1.9
1883(16)	2.4	2.1	1.6	-0.2	0.0	-0.2	6.0
1884(17)	14.1	2.6	-0.1	-0.4	-0.4	-0.9	15.7
1885(18)	11.2	-1.6	0.9	0.6	0.1	0.7	11.3
1886(19)	1.1	2.4	1.0	1.5	-0.4	1.1	5.7
1887(20)	5.1	0.1	1.5	0.5	-2.1	-1.6	5.2
1888(21)	2.0	0.2	3.5	1.6	-1.3	0.3	6.0
1889(22)	9.5	0.0	0.5	0.4	0.1	0.5	10.5
1890(23)	10.8	1.3	0.8	-1.2	-1.7	-2.8	10.1
1877〜81	2.9	-0.4	-0.4	0.1	-0.4	-0.2	1.8
1882〜85	6.7	1.0	0.6	0.3	0.1	0.4	8.7
1886〜90	5.7	0.8	1.5	0.6	-1.1	-0.5	7.5

注：表4-2から筆者算出。

支出の増減である。そして企業勃興期には、民間投資が盛り上がり経済成長に寄与する。企業勃興期に生じた景気回復は、個人消費と投資からなる民間内需に主導されてもたらされたものであり、政府支出はマイナーな要因であり、外需はマイナス要因であったという結論に導かれることになるであろう。

銀貨円ベースの経済変動

次にこのプロセスを、紙幣価格の変動を除去した銀円ベースで見てみよう（表4–4、図4–5）。

西南戦争から一八八一年にかけての大隈財政期は、一八・二%の高成長を遂げた一八七九年を除けば、一八七七年〇・三%、一八七八年マイ

図4-5 銀貨円GNPの成長率と寄与要因(単位:%)

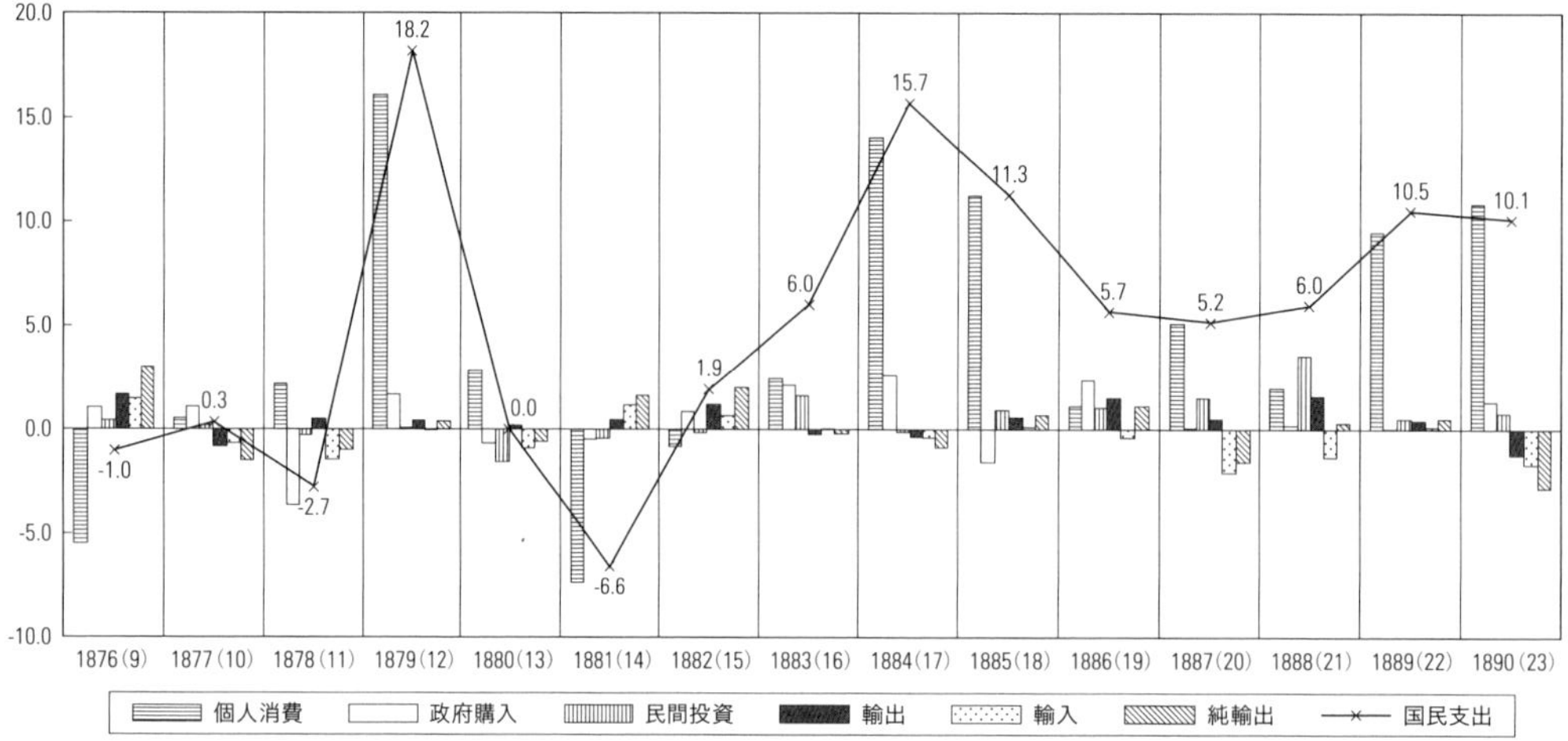

資料:表4-4。

図4-6　銀貨円GNPの時期区分別の成長寄与の推移（単位：%）

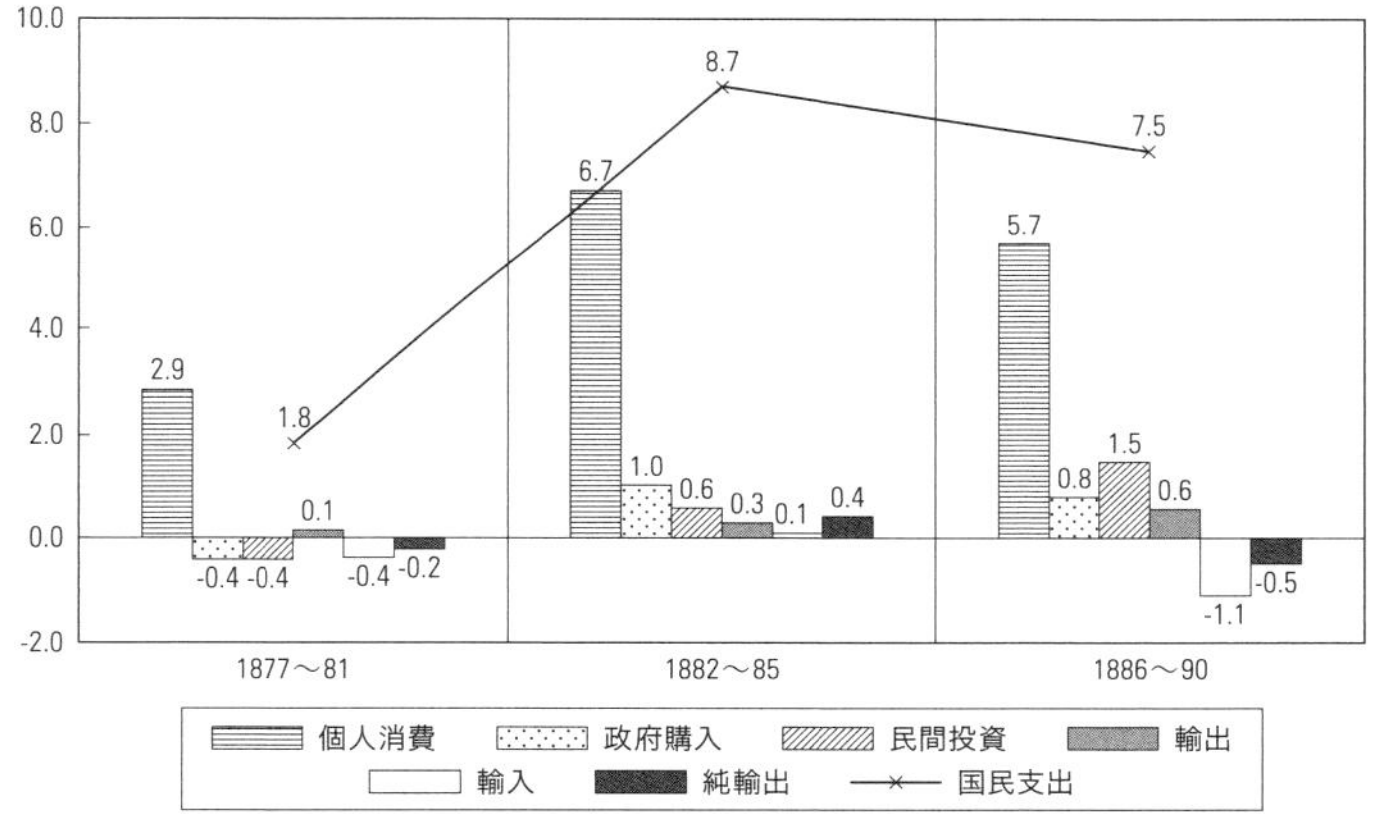

資料：表4-4。

ナス二・七%、一八八〇年〇%、一八八一年マイナス六・六%と、ほとんどゼロ成長かマイナス成長であった。極めて低調な日本経済の実態が垣間見える。

これに対して一八八二年以降の松方財政期、日本経済はプラス成長に転換する。一八八二年こそ一・九%成長に止まったが、一八八三年には六・〇%と確かな足取りを示し、その後、成長率は急激に高まって一八八四年一五・七%、一八八五年一一・七%の高成長を記録し、企業勃興期も五～一〇%水準の高成長を続けていく。

この過程を同様に大隈財政期（一八七七～八一年）、松方財政期（一八八五～八五年）、企業勃興期（一八八六～九〇年）の三期に区分してその特徴を見ると、図4－6のごとくなる。平均成長率は、大隈期には一・八%に停滞していたが、松方期には八・七%へと飛躍し、企業勃興期の七・五%成長に引き継がれるという推移を示していることがわかる。

低成長に止まっていた大隈期には、個人消費の寄与は二・九％であった。しかし政府購入がマイナス〇・四％、民間投資がマイナス〇・四％、純輸出がマイナス〇・二％といずれもマイナス寄与となって、成長率を引下げる要因として作用したのである。

これに対して高成長率を記録した松方期には、個人消費が六・七％の大幅寄与に転じ、政府購入が一・〇％、民間投資が〇・六％の成長率押上げ要因として働き、純輸出も僅かながら〇・四％の寄与に転換している。すなわち個人消費支出と政府支出拡大が、この間の経済成長を牽引する力であったことが明らかとなる。

高成長が続いた企業勃興期にも、成長の主動力は依然として個人消費であり五・七％の寄与を記録したが、民間投資が一・五％へと寄与を顕著に拡大して、投資の盛り上がりがこの期の大きな特徴となっている。政府購入も引き続き〇・八％の寄与を続けていた。しかし純輸出はマイナス〇・五％と成長を抑制する要因として作用している。銀本位制下の円安効果は、確かに輸出を拡大させ〇・六％の寄与となっていたが、輸入を拡大させる効果の方が遙かに大きく一・一％のマイナス寄与要因となったからである。全体として見ると、銀本位(円安)の輸出拡大効果は顕著であったが、急激な輸入膨張効果によって完全に相殺されたのみならず、純輸出をマイナスに導いて、成長に対して抑制要因となっているのである。

松方財政によって銀貨兌換制度が整備され企業勃興へと連なる過程で、日本経済は高成長を遂げるが、この時期全体としての経済成長を支えた主要因は外需ではなかった。個人消費、民間投資、政府支出を柱とする圧倒的に内需主導の経済成長だったのである。

「銀円」ＧＮＰが示す経済像は、衝撃的である。西南戦争後の「インフレと好況」で特徴づけられてきた大隈時代は、経済が著しい停滞情況に陥っていた時代であり、逆に「デフレと不況」として特徴づけられてきた松方時代は、高い経済成長を遂げた時代であったからである。それは、従来考えられてきた時代像とは全く逆のものとなる。

そこで次に、大隈財政期の経済停滞から松方財政期の経済回復・成長への転換がどのような要因によって生み出されていたのかを、GNPの項目別成長寄与を手掛かりとして検討することにしよう。

3 松方財政下における景気回復のメカニズム

大隈財政期のマクロ経済の停滞

銀円ベースのGNP各項目の動きを辿ることによって、大隈財政から松方財政への転換にいたる時期に生じた成長寄与要因別の貢献度の推移を見てみよう(図4-7)。

改めて確認すると、西南戦争以後の一八七七年から一八八一年までの経済は、ほとんど成長しない停滞状態にあった。力強いプラス成長を記録したのは一八七九年一八・二%のみである。この年には総ての需要項目が成長に寄与したが、特に個人消費が一六・一%と突出した伸びを見せ、併せて政府支出が一・七%の寄与を示していた。米価の急騰(庭先米一石銀貨価格が一八七八年四・六七円から一八七九年六・二一円へ上昇)と豊作(三二八四万石から三五二四万石へ増大)とが重なって米生産額が一挙に四二・八%膨張して個人消費を拡大させたことと、起業公債による政府投資が拡大したことが、大きな役割を果していた

図4-7 西南戦争後の経済動向と成長寄与要因・貢献度の推移（単位：%）

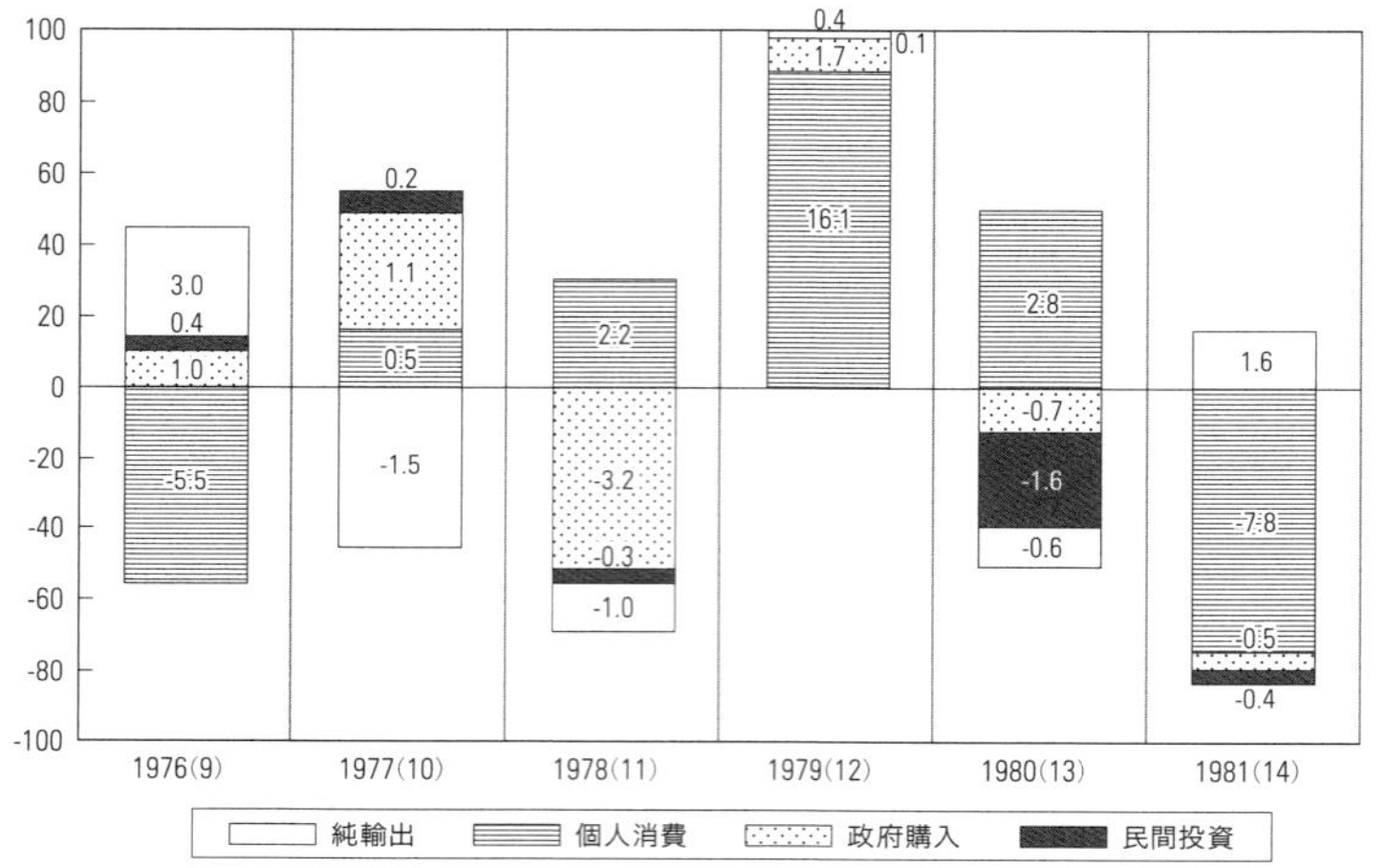

資料：表4-4。

注：図は全体を100とした%表示貢献度、図内項目別数値は実際の成長寄与。

といえよう。

その後、一八八〇年には成長率は〇%と停止し、一八八一年には六・七%ものマイナス成長に陥った。一八八〇年に個人消費が二・八%と急減し、一八八一年にはマイナス七・三%へと急激に低下したことが大きく作用していた。一八八〇年には個人消費の寄与二・八%を、政府支出（マイナス〇・七%）、民間投資（マイナス一・六%）、純輸出（マイナス〇・六%）の各項目のマイナスが相殺してゼロ成長に陥っていた。そして一八八一年には個人消費が大幅マイナス（マイナス七・三%）へ転換したことに加え、政府購入（マイナス〇・五%）と民間投資（マイナス一・六%）もマイナス寄与を続けたため経済はマイナス成長に転落したのである。このような中で、一八八一年には純輸出の寄与がプラス一・六%へと顕著な増加を見せ、同年のマイナス成長幅を緩

図4-8 松方財政下の景気回復過程の成長寄与・貢献度の推移(単位:%)

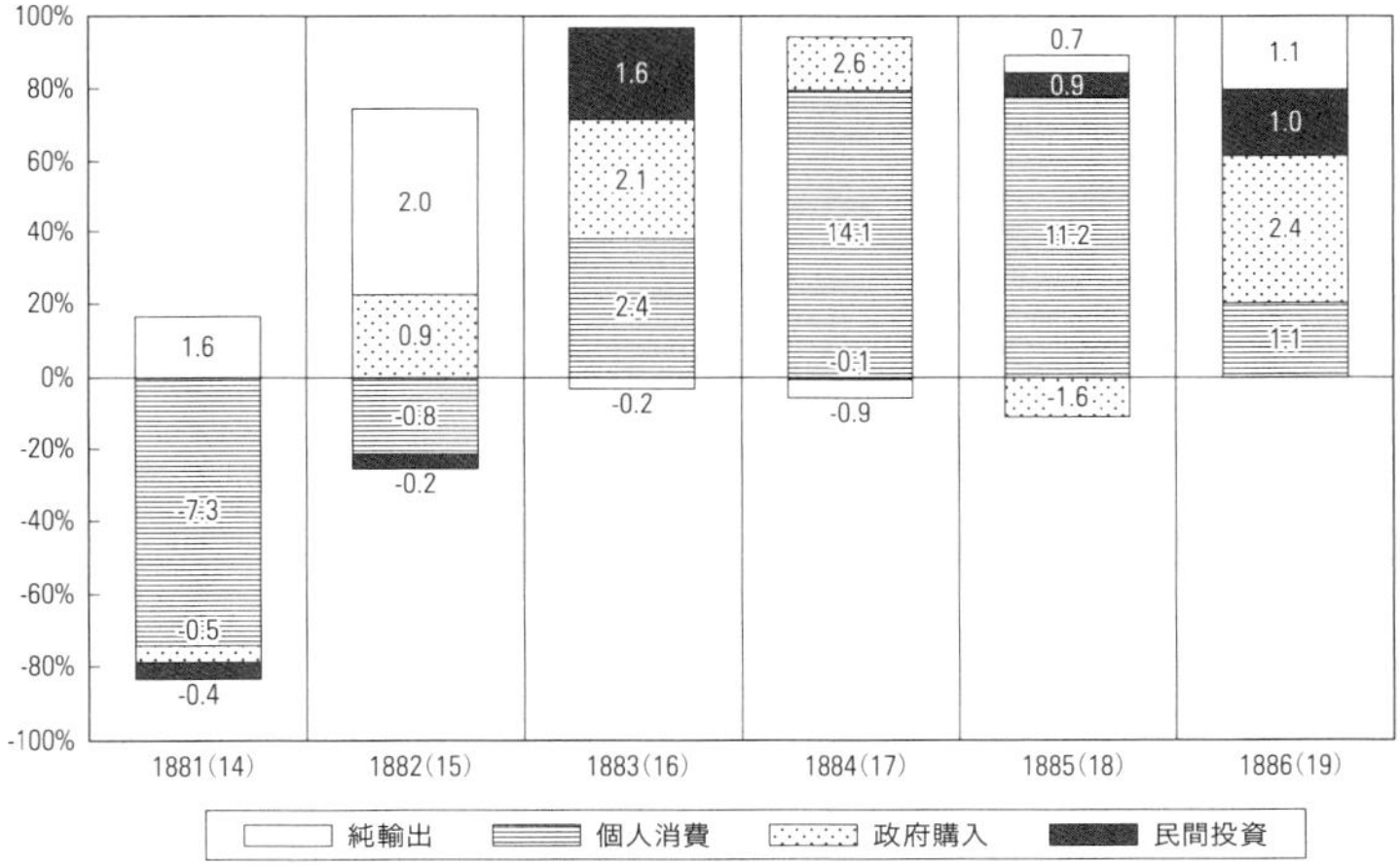

資料：表4-4。
注：図は全体を100とした%表示貢献度、図内項目別数値は実際の成長寄与。

和する要因として作用していたことが注目される。

一八八〇年から翌年にかけての景気後退は、消費支出の急激な低下を支配的要因に進んだが、同時に生じた民間投資と政府購入の低下も景気の後退要因として作用していた。

松方財政期のマクロ経済の回復

一八八一年末に松方財政が開始され一八八二年に本格化するが、一八八二年には僅かながらプラス一・九%の成長へと転換する。個人消費のマイナスが、前年のマイナス七・三%からマイナス〇・八%へと縮小して下げ止まる中、純輸出が拡大して二・〇%の寄与となり、プラス成長への動力となったのである。一八八二年の回復を主導したのは純輸出であったが、このような景気回復への外需寄与とオーバーラップする形で一八八二年から一八八四年にかけて、政府購入の寄与が〇・九%、二・一%、二・六%と盛り上がり、経済の拡大を促進していった。そして一八八三年から一八八五年にかけては個人消費が二・四%、一四・一%、一一・二%と急拡大し、成長を主導する局面に移った。一八八三年以降は本格化する民間投資がこれに加わって経済成長を加速していった(図4―8)。こうして一八八三年には六・〇%と成長への確かな歩みを始め、一八八四年には一五・七%の高成長局面へと力強く移行し、一八八五年にも一一・三%という二桁成長を記録することになるのである。

個人消費が一八八一年の大幅なマイナス寄与から一八八二年に下げ止まり、一八八三年以降の大幅なプラスへとダイナミックに転換していくことが、この時期の経済成長のメインエンジンであったが、一八八一年の景気下降から一八八二年の回復への転換を直接もたらしたのは純輸出の拡大であり、これに政府支出拡大が加わって、まさに絶妙のタイミングで経済成長への露払いの役割を果していた。民間投資は一八八一~八二年のマイナスから一八八三年には一・六%の大きな寄与に転じ、一八八四年の一時的マイナスを挟んで、一八八五年以降継続的にプラス寄与を拡大していくことになる。

松方財政期の景気回復と経済成長への転換をもたらしたメカニズムをGNP各項目の寄与の動きで見ると以上のごとくなるが、今少し各要因別の具体的内容を検討することを通じて経済成長要因の動きを追ってみることにしよう。

4 景気回復へのGNP項目別寄与の動態

純輸出の成長寄与と為替相場

純輸出の動きから見ていこう。すでに見たように一八八一年の底から一八八二年の回復へと経済を転換させた大きな要因は、純輸出の拡大であった(図4−9)。純輸出は一八八一年一・六%、一八八二年二・〇%の寄与を通じて景気転換を主導したのである。しかし松方財政期、企業勃興期の全体を通して見ると、それほど大きな成長要因として作用していたわけではない。プラスに寄与したのは、一八八五年〇・七%、一八八六年一・一%、一八八八年〇・三%、一八八九年〇・五%であったのに対して、マイナスに作用したのは一八八三年〇・二%、一八八四年〇・九%、一八八七年一・六%、一八九〇年二・八%であり、マイナス幅の方が大幅であった。

この時期全体の海外貿易(金銀混計を補正した銀円f.o.b.、c.i.f.ベース)の状況を見てみよう[10]。一八七七年から一八八〇年にかけて、貿易赤字は一六四〇万円から二三七〇万円へと拡大した。輸出の伸びを大幅に上回る輸入拡大が生じたためである。しかし一八八〇年から一八八二年にかけて、輸入が急激に縮小する一方、輸出が順調に拡大して貿易赤字は急速に縮小し、ほぼ収支均衡が達成される。その後一八八五年までは、輸入は強含み、輸出は弱含みで推移するが、おおむね横ばいの動きとなる。そして一八八六年以降は輸出・輸入ともに急拡大に転じるという経過を辿る(図4−10)。

一八八一〜八二年に生じた純輸出のプラス成長寄与には輸出拡大が大きく貢献したが、急速な輸入減

図4-9 純輸出寄与の動き

資料：表4-4。

図4-10 海外貿易の動向(単位：百万円)

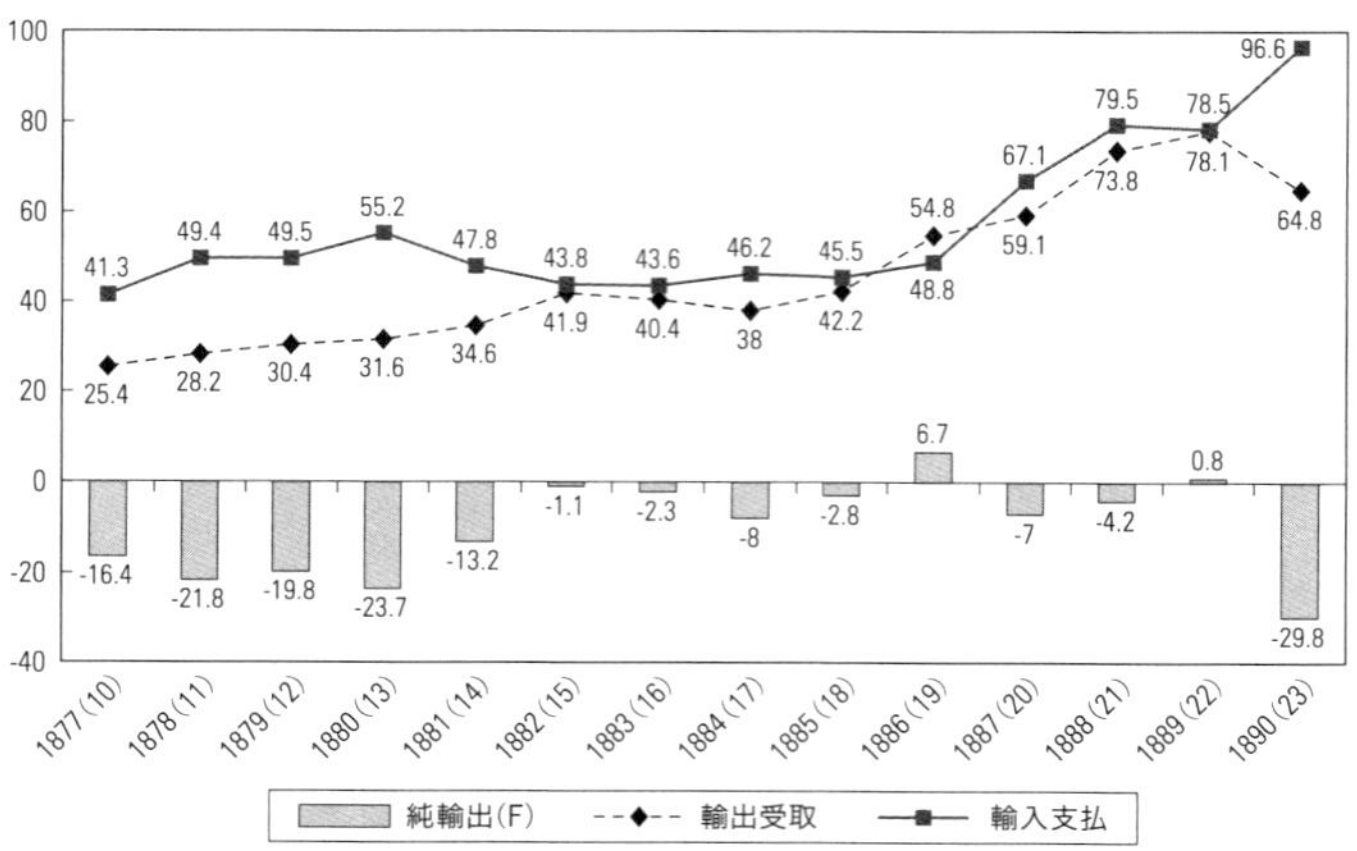

資料：『長期経済統計14　貿易と国際収支』。

図4-11 対外為替相場の動き

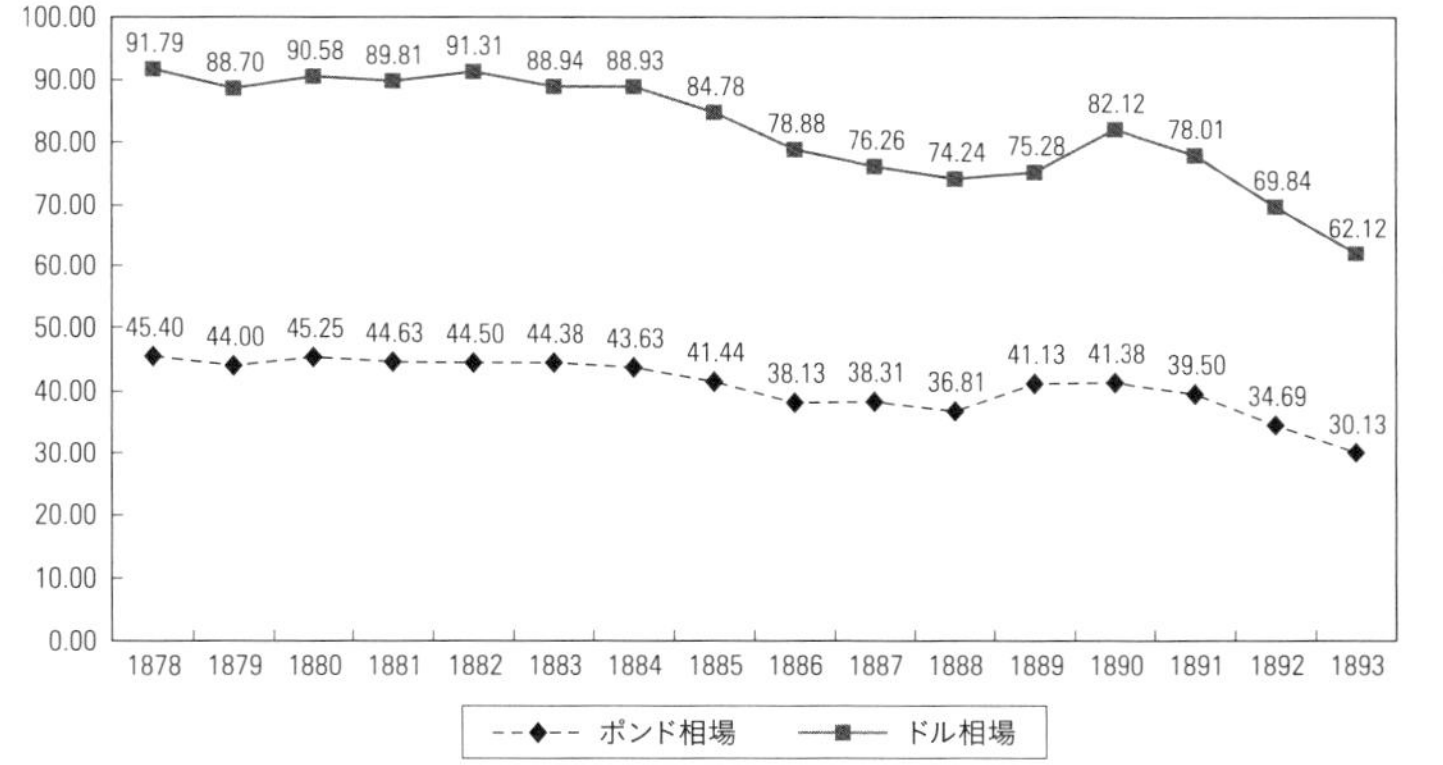

資料：『明治大正国勢総覧』。

少が生じたことも大きな貢献となっている。注意すべきは、それが為替相場の円安によって生じたものではなかった点である。この時期の為替相場の動きをみると、一八八二年まではポンド相場、ドル相場ともほとんど変化がなく、むしろ対ドル相場はやや円高方向に強含んでいたと言える状況にあった（図4－11）。その中で、海外要因に起因する輸出が急拡大する動きを示す一方で、国内要因に起因する急激な輸入低下が生じたのである。

その後円は一八八四年まで弱含みながら横ばいを続けるが、一八八五年以後は円安が明確になり一八八八年まで継続的に低下する。そして、一八九〇年にかけて逆に円高が進み、一八九一年以降、再度急激な円安が生じることになる。

このような為替環境の中で、輸出入は一八八五年までほぼ横ばいを続けていた。この局面でも円安の影響が明示的に現われているとは言えない。しかし一八八六年以降には円安の進行と併行して輸出入ともに大膨張する局面となり、円安の影響がはっきりしてくる。この局面では、確かに円安による輸出拡大効果は顕著であったと見てよい。しかしそのことは、直ちに円安が日本の経済成長を促進したことを意味するものではない。円安は、輸入価格の高騰を招き、輸入額を膨張させ、成長を抑制する作用も持つからである。とくに近代経済成長の初期段階にあった日本は、機械など資本財や軍艦兵器・鉄道関連の輸入依存が大きく、工業原材料の輸入依存も大きかった。そのため円安は輸入価格の上昇をもたらすのみならず、海外への所得の漏れを大きくし、輸出の成長押し上げ効果を遙かに上回るマイナス成長要因となって、全体としてみれば外需は成長抑制要因として作用したからである。無論、消費財などの輸入価格上昇は国産品による輸入代替を促進する力ともなるので、円安が国内産業の発展を促進する作用を及ぼした側面が無視されてはならない。

ともあれこの時期の円安は、輸出拡大より輸入増大に寄与する効果が大きく働き、輸出額拡大より輸入額拡大テンポのほうがより速くなったことは重要な事実である。したがってマクロ経済全体としては、純輸出は成長抑制要因として作用することになったと言うことはできるだろう。

一八八二年以降の松方財政期、および企業勃興期を通じて、貿易収支はほぼ均衡状態か弱赤字基調で推移していた。純輸出は、全体として見れば、必ずしも経済成長を促進していたとは言えない。

主要品目の輸出入の動向

主要輸入品目の動きを対GNP比率で見てみよう。砂糖や石油などの贅沢品輸入は、一八八一年までの大隈財政期には停滞するかもしくは減少傾向を示している。しかし一八八二年以降の松方財政期には

図4-12 主要輸入品の動向(単位:対GNP比%)

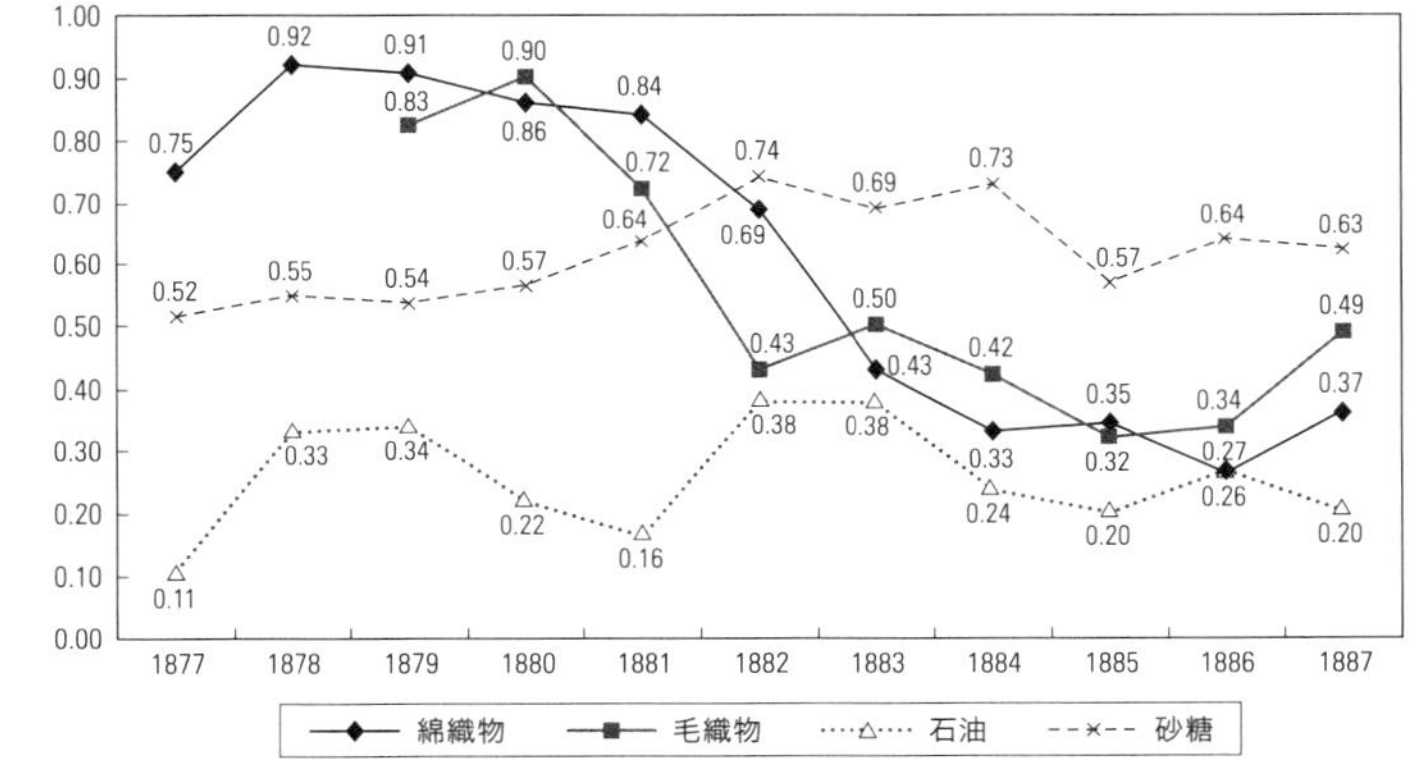

資料:輸入額は『日本貿易精覧』、GNPは表4–2を使用して算出。

むしろ顕著な増大を見せ、輸入水準を上方シフトさせる動きが現われている(図4－12)。GNP比での輸入減少は、輸入品に対する国内消費の比重が縮小したことを意味し、GNP比率の輸入拡大は輸入品に対する国内消費比重が増したことを意味する。この点から言えば、大隈期においては贅沢品への消費拡大の動きは比較的微弱であったと言うことができよう。反対に松方期には砂糖など贅沢品への消費拡大の動きが強まっているのである。通常、農民所得の増大を背景として大隈期には贅沢品輸入が拡大し、松方期には逆に農民の経済困窮が進んで贅沢品の輸入が減少するとイメージされがちであるが、実際には事態はかなり異なる様相を呈していたのである。

一方、織物類は、大隈期に漸減傾向を示していたが、松方期には急激な低下を示す。大隈期の織物類の輸入低下は国内消費量の収縮によって引き起こされた面が強いと考えられるが、松方期の急低下にはそれ以外の要因が強力に関与していたと見られる。マクロ的に見て松方期には個人消費支出は急激に拡大しているからである。国内消費が全体として拡大する中で、輸入が急激に縮小したということは、国内生産が増大したことを含意しよう。そしてこの時期全体を通じて織物輸入の対GNP比率が景気の好・不況に拘わらず一貫して継続的な低下を示すということは、一般に国産代替製品の生産が継続的に拡大していった動きを反映するものであると考えてよい。

綿織物は消費財工業製品を代表する品目であり、近代経済成長の基幹部分を構成するものであるから、その動きは重要な意味を持つ。そして日本では、松方期において綿織物の国産化が顕著に進展したことを示唆しているのである。

綿織物の輸入は一八七七年から一八七八年にかけて大きく拡大し、対GNP比〇・九二%となってピークに達し、以後一貫した低下を示す。ことに松方財政期の一八八二〜八四年に急激な低下を示している。一八八一年のGNP比〇・八四%から一八八六年の〇・二六%へと、三分の一以下へ比重は急低下するのである。輸入減少の一部は、デフレで打撃を受けた農村地域の消費減少に起因すると考えられるが、マクロ経済的に見た消費需要は回復するのであるから、急激な輸入減少は国内生産の拡大を示していると見られる。企業勃興期に先行する松方財政期に生産拡大が生じたとすれば、それは在来綿織物業の生産拡大が生じたことを反映した動きであると考えられよう[11]。

松方デフレ期に、砂糖を中心として贅沢品の輸入が伸びていることが注目される。この時期、農産物価格の低下から農村部の消費は冷え込んでいたと考えられる。したがって砂糖などの贅沢品の輸入が拡大しているということは、松方期に非農業部門や都市部で消費拡大が生じていたことを示唆している。

輸出に目を転じよう。輸出の大宗をしめるのは生糸と茶である。生糸輸出は、一八八〇年の対GNP

図4-13 主要輸出品の動向（単位：対GNP比％）

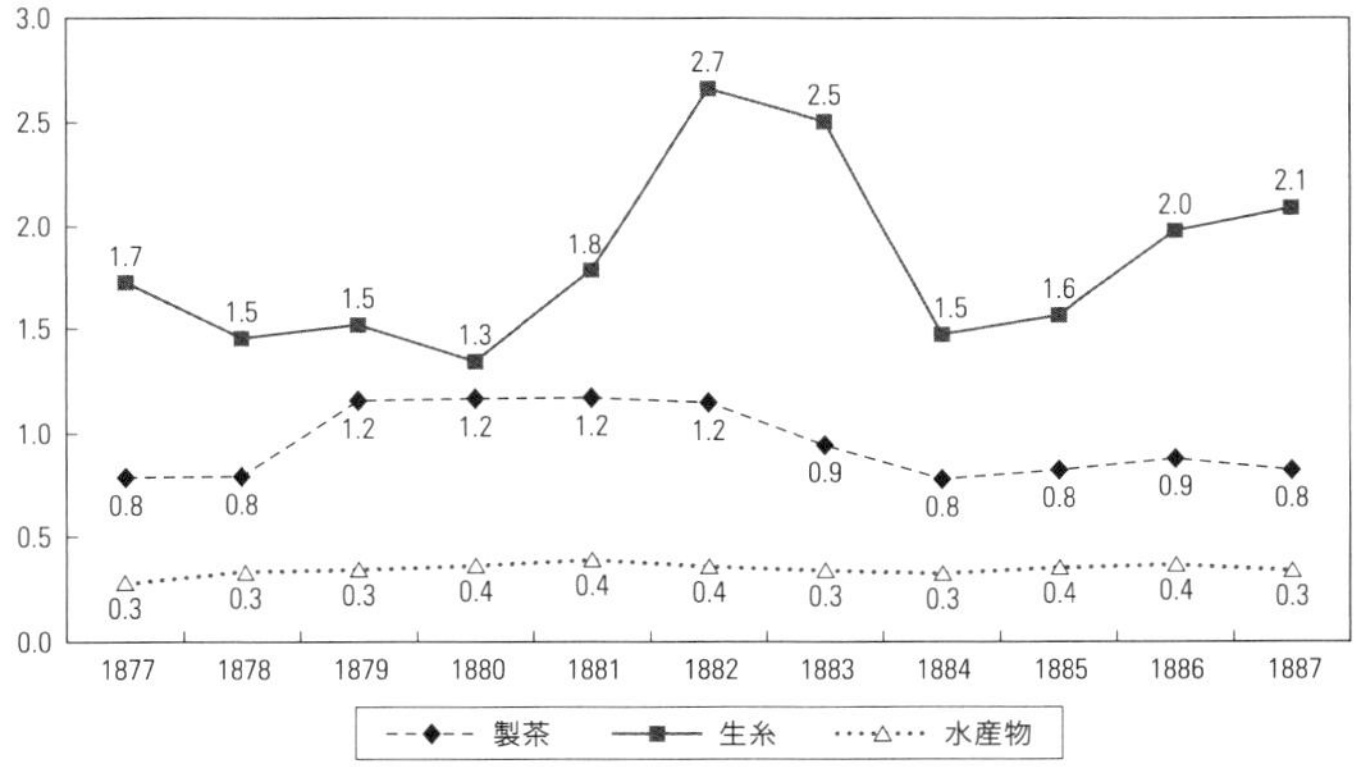

資料：輸出額は『日本貿易精覧』、GNPは表4-2を使用して算出。

一・三%を底に、一八八一年一・八%へと増加に転じ、一八八二年二・七%へと急増するが、一八八三年に二・五%へと若干低下する動きを示し、一八八四～八五年には一・五～一・六%へと急低下する（図4－13）。茶の輸出は一八七八年〇・八%から一八七九年一・二%に増加したあと一八八二年まで同比率を続け、その後一八八四年に〇・八%にまで低下する動きを示している。この時期の輸出の変動は、圧倒的に生糸によってもたらされたものであったといってよい。

一八八一年の経済停滞から一八八二年の景気回復への転換を支えたのは純輸出であったが、純輸出の寄与の主動力は、対GNP比一・四%p（パーセント・ポイント）の急増を遂げた生糸輸出であった。生糸の主要輸出国別の動きをみると、米国と仏国への輸出大膨張がその牽引力であったことがわかる（図4－14）。しかし一八八三年には生糸輸出は頭打ちとなる。一八八三年の米国不況の影響によって対米輸出が若干の落ち込みを示し、そこに欧州不況による一八八四～八五年の

図4-14 生糸輸出の主要国別の推移(単位:対GNP比%)

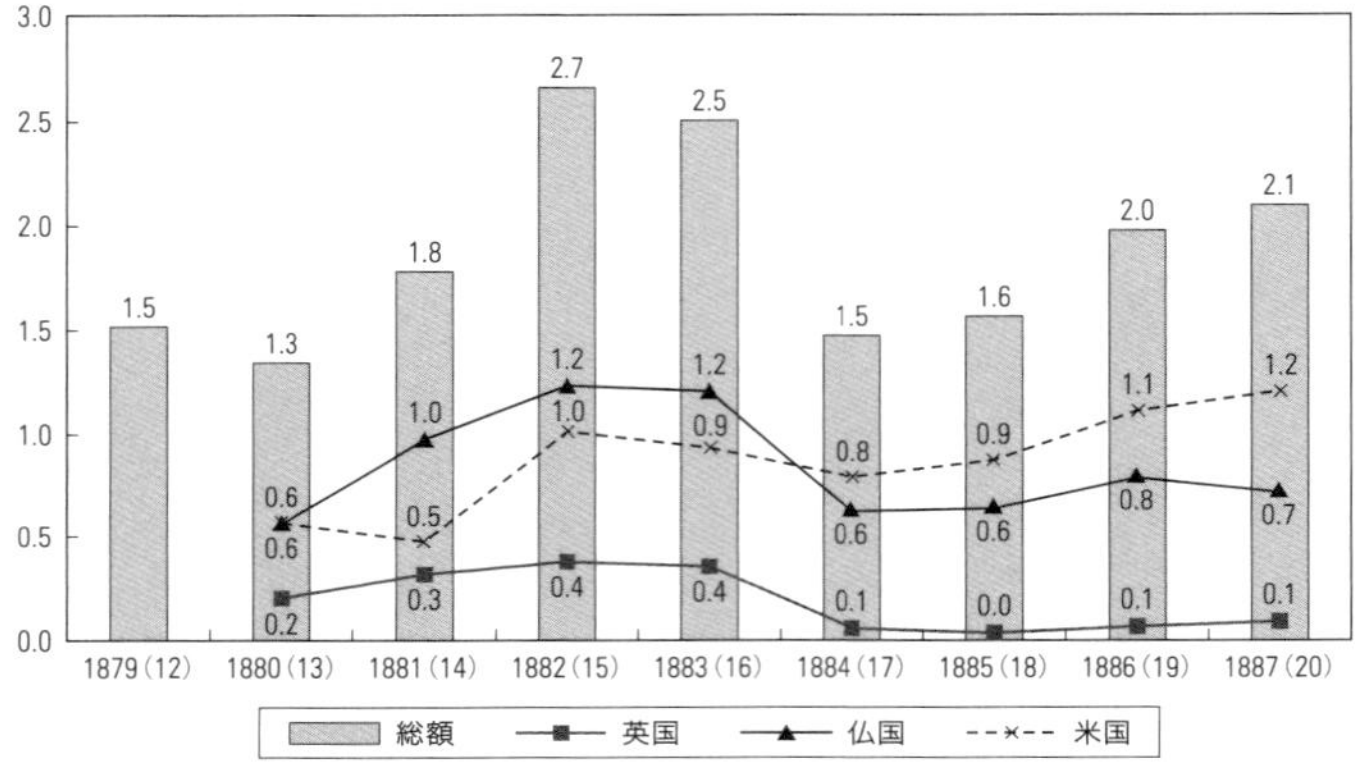

資料:輸出額は『日本貿易精覧』、GNPは表4-2を使用して算出。

英・仏両国向け輸出の大幅落ち込みが重なって、生糸輸出の急低下が生じたのである。一八八三年から一八八四年にかけての落ち込みはGNP比一・〇%pであったが、国別に見ると、米国はマイナス〇・一%pと軽微であったのに対して、仏国がマイナス〇・六%p、英国がマイナス〇・三%pに及ぶ大幅なものであった。一八八四~八五年の生糸の輸出不振は、主として欧州不況の影響によって引き起こされたものであったといえよう。その後一八八六年以降には輸出は順調に回復していく。

松方財政期の生糸貿易は、まずアメリカおよびフランス向けを中心に輸出が急増して景気回復への反転動力として作用し、次いで英・仏向け輸出が急減して成長抑制的に作用する過程を経て、企業勃興期にはアメリカ中心に輸出水準を上昇させていったのである。一八八一年から一八八七年にかけての生糸輸出総額の対GNP比は一・八%から二・一%へと〇・三%p上昇するが、その間、米国が〇・五%から一・〇%へと〇・五％ｐの上昇を遂げている。全体としてみれば、松方財政から企業勃興期にかけての輸出は、アメリカ向けの生糸輸出によって支えられていたということができる。

海外の不況が松方デフレを強めたという議論は、欧州と米国の影響の差異を踏まえ、局面ごとの影響変化を考慮した評価が必要であろう。欧州の不況が、主として生糸輸出の減少を通じて日本経済の成長に対する抑制要因として作用したのは事実である。しかしその影響はフランス・イギリスなどへの輸出を主要な顧客とする養蚕地帯や生糸業者に集中的に生じたと考えられ、反面、その他の地域への影響は限定的であったと考えられる。そして影響を与えた時期も、ほぼ一八八四〜八五年に限られていた。他方、この間の米国への生糸輸出水準は一八八一年以降に着実に上方シフトしていた。一八八三年から一八八四年にかけて若干の停滞が見られるが、松方財政期の対米輸出は堅調な動きを続け、対ＧＮＰ比〇・五％ｐ程度の輸出増加となっているのである。その意味では、海外不況の影響をひとまとめにしてネガティブに作用した部分だけを取り上げて評価することには問題があるといえよう。とりわけ一八八一年から八二年にかけての純輸出拡大（対米・仏輸出拡大）が一八八二年の景気回復の動力となったことを忘れてはならないだろう。繰り返すように、それは円安の作用によって生じたものでもなかったのである。

また一八七九〜一八八一年の大隈期と一八八二〜一八八五年の松方期を比較すれば、生糸輸出の対ＧＮＰ比は、〇・九〜一・三％水準から、一・四〜二・〇％水準へ顕著な上方シフトを示していることにも留意する必要がある。これらを全体としてみれば、松方財政期に海外部門の不振が松方デフレの影響を一方的に強めるように作用したとは言えないことは明らかであろう。

政府購入の寄与

一八八一〜八二年に純輸出が好転する中で、それとオーバーラップする形で一八八二年から政府購入の成長寄与が拡大をはじめ、経済回復を強力に支持する力として作用する。成長寄与は一八八二年〇・九%、一八八三年二・一%、一八八四年二・六%と次第に大きくなっていく。一八八五年には会計年度変更に伴って九ヵ月予算が組まれたため、寄与はマイナス一・六%となったが、一八八六年には再度二・四%という高い寄与を示す。その後一八八七〜八九年には政府購入の寄与はほとんどなくなっていく(図4−15)。

この間の政府財政支出主要項目の動きを、対GNP比率で見てみると表4−5のようになる。松方財政期には、紙幣整理費を除けば、軍事費、国債費、土木・教育・監獄費などを中心に財政支出が膨張した。その結果、軍人、土木事業関連雇用、教育・監獄等公務員を中心に雇用が大きく拡大した。これら三項目の政府支出は、一八八一年の対GNP比三%から、一八八四年には五%、一八八六年四・八%となり、GNP比で約二%p増大している。また最大の比重を占める国債費は、一八七八〜七九年の対GNP比三・三〜二・五%から一八八一年には二%水準まで低下するものの、一八八三年以降、二・四〜三・一%水準へと復帰している。国債費は金禄公債利子がその大部分を占めるので、士族の所得水準を反映していると言えよう。

一方、紙幣整理費は一八八一年にGNP比一・一%を計上しているが、一八八二年以降には一%以下の水準に停滞している。松方の紙幣整理は、準備金の運用を軸に行なわれたため、財政負担を伴う直接

図4-15 政府購入の寄与率

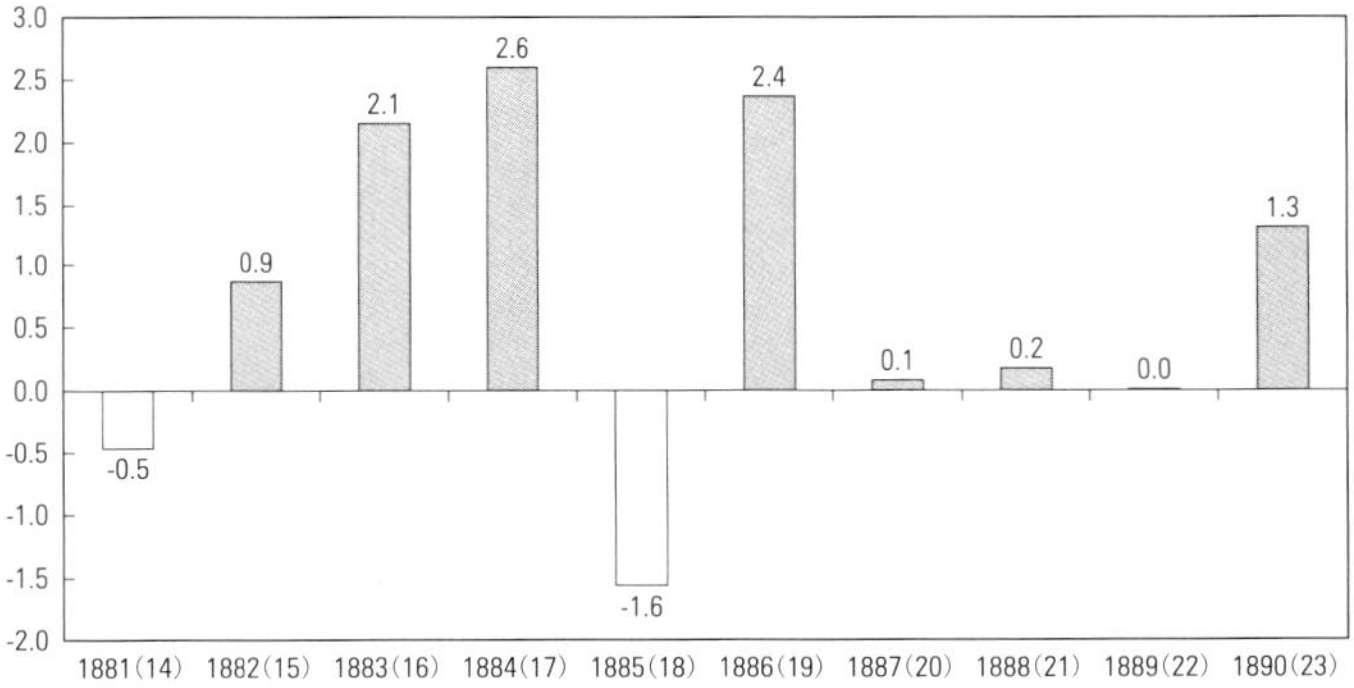

消却支出自体はさほど大きなものにはならなかった。紙幣消却の主要部分は、直接の財政支出を伴わない予備紙幣の消却によって実行されたからである。

松方期の財政は、一八八二年にまず地方を中心に土木費と教育費が顕著な上昇を始め、一八八三年に監獄費負担がこれに加わって財政支出の継続的膨張を先導した。また一八八一年まで減少を続けてきた軍事費が一八八二年以降増加へと転じ、一八八三年以降には軍備拡張が本格化して、政府購入が著しく増していった。一八八一年から一八八四年までの財政膨張を見ると、土木・教育・監獄の内政三経費が一・八％から二・九％へと増大する間に、軍事支出が一・二％から二・一％へと膨張を遂げている。膨張幅は、前者の一・一％ｐに対して、後者は〇・九％ｐである。この間の政府支出の膨張には、軍事費以上に土木・教育・監獄費などの内政経費の膨張が重要な役割を演じていたことが明らかとなる。

この時期、日本は対清軍備拡張に着手し、軍事支出を大幅に拡大したが、必ずしもそれが政府需要の拡大を支配していたわけではなかった。また軍事費拡大には、大規模な軍艦兵

表4-5 財政支出主要項目の動向(対GNP比%)

	軍事費	国債費	紙幣整理費	全国土木費	公教育費	監獄費	土木・教育・監獄合計
1878(11)	1.5	3.3	1.2		0.2	0.2	0.4
1879(12)	1.4	2.5	0.3	0.8	0.7	0.2	1.7
1880(13)	1.3	2.2	0.2	0.8	0.7	0.2	1.7
1881(14)	1.2	2.0	1.1	0.8	0.7	0.3	1.8
1882(15)	1.3	2.1	0.9	1.0	0.9	0.3	2.2
1883(16)	2.0	3.1	1.0	1.1	1.1	0.4	2.7
1884(17)	2.1	2.4	0.9	1.1	1.3	0.5	2.9
1885(18)	1.8	1.6	0.6	1.2	0.9	0.4	2.4
1886(19)	2.3	2.7	0.8	1.2	1.0	0.4	2.5

注：財政支出各項目は『明治大正財政詳覧』、GNPは表4-1。

器輸入が伴っているため、それを控除したネットの内需拡大効果はかなり割り引いて見る必要がある。一八八一年一〇月から一八八五年一二月の間に、準備金から払い出された政府の「諸為換払金」(外債償還、軍艦代金等諸官庁その他の海外払い金)の総額は一四五八万円であった[12]。平均すれば年間三五〇万円程度の海外銀貨払いの「漏れ」が発生していたが、その主要部分は軍艦兵器等によって占められていた。この間の海軍拡張費・陸軍拡張費が年五〇〇万円程度であったことを考慮した上で、松方期のGNP成長への政府支出寄与という面から見ると、軍事費の役割は額面よりかなり小さく、土木費や教育費の貢献が相当大きかったということができる。軍備拡張のうち、国産化された部分についてもほぼ軍工廠内部で生産されたため、軍需の国内民間への波及効果は極めて限定的なものに止まっていた。ただし海軍拡張にともない従来軍工廠で生産されていた民需品(六五万円前後)の大部分が排出され、軍需と民需が分離されて民間機械工業発展の契機となった点は重要である[13]。

表4-6 全財政支出と経常・資本支出の推移（対GNP比%）

	財政支出	経常購入	資本支出	経常・資本合計
1879（明治12）	10.9	5.5	1.0	6.6
1880（明治13）	9.6	5.1	0.8	5.9
1881（明治14）	10.4	5.0	0.8	5.8
1882（明治15）	11.6	6.5	1.0	7.5
1883（明治16）	14.3	8.1	1.2	9.3
1884（明治17）	13.9	8.1	1.2	9.3
1885（明治18）	10.3	5.8	1.1	6.9
1885（12ヵ月換算値）	13.7	7.7	1.5	9.2
1886（明治19）	13.5	7.7	1.1	8.9

注：『長期経済統計7　財政支出』。GNPは表4-1。

移転的経費を控除した国民所得ベースの全政府支出の動きを対GNP比で見てみよう。一八七九年の六・六%から一八八一年の五・八%まで減少した後、一八八二年に七・五%へと増加に転じ、一八八三〜八五年（一八八五年の一二ヵ月ベース支出は九・二%）には九・三%水準に膨張し、一八八六年にも八・九%を維持するという堅調な動きを示しており、かなりの内需拡大効果が発揮されていた様子が示されている。

また松方財政期には、超均衡財政が組まれ、強力なデフレ政策が実行されたと考えられることが多い[14]が、実際の松方財政は特殊な「甲乙会計制度」[15]の下、「赤字」で運用されていたことにも留意する必要がある。当時の状況を「明治一六年度歳計に関し非常節約を求むるの議（明治一六年一二月）」[16]が伝えている。明治一六年七月以降半年にも満たないうちに、予算外の支出が巨額になり、収入も不況の影響で一二九万円の欠額を見るに至り、年度末には五八〇万円の赤字が発生するというのであった。結局、年度末の歳入欠陥三九九・五万円を準備金より補填して決算ベースの赤字を回避する処置がとられたのである。続く明治一七年度にも歳入欠陥が生じ、欠額を準備金で補填せざるを得ない状況が発生した。松方は、「此の如く歳計上に連年不足を告げ、他日紙幣引換の元資に供せられるべき準備金を減少し、年々常用の補填致候様成行候ては、…維新以降増発の紙幣を償却し、一国経済の大基礎相立てらるべき大計も、其の目的に達するの日愈々永遠に渉り」として、「明治一七年度予算外支出停止の議（明治一七年四月）」[17]を上申した。常用部の赤字は準備金を減少させ紙幣整理を阻害する。このため支出削減を要求し、財政収支均衡化と準備金充実の必要性を強調したのである。収支均衡化の決め手は「会計年度変更」であった。それによって予備紙幣の発行を封殺し、大蔵省証券利子負担を軽減し、米価下落による農民の困難を緩和し、三ヵ年予算定額据え置き措置を明治一八（一八八五）年度まで一年延長し新規事業を明治一九（一八八六）年度以降とすることができるからである[18]。そして「会計年度更正趣意書」の中で、次のような事実が述べられている。

「別紙十六十七両年度の収支月計表は則其確証にして、年度閉鎖の日に至れば辛うじて収支を以て支出を償ふを得ると雖とも、其年度中の毎月計に因れば全年度中一ヶ月も収支を以て支出を償ふを得るの月ある事なく、多きは二千五六百万円少きも数百万円の不足を生せり」[19]

現行の会計年度の不備の深刻さを例示することを目的とした説明であるが、明治一六年度、明治一七年度において一ヵ月といえども財政収支が黒字の月はなく赤字が継続しているという事実は、松方財政の実態を把握する上で極めて重要なヒントを与えている。松方財政は、実質的には「赤字」で運営され

表4-7 決算収支と現実収支

	決算収支			財政収支		
	歳入	歳出	余剰	収入	支出	差引
明治10年度	52,338	48,428	3,910	77,433	54,074	23,359
11年度	62,444	60,941	1,502	64,064	64,340	-276
12年度	62,151	60,318	1,834	65,583	63,053	2,530
13年度	63,367	63,141	226	68,156	65,558	2,598
14年度	71,490	71,460	30	70,575	64,746	5,829
15年度	73,508	73,481	27	73,758	78,978	-5,220
16年度	83,108	83,108	0	76,609	85,341	-8,732
17年度	76,658	76,652	7	83,133	84,454	-1,321
18年度	62,157	61,121	1,033	59,684	64,313	-4,629
19年度	85,326	83,223	2,102	80,717	70,910	9,807

資料：『大蔵卿年報書』各年度版。
注：1．会計年度は、明治10～17年度は各年7～6月、明治18年度は18年7月～19年3月の9ヵ月、19年は19年4月～20年3月。
2．決算収支の現計は、最終的な決算金額とは若干相違している。

ていたことを示しているからである。

表4－7は、各会計年度期間中の決算収支と現実収支を掲げたものである。財政収支を決算ベースでみれば、明治一五年度から一八年度にかけては黒字財政であった。しかし明治一五～一八年度の「実際の財政収支」は、一五年度には五二二万円、一六年度には八七二万円、一七年度には一三二万円、一八年度には四六三万円と、年度平均四九八万円の大幅な赤字を記録していたのである。

これらの諸点を総合することによって、一八八二年以降の松方財政期に、財政部門がかなり強力な景気刺激効果をもたらしていた事情を理解できるようになる。

個人消費と投資の動向

個人消費支出の寄与は、一八八一年の七・三%という大幅マイナスから一八八二年にはマイナス〇・八%と下げ止まり、一八八三年にはプラス

図4-16 個人消費支出の動向

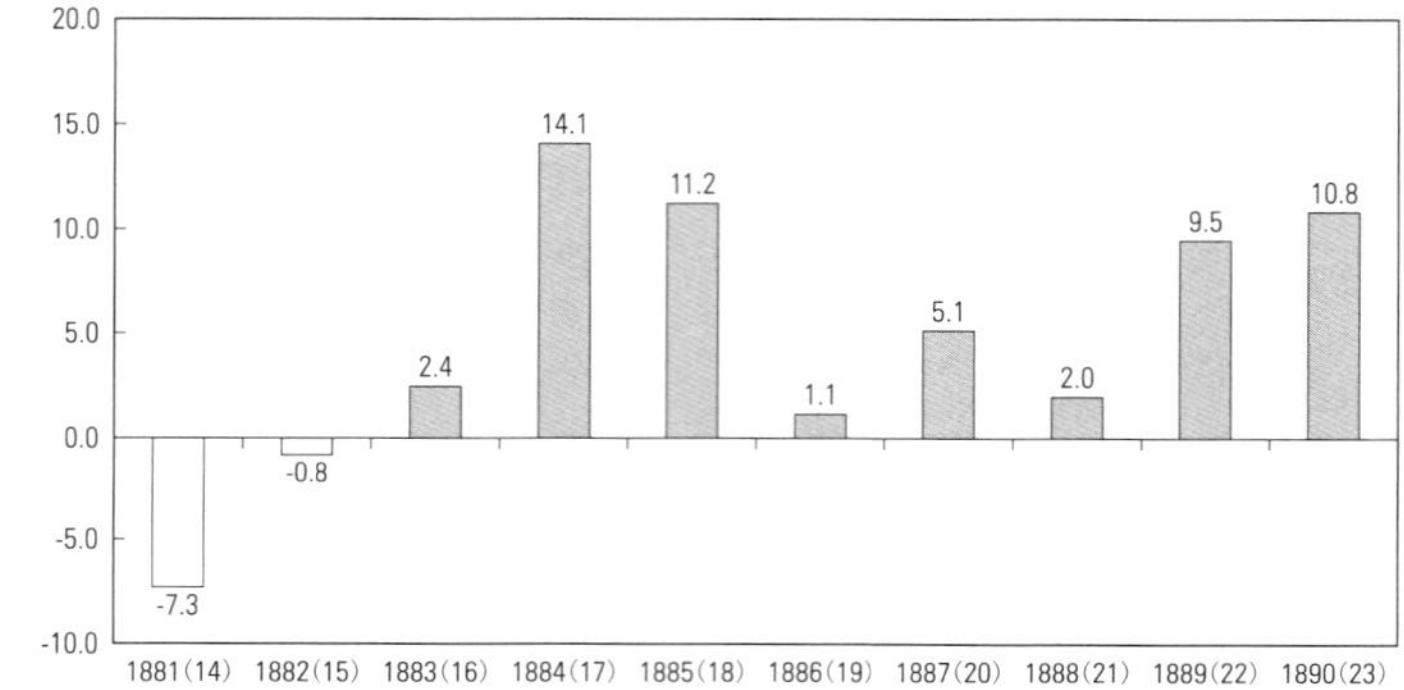

二・四％に転じて成長を押し上げる主要因へと転換した。その後の寄与は一八八四年一四・一％、一八八五年一一・二％と急拡大して成長の主動力となった(図4-16)。このような個人消費の縮小と拡大をもたらしたメカニズムも興味深いところだが、ここでは立ち入らない。まずは各経済主体の所得変動の状況を明らかにする必要があるからである。各経済主体別の所得変動状況は、次章においてまとめて取り扱うので、個人消費支出の増減とそれをもたらしたメカニズムについても、その中で一括して分析することにしたい。

松方財政期には、民間投資も盛り上がりを見せていった(図4-17)。一八八二年までマイナス寄与を続けていた投資は、一八八三年に大きく持ち直して一・六％の寄与を示した。一八八四年には僅かにマイナスを記録するが、一八八五年にプラス〇・九％に転じ、以後は年を追ってその成長寄与を拡大し、一八八八年には三・五％へと著増した。企業勃興期には、民間投資が日本経済を牽引する主要な動力の一つとなっていったのである。

なお一八八四年に民間投資が若干のマイナスを示したのは、

図4-17　民間投資の動向

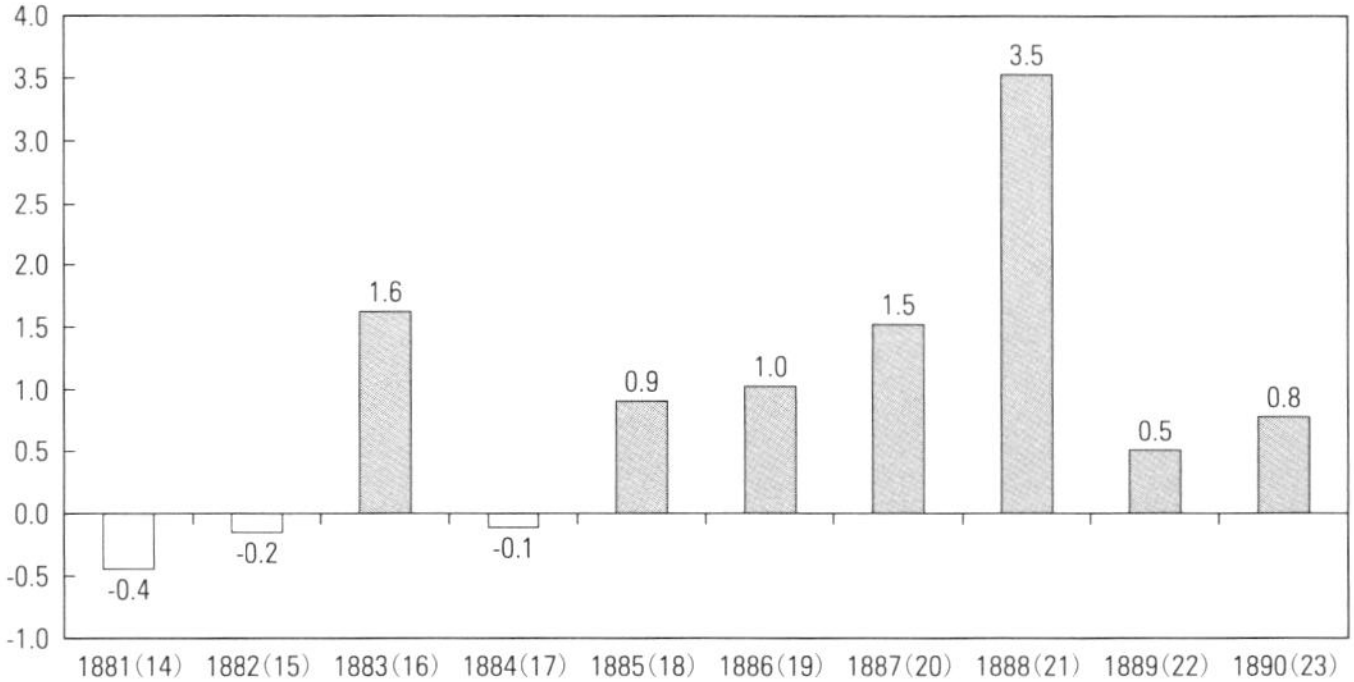

農業部門の投資が一八八三年の五九〇〇万円から一八八四年の四九〇〇万円へと急激に収縮したことが原因であった(『長期経済統計1　国民所得』第5表、原統計値)。この年の農業投資が「動植物」を中心に極端に落ち込んでいることがその主因となっていることから、一八八四(明治一七)年の大凶作の影響が現われていると見て間違いない。

以上のように、純輸出拡大が先行し、これに政府支出拡大が加わり、次いで個人消費支出の急速な拡大がオーバーラップしつつ中心動力がシフトして経済成長を牽引する中で、民間投資が盛り上がっていった。松方財政の開始と同時に、一八八二年に純輸出と政府購入を動力として始まった経済回復は、一八八三年以降には政府支出と個人消費を動力とする高成長へと移行し、やがて企業勃興期の一八八六～八八年には個人消費と民間投資に主導された成長へと転換していくことになったのである。

明治一〇年代の全体を通して見ると、経済の大きなうねりを引き起こしたのは内需であり、その圧倒的要因が個人消費支出の変動にあったことは明確である。したがって個人消費の大きな変動がどのようにして生じたのかを分析し解明することが、明治一〇年代の経済変動を理解する上で大きなカギになると言ってよい。

個人消費の増減は、主として各経済主体の所得増減によって引き起こされると考えられる。したがって、主要な経済主体である農民、非農業の在来産業・近代産業従事者、公務員や士族などの所得変動の推移を追跡し、各主体の所得変動がどのようにして引き起こされていったのかが改めて検討されねばならないだろう。また各経済主体の所得変動は、経済行動の変化によってもたらされる。各主体が経済環境の変化にどのように対応し、それが経済パフォーマンスにどのような変化をもたらしたのかを併せて検討することが、次章の課題となる。

第5章 ◆ 各経済主体の所得変動と行動変化

1 所得変動と消費変化

米価騰落と農民経済

はじめに、この時代の経済の中心を形成していた農民所得の変動から見ていくことにしよう。農民の名目所得は、主として米価の騰落に応じて西南戦争後に膨張し、松方財政期にかけて低下した。米価が高騰する局面では、収入が増大するにつれ定額金納の地租負担は軽減され、可処分所得が増大して消費余力が大きく拡大した。富裕化した農民が、米食を増加し、個人消費支出を拡大させることは自然の勢いであり、市場への供給米はその分減少する。加えて米価高騰の趨勢の中で、手元に米を保蓄して値上がりを待つ投機行動を強め、当面の生活費は借金して工面するという行動をとった。当時の『大蔵卿年報書』は、「近年農民は其余穀を貯蓄し時価の高騰を待つか為め一時借入金を為すもの多き」という事態を伝えている[1]。米価騰貴への期待が増すにつれて、米の市場供給量が調節され、借金が累積されていく事態が進行した。九州地方の米穀産地では、「農民は米価低廉の傾向を顧慮して余穀を売り惜み《ママ》一時借入を為すの多きか為め金融は大に繁劇を致せり」〔2〕という状況を招来したのである。

このような農民の行動に加え、一八八〇（明治一三）年後半以降には紙幣価格の暴落が生じた。そのため豊作が続き「銀円」米価が明確な下落に転じる中で、「紙円」米価は高騰を続けた。他方、紙幣インフレが進みインフレ期待が上昇して紙円ベースの実質金利が著しく低下したことは、農民の借金行動を刺激し米投機や田畑（土地）投機行動を促進する要因として作用したと見ることができる。

「紙円」米価が暴騰する一方、「銀円」米価の低下が生じていたということは、この時点で投機資金の重心が米から銀貨・地金へと大きくシフトし、急激な「銀需要」が生じて紙幣価格が暴落したことを示唆している。米は一八八〇（明治一三）年も前年に続く豊作となったことで、当然潤沢な供給が予想された。これに反して政府の保有銀貨は枯渇し、第一章でも触れたように政府の銀貨売出しは一八八〇（明治一三）年九月に停止される。銀投機は激しさを増し、銀貨騰貴への期待がさらに高まった。大隈が主導する政府の経済対策に対する信認が揺らぐ中で、紙円ベースのインフレ期待が高まり、紙幣価格が暴落したのは、必然の成り行きであったことだろう。

これに対して松方財政期には、紙幣価格上昇と米価下落が続き、農民所得は持続的に低下する状況に陥る。農家の租税負担は一転して増大し、可処分所得が減少して消費支出は抑制された。しかも米投機や田畑投機の破綻にともない、堆積された「紙円」負債清算の必要に迫られ、急激に上昇した実質金利の重圧の中で土地を手放し没落する農民が相次いだのである。また一八八一～八二年の生糸輸出の急拡大に対応して、繭生産を拡大させた養蚕農家も拡張資金を借金に依存することが多く、欧州不況の煽り

図5-1「身代限」の人数と負債金額の推移（単位：人、千円）

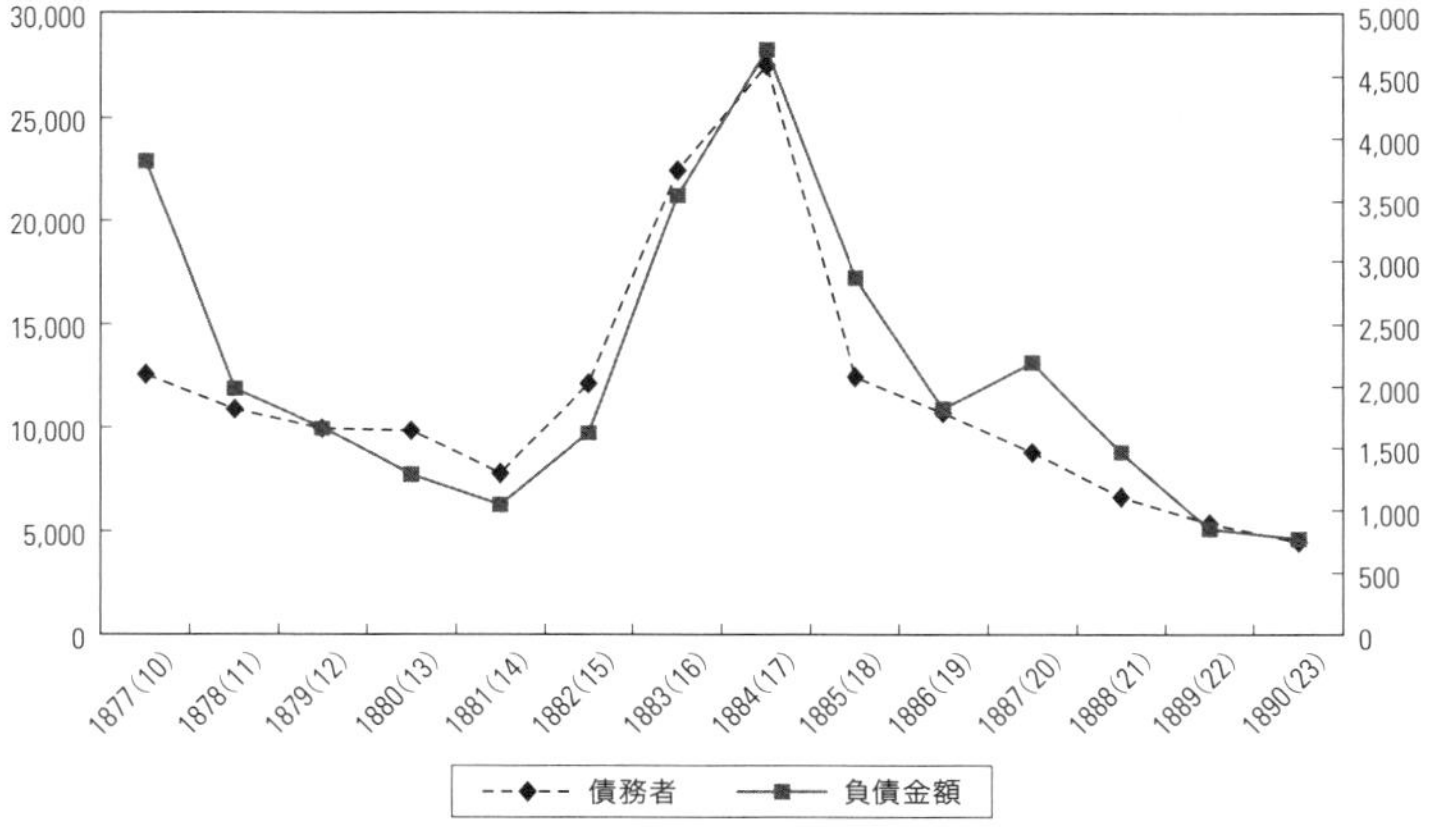

資料：「司法省調査」『貨幣制度調査報告』。

を受けて輸出が激減する中で、負債精算の必要に迫られ破産して土地を喪失するものが相次いだことは、「困民党」事件などから容易に理解できよう。その動向は、幕府法をルーツに持つ庶民向け債務弁済制度「身代《しんだい》限《かぎり》」の推移に現われている[3]。一八八五（明治一八）年以前の職業別統計は得られないが、一八八六（明治一九）年の内訳は、農業六〇六六人、商業一六二三人、工業三六一人、雑業一四八〇人、その他一二〇二人の合計一万七三二人となっており、約六割を農業が占めていた。農業に経済困難が集中した一八八四（明治一七）年前後には、農業従事者の比率はこれよりも格段に高かったものと推定される。

一八七七（明治一〇）年から一八八一（明治一四）年にかけて顕著に減少した身代限は、一八八二（明治一五）年から一八八四（明治一七）年にかけて激増している。一八八四年には人数、金額ともに一八八一年の四～五倍に膨張し、二万七五二六人、四七一万円とピークに達し、一八八五（明治一八）年以降急速に

表5-1 米価騰落が農民所得と地租負担率に与えた影響

	米生産高	米生産高	東京米価	庭先米価	米生産額	庭先米生産額	地租負担率	地租負担率	東京米価	庭先米価	米生産額	庭先米生産額
	万石	梅村推計	紙幣円	梅村推計	紙幣万円	梅村推計	%	梅村ベース	銀貨円	銀貨円	銀貨万円	銀貨万円
1876(明治9)	2,474	3,158	5.13	4.3	12,692	13,580	33.9	31.7	5.18	4.35	12,823	13,731
1877(10)	2,660	3,267	5.34	4.46	14,204	14,571	27.8	27.1	5.17	4.32	13,742	14,105
1878(11)	2,528	3,284	6.39	5.13	16,154	16,846	25.0	24.0	5.81	4.67	14,688	15,329
1879(12)	3,168	3,524	7.96	7.53	25,217	26,533	16.7	15.9	6.56	6.21	20,795	21,892
1880(13)	3,143	3,464	10.57	9.46	33,222	32,766	12.7	12.9	7.16	6.40	22,494	22,184
1881(14)	2,997	3,350	10.59	10.08	31,738	33,766	13.6	12.8	6.25	5.94	18,719	19,909
1882(15)	3,069	3,355	8.81	8.04	27,038	26,971	16.0	16.1	5.61	5.12	17,211	17,168
1883(16)	3,067	3,388	6.31	5.63	19,353	19,072	22.5	22.8	4.99	4.45	15,307	15,088
1884(17)	2,635	3,270	5.29	4.63	13,939	15,142	31.2	28.7	4.86	4.25	12,796	13,904
1885(18)	3,416	3,662	6.61	5.88	22,580	21,530	19.1	20.0	6.26	5.57	21,398	20,408
1886(19)	3,714	3,880	5.99	5.04	22,247	19,554	19.5	22.1	5.99	5.04	22,247	19,554
1887(20)	4,000	4,131	4.94	4.5	19,760	18,589	21.3	22.7	4.94	4.50	19,760	18,589

資料：『貨幣制度調査会報告』、『日本経済統計総観』、『明治大正国勢総覧』、『長期経済統計9　農林業』
注：米生産額および地租負担率は、東京米価（中一石）、庭先米価、銀貨相場により筆者計算。

その数は減少している(図5−1)。他方、農商務省の顧問などを歴任したポール・マイエットは、一八八四〜八六(明治一七〜一九)年に抵当流れになった土地価額を二億三〇〇〇万円と推計し、当時の地価額平均一六億四八〇〇万円に対して「ほとんど日本の耕地総反別の八分の一は僅かに三箇年間に債主の有に帰した」と見ている[4]。多くの農民が土地を抵当に多額の借入を行い、松方財政期に返済が不可能になって土地を手放す状況が進行したのである[5]。

米価の騰落と連動する形で、米作農民の可処分所得と個人消費は、西南戦争後に膨張し松方財政期に収縮した。その変動プロセスを米価と米生産と地租負担に関連する指標で計数的にまとめれば、表5−1のようになる。

米価の変動は、紙幣相場の騰落により引き起こされる変化と銀円ベースで生じる騰落との複合的な変化の結果として生じていた。この時期の米生産額の政府統計は、かなり過小計上されていると見られ、そのためいくつかの補正推計が試みられている[6]。どの計数を用いても議論の基本的な論点が大きく相違することはないが、本書では「梅村推計」(『長期経済統計9　農林業』)を使用して分析を進めることにする。

一八七六年に四・三〇円であった米一石の庭先紙円価格は、一八七九年以降急騰し一八八一年には一〇・〇八円の高値となるが、一八八二年には八・〇四円へと顕著な低下を示し、以後続落して一八八四年には四・六三円を付けるにいたる。その後一八八五〜八六年には五・八八〜五・〇四円へと上昇する。これに対して銀円価格は、一八七六年四・三五円から一八七九年に六・二一円へと急上昇し、一八八〇年に六・四〇円となってピークに達した後、一八八一年五・九四円、一八八二年五・一二円と急落

図5-2 紙幣円ベースと銀貨円ベースの米価の動き

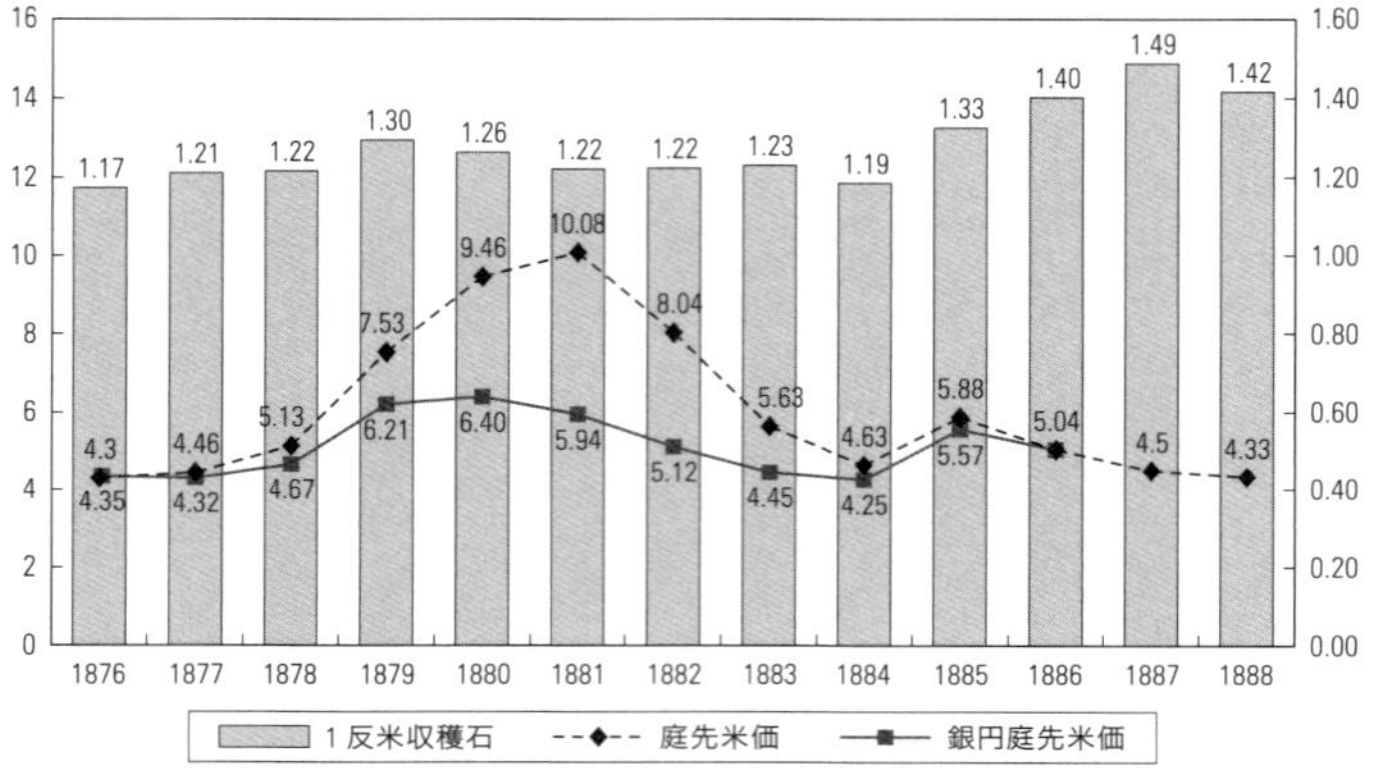

資料：表5-1に同じ。1反当り収穫石は、『長期統計9　農林業』による米作付面積から算出。

し、一八八四年には四・二五円と一八七六年を若干下回る水準にまで低下する。しかし一八八五年以降には五・五七〜五・〇四円へと上昇する動きを示す（図5-2）。

米価の紙円価格と銀円価格の格差は、一八七八年からの米価上昇局面で顕著となり、一八八一年にピークに達する。その後、一八八四年までに格差は急速に縮小し、一八八六年には格差は解消するという動きを示している。特に一八八一（明治一四）年において、年平均ベースで紙円価格がなお上昇を示す中、銀円価格は顕著な下落を示す点が注目される。

米の銀円価格は米の需給を直接反映した動きをするのに対して、米の紙円価格は紙幣相場の騰落を反映した動きを示す。一八八〇（明治一三）年に米の投機的取引を規制し米価を冷却するために米取引所を一時閉鎖する措置がとられ、さらに翌年の二月には地租納期繰上げが決定された。これらの措置を契機として市場の需給が緩み、投機は破綻を示して銀円米価は下落に向かったが、銀貨投機が一層加熱して紙幣相場が下落を続けたため、紙円ベースの年平均米価は高値を続けるという状況が生じていた。しかし一八八二（明治一五）年に松方財政が本格化するに伴って、紙円ベースの米価も急落した。こうして松方期には、「二つ」の米価低下が複合して生じ、農家所得を直撃したのである。

農民は、紙幣価値が下落し米価が高騰するインフレ過程において、紙幣円で地租を納付したため、地租負担は急激に低下することになった。一八七六年に米生産額に占める地租の負担率は三一・七％の水準にあったが、一八七七年の減租措置（地価の三／一〇〇から二・五／一〇〇へ）によって負担率は二七・一％へと下がった。そして以後米価が上昇するにつれて、一八七八年二四％、一八七九年一五・九％、一八八〇年一二・九％となり、一八八一年には一一・八％水準となった（図5－3）。インフレ過程で、農民の地租負担率は半分以下の水準にまで低下していた。これに対して一八八二年以降には、米価低落とともに一八八二年一六・一％、一八八三年二二・八％と上昇し、一八八四年には二八・七％と急激な負担率上昇が生じた。しかし翌年には一気に二〇・〇％まで負担率は低下し、一八八六～八七年にも二二％台に落ち着く動きを見せ、一八七七年の減租後の負担率と比較すれば一／四程度低い水準に落ち着いている。

地租負担率は、米価のみではなく米収穫量にも依存している。一八七六～七八年には三一五八～三三八四万石の収穫水準にあったが、一八七九年には三五一四万石を超える豊作となり、一八八〇年にも三四六四万石の収穫を上げた。その後一八八一～八三年には三三五〇～三三八八万石の収穫量に落ち着いて推移している。一反歩当りの収穫高は、一八七七～七八年には一・二一～一・二二石に止まっていた

図5-3 米の生産高と地租負担の動向

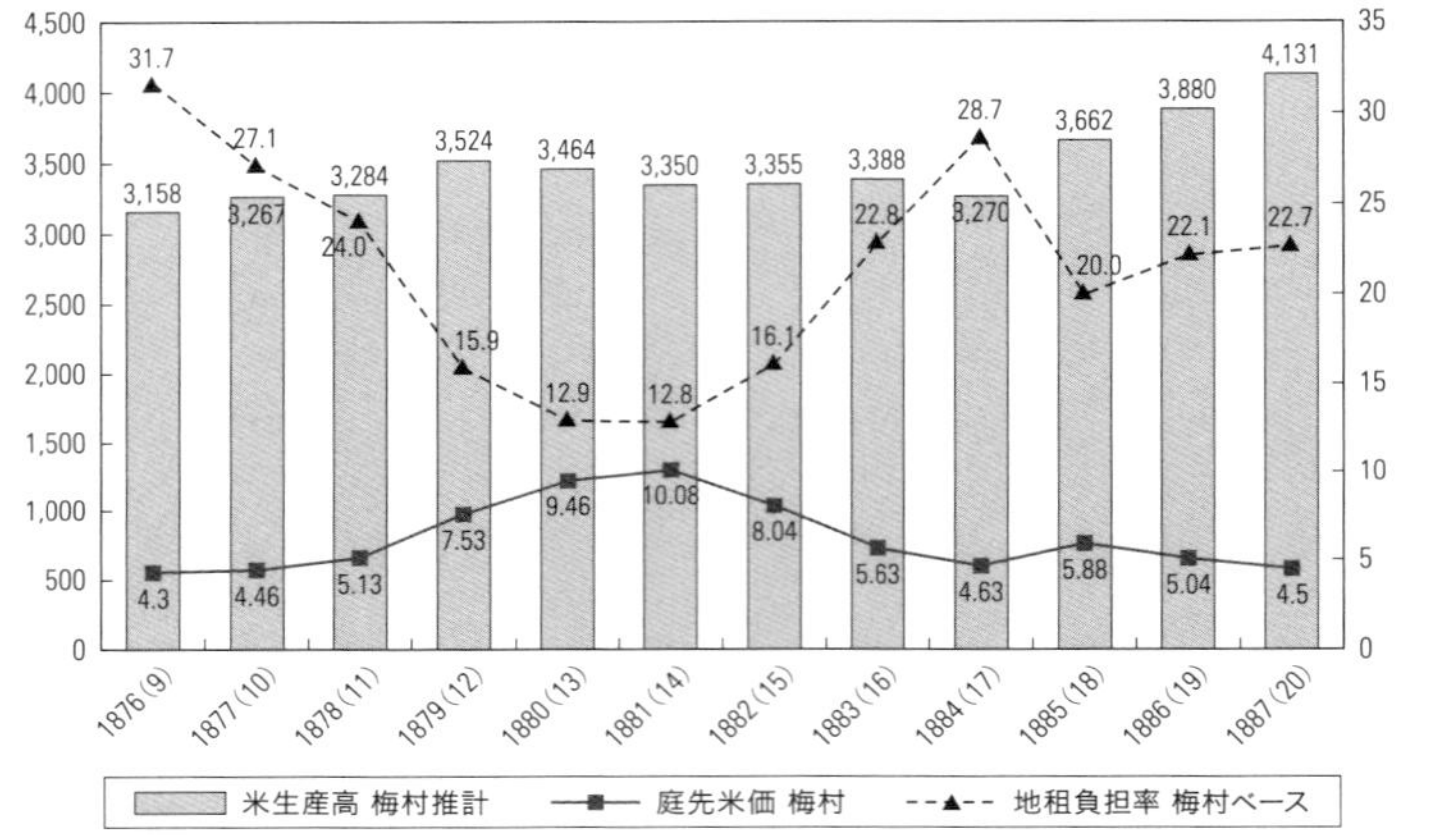

資料：表5-1

が、一八七九年一・三石、一八八〇年一・二六石へと若干の上昇を見せた後、一八八一〜八三年には元の一・二二〜一・二三石水準へと戻り、一八八四年に一・一九石へと特に大きな落ち込みを示す。しかし一八八五年以降には一・三三〜一・四九石へと顕著な上昇を記録している。この時期には米作の生産性が大きな上昇を遂げたのである。一八八五年以降、米価上昇が抑制された原因の一つが生産性の上昇にあったことは明らかであろう。

一八八四年に二八・七％へと負担率が著増し、減租後の一八七七年水準とほぼ同水準（負担率は若干高くなっているが、収穫高と米価はほぼ同水準であったとみてよい）にまで上昇したのは、米価低落の影響とともに、この年の大凶作で収穫量が三二七〇万石へと減少したことによるものであった。一時要因による例外的な負担上昇であったと言える。一八八四年を除けば、松方財政期（一八八二〜八五年）の地租負担率は二〇％前後に止まっていた。大まかにいえば、松方期の地租負担率の上昇は、西南戦争後の負担率の低下分（二七・八％→一二・七％への一五・一％ｐ）の半分強に相当する八％ｐ程度にとどまっていたのである。

これらの点から見て、松方財政期に地租負担は上昇したが、それ自体が農家経済を分解させるほどのダメージを与える要因になったとは考えにくい。没落を引き起こした主要因は、大隈期に借金で豊かな生活を謳歌してきた農民が米投機や田畑投機の破綻によって負債の清算を迫られ、土地を手放すことを余儀なくされたことにあったと考えることができよう。前田正名は、「興業意見」の中で、次のように述べている。

「熟近来人民の有様を通観するに質素旧に仍りて生計を営みたるものは、今日依然として安全なりと雖も、奢侈新に移り、其外貌を装ふたるものは、方今負債山の如く祖先伝来の不動産等を売却するにあらざれば、之を負債の抵当と為し、旧時の生活の地位も保つ能はさるもの多し」[7]

投機行動に走らず負債に依存せずに通常の農業経営と生活を営んできた農家も当然、大隈財政期には地租負担が大幅に軽減されて消費支出を拡大し、松方デフレ期には地租負担が増大して消費が抑制圧力を受けるという情況に晒された。しかしその生産活動や日常生活が脅かされていたわけではなかったのである。そして地租の負担増加率から判断すれば、通常の生活を営んできた農家の基礎的消費を削減するほどのものではなかったと見られる。

紙円ベースの米価騰落は紙幣相場の騰落を反映した値動きを示すため、紙幣整理の直接的な影響を受ける。これに対して銀円ベースの価格騰落は紙幣価格の変動を除去した米の需給による値動きを示す。米に対する需要は、米価上昇過程では米食の増加や酒造量の拡大や米の保蓄行動によって著増したが、米価下落過程では米食の低下や酒造量の低下や保蓄米の放出行動のためにに減少した。米の供給は、一八八〇年の三四六四万石水準から一八八三年の三三八八万石へと若干の減少を伴いつつも、ほぼ三四〇〇万石水準で推移していた。その結果需給が緩み、庭先銀円米価は一八八〇年の六・四〇円をピークとして一八八三年の四・四五円へと継続的に下落していった。松方財政期には、直接的な紙幣整理とは異なる要因に基づく大幅な銀円米価下落が並行していたのである。一八八四年には大凶作に襲われるが、農家の米需要も大きく収縮したために、庭先銀円米価は四・二五円とやや低下することになったものと見られる。

銀円ベースの米生産額の推移を見ると、米投機による米価急騰によって一八七九年に二億一八九二万円に急上昇し、一八八〇年に二億二一八四億円に達していた生産価額は、一八八三年には一億五〇八八万円まで低下し、一八八四年にはさらに大凶作によって一億三九〇四万円に惨落している(図5-4)。一八八〇年から一八八三年にかけての急激な米価下落が、農民の消費支出を急速に削減し、個人消費支出全体への強力なマイナス要因として作用していたことは間違いない。

しかし一八八三年の生産額は、地租減租後の一八七七年の生産額一億四一〇五万円と比べると、依然として一一・四%程度高い水準にあったことがわかる。大凶作に見舞われた一八八四年を除けば、米作農家の消費は急速に減少したとはいえ、基礎消費支出自体が削減される水準ではなかったと見てよい。そして一八八五年、一挙に二億四〇八万円へと増大し、一八八六年にも一億九五五四万円となって、大

図5-4 「紙円」と「銀円」による米生産額の推移（単位：万円）

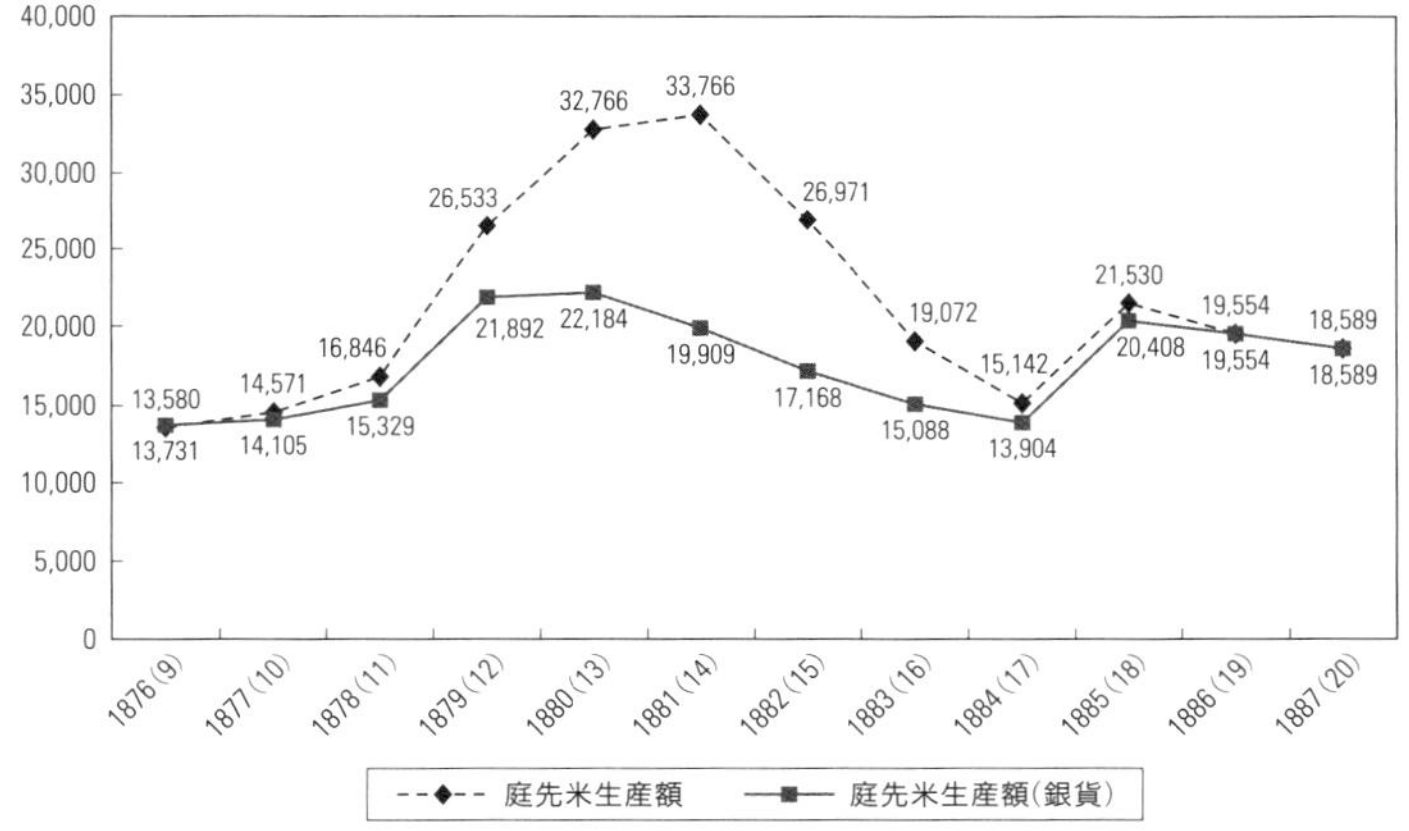

資料：表5-1。

限期のピークに迫る生産価額へと上昇するのである。消費支出も大幅に拡大していったものと考えられる。

農業部門全体の所得・税負担状況とその含意

米作の変動は、農家の所得や消費変動をもたらす大要因であるが、ここではその他の農産物を含めた農業部門全体の生産・所得動向と税負担状況を考察し、あわせてその含意を見ておくことにしよう。農業部門の生産額および付加価値の動きを示すと表5－2のようになる。

庭先生産額、銀円生産額、実質生産額（一八七四～七六年価格）の各々の動きは、当時の農業生産と所得の推移状況を明瞭に表している。庭先生産額は、一八七七年二一・八七億円から一八八一年五・八二億円へと二倍以上に増大した後、一八八四年までに三・二八億円へと急低下し、以後回復に向かうという極めて大きな騰落を示す。その中

表5-2 農業生産・付加価値の動向(単位：百万円、1人当り円)

	庭先当年価格	庭先1874〜76価格	農業付加価値	銀円庭先生産額	銀円付加価値	当年価格庭先	1874〜76年価格	銀円価格	当年価格	銀円価格	1934〜36価格
						1人生産額	1人生産額	1人生産額	1人付加価値	1人付加価値	1人付加価値
1874	295	287	219	284	211	19.8	19.3	19.1	14.7	14.2	73.0
1875	320	291	238	311	231	21.6	19.6	20.9	16.0	15.6	73.7
1876	258	293	192	261	194	17.4	19.8	17.6	13.0	13.1	75.2
1877	287	305	214	278	207	19.4	20.6	18.8	14.5	14.0	78.0
1878	325	307	241	296	219	22.1	20.8	20.1	16.4	14.9	79.5
1879	454	329	323	375	267	30.9	22.4	25.5	22.0	18.1	82.8
1880	559	336	399	378	270	38.1	22.9	25.8	27.2	18.4	86.0
1881	582	328	430	343	254	39.8	22.4	23.5	29.4	17.3	84.9
1882	494	335	379	314	241	33.9	23.0	21.6	26.0	16.6	86.9
1883	372	334	288	294	228	25.6	22.9	20.2	19.8	15.7	88.3
1884	328	337	250	301	230	22.6	23.2	20.7	17.2	15.8	89.1
1885	402	361	309	381	293	27.8	24.9	26.3	21.3	20.2	93.8
1886	396	383	305	396	305	27.5	26.6	27.5	21.1	21.1	102.7
1887	387	401	296	387	296	26.9	27.9	26.9	20.6	20.6	110.3
1888	362	393	271	362	271	25.2	27.4	25.2	18.9	18.9	107.3
1889	381	360	288	381	288	26.6	25.1	26.6	20.1	20.1	96.4
1890	590	417	463	590	463	41.3	29.2	41.3	32.4	32.4	111.8

資料：『長期経済統計9　農林業』。1人当り庭先生産額、1人当り付加価値は、筆者計算。

図5-5　農業部門付加価値の庭先価格、銀円価格、
1874～76年価格による生産額推移

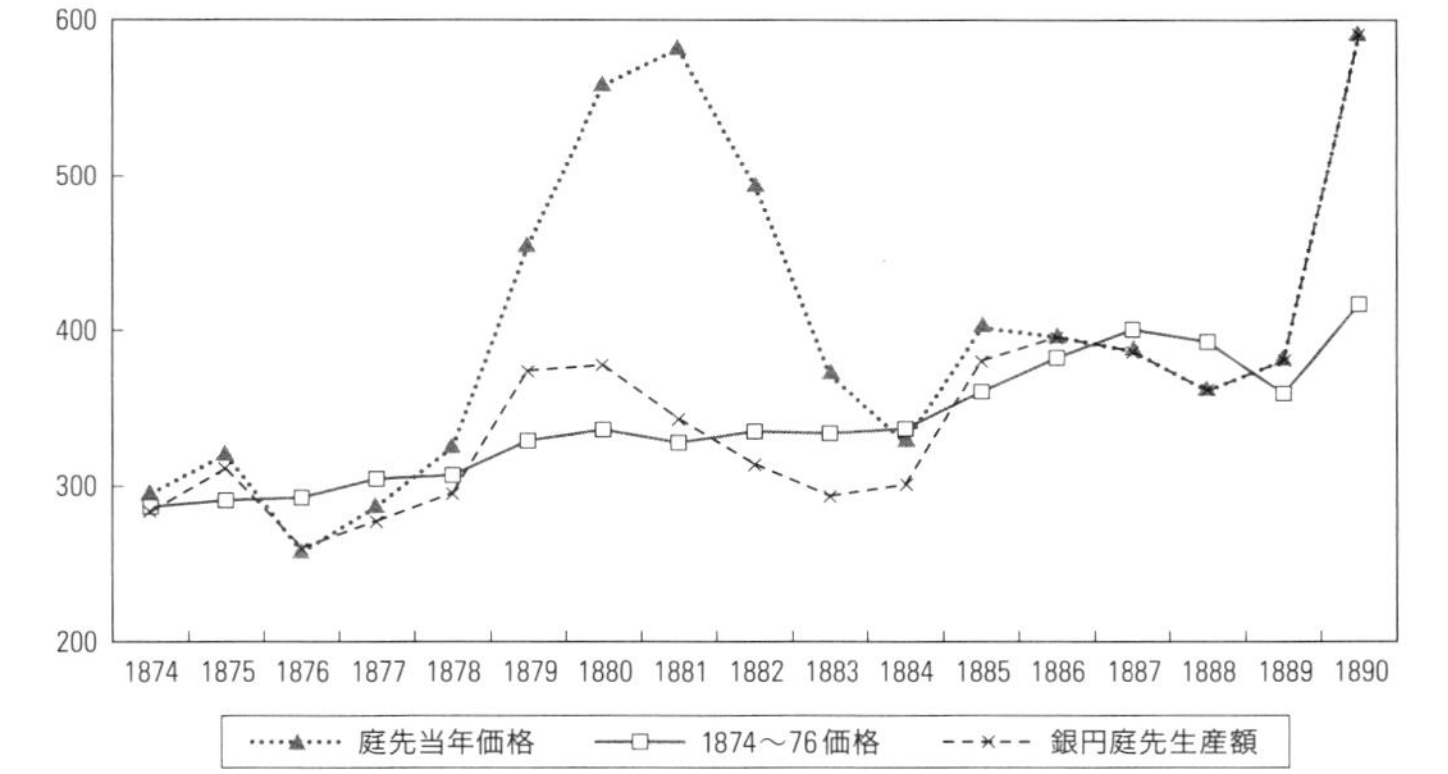

資料：表5-2。

で銀円生産額は一八七七年の二・七八億円から一八八〇年の三・七八億円へ上昇し、一八八三年までに二・九四億円へ低下した後、上昇に転じるという振幅の小さい変動を見せている。一方、実質生産額は、一八七七年の三・〇五億円から一八八〇年の三・三六億円に上昇すると、一八八一年に三・二八億円へと微減した後、一八八二年には増加に転じ一八八五年以降顕著な上昇に移るという変動を示しつつ、全体としてはほぼ一貫した緩やかな右肩上がりの動きを続けていることが特徴的である（図5－5）。

このような農業部門の変動が、農家経済に与えた直接的影響を見るために、一人当りの付加価値の推移を示したものが図5－6である。

実質ベースの付加価値は、一八七七年以降一八八四年にいたるまで一貫して緩やかな上昇を続けるが、一八八五年以降は上昇テンポが高まっている。それは、第一に大隈期と松方期を通じてインフレとデフレが実質所得にはほとんど影響を与えなかったこと

図5-6 1人当り農業付加価値の推移(単位:円)

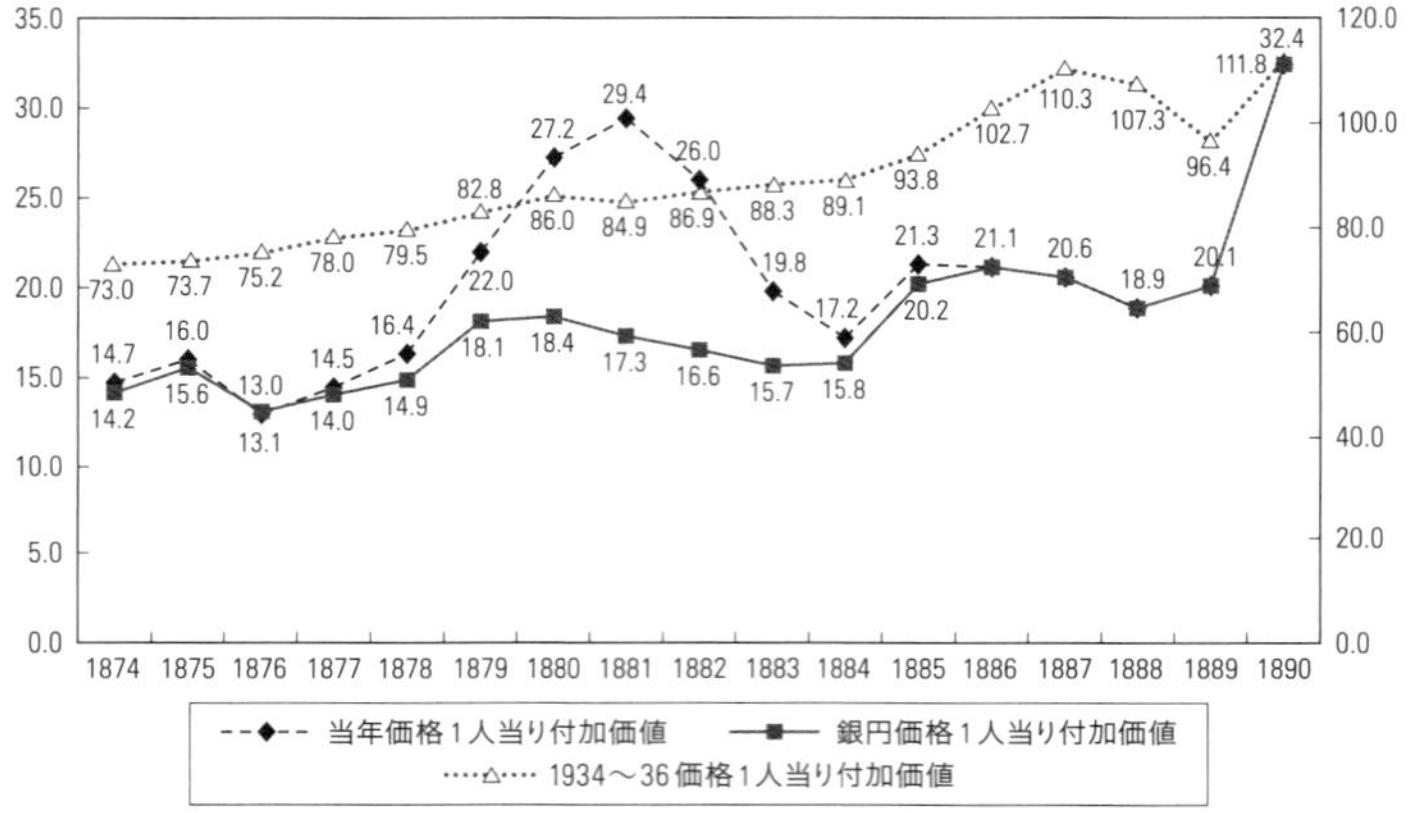

資料:表5-2。

を意味しており、第二に一八八五年以降には生産性の上昇が実質付加価値生産を押上げていることを示している。

銀貨ベースの一人当り付加価値の動きを基準に見ていくと、一八七七年の一四・〇円から一八七九年の一八・一円へと顕著な上昇を遂げ、一八八〇年に一八・四円とピークに達する。この間の上昇率は三一・四%である。同期の実質付加価値も七八円から八六円へと一〇・三%の上昇している。一人当り実質生産が一〇・三%増大する中で付加価値が三一・四%上昇すれば、農民の所得状況は著しく改善される。その後一人当り付加価値は一八八三年の一五・七円まで直線的に一四・七%低下する。この間、実質付加価値はほぼコンスタントに上昇を続けて八八・三円となり、一二・七%増大した。一人当り実質生産が二・七%増大する間に、付加価値は一四・七%低下したのであるから、この間に農民の所得状況は悪化する。その後一人当り付加価値は一八八四年に一五・八円と微増し、一八八五年以降には一気に二〇円以上の水準へ急騰、一八八六年には二一・一円となる。実質生産が一六・三％と顕著な増大を示す中で、付加価値の増大率は三四・四％に達しており、農民の所得状況は急速に上昇した。そして一八九〇年には三二・四と飛躍を見せ、一八八三〜八四年水準の二倍以上に達するのである。

松方財政期の農民所得のボトムは一八八三〜八四年であったが、この時期にも農家経済一般が破壊的影響に晒されていたわけではなかった。一人当り銀円付加価値をみると、一八八三〜八四年の一五・七〜一五・八円という水準ですら、地租減租後の一八七七年の一四・〇円と比べれば依然として一割以上高い水準にあるからである。そしてこれ以外の年には、遙かに高い所得状況にあったのである。

米投機や田畑投機に失敗した中農層や主として欧州不況による生糸輸出不振のあおりを受けた養蚕農家が負担の重圧にさらされた状況に、大凶作の打撃が加わって、土地を喪失した者や小作に転落したものが多く出たことは事実である。継続的な米価・農地価格の低下や繭価低下による深刻な経済悪化を経験し、高利債務の清算を迫られ土地の兼併が進んだことは間違いない。しかし一人当り付加価値を見れば、農業部門が全体として継続的に深刻な困窮に見舞われたとは考えにくい。松方財政期に農業所得は継続的な不況圧力にさらされていたが、農業部門の一人当りの平均的な所得水準から判断して、農民一般の基礎消費が削減されるような経済状況に陥ったわけではなかったと見てよいだろう。

農業付加価値全体に対する地租負担水準がどのような動きをしていたかを見てみると、図5－7のようになる。

農業所得に対する税負担比率は、減租前の二二・四％程度から、一八七七年減租で一八・二％となり、

図5-7　農業付加価値に対する地租負担比率

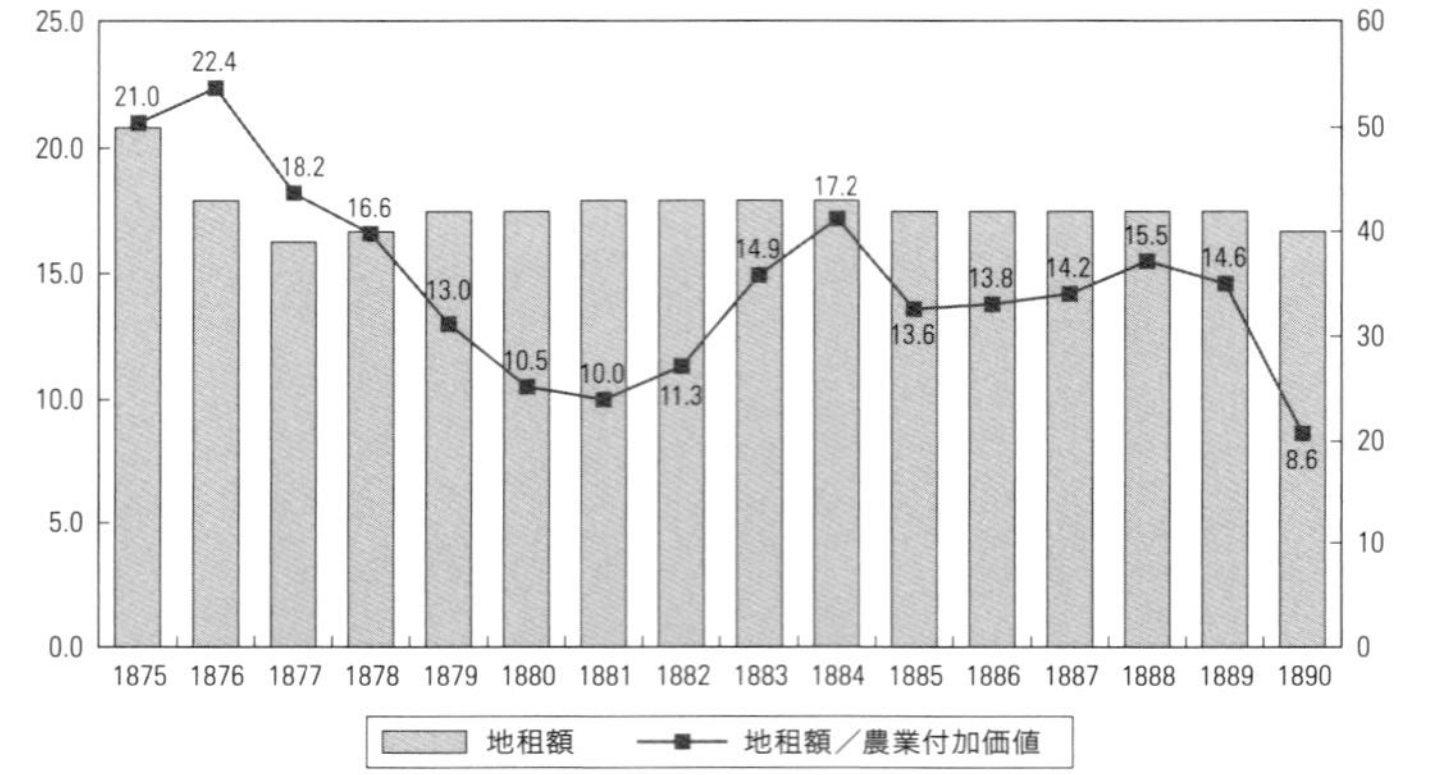

資料：長期経済統計9　農林業』、『明治大正財政詳覧』より計算。

その後のインフレ期に急減して一八八一年に一〇・〇％まで低下した後、松方財政期に上昇し、一八八四年の一七・二％への一時的増大を経て、一八八五年には一三・六％となり、その後一四％前後に落ち着いている。松方財政を経過した農家の税負担率は、インフレで急減し負担感がほぼ解消されていた一八八一年頃には及ばないものの、減租後の一八七七年の状況と比較すれば、顕著に軽減されていることが窺われる。この時期には地主的土地所有が拡大され、土地兼併が進んだことが知られているが、それは農業経営への税負担が軽減され経済的採算制がさらに向上したことを背景とした動きであったことがわかる[8]。農業部門の銀円付加価値額は、一八八三年の二・二八億円から一八八六年三・〇五億円、一八九〇年四・六三億円へと松方財政期以降に顕著な上昇を示している。一八七七年の二・〇七億円水準と比較すれば、一八八六年には一・四七倍、一八九〇年には二・二四倍となっていたのである。

一八八四年に大凶作をはじめとする多重の打撃による一時的困難を経験するが、農業部門の経済力量は急拡大し、地租負担率は大きく低減されていった。そして一八八九年の地価修正の影響も作用して、一八九〇年には一八八一年当時の一〇%という記録的低水準を下回る八・六%にまで一挙に低下する。この負担状況は、一八七六年の二二・四%と比較すれば、ほぼ三分の一の水準である。農業所得に対する地租負担はすでに顕著に軽減され、農業経営に甚大な負荷をかけるものではなくなっていた。地租負担は、経済問題としてはすでに重要課題ではなくなっていたのである[9]。

松方は、一八八三年一一月一〇日に、米価下落の傾向を緩和するため地租第四期納期の延期を実行したが、同月二六日には地租法案を提出している。地租改正条例第六章では、地租改正時の地価三%の税率を、将来、茶・煙草・材木など物品税が二〇〇万円を超過するに至れば、その増加分を減税に充て、最終的には一%まで引き下げるという規定が設けられていた。そこには三%の負担率は重課であるという認識があり[10]、その三分の一の一%水準は農民負担の究極的な軽減目標として掲げられたものであった。

松方は、この規定の削除を求めたのである。それは、地租を逓減して一%にまで減額する公約を遵守せよという自由民権家の激しい批判を招いた。そして初期議会における非妥協的で硬直的な民力休養論に連なっていくのである。

松方が農業への重課を意図していなかったことは、地租納期延期措置を実施したことに現われている。第六章廃棄の理由は「地租法制定の儀に付上申」[11]や「地租条例辯疑大意」[12]でも述べられているが、さらに一八八四(明治一七)年三月一五日の山田顕義内務卿と連署の「地租法頒布の旨趣」で敷衍されている。

地租改正にあたって土地所産の茶・煙草・木材などの物品税が二〇〇万円以上に増大すれば、その分を地租の軽減に充てるとした地租改正条例第六章は、将来の地租負担「減額を未然に宣言」したものである。しかし地租が財政収入の最大部分を占め、「国家必須の増費」を賄う必要がある現状では、ますます歳入増大が必要であることはいうまでもない。このような大勢を考慮せず第六章方式に準拠して、「其の歳入を乙に増加し、而して之を甲に減ずるが如き、出入益無きの増減を事とせば、徒に官民の煩労を醸すのみにして、内政外交何を以てか其宜しきを制するを得んや。要するに、第六章は既に実際に挙行す可からざること極めて明らかななり」[13]

第六章は、土地所産に関する農業部門に対する課税額を不変に保つ作用をもつ規定であり、全体としては収税額に変更は生じず、負担額にも変化がない。税務行政コストが発生するだけであり、国家政策の遂行には帰って阻害要因となる。負担軽減は農工商の経済発展の中で実現されていくものであるという趣旨であった[14]。しかしこの措置は、地租負担軽減の公約を踏みにじり、米価低落に苦しむ農業にさらなる打撃を与えたものと受け取られ、反発が強まったのである。

このような農業部門の経済実態と地租負担に対する一般的イメージや政治的反応との乖離は、政治過程との関係で重要な含意をもっている。自由民権運動は、一八八四年に農業部門が多重打撃を被る中で、一時的な仮死状態(自由党解党、改進党活動停止)に陥るが、一八八六年末頃から急速に復活し、大同団結運動や三大事件建白運動などを通じて反政府的気運を盛り上げていく。このような動きを支えたのは、農業所得の動きに見られるように、この間に進行した農村経済基盤の充実と豪農層の繁栄にあることは間違いない。だがそれにも拘わらず、松方財政は、農村を苦境に落し入れ、公約違反で加重された地租負担は農民層を分解させ著しい負担を農民に強いたというイメージは残ったのである。

先ほど指摘したように、地租負担は農業経営にとってすでに緊急性はなく、大きな問題でもなくなっていた。議会が開設された一八九〇年には、農業所得に対する地租負担率は、地租改正時の負担率の三分の一水準にまで低下していた。一八七七年の二・五％への減租直後の一八・二％という負担水準の状況で掲げられた民権家の地租軽減要求と、一八九〇年の八・六％という負担軽減下で掲げられた民党の地租軽減要求とは、全く意味が異なることは明らかであろう。そして米価が上昇し収穫高も増大していくという趨勢の下で、地租負担率がさらに低下していくことはほとんど自明であった。

松方財政は、農村経済の現実の姿とイメージとの大きな乖離を生み出し、実態を欠いた政治要求「民力休養＝地租軽減」を中心政策に掲げ、またその実現に存在意義をかける民党を生み出すことになったのである。

初期議会では、民党を中心に地主勢力が多数派を占めることになる。民党の政策は、地租軽減、言論集会の自由、条約改正、あるいは権力の分与などであったが、経済財政問題としての政策は、ほぼ地租軽減に尽きていた。経済的に緊急性や重要性を失っていた地租軽減論が、事実上民党の唯一の非妥協的な政策論となっていた。近代国家建設を早急に進展させるための具体策はなく、抽象的な政治論に止まっていたため、政府が掲げる富国強兵政策は是としていた。

近代国家建設について具体的経済財政論を持たず、政府の富国強兵政策には反対ではないが、地租軽減が先決の絶対条件であるという行動スタンスの民党が、議会の多数派を占めることになったのである。

近代国家として早急に実現しなければならない政策課題が山積する日本に、国家レベルの具体的政策論を持たず国策を議論する準備がない民党が支配する議会が開催されることになる。そして、政府が新規事業を行なうためには、議会多数の承認をえなければならないという憲法の規定があったのである[15]。こうして政府の「富国強兵」路線と民党の非妥協的な民力休養（地租軽減）論とが正面衝突する著しく不生産的な議会が始まることになるのである。

士族や公務員の所得と消費

公務員や士族の所得は、西南戦争後の大隈財政期に大幅に削減され、逆に松方財政期には大幅に増大するという、米作を中心とする農民の所得や消費支出とは全く異なる動きをしていた。紙円ベースの物価変動と地租負担増減にともなって、農業部門と財政部門との間で巨大な所得再分配が生みだされたことが、両者の所得と消費支出の対称的なパターンを作り出す力として作用したのである。

金禄公債の利子を主要な収入源としていた士族等（その他の固定利子収入者もこれに含める）は、西南戦争後の紙幣インフレ過程で著しい所得低下を経験した（図5−8）。一八八五年に数値が大きな落ち込みを示しているのは、会計年度変更に伴い九ヵ月予算が組まれたためである。一八七八年に一四七七万円であった利子支払額は、多少の増減を示すが、ほぼ同一水準で推移していた。固定的利子収入を源泉とした移転給付に依存する士族等の所得は、紙幣インフレに対して極めて脆弱であった。

紙幣価格の変動により、銀円ベースで見た移転給付所得は、一八七八年の一三四四万円から一八八一年には八七〇万円へと惨落する。財政を介して、士族等の固定的収入層から農民への大規模な所得移転

図5-8　内国債利子と銀貨換算値の推移

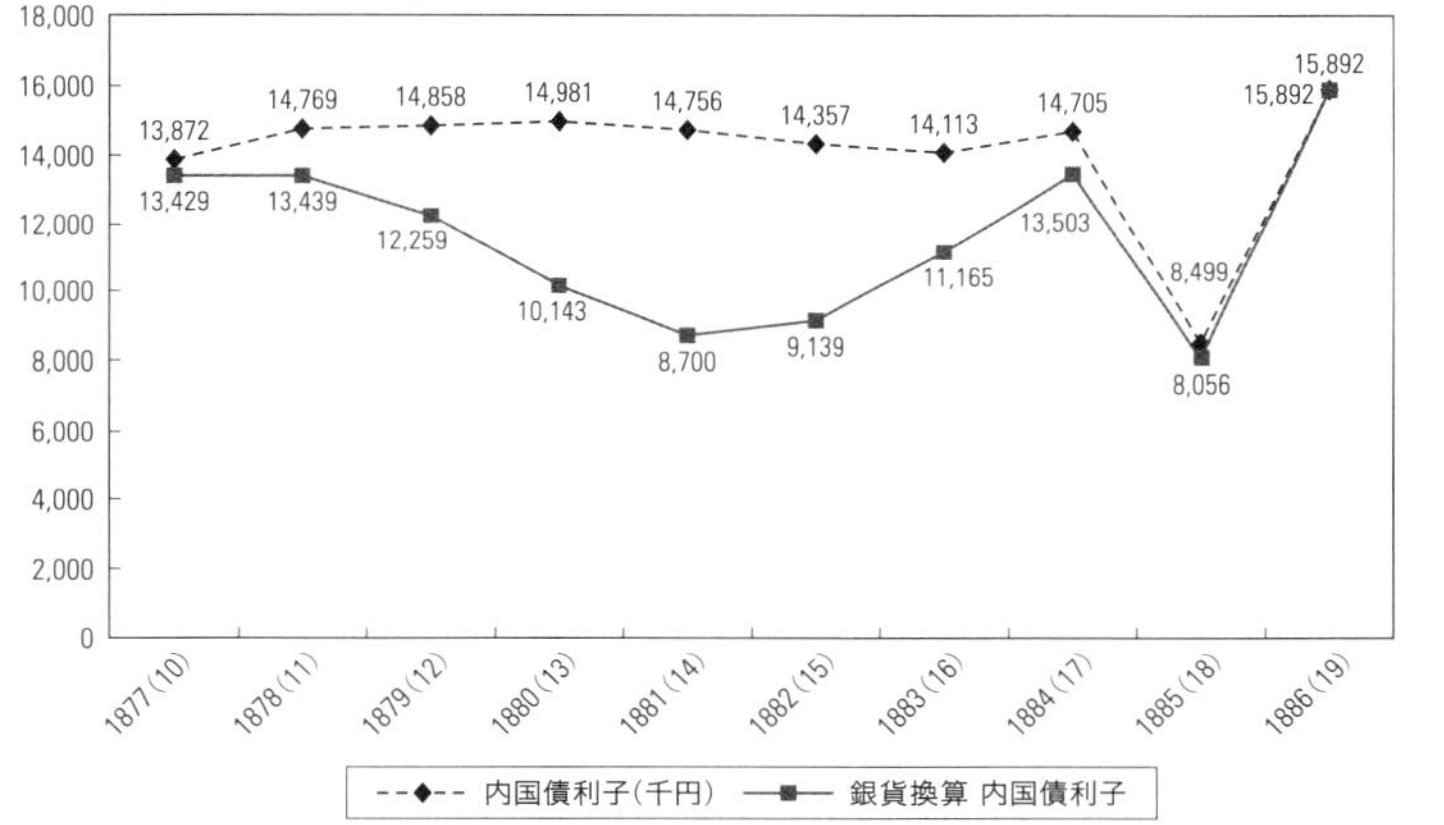

資料：内国債利子は『明治大正財政詳覧』東洋経済新報社、1926年。銀貨換算値は筆者計算。

が進んだのである。結果、その消費水準は大きく圧迫された。しかし一八八二年以降の紙幣デフレの進行は、士族層への所得逆移転を促進し、実質的な給付所得を押し上げ、一八八四年までには銀円ベースで一三五〇万円へと元の水準へ回復させた。それは士族などの消費水準を急速に増大させる力として作用することになる。

また紙幣円で給付される政府部門の公務員の給与水準も固定的に推移したため、紙幣インフレ過程では実質額が急速に目減りするが、デフレ過程で急回復するという動きを示すことになる。この点では士族等とほぼ同様の状況にあったと考えてよいが、松方財政期の公教育拡大や軍備拡張などによって公務員の数は顕著に増加していった。一八八〇年以前の統計は整備されていないが、一八八一年以降については公務員給与総額の推計値が得られるので、それを利用して公務員所得の銀貨換算値を示せば、図5−9のごとくなる。

図5-9　公務員給与と銀貨換算額の推移

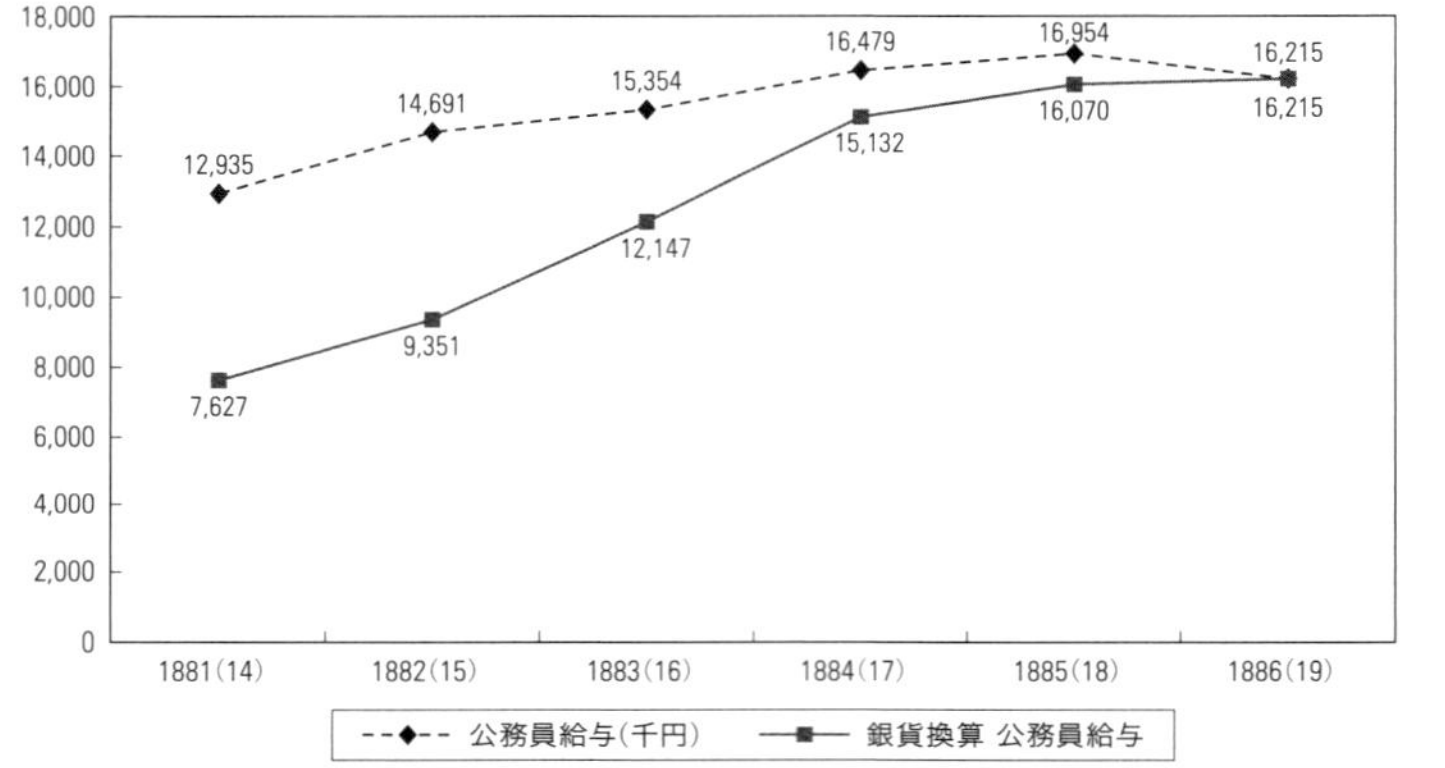

資料：公務員給与は『長期経済統計7　財政支出』第15表、銀貨換算値は筆者計算。

公務員に支払われた給与総額は、一八八一年には一二九四万円であったが、一八八四年には一六四八万円へと増大し、その後はほぼ同一水準で推移していた。しかし銀円ベースでは、一八八一年の七六三万円から一八八四年一五一三万円へと倍増し、一八八五年以降は一六〇〇万円台へと増加していった。したがって松方財政期には、公務員は二倍以上に増大した所得を背景として、消費支出を顕著に拡大させていったと見てよいだろう。

全体としてほぼ固定的な収入に依存する士族や公務員等の所得は紙幣インフレ過程で顕著な目減りを経験したものの、松方財政期には公務員数増加という要因も加わって実質的な所得水準を倍増させ、消費支出を顕著に高める要因として作用した。具体的には、上記の士族・公務員等の一八八一年から一八八六年にかけての所得水準は、銀円ベースで一六三三万円から三二一一万円へと増大したのである。それに応じて消費支出水準もほぼ

図5-10　製造業生産額の推移(単位：百万円)

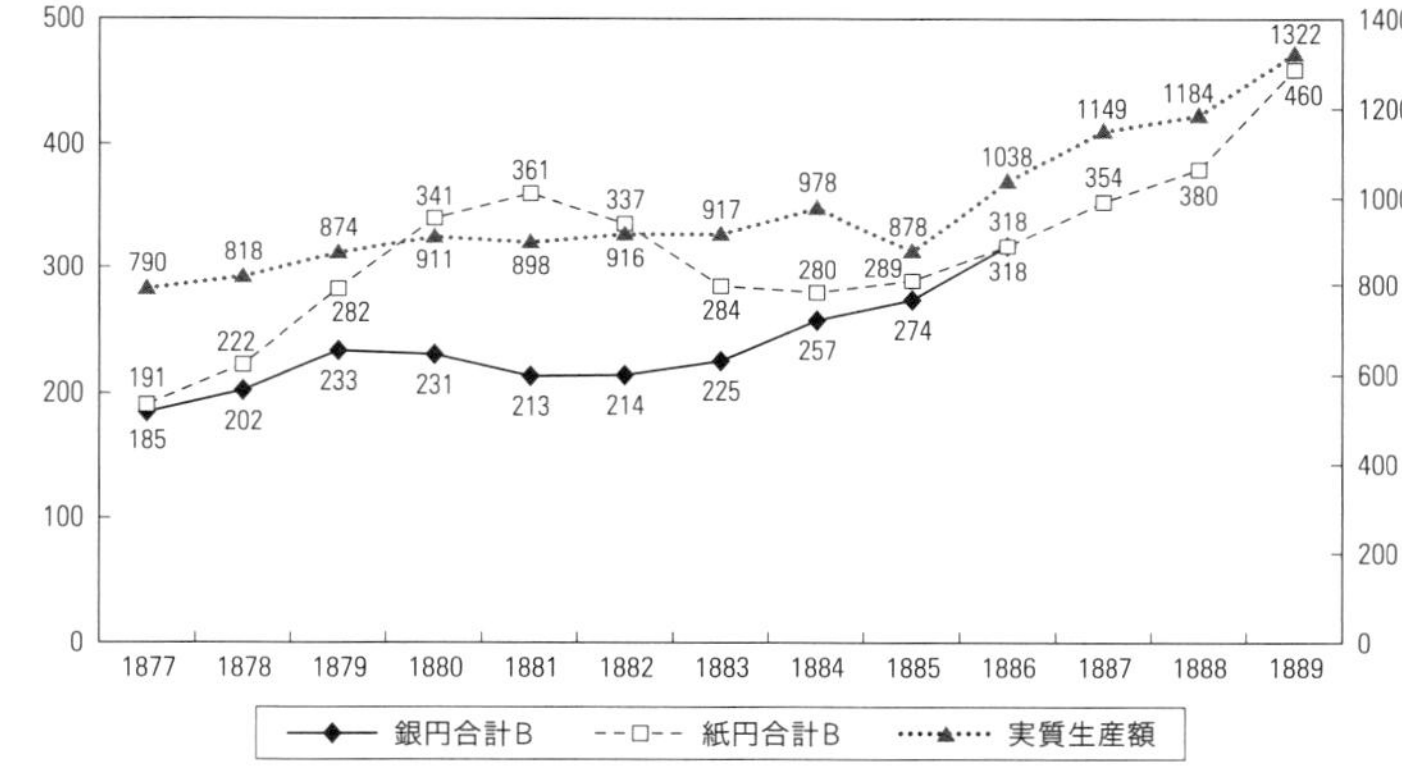

資料：『長期経済統計10　鉱工業』。
注：紙円生産額は、当年価格。銀円生産額は銀貨ベース生産額の筆者計算。実質生産額は、1934～36年価格。

倍増していったと考えられる。

松方財政期に銀円ベースの個人消費支出の顕著な拡大をもたらした強力な要因の一つは、士族や公務員等の所得拡大であったということができる。

近代産業および在来産業の賃金・所得状況

近代産業および在来産業から発生する所得は、どのような動きをしていたのであろうか。当時の製造業部門を全体としてみた生産額の推移を示すと、図5-10のようになる。

製造業全体の紙円生産額は、紙幣価格の騰落と連動して、一八七七年の一・九一億円から一八八一年の三・六一億円へとほぼ倍増し、その後急落して一八八四年二・八億円となって底をつける。一八八五年に二・八九億円へ転じると、以後は一貫して上昇を続け、一八八六年三・一八億円、一八八八年三・八億円と増大していく。これに対し紙幣価格変動分を除去した銀円生産額は、一八七七年一・八五億円から一八七九年二・三三億円まで上昇した後減少に転じ、一八八〇年二・三一億円、一八八一年二・一三億円と低下するが、一八八二年から一貫した上昇に転じる。一八八四年には二・五七億円、一八八六年には三・一八億円という具合である。この間の実質生産額（一九三四〜三六年価格）の動きを追うと、一八七七年の七・九〇億円から一八八〇年の九・一一億円まで増大したあと、一八八一年には八・九八億円へと低下し、一八八二年には九・一六億円へと上昇に転じ、以後ほぼ一貫した上昇を遂げ（一八八五年には八・七八億円へと低下しているが）、一八八六年一〇・三八億円一八八八年一一・八四億円と増大している。実質額で見ても一八八一年の景気後退で生産額を低下させた後、着実な生産額増加に転じていることがわかる。松方財政期における製造業は、一八八一年の景気後退から一八八二年には回復に転じ、順調に生産を拡大しつつ、銀円ベースで生産価額を急増させ、顕著な発展を遂げているることが数字の上も裏付けられる。一八八一年から一八八六年にかけての生産額の増大は、数量ベースで約一五％、銀円ベースで約五〇％に達しているのである。

製造業全般の生産動向を念頭に置きつつ、この間に進行した賃金労働者の所得変動状況を見ていくことにしよう。図5－11は、「貨幣制度調査会報告」で示された紙円ベースの物価水準と賃金水準の動きを示したものである。一八七三年を一〇〇とした紙円物価は、西南戦争時の一八七七年には一二二であったが、翌年から急激な上昇を続け一八八一年には一九九と、ほぼ倍増する。これに対して賃金水準は一八七七年の一一〇から一八八一年の一三九へと緩やかな上昇に止まっていた。賃金上昇は物価上昇に大きく遅れ、上昇率も鈍かった。そのためこの間に銀円賃金指数は、一一〇から八五へと急激な低下を経験していた。

図5-11 物価水準と賃金水準の動向(1873＝100)

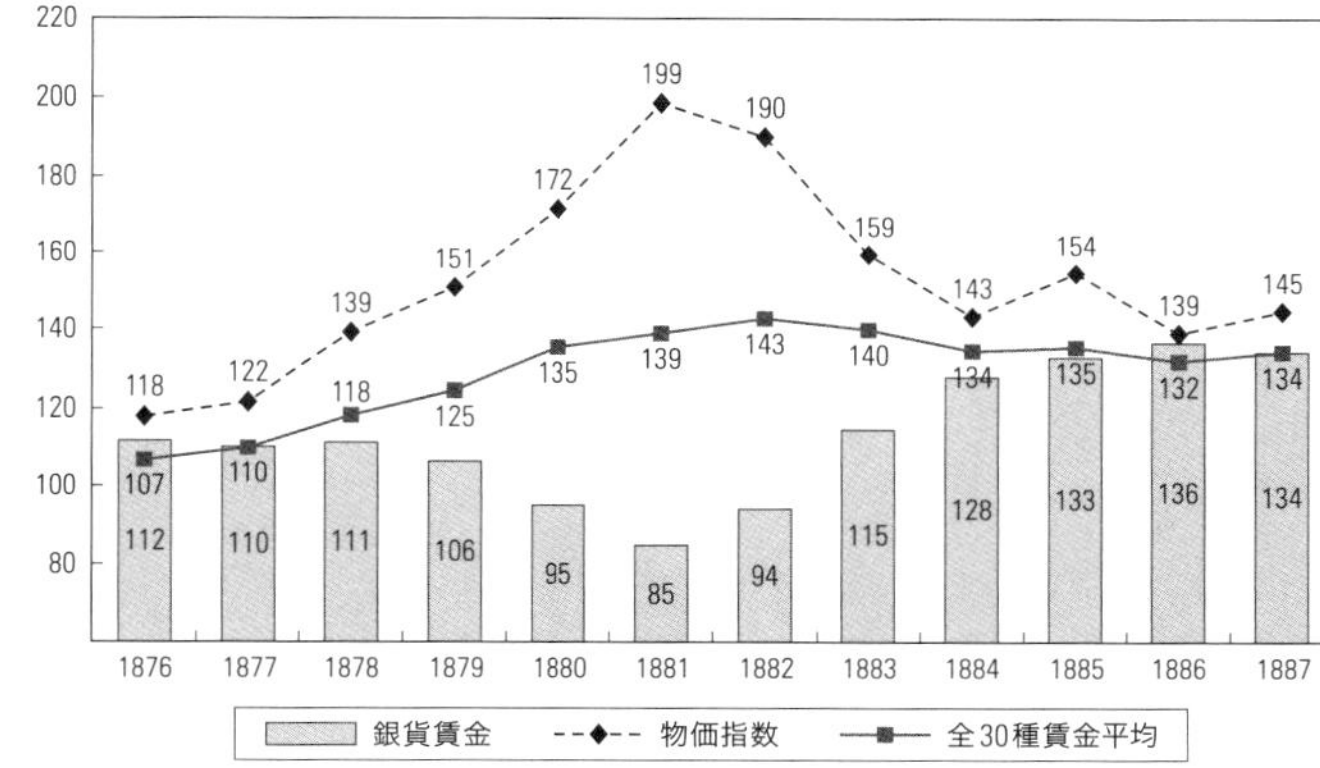

資料：貨幣制度調査会報告』。

しかし紙円物価は一八八二年に一九〇へ低下すると、一八八三年には一五九へと急速に下落する。一八八四年には一四三となり、一八八六年には一三九を記録する。これに対して紙円賃金は緩やかな上昇を継続して一八八二年に一四三まで上昇し、一八八三年にも一四〇に止まった。その後、一八八四年に一三四、一八八五年に一三五、一八八六年に一三二と微減傾向ながら安定した動きを続けた。賃金は物価が下降する局面においては、紙円物価と比較して遅れて反応し、しかも遙かに緩やかな動きの中で高止まっていた。そのため銀円ベースの賃金は一八八二年九四、一八八三年一一五、一八八四年一二八、一八八六年一三六と一貫して顕著な上昇を続けた。銀円賃金をボトムの一八八一年前後と松方財政終了期の一八八六年前後とで比較すれば、単純平均ベースで四七%程度の上昇を遂げていると見ることができる。このうち土木建築・日雇人夫・農業日雇などを除いた製造業一九種の銀貨賃金を賃金率ベースでみれば、同時期に一六銭程度から二〇

～二一銭（平均二〇・六銭）へと、二五～三〇％程度の上昇を遂げていたと考えられる[16]。このように銀円ベースで見ると、西南戦争後に賃金所得を大幅に目減りさせた賃労働者は、松方財政期には元の水準を大幅に上回る水準へと急速に所得を増大させていったことが確認できるのである。この間に進行した銀円ベースの製品価格の継続的な上昇が、賃金水準の上昇を許容する主要な環境条件として作用したと考えてよいであろう。

この間の有業人口の推移を見てみよう。農業人口の比率は、大隈期の七一・九％から、松方期の七〇・八％、企業勃興期の六八・九％へと着実に比重を減らしている。しかし絶対数は、大隈期の一五六二万人から松方期の一五六五万人へと微増しており、企業勃興期にも、その数は一五六三万と横ばい状態であった。農業部門の就業者が松方財政期に減少したわけではないことは確認しておかなければならない。この間、非農業部門は、二八・一％から三一・一％へと比重を増し、在来産業部門は松方期から企業勃興期にかけて二七・五％から二九・一％へと上昇している（表5-3）。絶対数で見ると、非農業部門は六一一万人から六四七万へ、そして七〇六万人へと増加している。松方財政は農業部門の縮小を招くことなく、近代産業部門・在来産業部門の着実な拡大をもたらしていた、と言うことができる。

有業人口の約三割をしめる近代産業と在来産業からなる非農業部門は、松方財政期に就業者の増加を伴いつつ、銀円ベースの平均賃金所得を著しく増大させ、製造業部門では賃金率ベースで二五～三〇％程度の賃金上昇が進行していた。それが松方財政期において個人消費支出を強力に押し上げる動力となっていったことは明確である。

大雑把なイメージを得るために、一八八一年前後の非農業産業従者数を六三〇万人とし、賃金平均を

表5-3 明治前期の有業人口構成の推移

	明治5〜7年	明治9〜13年	明治14〜18年	明治19〜23年	明治24〜28年
有業人口　A	21,414	21,730	22,115	22,683	23,458
農林業　B	15,555	15,624	15,650	15,625	15,509
非農業　C	5,859	6,106	6,465	7,059	7,949
近代産業D			406	468	681
在来産業E			6,059	6,591	7,268
B/A　%	72.6	71.9	70.8	68.9	66.1
C/A　%	27.4	28.1	29.2	31.1	33.9
D/A　%			1.8	2.1	2.9
E/A　%			27.4	29.1	31.0

資料：中村隆英『明治大正期の日本経済』東京大学出版会、1985年、188頁。

銀貨ベースで日給一六銭、年三〇〇日労働と仮定しよう。年間賃金所得は四八円となるので、総所得は三・〇二億円となる。一八八六年前後の労働人口を六八〇万人、賃金を日給二〇・六銭と仮定すれば、年間所得は六一・八円となり、総所得は四・二〇億円見当となる。したがって松方財政期には一・一八億円程度の所得増加が生じていることになる。このような大幅な非農業部門の所得増加が個人消費支出の大規模な拡大をもたらしていったと考えてよいだろう。

西南戦争から一八八一年にかけては、紙幣インフレの影響で実質的な賃金（銀円ベースの賃金）が低下し、非農業部門労働者や士族・公務員の所得は大幅に削減され、消費支出は強力に抑制された。これに対して松方財政期には、紙幣デフレが進行する中で実質的な賃金上昇と労働者数増大の相乗効果によって賃金所得が大幅に拡大し、それを反映して非農業部門の労働者および士族・公務員等の所得と消費支出は大きく押し上げられていった。

そしてこの間に進行した財貨の銀円価格の継続的上昇は、銀円ベースの賃金コスト上昇を吸収し許容する経営環境を創出しつつ、製造業の生産を急上昇させていく動力になった。その後、近代経済成長が本格化する企業勃興期以降には、大量生産システムが導入されるにつれ実質的な賃金水準は低下していくが、それは企業の利潤率を押し上げ、生産を急速に拡大し、雇用を拡大する動力となったと考えられる[17]。

経済成長と個人消費

西南戦争後の大隈期に個人消費の成長寄与が比較的小さく、やがてマイナスに転じ、松方期に個人消費の成長寄与が極めて大きくなった理由は、ほぼ明確となった。

紙幣インフレが進んだ大隈期には、米価高騰により地租負担が軽減されて農民の可処分所得は増大し消費も拡大したが、多くの農民が収穫米のかなりの部分を手元米として投機目的で保蓄し、借金で生活しつつ負債を累積させていた。他方、士族や公務員、非農業部門労働者などの所得と消費は強力に抑制された。このため全体としてみれば、個人消費の成長寄与はあまり大きくならなかった。農民や商人は、資金を主として米・田畑投機や銀貨投機などに運用したため、外面的に「暴富」を得た割に消費支出は大きく盛り上がらなかったのである。しかも紙幣価格の暴落が生じインフレが一層高進する中で、非農業部門や士族・公務員の実質的な所得の急激な低下が生じ、加えて米投機も破綻して個人消費支出の成長寄与がマイナスに転じる事態となり、一八八一年には明確な景気後退に陥った。

これに対して一八八二年以降の紙幣デフレが進んだ松方期には、米価下落と地租負担増大で農民の可処分所得が減少するとともに、米・田畑投機崩壊や養蚕業の苦境で没落する農民が相当数に上り、農業部門は不況に陥った。負債清算の過程で経済余力があまり大きくなかった中層農民を中心として土地を喪失する者が続出したが、農民層の全層的な分解と没落が生み出されたというわけではなかった[18]。通常の生産・消費活動を行なっていた農家にはほとんど影響は及ばなかった。一八八四年大凶作の影響で、農業部門の困難は深刻さを増したが、大幅な生産性上昇が実現して生産量が増大したため、米価が回復するとともに一八八五年以降には農業部門の所得は急上昇し、地租負担率は低下した。主として欧州不況による生糸輸出不振のあおりを受けた繭生産の低下と大凶作が重なった一八八四年には例外的に厳しい困難に見舞われたが、最悪期においても農業部門一般の基礎消費自体が継続的に大きく落ち込むという事態には至らなかった。

他方、松方財政期には、非農業部門労働者などの銀円ベースの所得は顕著に増大し、消費支出の力強い拡大を牽引した。紙円ベースの賃金水準の動きはかなり硬直的であったため、紙幣インフレ期には銀円賃金が削減されたが、紙幣デフレ期には銀円賃金は顕著に増大し、就労人口も増大したからである。同様に硬直的な給与水準の公務員や固定的利子収入に依存する士族層等も、この間に急激な所得低下から急速な所得回復を経験した。

非農業部門や公務員・士族の消費が大幅に拡大したことが、銀円ベースの個人消費支出を押し上げ、松方財政期の高成長を実現させる主要因として機能した。ことに都市部の士族・公務員・非農業労働者等の個人消費支出が活性化したことは、松方財政期に砂糖輸入など贅沢品消費の急速な拡大や家賃・湯銭の急上昇が生じていることに現われている。

紙円ベースで米穀や農地や銀貨の価格が上昇する局面では、インフレ期待が上昇して実質金利が低下することから、低資金コストを背景とした米や田畑や銀貨に対する投機行動が盛行した。やがて米・田畑投機が破綻し、次いで欧州不況の影響が養蚕農家に及ぶ事態となって、紙円ベースの負債を累積させた農民は実質金利急上昇の影響を受けて苦境に陥り、土地喪失を余儀なくされるものが続出した。他方、大隈財政期に余裕資金を銀貨投機に向けて巨額の銀貨・地金を保蓄していた商人等(豪農の一部その他も含む)は、投機が破綻しても直ちに経済苦境に陥ったわけではなかった。「二つの」投機は大きく明暗を分けることになるのである。

2 通貨環境の変化と経済行動の変化

混合流通制度下における経済行動とインフレ期待

不換紙幣と銀貨が混合流通する制度の下で、紙幣価値が低下して紙幣インフレが進めば、人々は紙幣円で対価を支払おうとするため、銀貨は一種の商品となり、銀貨に対する投機的需要が発生して銀貨は高騰する。紙幣で銀貨を購入し、銀貨が値上がりした時点で売却すれば、差益を得ることができるからである。そのため大部分の銀貨は流通市場から引上げられて退蔵されるか一個の商品として取引されるようになる。

これとは逆に、銀貨価格が低下し紙幣価値が回復する紙幣デフレ過程では、紙幣保有需要が高まる。将来の紙幣価値の上昇が確実視され、銀貨の値下がりが確実と予測されるようになれば、人々は保有銀貨・地金や古金銀を手放し、紙幣に交換することによって利益を得ようとする。例えば銀貨相場が一年で一・七〇円から一・三三円に下落する一八八二年一月から一八八三年一月の過程で、手持ち銀貨一〇円を紙幣一七円に交換し、紙幣価格が一・三三円に回復した時点で銀貨と交換すれば、銀貨一二・八円を手にすることができるため、約二八％の利益を得る。また交換した紙幣を年利六％で預金すれば一年後には一八円となり、それを銀貨に交換すれば一三・五円を手にすることができるので、三五％の利益を得ることができるわけである。したがって紙幣が値上がりし銀貨が値下がりすることが確実視される局面では、紙幣への投機的需要が発生する。人々は手持ちの保有銀貨を紙幣に換えようとし、退蔵されていた巨額の銀貨は急速に市場に復帰することになろう。

このような行動がとられる場合、人々は銀円ベースの収益期待を基準に経済行動をとることとなり、銀円ベースのインフレ率（銀貨減価率）を想定して行動する。銀貨で経済活動を行う主体は、銀円ベースの物価評価とインフレ期待に基づいて行動することになるのである。こうして大隈財政期に巨額の銀貨・地金を保蓄していた商人など（豪農の一部その他も含む）にとっては、銀貨投機の破綻は直ちに経済困難を意味するものではなく、むしろそれを契機として新たな利得の機会とビジネス・チャンスが生み出されたのである。

松方財政期には、郵便貯金が顕著な増大を遂げている。預金総額、預金人員とも一八八二年から大幅な増加に転じ、預金者の一口当り預金額も急速に大口化していった。一八八一年と比較すると一八八六年には、預金金額は八二・一万円から一五四六・二万円へ、預金人員は三・八万人から四九万人へと膨れあがった。一人当り預金の大口化は顕著であり、この間に二一・一円から三二円へと増大していく（表5－4）。そして大口預金者は、高級官僚や富裕層や大地主など様々であったが、その主要部分を占

表5-4 郵便貯金総額、人員、1人当り預金量の動向

	郵便貯金（千円）	人員（千人）	一人当り（円）	民間預金（千円）
1877（10）	100	5	17.4	—
1878（11）	286	14	20.3	—
1879（12）	494	26	18.7	—
1880（13）	662	36	18.3	12
1881（14）	821	38	21.1	14
1882（15）	1,058	46	22.9	15
1883（16）	1,298	87	26.4	22
1884（17）	5,260	141	30.9	26
1885（18）	9,050	293	31.5	31
1886（19）	15,462	490	32	40
1887（20）	18,213	569	29.7	46

資料：『日本経済統計総観』朝日新聞社、1930年

めていたのは裕福な商人であった[19]。

これは松方財政期に、商人を中心とする富裕層が、紙幣インフレ過程で手元に保蓄していた巨額の銀貨・地金（古金銀・地銀などを含む）を紙幣へ交換しようとする一方、手元余裕資金を預金して利殖するという行動が広く行われたことを示している。

この時期の郵便貯金は、極めて特殊な役割を演じている。通常は農家や都市の零細資金を吸収し、その貯蓄を安全に守るために安全な国債などに運用する（国債消化に役立てあるいは財政投融資の原資として使用される）というのが郵便貯金の姿とイメージされるが、松方財政期の郵便貯金はこのようなイメージとは全く異なっているのである。

松方は、「銀・紙の価格差」がなくなるまで銀貨蓄積と紙幣減却とを併進させ、銀貨兌換制度を整備すると宣言した。政府の財政経済の最高責任者が、天皇の支持と閣員からの委任を取り付け、確固不抜の決意で紙幣と銀貨が等価になるまで政策を実行すると宣言し、直ちに大

限・伊藤の内外債案を葬り、予算定額を固定し、準備金を活用して銀貨蓄積を積極化すると同時に予備紙幣消却に着手したのである[20]。

松方の機敏な行動と具体的政策実践は、人々の期待形成に大きな影響を与えた。松方の紙幣整理が確実に実行されると人々が信じれば、紙幣価格の継続的な回復が進行していく。松方財政開始と同時にインフレ期待は下方修正されたが、紙幣価格回復の趨勢が現実のものとなれば、紙幣の投機的需要はさらに高まる。このような状況が生じれば、紙幣整理事業は自ら軌道に乗る。「準備金」保有の紙幣を正貨(銀貨)に交換して銀貨を蓄積するという松方構想は、容易に実現可能な経済環境が整うのである。政府の銀貨需要が強くなるのと対応して、民間の紙幣需要(銀貨供給)が強くなるからである。両者の行動は補完的となり、民間に保蔵された銀貨の市場復帰が促進される。松方が政策的に主導した海外荷為替取組みによる海外銀貨調達の推進と、国内市場における退蔵銀貨の流入とが相俟って、松方の銀貨蓄積政策は急速に進展していくことになったのである。

準備金の「正貨収支」をみると、一八八一(明治一四)年一〇月から一八八五(明治一八)年末までに受入れた正貨総額一億六〇〇〇万円の内、荷為替取組みによる正貨収入は一八四二万円であり、これに逆為替取組みを加えると二一〇〇万円強となる。一方、準備金所蔵の紙幣を直接正貨に交換した額は正確には示されていないが、少なくとも正貨交換収入と正貨交換支出の差額六一五万円と買入金銀地金高と金銀地金買上げ高との差額七〇二万円の合計一三一六万円は、紙幣と正貨を交換して準備金に蓄積された純額分であることは確実である(表5−5)。また常用部貸出しが正貨で返納されるという状況が発生して二九七万円が準備金に環流している。一般に松方の紙幣整理においては、もっぱら海外荷為替により外国で正貨を受け取って正貨蓄積が図られてきたと理解されているが、実際には国内で相当額の銀貨が調達されていたのである。そこには、商人を中心として退蔵されていた巨額の銀貨・地金の市場復帰が深く関わっていた。

この間、紙幣整理に対する人々の信認は、対外危機が発生すると一時的な揺らぎを見せた。一八八二(明治一五)年七月の壬午事変や大規模な軍備拡張案の浮上、一八八四(明治一七)年一二月から一八八五(明治一八)年三月まで続く甲申政変による清国との紛議などが発生するたび、紙幣価格は急落を見せた。しかし事変が収束すると紙幣価格は急速に回復し、一八八五(明治一八)年五月に日本銀行が兌換銀行券の発行を開始すると、六月には紙幣価格が一円四毛となってほぼ銀紙の差は消滅し、紙幣整理は事実上完成する[21]。

松方の紙幣整理は、対外危機の高まりによる紙幣価格の動揺によって揺さぶられたが、約三年半でその基本的目的を達したのである。そして農業部門を除けば、当初予測されたような深刻な不況が発生することはなく、実際には逆に松方財政開始とともに経済は回復に転じ、次いで高成長へ移行していったのである。

政府の銀貨蓄積には、かなりのコストが伴った。国庫に保有する紙幣を銀貨と交換するたびに、政府は銀貨値下がり分に相当する損失を出すことになるからである。それは国庫から紙幣保有者へ財政資金を移転する効果を及ぼす。実際に準備金は、保有紙幣と銀貨とを交換することを通じて、対民間で約一三一四万円程度の純損失を計上することになったのである。もっとも他方で政府部内(常用部)の正貨必要分に対して時価交換を行った結果、常用部から正貨交換差益八一二万円分の資金が準備金に移転され

表5-5 準備金の正貨収支

受入金額		備考
明治14年10月21日正貨高	8,674	
外国荷為換取組高	18,424	準備金紙幣を支出し横浜正金銀行扱いの海外荷為替高＝海外で収入した正貨高
逆為替金収入	2,783	在外公館等の海外で準備金に受入れ、日本への為替を取り組んだもの
貸出金返納	2,970	常用部貸出し金の内、正貨で返納されたものを準備金に受入れたもの
米国昆布売却代	1,887	
交換正貨収入	19,522	準備金の紙幣もしくは正貨で交換収入した金銀貨高
常用部決算残金受入	74	
鋳造正貨受入	19,523	準備金の金銀地金を造幣局に受入れたものの内、貨幣に鋳造して再受入れしたもの
為換代り金受入	8,772	準備金の外国在高をもって諸官庁等の海外払いを行った代金を正貨によって受入れた高
買入金銀地金高	22,834	準備金中の紙幣あるいは正貨をもって買入れた金銀地金の高
地金売却代収入	9	準備金の銅貨を売却し正貨を受入れた高
雑収入	559	
合計	106,035	
払出金額		
諸為換払金	14,584	外国債払い、軍艦等の諸官庁払いを外国において為替払いしたもの
正貨交換支出	12,504	常用部その他各官庁のために紙幣あるいは銀貨を受入れ時価をもって金貨･銀貨に交換した高
造幣局へ輸入地金	19,524	準備金の金銀地金を貨幣鋳造のため造幣局に移動させた高
地金売却高	18	
金銀地金買上高	16,737	金銀地金購入のため正貨を支出した高
雑支出	402	
合計	63,770	
差引19年1月へ越高	42,266	

資料：「紙幣整理始末」『日本金融史資料　明治大正編』第16巻、64～65頁

ており、準備金自体の純交換差損は五〇〇万円内外に止まった計算となる〔22〕。

海軍拡張過程でとられた必要銀貨の時価交換措置は、海軍予算の圧縮と準備金充実を両立させる作用を発揮した。それは紙幣整理事業を強力にサポートする財政方式であったことは明確であろう。そして準備金は、政府部門が銀円ベースの財政運営を実行する上で露払いの役割を果していたのである。

「銀・紙の差」の解消を目指す紙幣整理は、銀貨保有者への所得移転に止まらず、紙幣保有者一般の購買力を増大させる作用を伴う。したがって紙幣整理＝正貨蓄積政策は、民間部門の銀貨保有者のみならず紙幣保有者の購買力を著しく増大させ、民間部門の消費と投資を拡大させる能力を生み出していった点も忘れてはならない。

一方政府には、「紙幣で貸付け、銀貨によって回収する」という銀貨蓄積方式が生み出すコスト負担を軽減しようとする誘因が発生することは当然であろう。そのコストを避けつつ銀貨蓄積を図るには、「銀貨による貸付け、銀貨による元利回収」が好ましいことは言うまでもない。政府では、準備金の銀貨蓄積が進むにつれて、銀円ベースの貸付・取引に転換する誘因が強まる。あるいは元利を銀貨で償還する金札引替え公債を募集しようとする誘因を強めることになる。逆に民間では、政府からの借入金に対して銀貨で返済しようとする誘因や正(銀)貨建ての公債発行に対する需要が高まることになろう。

通貨現在高の推移

紙幣整理は、紙幣の対銀貨価値の回復を促すとともに、銀貨・地金の市場流入を促すことから、銀円ベースの実際の通貨流通量は大幅に拡大することになり、金融緩和作用が生み出される。そして銀貨ベースの収益計算や物価評価が支配的になる中で、銀貨価値（購買力）の低下が進行するため、銀円ベースの物価を継続的に上昇させていくのである。

通貨流通高は、西南戦争後の戦費決算の過程で一挙に二七〇〇万円の政府紙幣が増発されたことにより、一八七八年に急膨張した。紙幣の銀貨換算額は、一八七七年の一億一五六八万円から一億三六一五万円へと急増した。しかしその後の紙幣インフレの高進と紙幣消却の進行によって、流通紙幣の銀貨換算額は一八八一年には九〇四四万円にまで急収縮する。この間に硬貨を含めた通貨総額は、一億九二四五万円から一億四〇六九万円へと約三五%縮小したのである（表5-6）。そして一八八一年の時点では金貨・銀貨は大部分流通から引上げられたと考えられるため、実際の市場通貨流通額は紙幣分の九〇四四万円水準にまで縮減していたと見られる。実質的な通貨流通ストックは、この間に文字通り半減するほどの縮小を経験していたと見て間違いなかろう。

松方財政期には、これとは逆の過程が進行した。政府紙幣の流通残高は一層削減されたが、紙幣価格の急回復が進むにつれ、紙幣の銀貨換算流通高は一八八六年には一億三六八五万円へと急速に拡大した。それと並行して国内退蔵銀貨の市場流入が急速に進んだと見られる。また一八八一年から一八八六年まででに金銀貨ストック量が約二〇〇〇万円増大しているが、その主要な部分が海外荷為替による正貨流入に起因するものであったと考えてよい。その結果、一八八六年の総通貨流通残高は一億九八五六万円となり、一八七八年の水準を上回ることになる。実質的な銀貨ベースの通貨流通高は、松方財政期にほぼ倍増したと見られる。

このような経緯から、紙円ベースで深刻なデフレが生じた松方財政期には、銀円ベースでは金融が急

表5-6 通貨流通高の銀貨換算額と伸び率

	金貨	1円銀貨	補助銀貨	新旧銅貨	硬貨合計（A）	紙幣流通高	銀貨換算紙幣（B）	総計(C)=(A)+(B)	貨幣供給伸び率
1871	2,667	2,740	1,409	5,625	12,441	60,272	59,913	72,354	
1872	26,161	3,663	3,859	5,625	39,307	68,400	64,165	103,472	43.0
1873	43,551	3,663	7,597	5,634	60,446	89,643	77,647	138,093	33.5
1874	39,712	4,572	8,765	6,060	59,109	103,797	90,547	149,656	8.4
1875	32,317	4,478	9,610	6,934	53,339	101,492	99,595	152,934	2.2
1876	29,840	6,140	12,868	7,952	56,801	106,892	108,962	165,763	8.4
1877	25,741	5,869	15,547	9,034	56,191	119,151	115,680	171,871	3.7
1878	23,227	6,423	16,913	9,734	56,297	165,698	136,153	192,450	12.0
1879	19,823	7,384	14,159	10,192	51,557	164,355	123,020	174,577	-9.3
1880	14,929	9,443	9,589	10,666	44,627	159,367	96,062	140,689	-19.4
1881	13,697	9,368	8,136	11,241	42,441	153,302	90,444	132,885	-5.5
1882	13,049	13,843	7,499	12,231	46,622	143,754	102,829	149,451	12.5
1883	12,655	17,196	7,301	13,199	50,351	132,275	119,167	169,518	13.4
1884	11,998	20,138	7,263	14,123	53,582	124,396	107,983	161,565	-4.7
1885	12,555	22,414	9,253	14,756	58,977	122,153	122,154	181,131	12.1
1886	13,288	24,087	9,253	15,079	61,706	136,852	136,852	198,558	9.6

資料：「明治三十年幣制改革始末概要」『日本金融史資料　明治大正編』第17巻および前掲「紙幣整理始末」より作成。

注：国内正貨流通高は発行高から鋳潰高および純輸出高を控除したもの。紙幣流通高の1885年以降は兌換銀行券を含む合計。通貨供給伸び率は、銀貨換算総流通額(C)の対前年伸び率を算出したもの。

速に緩んでいった。この間、政府は一八八二年に日本銀行を設立、一八八三年に兌換銀行条例を制定し、一八八五年五月より兌換日銀券の発行を開始した。六月六日には第一四号布告で一八八六年一月をもって準備金の正貨をもって政府紙幣の銀兌換を開始すると発表した[23]。このような一連の流れの中で、人々は紙幣価値の急速な回復と銀貨兌換制度の成立を念頭において物価を評価し、将来物価を予想するようになる。実際に銀円ベースの物価上昇が進行するにつれて、インフレ期待はプラスに転換し、銀円ベースの実質金利は低下していった。銀円ベースで経済の高成長を生み出す貨幣環境が急速に形成されていったのである。ここに松方財政下で生じた経済高成長を生み出す隠れた金融環境の出現を見い出すことができる。

政府部門における行動変化

政府は一八七三(明治六)年に年六分利の金札引替え証書を発行し、政府紙幣を持参した者に交付し元利償還を金銀貨で行うことを定めたが、応募はほとんどなかった。しかし一八八〇年には三〇〇万円の応募があった。紙幣価格が急落して、年六分の正貨利子を紙幣に換算すれば一割以上の金利となることから一時的に人気が出たためであった。その後紙幣整理が始まり銀貨価格が低下したため魅力が薄れ、応募は一八八一年六三万円、一八八二年四三万円、一八八三年三七万円と縮小していった。このような中で一八八三年一二月に条例が改正され、外国人の応募ならびに銀貨による応募が許された。その結果、一八八四~八六年の三ヵ年の発行高は八〇〇万円に増加し、国庫の正貨蓄積に貢献した[24]。松方財政下では、財政部門でも銀円ベースでの公債売買が行われるようになっていった。同時に一八八三年一二月には正貨で応募できる大規模な鉄道公債（総額二〇〇〇万円）の発行が決定され、正貨吸収と紙幣整理の促進並びに鉄道建設事業が促進された。また政府は、常用部からの政府貸付金に対して正貨による返納を認めた。

財政支出は、銀円ベースで顕著に拡大していった。政府購入額は、銀円ベースで一八八一年の三四八〇万円から一八八六年の七八〇〇万へと倍増する。それは、強力な経済拡大効果を及ぼした。紙幣整理のための財源は優先的に確保され準備金を充実するための措置がとられたが、土木費・教育費・軍事費などを中心に大規模な支出拡大が進行していった。この間緊縮財政の枠組みを維持する努力がなされ決算収支は準備金資金の繰入などにより黒字で完結させたが、当時の実際の年度財政収支は連年「赤字」を計上していた[25]。政府の財政運営行動は、緊縮財政スタンスをとりつつ、景気刺激的な機能を果し続けていたのである。

一八八三年以降の軍備拡張に伴って大規模な軍艦製造費が計上され、その大宗を占める海外建造分は銀貨と時価交換で支出された。これに伴い銀貨ベースの輸入艦船価格が海軍拡張予算を左右するようになり、国際的な銀貨価格低下が船価上昇に跳ね返り正貨流出を加速する事態に注意が集まることになる。このような中、準備金は政府部内の外貨必要予算を銀貨と時価交換する銀円ベースの会計処置により、準備金充実と正貨蓄積を両立させる運営を行うようになったのである。

銀円ベースの財政運営が拡大する中で、政府部内でも「銀貨の価値が下落している」という捉え方が自然にあらわれることになる。一八八四年に、外交上の配慮も働いて、横浜の水道布設事業に対する国費一〇〇万円の支出が決定された[26]。一八八四年一〇月の横浜の水道布設事業に関する建議の中において、松方は、一二九万円（銀貨九六万八五〇〇ドル）の銀貨払い請求に対して、実際の銀貨所要額は遙かに少ないとし、また「銀貨相場も目下大に下落相成候儀にも有レ之」として、紙幣一〇〇万円を提示したのである。正貨必要部分を時価交換して供給すれば準備金に交換差益が生まれ、その分予算削減効果が働くことは明らかである。

政府部内でも、銀貨が下落しているという認識が自然に浸透し、財政運営がそのような認識を前提に行われるようになっていたことを示している。そして銀貨下落は、銀円ベースの物価上昇を含意していることは言うまでもない。

いずれにせよ松方財政期に、政府が銀円ベースでの財政運営を強化し、併せて大規模な銀円ベースの公債売買を実施したことが、市場における銀円ベースの物価予想や金利評価や取引拡大の動きを促進したことは間違いない。また銀円ベースの財政支出の大膨張は、総需要を拡大するとともに、物価上昇圧力としても作用することになったのである。

海外荷為替制度の銀円ベース運用

松方の紙幣整理は、準備金を活用した海外荷為替による正貨蓄積を主要な支柱に据える構想のもとで推進されたが、この海外荷為替においても、銀円ベースでの金融方式が支配的となっていった。元来、海外荷為替制度は生糸・茶などの輸出に対して荷為替を組み、「紙幣で貸し付けて、外貨を取得し、それを紙幣に換算して返納する」システムであり、内商による直輸出を奨励するとともに政府の海外支払を円滑に行うことを目的とした「紙幣円ベース」の制度であった。

しかし紙幣インフレが進行する中で、この制度はもっぱら内商の投機活動に利用され、直輸出振興の機能をあまり果さなかった。そこで一八八二(明治一五)年二月、松方は外国荷為替取扱規程を改定した。

「荷為替換金は総て紙幣を以て貸付け其返納は外国貨幣即ち荷物売却代金を時価に依り紙幣に換算して返納するの定めなり故に当時紙幣の価格日に下落するに際し輸出商人は概ね正当の目的を以て商業を営まず徒に投機心を起し紙幣価格の高低より生ずる浮利を得るに汲々たりしこと是なり」[27]

大隈財政期には、商人の投機行動が激しく、荷為替制度も投機の手段として活用され、正業が停滞する事態が進行していた。このような状況を是正するために、「為替金の相場は其取組の日に於て其時相場に拠り外国貨幣に換算し置かしむること」に改定されたのである[28]。

この改定は投機目的の荷為替取組みを防止し、正貨吸収を確実にすることを意図した処置であった。しかし紙幣相場が着実に回復していく過程においては、それは継続的な交換差損を生み出す源泉となる。準備金の「正貨交換差損」は膨張していった。国庫にとっては銀貨蓄積にともなうコストが上昇することを意味する。ただしそれは荷為替を取り組む商業活動に対して政府が一種の補助金を給付するのと同じ効果を生むため、その面では輸出振興作用を及ぼすとともに正貨蓄積速度を高める役割を果したともいえよう。

松方は大蔵卿に就任すると直ちに、海外荷為替の目的を「大蔵省に正貨を吸収すること」へと変更し[29]、準備金への正貨蓄積に重点的に取り組んだ。しかし直輸出促進を目的として内商に「紙幣円」

を貸し付ける制度では、海外荷為替による正貨吸収には限界があった。日本の輸出の約九割は、外商が支配していたからである[30]。そこで一八八三（明治一六）年一一月から外国人との取組みを開始し、翌年六月には「外国人為替取組手続」を制定し、荷為替制度の適用を外商へと拡大した[31]。そして制度自体も、外商に対して「銀貨で貸し付けて、銀貨で回収する」システムへと改定したのである。こうして海外荷為替金融でも「銀円ベース」の取引が支配的となり急拡大していった。正貨蓄積は、一八八四（明治一七）年以降、加速度的に進んでいく。

「一七年六月外国人荷為替換取手続を定めたる以来外商の為替取組を請求するもの陸続として多く随て海外に於て巨額の正貨を取得し……一七年九月以降は海外市場の形況に依り或は銀塊を買入れ之を回送し或は為換にて回金し大に準備正貨を蓄積するに至りたり」[32]

この改定を経て、海外荷為替制度は一般的な貿易金融機能を果すようになった。そして横浜正金銀行は、銀円ベースで取引を行うこととなり、貿易金融では銀円ベース取引が支配的となる。

「銀・紙の差」が急速に縮小する趨勢の中で、銀円ベースでの取引と金融が拡大し、銀円ベースで金利・収益計算を行う経済主体が増大するにつれて、銀円ベースでの物価評価が支配的となっていく。そして銀円ベースで物価が継続的に上昇するという環境は、人々のインフレ期待をプラスに転換させる動力となる。それは、銀円ベースの取引において実質金利を低下させ、投資を活性化させ、経済成長を促す動力の一つとなっていくのである。

こうして商人を中心に流通から引上げられ蓄積されていた巨額の銀貨・地金や古金銀などの正貨ベースの余裕資金が、国内生産や商業取引に出動する環境が、松方財政下で急速に整っていったということができよう。

「準備金」保有国債の紙幣との交換

これより先一八八二(明治一五)年八月松方の太政官への稟申によって、「準備金」の減債部が保有していた公債二〇〇〇万円を荷為替資金として運用するため順次売却して紙幣を獲得することになった。減債部は、保有する国債を準備本部の正貨と交換して管理することとなり、一八八五年には正貨のみを保有するようになる[33]。

準備金が保有する紙幣は、当初は主として海外荷為替により紙幣で貸付け、正貨で返済を受けるという方法で運用された。しかし準備金保有の紙幣がすべて正貨に置き換わる中で、準備金保有の国債を売却して紙幣を獲得し、この資金を運用して正貨蓄積を進める方策がとられたのである。その後準備金保有の紙幣がなくなるにつれ、一層の銀貨蓄積を図るには「銀貨で貸し付け、銀貨で元利を回収して」増殖を図る行動が採られることは自然の成り行きであったといえよう。

ところで準備金が巨額の国債売却を行うにあたって、国債価格の低下が生じないよう配慮されたことは明らかである。国債売却は、準備金保有の紙幣が減少するにつれ本格化したと考えられるが、国債価格は松方財政期を通じて上昇していった。政府がどのような方法で国債を売却したかは明確になっていないが、一般には金融機関や商人や高所得者など余裕資金の保有者をターゲットにしたと考えられよう。日本銀行が開業するにあたって積立金や準備金で国債を購入しているので[34]、その一部が準備金保有の公債購入に向けられた可能性はある。しかし種々の方法の中で最も大口の回路となったのは郵便貯金であったと考えてよかろう。郵便貯金原資は、確実な運用が求められるため、その大部分が国債保有に向けられたとみられる[35]。すでに見たように郵便貯金は、松方財政下で急速に貯金額を増大させた。一八八一年には八二・一万円にすぎなかったが、一八八三年一二九・八万円、一八八四年五二六万円と増加し、一八八五年には九〇五万円、一八八六年にいたっては一五四六万円と大膨張を遂げている（表5−4）。

このような中で一八八四〜八六年の一口当り預金額は三〇円を超え、大口の預金者が預金の主体となったが、商人がその中心だったことはすでに見たとおりである。彼らは、大量の保有銀貨を紙幣と交換し、それを元利償還が確実な郵便貯金に預け入れ、紙幣値上り益と預金金利を享受する行動をとった。とすれば商人の保有銀貨や手元資金が、郵便貯金を介して準備金の海外荷為替資金をファイナンスする役割を演じ、銀円ベース取引拡大の資金を供給して、海外貿易金融を拡大していったことになる。また商人保有資金の他の一部は、商取引や国内生産活動に運用するための方法を見出していった。

在来綿業へのインパクト

その一例が、輸入綿糸を活用した在来綿業の発展に反映されていると見られる。松方財政期の綿織物生産の動向を一瞥してみよう。この時期には、輸入綿布や英国綿糸を使用した国内生産が急速に低下するという状況が進むが、その中で手紡・ガラ紡国産が一端大幅に低下した後盛り返しの動きを示してい

図5-12 綿布需要の動向(単位:繰綿換算万斤)

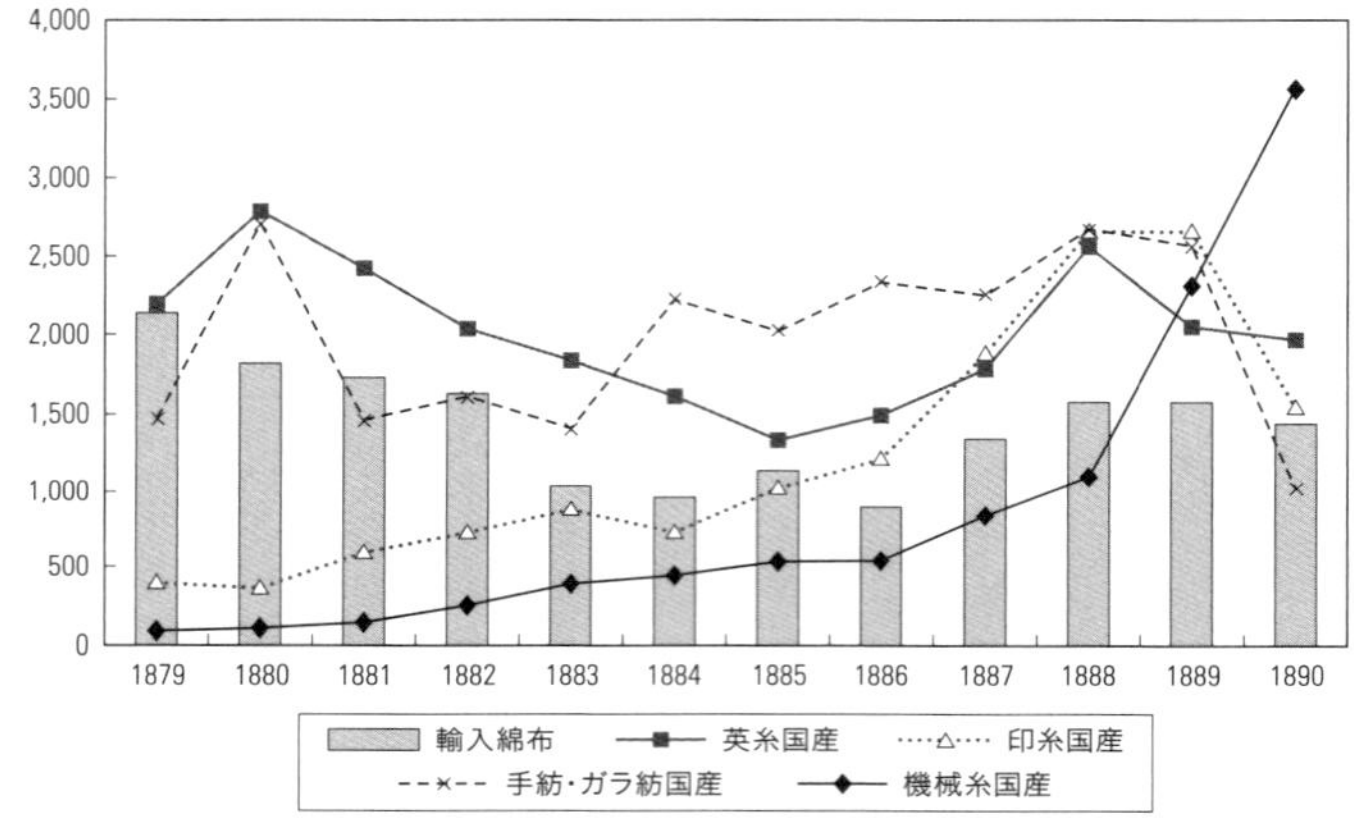

資料：高村直助『再発見　明治の経済』表Ⅶ－2。原資料は、中村哲『明治維新の基礎構造』付表3、『横浜市史　資料編2　日本貿易統計(増補版)』、農商務省『日本綿糸紡績業沿革紀事』

注：英糸国産、印糸国産、手紡・ガラ紡国産、機械糸国産は、英国綿糸を使用した国産綿布、印度産綿糸を使用した国産綿布、手紡・ガラ紡糸を使用した国産綿布、国内紡績糸を使用した国産綿布の略である。

るのに対して、印度綿糸を使用した国産綿布と機械糸を使用した国産綿布が一貫した拡大を示している。そのうち松方財政期の国産綿布の生産拡大を主導したのは印度糸国産であり、次の企業勃興期に他を圧倒して国産を主導したのは機械糸国産であったということができよう(図5－12)。

松方財政期の産地織物業の動向を規定していたのは、輸入綿糸の導入と製品の販路拡大を担った在地商人の活動であった[36]。生産を顕著に拡大した新興産地に対しては、東京や横浜の輸入綿糸商が、在地綿糸商を介して、生産者に安価な綿糸を供給するシステムが形成され、生産された綿布は在地の仲買商が購入し、積極的な新市場を開拓し全国市場へと販路を展開する動きを示していた。その中で小織物経営者に対する「商人」の新たな事業資金の投資手法として「問屋制」が見られるようになる[37]。それは、在来の小農家族経営に対して、綿糸仕入れと綿布販売にともなうリスクを除去し、元手なしに織物生産を実施できる経営手法を提供するものであった。問屋や織元が織機と原料糸を現物で供給し、生産された織物製品を引き取る「出機制」が新興産地で登場し、やがて普及していったのである。産地間の厳しい競争に勝ち残り、新たな発展の動力を掴んだのは、コストの安い輸入綿糸を導入し、生産性の向上を成し遂げた問屋制家内工業（賃機・賃織）形態をとる小規模織物生産であった。製品の品質向上とコストダウンが販路拡大と結合された強力な企業モデルであったといえよう。それは、後の少数の近代的大企業と多数の中小企業が併進して発展していく日本の綿織物業の主要な動力源の一つとなっていったのである[38]。

輸入綿糸を用いた綿織生産が急速に拡大するには、輸入綿糸の供給を拡大させる動因とそれを用いた製品販売を積極化させる要因が働かなければならない。紙幣価格回復（銀貨低落）という貨幣環境が生じると、東京や横浜の大輸入綿糸商が保蓄銀貨を綿糸輸入拡大に向けるインセンティブが強まる。しかし輸入綿糸の販路が拡大しなければ、滞貨となり損失が発生する。他方、価格の継続的低下は、綿織生産者に対しては綿糸購入を遅らせ仕入れ価格を低減させようとするインセンティブを発生させ、また信用購入の実質金利負担を上昇させる。生産された綿布を購入する在地商人も同様のインセンティブに晒され購入を抑制する要因となる。このような状況を克服する有力な方法の一つが、在地綿糸商と仲買商の機能を統合し織物生産を行なう問屋制であったと考えられる。問屋制では前記三者間の取引は現物ベースで内部化され、綿布の生産コスト・生産数量と販売価格・販売数量の両面を睨みながら経営を行なうことができるため綿糸購入と綿布購入に伴うリスクとコストが軽減され、綿布生産者も安定した機織り収入を得ることができるからである。こうして銀貨保有リスクの増大は、輸入綿糸商に大量仕入れのインセンティブを与え、問屋制経営モデルの登場を促し、製品価格を低下させ、全国市場への販売を拡大する動きの一翼を担うことになった。この時期に輸入綿糸の急速な増大が見られる一方、手紡・ガラ紡の大きな落ち込みが生じているのはそのためであったかもしれない。問屋制は、品質改良と生産コストダウンを実現し、在地商人の全国的な販路展開能力と織物生産販売に伴う価格変動リスクとコストを内部化して消化する機能を併せ持つ経営モデルとして登場し、やがて有力な在地生産形態として普及していくことになったと考えられる。

当時一般に農村部は不況に呻吟し、農村織物市場は厳しさを増していた。しかし都市部や生産が回復した非農業地域では、士族・公務員、企業家や商人、賃金労働者、サーヴィス業などを中心に実質的な所得が大幅に増大し、マクロ経済全体としては消費支出が顕著に拡大したため、全体としての織物需要は大きな落ち込みを示さず、国内市場で競争力を増した産地に対する需要を支えたと見られる。産地間競争で勝ち残った産地にとっては、生産を拡大していく上で、十分な国内市場の拡大が進行していたと考えられる。

輸入綿糸を大量に購入して在地商人(問屋)に供給するシステムは、輸入綿糸商人が手持ち銀貨を活用する上で、極めて適合的な条件を備えていた。松方財政期に発展を示した綿織物産地では、原料を輸入綿糸に切り替えたことが競争上大きな役割を果したと見られるが、その動きは商人の保有銀貨を有利に活用する事業形態によって活性化された側面が強いのではないか。

総じていえば、松方の紙幣整理事業によって銀貨投機は破綻するが、それは商人を中心に保蓄されていた巨額の銀貨を有効に活用するインセンティブを強める作用を果した。手持ちの銀貨を、紙幣に交換して保有するか、預金にするか、有利な投資先を見出して運用するかという選択肢が発生する。そこに、松方財政下で輸入綿糸商の活動を背景に「問屋制」が新たなビジネスモデルとして登場するに至る契機を窺うことができる。それは銀円ベースの企業活動が、日本経済を活性化していく上での回路の一つとして機能したと言えるのではないだろうか。

銀円環境への転生

紙幣整理が実行され、いずれ「銀・紙の差」がなくなると人々が確信するようになれば、外国人が保有する銀貨や国内退蔵銀貨が国内市場に流入することは確実である。銀貨は、単に紙幣に交換するプロセスを介するだけでも利益を生み出すからである。そのため銀貨の供給は拡大し、海外荷為替を介した銀貨流入も加わって、銀価格は低下していく。したがって政府が紙幣整理(紙幣価格回復)を確実に実行していくと公約し、人々がそのコミットメントが確実だと信じれば、「準備金」保有紙幣を銀貨に変換することを通じて自力で銀貨蓄積を目指す政策環境が整うと同時に、銀円ベースの通貨拡大と物価上昇環境が出現することになるのである。

他方、人々が保有銀貨を紙幣に交換して利殖を図ろうとする行動は、銀円ベースでの収益率を前提として行動することを意味する。そして人々は「銀・紙の差」が縮小しやがて消滅する事態(銀貨兌換が開始される時期)を予想して行動するため、商品・サーヴィスの値動きについて、紙幣価格と銀貨価格を同時に認識して行動することが普通となる。政府部門や民間部門で銀円ベースの運用や取引や貸借が本格化するとともに、人々が近い将来の銀貨兌換制度確立を前提として行動することになれば、銀円ベースの物価予測や利益率の測定が支配的となっていく。

大隈財政期には、銀貨は市場から姿を消し、紙幣価格が暴落してインフレが進み、紙円ベースのインフレ期待が上昇する中で、銀円ベースでの通貨供給量の縮小が進行し、金融は逼迫した。これに対して松方財政期には、紙幣価格の急回復が生じてデフレに転じ、紙円インフレ期待はマイナスとなった。しかし銀円ベースでは、通貨供給は急拡大し、金融が緩和され、銀円物価は上昇を続けていった。「銀・紙の差」をなくして銀貨兌換制度を確立するという政府公約が市場信認を獲得したため、銀貨の市場流入が拡大し、銀貨価格は急速に低下していった。銀円ベースの物価上昇が続きインフレ期待がプラスになると、銀円ベースの実質金利は低下して、企業活動の起爆剤となり、投資を誘発することになる。

松方財政期には、紙円ベースのデフレ(期待)とオーバーラップする形で銀円ベースのインフレ(期待)が生じたため、紙幣デフレにともなう実質金利の高騰の影響は紙円ベースの負債を累積させていた農業部門などにほぼ限定される一方、海外貿易部門や近代産業部門や在来産業部門や政府部門においては銀円ベースでの実質金利低下の利益が現われて、投資活動や公債発行の活性化が生みだされたのである。

こうして紙円ベースで進行した「松方デフレ」の下で、銀円ベースの通貨供給拡大と物価上昇が継続する経済環境が形成されることになり、銀円ベースの個人消費支出や政府支出の顕著な拡大が進行し、それに民間投資の盛り上りが加わって、内需主導の高成長経済が出現することになったということができよう。大隈財政期から松方財政期にかけて、日本経済は紙円インフレ(期待)が支配する世界から銀円インフレ(期待)が主導する世界へと急速に転生していったのである。

終章◆「松方デフレ」のヴェールと経済の実相

大隈財政から松方財政へ

不換紙幣と銀貨が混合流通する弊制の下で、紙円ベースで生じた激しい物価の騰落は、実体経済にも大きな影響を与えた。

紙幣インフレが進んだ大隈財政の局面では、銀貨は流通から引上げられ、減価した政府紙幣が計算貨幣となったことから大規模な所得の再分配が引き起こされた。政府財政の実質額は急激に縮小する。税収の大部分を占める定額地租は減価した紙幣で納付され、米価高騰で富裕化した農民の地租負担は半減した。反対に紙幣で給付される固定的収入に依存していた士族や公務員などは、実質的な所得を半減させた。また一般物価の急騰に比べて硬直的で低位に止まった賃銀は、非農業部門の労働者の実質収入を大幅に減少させた。結果的に、「暴富」を手にして一挙に富裕化した農民や銀貨投機や相場で利益を得た商人などを除く、ほぼ全ての人々が経済的打撃を受けたのである。

反対に紙幣価格の回復が進む松方財政期には、農民は一人勝ちの受益者から負担が集中する受難のプロセスに巻き込まれた。米価が急落し、収入が急減して、定額地租負担は上昇した。米投機や田畑投機に走っていた中農層や負債で生産を拡大した養蚕農家などは、堆積した紙円ベースの高利債務の返済に苦しみ、破綻した農民は土地を手放すことを強いられ、土地兼併が進行して地主制が拡大していった。しかし巨額の銀貨を保蓄していた商人などは、銀貨投機が破綻しても、銀貨を活用した新たな利得のチャンスが生じたため、農民とは全く異なる経済環境に置かれた。一方、政府の実質収入は上昇し、士族や公務員などの所得は大きく改善された。また非農業産業部門でも実質的な労働賃金収入は急速に上昇していった。

松方の紙幣整理に対しては、政府内外から強い反対が涌き起こった。しかし紙幣整理は農民以外のほぼ総ての人々にとって実質的な所得を顕著に増大させ生活水準を向上させる効果を伴い、その大規模な消費支出拡大はマクロ経済を高成長へと導き雇用を拡大する主動力となった。彼らにとって松方財政は、実際には支持すべき内容を備えた政策だったと言える。

大隈財政から松方財政への転換によって、日本経済は停滞局面から成長局面へと大きく転換していった。両者の政策の相違は、「準備金」の運用と正貨保有量の動きに象徴されている。大隈は、貿易赤字による銀貨騰貴がインフレの原因であると見て、通貨供給量を増大させつつ政府主導の産業（輸出）振興を目指す積極政策を進めた。「準備金」からの財政投融資を拡大し、巨額の銀貨売出し政策を実行したのである。しかし紙幣インフレは高進し、銀貨の退蔵が促進され、紙幣専用の世界が作り出された。銀貨は市場から姿を消し、減価した紙幣が計算貨幣として使用されたことで、実質的な通貨流通量は削減され金融は逼迫した。紙幣ベースのインフレ期待が高まり実質金利を低下させたが、それはもっぱら投機を煽るばかりであった。紙幣インフレと貿易赤字が進み、正貨の海外流出と準備金の正貨枯渇が進行する中で銀貨が流通から引上げられてしまい、紙幣の信用のさらなる失墜を招いた。実質的な通貨流通量がほぼ半減するような状況が生じたのである。大隈はこのような状況を打開するため、巨額の外資（銀貨）を導入し、一挙に正貨流通制を確立して紙幣インフレを終息させることで、退蔵された銀貨の市場復帰を促して実質通貨供給を拡大し、それを背景に大規模な積極政策を実施しようとした。しかし明治一四年政変で失脚し、次いで松方が参議兼大蔵卿に就任したことによって、外資導入を梃子とする「内外債」案は廃案となり積極政策構想は葬られた。

松方は、「準備金」の資力充実に注力し、「準備金」を運用して自力で正貨を蓄積しつつ予備紙幣減却を併行させ、「銀・紙の差」の解消を目指す方策をとった。紙幣の信用（国家の信用）を確立するために、準備金の運用を中心軸とする紙幣整理が開始され、海外荷為替を介して海外から銀貨を調達するとともに、財政資金運用を改善し準備金の一時資金繰替え機能を充実して予備紙幣発行を根治する政策が先行実施された。財政の一時的資金不足をファイナンスするために巨額の予備紙幣を発行してきたことが、紙幣や財政の信用を毀損し、紙幣価格下落の一大原因となっていたからである。また松方は、紙幣の交換原資である正貨準備の枯渇が、紙幣信用を低下させた原因であるとも見ていたからである。財政資金による紙幣の直接消却を実施する前に、紙幣整理事業は大きな進展を見せた。この方式は、紙幣減却に要する財政負担を軽減する効果をもっていた。

不退転の決意を披瀝しつつ、「銀・紙の格差」を解消し日本銀行を中心とする兌換制度確立を目指す紙幣整理が実施されると、紙幣価格の急速な回復が進行した。それに伴って国内で退蔵されていた巨額の銀貨の市場復帰が進み、海外荷為替による銀貨流入が加わって、銀円ベースの実質的な通貨供給が倍増し、金融緩和が進んだ。紙幣デフレが進行する中で、銀円ベースで物価が継続的に上昇する世界が出現し、実質金利の低下が進んで、投資促進的な経済環境が現われることになったのである。

こうして非農業の産業部門は、強力な個人消費支出拡大に支えられて消費財生産を拡大し、日本経済の発展を推進していった。それは企業勃興期に本格的に登場する近代産業部門に先立って、日本の経済成長を本格的に駆動させる揺りかごとなったのである。松方財政によって推進力を得た非農業在来部門の自立的発展が、後の日本経済発展様式の特徴を形作る基礎となっていく。

日本経済は松方財政の開始とともに回復軌道に乗り、高成長を遂げていった。松方は、朝鮮事件・清国との紛議などによって揺さぶりを受けながらも、紙幣整理事業と軍備拡張や土木・教育事業など近代国家建設に必要な諸施策の両立を目指す実利的で慎重な政策運営を行いつつ、鉄道建設などのインフラ整備事業も紙幣整理と両立するよう工夫を凝らしながら実施していった。

紙幣物価のヴェールと経済の動態

これまで西南戦争後から松方財政期にかけての日本経済は、高インフレから深刻なデフレへの大波の中で、経済好況から急激な不況へと沈んだ過程として描かれてきたが、紙幣価格の急激な騰落というヴェールを取り除いてこの過程を見ると、全く異なる様相の世界が現われる。大隈財政期は経済が停滞していた時代であり、松方財政期はまさに高成長の時代だった。

銀円ベースで見ると、大隈時代（一八七七〜八一年）の平均成長率は、一・八％の低率に止まっていた。個人消費支出の寄与は二・九％であったが、民間投資、政府購入、純輸出の寄与はいずれもマイナスとなる。経済は一八七九年に顕著な上昇を示すが、一八八〇年にはゼロ成長となり、一八八一年には六・六%のマイナス成長に転落した。紙幣インフレがピークに達した一八八一年には、日本経済は景気後退に陥っていたのである。しかし松方財政が本格的に始動するとともに、一八八二年には成長率はプラス一・九%に転換し、一八八三年には六・〇%へと成長率を高め、一八八四年一五・七%、一八八五年一一・三%と二桁の高成長を遂げることになる。日本経済は、松方財政期(一八八二~八五年)には平均成長率八・七%、続く企業勃興期(一八八六~九〇年)にも平均七・五%の高成長を続けたのである。

大隈期の経済停滞から松方期の高成長へと転換する上で基礎的動力となったのは、個人消費支出であった。それは農民、士族・公務員、非農業労働者の所得増減の波が引き起こしたものである。そして松方財政期には政府購入の寄与が高まり、企業勃興期には民間投資の寄与が大きくなる。ただし一八八一年の景気後退から一八八二年のプラス成長への転換をもたらした直接的要因が純輸出の拡大にあったことは記憶されるべき点である。しかしこの時期を通して見れば、外需はマイナーな要因にとどまり、圧倒的に内需が成長の動力となっていた。この時期の外需の影響については、銀貨低落による輸出拡大効果を強調する議論や、逆に欧米不況による輸出削減が不況を深化させたことを重視する見方もある。円安要因が輸出を促進させる強力な効果をもたらしたことや、欧州不況が生糸輸出を停滞させ製糸業や養蚕農家に大きな打撃を与えたことは事実である。しかしマクロ経済レベルでみると両者ともこの時期の日本経済にさほどの影響を与えるものではなかった。

松方財政がデフレと不況を生み出し、日本経済に長く深刻な苦難をもたらしたという時代像は、打撃が集中した中農層や養蚕農家を中心とする不況イメージを日本経済全体に投影することによって形成された側面が強かったとみられる。米価が下落して税負担が重くのしかかった上に、米・田畑投機の破綻から高利債務の返済に苦しんで土地を喪失する中農が相次ぐなか、一八八四年の大凶作が追い打ちをかけて米生産量を大幅に落ち込ませ、収入低下に拍車をかけた。さらに農家経済のもう一つの柱であった養蚕は、一八八三年以降の欧州不況を主因とする生糸輸出不振の影響で生産が低下し、さらなる打撃となっていた。このような地方農村経済の困窮の有様が、日本経済全体に拡大投影されたためだと考えられる。

農業受難のイメージは困民党事件などの個別事例でさらに増幅され、厳しい原始的蓄積プロセスとして捉えられることになったといえよう。また西南戦争後のインフレ過程で登場した泡沫企業が清算され、不況の中で合理化の努力を経たことが新たな経済発展の動力となったという清算主義的な見方も、この時代のイメージ形成に大きな影響を与えたかもしれない。しかしこのようなイメージでこの時期の日本経済を一方的に評価するのは適切とは言えない。

銀貨の復帰と「インフレ期待」の転換

松方期には、大隈期に米投機や田畑投機に走った多くの農民が没落したが、銀貨投機に走り巨利を得ていた商人等は、新たな利殖のための機会を得た。松方の「銀貨蓄積・紙幣減却」政策が、「銀・紙の差」を着実に解消させ銀貨兌換制度を整備するという明確な目標を掲げ、不退転の決意で推進されたからである。人々の期待が変更され、紙幣価値が持続的に回復するプロセスの中で、手元に保蓄された巨額の銀貨や地金を有利に活用する道が開かれた。手持ち銀貨を紙幣に交換するだけでも、利殖の道が確保されたからである。それを金融機関に預金すれば一層有利となる。大隈期に商人などの手元に退蔵された巨額の銀貨・地金・古金銀などは、紙幣と交換するだけで収益をえる機会が与えられて市場に復帰し、銀円ベースの収益計算が浸透していくことになる。また銀貨建ての大規模な公債売買や銀貨ベースの海外荷為替取組みが開始されることにより銀円ベースの経済活動が拡大し、新たな投資機会に活用する道が開かれた。そして紙幣価値の回復と銀貨の大規模な市場流入が始まると、銀円ベース通貨供給は急速に拡大し、銀円物価の持続的上昇が生じ、銀円ベースのインフレ期待がプラスとなって実質金利の低下を導き、企業活動を刺激し経済成長のための環境条件をつくり出していった。

商人などが手元に蓄蔵していた大量の銀貨を生産投資や商業活動に活用することが有利となった状況は、東京・横浜の輸入綿糸商の活動が活性化し、大量の輸入糸を供給して在地綿織物業の発展を支えたことなどにも示されている。このような動きの中から在地商人が問屋制度を活用する綿織物経営が登場し、問屋制経営モデルが普及していく上での起爆剤の一つになったと見られる。松方財政期に輸入綿糸を活用して生産を拡大した産地は品質・コストの改善を進め、産地間の競争に勝ち残り、在来産業発展の動力となっていったのである。

海外荷為替取引においても、銀円ベースの取引が支配的となっていった。内商に「紙幣で貸し付け、海外で正貨を獲得し、それを紙幣に換算して支払を受ける」という制度は、松方財政下で、輸出取引の大部分を支配する外商に「正貨で貸し付けて、正貨で返済を受ける」銀円取引へと拡大され、銀円ベースの貸借と物価評価による収益計算が支配的となる。

松方財政期の経済財政活動は、銀円ベースの物価とインフレ期待が支配する世界へと急激に転生していった。松方の紙幣整理は、紙幣デフレに付随する負の経済効果を伴っていたが、銀円ベースでは個人消費を拡大させ、継続的な物価上昇を導いて労働賃金コストの上昇を許容する環境条件を作り出すとともに、経済の先行き見通しを改善し、実質金利を低下させて投資促進的な条件を作り出し、強力な景気の押し上げ効果を発揮することになった。

紙幣整理は、銀貨と不換紙幣の混合流通制度の下で実行されたため、「紙円ベースのデフレ」経済は、「銀円ベースのインフレ効果=物価上昇」を伴う極めて特殊なものとなった。松方の紙幣整理は、紙円ベースのデフレを発生させ主として米投機や田畑投機に走っていた農業部門の中農層を中心に深刻な困難を引き起こしたが、銀円ベースの金融緩和と物価の継続的な上昇をもたらし投資を活性化させる一方、個人消費需要と政府購入を顕著に拡大させることを通じて「非農業部門」の生産と所得を拡大させ、日本経済を高成長の時代へと転換させる機能を果したのである。

松方財政の実像

すでに景気後退に陥っていた経済状況の中で実行に移された松方の紙幣整理が、日本経済を速やかなプラス成長へと導いていったメカニズムや短期間で巨額の正貨蓄積に成功し近代的貨幣制度の整備を成し遂げることができた事情を明らかにしてきた。

松方財政は、紙幣ベースの物価下落と銀貨ベースの物価上昇が併行して生じる極めて特殊な経済環境を生み出したのである。松方財政は、後に金解禁を目指し浜口雄幸・若槻礼次郎内閣期の蔵相、井上準之助が指導した「井上財政」と、しばしば比較される。しかしその実態は全く異質のものといえるだろう。それは次のような事情を想起すれば、より理解が容易になる。井上財政は厳しいデフレ政策を実行して日本経済を不況のドン底に突き落としたが、経済回復の糸口を掴むことは出来なかった、そして若槻の跡を襲った犬養毅内閣の高橋是清蔵相が「高橋財政」によって金本位を離脱し「インフレ(レフレ)」政策へと全面的に転換し為替相場を大幅に切下げることによってはじめて、日本の景気回復は実現することになった。これに対して松方財政は紙幣整理を完遂する中で速やかな内需主導の経済成長をもたらしたのである。それは途中で政策が全面転換されたことに由来するのではない。松方の紙幣整理方式と松方財政自体に強力な景気浮揚力が備わっていたのである。

これまで松方財政は非情な政策であったと認識されてきた。それは、一方では近代経済の成長に不可避な「原蓄」過程であったと評価され、他方では日本経済にとって長期にわたる不必要な痛みを強いる政策であり、痛めた腰をさらに蹴り上げるものであったと捉えられてきた。松方財政の実像は理解されず、大きく誤解され続けてきたのである。

松方財政の時代に、中農層を中心に農業部門が経済困難に晒され、負債の清算に迫られて土地を失い小作に転落する者や都市部に流出する者を生み出したことは事実である。大隈時代に米・田畑投機に走った多くの中農が没落する中で、農民の地租負担は上昇した。しかし投機に走らず、通常の活動を行っていた農民は依然安泰であった。地価の急激な値下がりで農地経営が有利化したことを背景に土地の兼併を進めた大・中地主への打撃も大きくなかった。農業が多重打撃を受けて最悪期に達した一八八四年においても銀円ベースの一人当り農家所得(付加価値)は、減租後の一八七七年の時期と比較して一割以上高い水準を維持しており、地租負担は農業経営を不可能にするようなものではなかった。松方期の地租負担率の上昇は、先行する大隈期の負担軽減分の約半分程度であったからである。全体として農業部門を見れば、その経済力は維持され、基礎的な所得や消費を落ち込ませる程ではなかった。また銀円米価の低落や米投機の破綻自体は、松方財政が登場するかなり前に発生しており、松方が登場した一八八一年には投機の主役は銀貨に移行し、日本経済は景気後退に陥っていた。紙幣相場の高騰（銀貨投機）が続く中で、インフレ期待が上昇してスタグフレーションを導いていたのである。

農家の所得状況の一般的悪化は、銀円ベースの米価下落によって引き起こされた面が強かったが、それは紙幣整理の直接的影響によるものではない。銀円米価は、紙幣価格の変動の影響（したがって紙幣整理の影響）を除去したものだからである。また一八八四〜八五年に経済的打撃が深刻化した地域は、困民党事件に象徴されるような日本の養蚕地帯であった。それは主として欧州不況によりもたらされたものである。そして一八八四年の大不作が追い打ちをかけた。

この時期の農家経済の悪化は、大隈期から続く銀円ベースの継続的米価下落、米投機・田畑投機の破綻に伴う負債重荷と土地喪失、大凶作、生糸輸出不振による養蚕地帯の苦境によってもたらされた面が強かった。紙幣整理による紙円米価下落によって引き起こされた所得再分配と地租負担増加も農業一般に大きな影響を与えたことは確かであるが、それが大規模な農民層の分解を引き起こすほど破壊的なものであったとはいえないであろう。そして農家の苦境は、米価が上昇に向かい、一時的な凶作要因がなくなり、生糸輸出（主として米国景気）が回復するにつれて急速に解消されていく。

他方、松方財政は、農業以外のほとんど総ての階層の人々にとっては、経済状況の顕著な改善をもたらすものであった。大隈期に大削減された非農業部門や都市部の労働者層の賃金所得、士族や公務員の所得、企業家・商人などの所得は急速に上昇して個人消費支出の顕著な拡大を生み出し、銀円ベースのインフレ期待を上昇させる圧力となった。そして実質金利の低下を促進して投資を刺激し、内需主導の高成長経済を導く動力となっていったのである。ただし一八八二年の景気回復に直接寄与する要因となったのは欧米への輸出拡大と政府購入の拡大であったことは、再度確認しておこう。

こうして日本経済は松方財政の開始とともに高成長へと転換していった。松方財政は、一般にイメージされるデフレ政策とは全く異質の経済効果をもたらした。松方財政は日本経済に長く厳しい不況や失業といった不必要なコストを課した、あるいは松方財政による厳しい不況を経ることによって日本の経済発展の基礎が築かれたというイメージは、双方ともマクロ経済の実態に沿って根本的に修正されねばならない。

松方財政期に日本経済が全体として順調な成長軌道に乗る中で、一八八四(明治一七)年には農業部門への多重打撃のあおりによって自由党は解党し立憲改進党も活動停止状況となり、自由民権運動は一端頓挫した。しかし早くも一八八五年には農業部門は急回復して地租負担は軽減され、これに企業勃興による近代製造業や鉄道部門の発展が加わって、経済の順境と財政・金融基盤の安定がもたらされた。そのため政府内の経済財政をめぐる政策対立は消滅し、松方の健全財政・健全通貨に立脚する富国強兵路線が、国民的合意を獲得したといってよい状況が生まれていった。松方財政は、米・田畑投機に失敗した中農層には深刻な打撃を与えることになったが、大・中地主層や通常の農業経営を行なっていた農民層への打撃を軽微なものに止めつつ、非農業部門の顕著な興隆を導いていた。全体としてみれば、商工業の利益を増進し、農業利益も大きく犠牲にしなかったのである。松方財政は、農業部門の経済力基盤を保存しつつ、商工部門の発達を促進する効果をもたらした。

田口卯吉は、一八八六(明治一九)年一月兌換制度開始を告げる第一四号布告を「誠に財政上の一大美事にして、長くわが国の史乗に光輝を存するもの近来此布告に過ぐるものなかるべし」[1]とし、「明治二十年を迎ふ」においては「之を行路に譬ふるに明治十四年以前は懸崖絶壁を直下して千尋の底に落ちんとするものの如く、明治十五年以後は歩を改めて之を直上し、九天に至らんとするものの如し。……我国繁栄の基礎は此際に確定せざる可らざるなり」[2]と論評している。一八八二(明治一五)年以降の経済の繁栄と安定をもたらした松方財政に対する評価が率直に現われている。時として松方財政を痛烈に批判してきた自由主義者田口の評価に顕彰的な意図はない。それは松方財政の実相に迫る上で有力な手掛かりを提供するものと言える。

松方財政のインパクトと政策遺伝子

松方財政の予想外の好結果により、松方の声望は高まり、政府の経済方針は健全財政・健全通貨に基づく「富国強兵」路線へと一元化され、伊藤の積極政策路線は凍結され封印された。憲法制定と国会開設に向けた政治の季節が訪れ、伊藤は内閣制度や各種法制を整備し、憲法起草に注力し、松方も会計制度・税法の整備および兌換制度改革を着々と進めた。伊藤は初代内閣総理大臣に就任し、政治的主導権を確立していくことになる。

このような中で経済力を温存し急回復を遂げていた農業部門を背景に民党が勢力を復活し、国会開設を視野にいれて大同団結運動や三大事件建白運動を展開し、条約改正・地租軽減・言論自由などの要求を掲げ、反政府的姿勢を強めていった。民党の主張は近代国家建設に必要な「富国強兵」政策を否定するものではなかったが、国策レベルの具体的政策構想はないに等しく、農村地主の地租軽減が殆ど唯一の統一的な経済財政論であった。議会開設時には、すでに農業所得に占める地租負担は著しく低減されていたため、経済問題としての緊急性は薄らいでいた。このような中で一八九〇年第一回衆議院選挙が行なわれ、総議席三〇〇のうち一七一議席の過半数を占める民党(立憲自由党一三〇、立憲改進党四一)が出現し、日本の政策環境は劇的な変化を遂げる[3]。憲法の規定では、議会多数の承認を得ない限り、新規事業を行なうことはできない。こうして国策レベルで重要性の低い地租軽減が実現されない限り、どのような政策であれ阻止されるという政治環境が出現することになったのである。

議会が開催されると、民党の「政費節減・民力休養」論と政府の健全財政「富国強兵」論とが正面衝突した。自由党は議会開設を契機に、地租軽減を唱えると同時に権力参加を目指して政府との提携を模索する動きを示したが、重要案件は決定できず、国政は政府と民党との全面対立の中で硬直状態に陥った。山縣内閣は民党の経費削減要求の一部を認めて妥協し、自由党土佐派の協力を得て、第一議会を何とか乗り切った。

後を襲った松方内閣は、第二議会で民党との全面対決を辞さぬ「超然主義」に立脚して健全財政「富国強兵」路線を打ち出し、民党は海軍拡張をはじめ新規事業の多くを否決したため議会は解散された。第二回総選挙では、品川弥次二郎内相を中心に強力な選挙干渉が行なわれ、その責任を追及した伊藤と松方との確執が生まれた[4]。

選挙の結果は、中央交渉部九五、弥生倶楽部九五、議員集会所三七、独立倶楽部三一、無所属四二と

なった。民党(自由・改進両党)は過半数を大きく割り込む一三二に後退し、政府系の吏党と無所属は合計一三七となって拮抗した[5]。松方内閣は、中立主義を標榜する独立倶楽部を与党に取り込むことに成功すれば、多数派を形成できる所まで漕ぎ着けたのである。

松方は保守的官僚の典型であり天皇の意向に忠実だったが、経済政策スタンスは、市場経済・自由主義を基礎とし、軍事の突出を抑制して国策相互間のバランスを重視する実務型の健全財政・健全通貨「富国強兵」路線で一貫していた。松方の姿勢は、内閣成立時に軍備拡張が容れられなければ軍部大臣を推挙しないとの軍部の態度に接して、七月に将官でなくても陸軍大臣及び次官たりうるように官制を改正したことにも現われている[6]。

他方、松方が議会に提案した鉄道法案は、軍事上の考慮が重要な要素となっていたが、山梨県などの自由党が反応し、政府と提携して事業を推進しようとする動きを呼び起していた。それは鉄道建設が生糸や養蚕など日本の主力輸出産業や重要農業経営基盤を振興する作用を持ち、地方経済の振興・発展を通して地方利益に直結する作用を反映したものであり、日本経済全体への波及効果も大きい重要な動きであった[7]。この動きには、政府の「超然主義」による政策遂行に、民党の協力を取り付けるという官僚主導の議会運営が一つのモデルになりうることが示されていた。政府主導で鉄道建設などの民力涵養策を打ち出せば、民党の協力を得られる可能性が高まったからである。

政府が一枚岩となって議会多数派の支持を獲得するために動けば、民党(自由党)の切崩しに成功する可能性も生まれていた。しかし松方路線は、選挙干渉に対する閣外の伊藤と閣内の伊藤系の陸奥宗光農商務相の挟撃に遭って成功の芽を摘まれた。議会で、陸奥が影響力を行使する独立倶楽部が、民党に合流する動きを見せたからである[8]。伊藤は、松方の超然主義に基づく政治手法に対抗して、積極姿勢への転換を示唆する自由党と連携を組み議会政治を制御しようと動きだした。それは経済財政面においても民党への配慮の姿勢を示すことで松方路線との差別化を図る動きを誘発し、長年凍結されてきた積極政策路線を掲げて主導権を確立しようとする動因となる[9]。

こうして政府主導の「超然主義」に立脚し健全財政「富国強兵」政策を遂行して議会多数派の支持を調達しようとする動きと、民党(自由党)との連携を軸に大規模な軍備拡張を推進するとともに「積極政策」を拡大運用して主導権を獲得しようとする動きの二大政策路線が敷かれ、互いに議会多数派の支持を調達しようとする競合につながっていく。

そして明治天皇は、松方や山縣(系官僚)に対しては「超然主義」で重要国策を実現することを望み支援を与え、伊藤には政党(自由党)と提携して議会運営を制御するよう期待して支援与えるという巧みなコーディネートを行ない、結果として二大路線が生み出される上で重要な産婆役を演じることになった。政党に譲歩しすぎでもならず、議会の多数派の支持を失ってもならないという天皇のバランス感覚が発揮され機能したと考えられる[10]。

二つの政策路線は、日清戦争・戦後経営期を通じて対立し競合しつつ、議会多数勢力との提携や協力により重要国策を遂行していくが、松方型の経済財政主導路線は主として官僚系の同志会から立憲民政党へと連なる「自由主義的」政策スタンスと「健全財政・健全通貨」に立脚して国際主義と商工業利益を重視する政策潮流を形成し、伊藤型の政治主導路線は立憲政友会を中心とする「保守主義」政治スタンスと鉄道・公共事業を軸とする「積極政策」に立脚し農村地主に重要基盤を置く政策潮流へと向かう。

松方財政の成功は、松方の経済財政運営に対する天皇の絶対的信頼を生み出し政策遺伝子として長期的なインパクトを与え続けることになるが、他方では政治の季節を招来して伊藤の憲法・議会開設での成功の契機となり、伊藤の国政運営に対する天皇の厚い信頼を生み出していった。そしてこのことが、松方と伊藤の政治的確執を介して、後の二大政策路線の直接的源泉となっていくのである。その意味で松方財政の成功は、近代日本の経済財政進路と政治進路に重大な影響を与えることになったということができよう。

◆註

序章

1――明治一四年政変については、大久保利謙「明治一四年政変」『明治政権の確立過程』御茶ノ水書房、一九五四年、御厨貴「大久保没後体制」近代日本研究会編『年報　幕末・維新の日本』山川出版社、一九八一年、坂野潤治『近代日本の国家構想』岩波書店、一九九六年などを参照。

2――例えば、宮本又郎・阿部武司・宇田川勝・沢井実・橘川武郎『日本経営史』有斐閣、一九九五年など。

3――梅村又次・山本有造編『日本経済史3　開港と維新』岩波書店、一九八九年参照。

4――松方紙幣整理を「原始的蓄積」過程と捉え、その間の農民層の分解を分析したものとしては、さしあたり楫西光速・加藤俊彦・大島清・大内力『日本資本主義の成立Ⅱ』東京大学出版会、一九五六年を参照。

5――寺西重郎「松方デフレのマクロ経済的分析」梅村又次・中村隆英編『松方財政と殖産興業政策』東京大学出版会、一九八三年、一八四頁。

6――大蔵省「松方伯財政論策集」(明治二六年一月)『明治前期財政経済史料集成』第一巻。論集の編纂にあたった阪谷芳郎(後の大蔵次官、大蔵大臣)は、「松方伯財政論集序言」において、次のように述べている。

「伯は二十五年の久しき在朝年間に於て其二十余年間は一身を挙げて財務に委ねたり、伯は井上大隈二伯の後を受け終に紙幣国債の処分を断行し財政整理の目的を達したり…伯の如き数多の大計画の理財事業を実施せる人に於て……伯の如き大体に於て目的順序を誤らざりしものは蓋し古来稀なり独逸の史家が有名の『モルトケ』将軍を称して欧州に於て最初の学術的大将軍なりと云えり、余は伯を称して亜細亜に於て最初の学術的大蔵大臣なりと云はんとす、抑も伯は決して学術を研究せる理財家にはあらざるなり、然しながら伯は一事一業を計画する毎に必ず学理に照し其得失如何を調査して後実施に着手せり、伯の理財事業は実に学術実験上の好成績を世の学者に与えたり」。

7――これらに基づいて記述されたものとしては、明治財政史編纂会編『明治財政史』全一五巻、一九〇四~五年、大蔵省『明治大正財政史』第一巻、一九〇六年、東洋経済新報社『明治財政史綱』東洋経済新報社、一九一一年、小林丑三郎・北崎進『明治大正財政史』巌松堂書店、一九二七年、吉川秀造『日本財政史』日本評論社、一九四〇年、鈴木武雄『財政史』東洋経済新報社、一九六二年、加藤・大内他『日本資本主義の成立Ⅱ』東京大学出版会、一九五六年、『大蔵省百年史上巻』大蔵財務協会、一九六九年、坂入長太郎『日本財政論』新評論、一九七五年など、多数の著作を挙げることができる。

8――松方財政の研究蓄積は豊富であるが、単行本に絞って主要な研究を挙げれば、次のごとくである。長幸男『日本経済思想史研究――ブルジョア・デモクラシーの発展と財政金融政策』未来社、一九六三年、高橋誠『明治財政史研究』青木書店、一九六四年、藤村通『松方正義』日本経済新聞社、一九六六年、中村尚美『大隈財政の研究』校倉書房、一九六八年、原田三喜雄『日本の近代化と経済政策』東洋経済新報社、一九七二年、大島清・加藤俊彦・大内力『人物日本資本主義一、二』東京大学出版会、一九七二、一九七四年、梅村又次・中村隆英編『松方財政と殖産興業政策』東京大学出版会、一九八三年、室山義正『近代日本の軍事と財政』東京大学出版会、一九八四年、同『松方財政研究』ミネルヴァ書房、二〇〇四年、大石嘉一郎『自由民権と大隈・松方財政』東京大学出版会、一九八九年、神山恒雄『明治経済政策史の研究』塙書房、一九九五年、三和良一『経済政策史の方法――緊縮財政の系譜』東京大学出版会、二〇一二年。

9――大石嘉一郎「松方財政と自由民権家の財政論」福島大学『商学論集』第三〇巻二号、一九六二年

（大石嘉一郎『自由民権と大隈・松方財政』東京大学出版会、一九八九年所収）。ただし同書においては、大隈財政と松方財政の連続性を強調しすぎたとし、松方財政は「軍備拡張と紙幣整理をともに最優先課題とした」点を強調している（同書、三五〇頁）。最近では、安達誠司『脱デフレの歴史分析』藤原書店、二〇〇六年によって、ほぼ同様の趣旨の主張が行なわれ、「軍事警察国家体制」と軍需の経済波及効果が強調されている（七〇〜七一頁）。

10——山本有造「大隈財政の本態と擬態」（『松方財政と殖産興業政策』所収）。

11——室山『近代日本の軍事と財政』、『松方財政研究』。

12——梅村又次「創業期財政政策の発展」（『松方財政と殖産興業政策』所収）。

13——神山『明治経済政策史の研究』。

14——三和『経済政策史の方法——緊縮財政の系譜』。

15——寺西「松方デフレのマクロ経済学的分析」（『松方財政と殖産興業政策』所収）。

16——中村隆英「一九世紀末日本経済の成長と国際環境」（『松方財政と殖産興業政策』所収）。

17——寺西重郎「松方デフレのマクロ経済的分析」（『松方財政と殖産興業政策』所収）。

18——梅村又次「創業期財政政策の発展」（『松方財政と殖産興業政策』所収）。

19——室山「松方デフレーションのメカニズム」（『松方財政と殖産興業政策』所収）。

20——室山『松方財政研究』。

21——杉山伸也『日本経済史　近世－現代』岩波書店、二〇一二年、二〇四〜二〇五頁。

22——大川一司・篠原三代平・梅村又次監修『長期経済統計』（全一四巻）東洋経済新報社、一九六五〜一九八八年。①国民所得、②労働力、③資本ストック、④資本形成、⑤貯蓄と通貨、⑥個人消費支出、⑦財政支出、⑧物価、⑨農林業、⑩鉱工業、⑪繊維工業、⑫鉄道と電力、⑬地域経済統計、⑭貿易と国際収支。

23――山本有造『両から円へ　幕末・明治前期貨幣問題研究』ミネルヴァ書房、一九九四年。

24――例えば、前掲『日本資本主義の成立Ⅱ』や鈴木武雄『財政史』東洋経済新報社、一九六二年などを参照。

25――梅村又次「創業期財政政策の発展」前掲『松方財政と殖産興業政策』、八〇頁。

26――寺西「松方デフレのマクロ経済学的分析」同前、一七八頁。

27――ここではとりあえず期待物価水準が上昇することによって、短期の総供給曲線が上方にスライドし、物価水準の上昇とGNPの低下が引き起こされるような情況が生じたと考えることができよう。短期総供給曲線は、

$$Y=Y_f+\alpha(P-P^e)\alpha>0$$ ｛Y：国民生産、Y_f：潜在生産水準、P：物価水準、P^e：期待物価水準｝

と表わすことができる（マンキュー『マクロ経済学』参照）。

28――室山義正『松方財政研究』ミネルヴァ書房、二〇〇四年。

29――安達誠司『脱デフレの歴史分析』藤原書店、二〇〇六年。

30――室山『松方財政研究』。

31――大隈財政時代には田畑売買が活性化し、売買価格が急騰して、農地投機も盛行した。そして松方財政期に投機が破綻して、負債の清算過程で地主－小作関係が拡大したことは周知の通りである。松方財政期の農村の経済状況を把握するには、田畑投機とその破綻の影響を見る必要があるが、本書では本格的な分析を行なう余裕はない。ここで後の行論に必要な限りで若干の考察を行なっておこう。

この時期の田畑売買価格や売買数量についての時系列データはないが、一八八三～八六年については第六・第七回『日本帝国統計年鑑』に田畑混合数値が、一八七八～八三年については『東京経済雑誌』の事例調査に基づく地価指数がある。ここでは両資料に基づいて推計された「斉藤・小峰系列」（『長期

経済統計9　農林業』所収）に依拠して考察をすすめることにする。

田地地価と庭先米価の動きを比較して示すと参考図1のようになる。米価の上昇が先行し、地価がそれに追従して一八八一年にピークに達し、その後急落するという動きを示しており、大局的には両系列はほぼ同傾向を辿ったと見てよい。しかし、地価は米価に比べて遙かに大幅かつ急激な上下動を示している。特に農地価格の一八八〇～八一年の急騰と一八八二～八三年の急落は印象的であり、この時期に激しい投機と急激な投機破綻の波が襲ったことが示されている。

田地購入には、農業経営を拡大して収益を得ようとする動機から行われる場合と、農地価格の高騰によるキャピタルゲインを得ようとする投機的動機から行われる場合とが考えられる。

一般に米価上昇率が田地上昇率を上回る場合、あるいは地価下落率が米価下落率を上回る場合には、農業経営の採算制は向上する。大隈期の米価が先行して急騰する時期や松方期の田地価格急落の時期には、農地経営は有利化する。そのことが、田地急落の中で一八八三年以降に田地兼併が急速に進行する条件となり、地主小作関係が拡大する基礎的環境を提供することになったとみられよう。

田一反の売買価格は、一八七八年の四七円から一八

参考図1　田地価と米価の推移

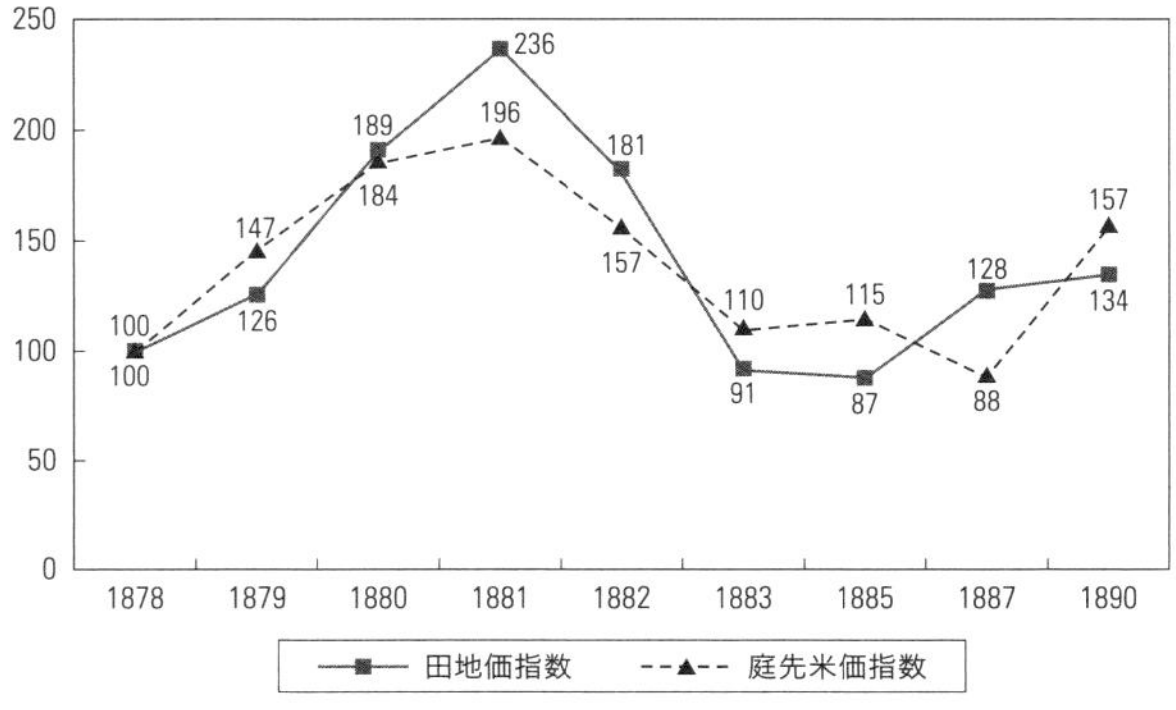

資料：『長期経済統計9　農林業』。指数は、1878＝100として筆者計算。

八一年の一一一円へと急上昇し、一八八三〜八五年に四三〜四〇円へ低下するが、一八八七年には六〇円に上昇した。大まかなイメージを掴むために一反あたり収穫量を一石と単純化すれば(実際は平均的に一・二〜一・三石だが)、田一反はほぼ米一〇石の価格と等しかったと考えておけばよい。むろん田地を購入する場合、手作り経営や小作地を拡大して農業経営を拡大する動きも含まれるが、地価の急激な上下動が見られる一八八一年前後の動きをみる場合には、田地購入は大規模な米投機を行なっているのとほぼ同様の経済効果を生み出すことが期待されて、大規模な投機が実行され破綻を迎えたと見てよかろう。

ところで手元に潤沢な余裕資金を保有しない農民層は、借金しなければ土地を買うことは困難である。例えば田地一町歩を保有する中農の場合でも、年収穫は一〇石となるから、全収穫金額をそっくり投入してやっと田地一反の購入が可能になるという割り振りになる。したがって土地を購入するには、購入資金や生活・経営資金を借金に依存せざるを得ないことになろう。これより小規模の農家が田地を購入する場合には、負債への依存度合いは格段に高まることになる。他方小作農は、投機ができたとしても僅かな米を保蓄するのがせいぜいであるから、通常土地投機を行なう余力は殆ど無かったと考えてよい。一方、田地を販売し潤沢な資金を得た売り主は、それを生活資金や贅沢品・遊興に回すほか、銀貨など他の高収益の対象あるいは新規事業資金へ投資した(一部は米投機をおこなった可能性もある)ものと考えられる。

田畑土地投機は、米投機行動とほぼ併行して進行し、米投機の破綻と踵を接して田畑投機も破綻を迎える。投機が破綻し、負債清算の過程で最大の打撃を受けるのは手元余裕資金に乏しく債務を累積させた中農層である。資金に余裕があった大・中地主層(あるいは商人層の一部)は、中農の没落過程で、収益率が上昇した土地の兼併を進めていった。このような中で土地を喪失したにも拘わらず都市などに流出せず農村に止まった農民に、田地を取得した地主が小作地として貸し出す場合、地主小作関係が拡大することになる。

この時期の中農層の動向は、地方議会の有権者数の推移(参考表1)からある程度の見当をつけることができる。府県会議員選挙権を有する者は、地租五円以上を納入する者(二〇歳以上)であり、田畑地換算で概ね六反歩以上、一〇円以上を納入する被選挙権者(二五才以上)は一・二町歩以上を所有する農民と見てよい。一八八一年の宅地や山林等を除く田畑有租地合計は、四四八・六万町、地価は一四億八七三七万円であった(『日本経済統計総観』、一四頁)。したがって一反当り地租額は〇・八三円となり、五円納入者の段別は六・〇三反、一〇円納税者の段別は一二・〇六反となる。一町歩前後の田畑を所有する中農が、概ね五〜一〇円の選挙権者の中心部分と一〇円以上の被選挙権者の下層部分を占めていると考えてよい。

まず注目すべき点は、一八八〇年から一八八一年にかけての米価と農地価格が高騰した時期に、五〜一〇円納入層を中心に約三〇万人有権者の増加が生じていることである。一八七九年以前のデータと五円未満の納入者の動きが不明なので確定的なことは言えないが、主として二つの原因が複合した動きであると考えられ

参考表1　府県会議員有権者数の推移

	有権者（千人）	10円以上納税被選挙権者	5〜10円納税選挙権者	租不納公売処分（千人）	処分耕宅地面積（町）	1人当り公売面積（反）
1880（明治13）	1,513	867	646			
1881（明治14）	1,810	879	930			
1882（明治15）	1,784	879	905			
1883（明治16）	1,718	872	846	34	2,865	0.85
1884（明治17）	1,682	849	833	71	4,430	0.63
1885（明治18）	1,637	841	796	107	4,765	0.45
1886（明治19）	1,532	810	722	61	3,512	0.57
1887（明治20）	1,488	803	685	35	1,446	0.41
1888（明治21）	1,505	804	701	12	1,012	0.87

資料：内閣統計局『日本帝国統計年鑑』第7〜第11。

る。一つは太政官四八号布告による地方税負担が引上げられたこと、第二には農民の土地購入によって五円以上の納入者が増加した結果であると考えるのが自然であろう。そして農民の田地購入は、一般に重い負債を反映した動きであると見てよい。

一八八二年以降の米価・農地価格の急低下の過程で、約三〇万人の有権者の減少が生じて、ほぼ元の戸数水準に復帰する動きを示している。全体として見れば、大隈時代に増加した中農層が松方時代に負債の重みで破綻したという動きがかなり広く見られるが、他方では通常の経営を行なっていた中農層にはそれほど大きな変化が及ばなかったという事情をも反映していると見ることが出来る。少なくとも農民層が全層的な没落を示していた訳ではないと見られる。

この間に生じた農地の公売処分の一人当り面積を見ると、〇・四〜〇・九反歩と比較的小規模に止まっていた。土地処分規模から見て、インフレ過程でつくられた負債（米・田畑投機あるいはそれに起因する生活資金などのための負債）の負担に耐えられず、負債清算の為に土地を手放すことを余儀なくされた経済力の弱い中農層が、デフレ期の土地喪失の中心部分を形成していたと考えられる。一八八〇年と一八八八年とを比較すれば、一〇円以上の納入者層で七万人程度の減少が見られることから、中農の上層部にも負債の重みに耐えかねて土地を手放す者が相当数でたと考えられるが、それは土地の大規模所有者への集中が生じたことを反映していると見てよい。

インフレ過程からデフレ過程を全体としてみれば、有権者総数は殆ど変化しなかった。松方財政期に地主・小作関係の拡大を評価する場合には、インフレ過程における負債による米・田地投機と投機破綻の反動による負債清算過程の動きが色濃く反映されているという点にも留意する必要があるのである。

32 —— 坂野潤治『日本近代史』（ちくま新書、二〇一二年）は、一八八二〜八九年の七年間に自作農戸数は九三万戸から六五万戸へ減少し小作農に転化したが、大地主は八八万戸から八一・五万戸へと、殆ど同じにとどまったと説明している（二一六〜二一七頁）。

33——それは、経済の順調な発展と相俟って、結果として政府支出の相対的低下をもたらし、「小さな政府」を生み出すことになる。農業部門の所得と担税力は増大し、財政余剰が蓄積されて政府の財政基盤を充実させ、日清戦時財政に大きく寄与する要因として作用するのである（室山『近代日本の軍事と財政』）。しかし他面では、近代国家建設に必要な諸施策の整備を頓挫させるという大きなコストを強いるものでもあった。

第1章

1——明治九～一〇年の決算剰余金は二二九三万円に上り、戦時中に実行された八五〇万円の準備金からの借入金と国立銀行借入一一三四万円と合せると四二七九万円となるので、戦費は十分に賄えた（室山『松方財政研究』三四～三五頁）。

2——明治八年一月「収入支出の源流を清まし理財会計の根本を立つるの議」『大隈文書』第三巻、一〇四～一〇五頁。

3——同上、一一五頁。

4——「財政四件を挙行せんことを請ふの議」『大隈文書』第三巻、三四五～三四七頁。

5——同上、三四五頁。

6——『明治財政史』第一二巻、二〇四頁。

7——『大隈文書』第三巻、四四五～四四六頁。

8——同上、四五四頁。

9——一八七九（明治一二）年六月の減債方案によって、紙幣消却増額分は、一八七八（明治一一）年度の「乙部」（明治一二年度執行分）に計上された。「甲乙」会計制度については、第四章註15を参照。また政府紙幣消却の予算と実績については表2-2参照。

10――豪農とは 村方地主のことであるが、一般に、地主として小作人から小作料をとり、商人として商品売買活動や金貸しを営み、みずからも年季奉公人などを使役しながら農業生産を行うという複雑な性格をもっている。本書では、豪農は農業生産に関連する活動を行なう主体として捉え、商人としての豪農の活動は、一般商人の活動に含めて議論することにしたい。

11――吉野作造編『明治文化全集』第二三巻雑誌篇、五五二頁。

12――『自由党史』上、岩波文庫、二八八頁。

13――『大隈侯八十五年史』第一巻、一九二六年、七〇一~七〇二頁。

14――「紙幣下落救治の方策」『東京経済雑誌』第二五号、明治一三年四月二一日、二七二~二七四頁。

15――『東京日日新聞』(明治一三年五月八日)。

16――『渋沢栄一伝記資料』第五巻、渋沢栄一伝記資料刊行会、一九五九年、六七二~六七三頁。

17――『大隈文書』第三巻、三四四頁。

18――同上、三四五頁。

19――大隈の銀貨売り出し政策については、岡田俊平『明治前期の正貨政策』東洋経済新報社、一九五八年参照。

20――『大隈文書』第三巻、三四五頁。

21――同上、三四七頁。

22――同上、三四七~三四八頁。

23――同上、三四八頁。

24――松方正義「紙幣整理始末」(日本銀行調査局編『日本金融史資料　明治大正編』第一六巻、一九五七年、一〇七頁。

25――「通貨の制度を改めんことを請ふの議」(明治一三年五月)『大隈文書』第三巻、四四四～四五五頁。

26――同上、四四六頁。

27――同上、四五〇～四五二頁。一石当り二円の増税が行なわれるのであるから、造石高を三三〇万石程度とする税収積算が行なわれていることになる。後に見るように大隈外債論に反対した佐野大蔵卿の建議が造石高を四七〇万石程度と想定しているので、大隈が意図的に過小な造石高見積りを行なっている可能性は否定できない。一四年度造石実績を見れば五〇〇万石程度となっているので、佐野の見積りが当時の大蔵省の見積りを反映していることはほぼ確実である。そして後の「財政更改の儀」では、大隈は、井上・伊藤の四〇〇万石積算を踏襲した四〇〇万円増税を提案することになる。ここでの大隈の一石当り二円の増税案は、実際には一〇〇〇万円前後の増収をもたらすことになろう。大隈が増税額の積算を操作することによって余分の財源を確保しようと考えていた可能性は強い。

28――同上、四五三頁。

29――「紙幣整理始末」日本銀行編『日本金融史資料　明治大正編』第一六巻、六〇、六五頁。

30――『大隈重信関係文書』第四巻、一九七〇年、一一二～一一五頁。

31――同上、一一五頁。

32――同上、一一〇頁。

33――同上、一一〇頁。

34――山本有造「大隈財政の本態と擬態」(『松方財政と殖産興業政策』)、九五～九六頁、および序章注18も参照。

35――山本、同上論文一〇五頁、および梅村又次「創業期財政政策の発展」(『松方財政と殖産興業政策』)、七三～七四頁。

36――前掲『松方財政と殖産興業政策』および、室山義正『近代日本の軍事と財政』東京大学出版会、一九八四年を参照。

37――『明治天皇紀』第五、吉川弘文館、一九七〇年、七四～七五頁。

38――「財政諮問に対する答議(明治一三年五月)」『山県有朋意見書』原書房、一九六六年、八九～九一頁。

39――『岩倉公実記』下巻、一七一七～一七一九頁。

40――春畝公追頌会『伊藤博文伝』中巻、一九四〇年、一七三頁。

41――「松方伯財政論策集」『明治前期財政経済資料集成』第一巻、五三一～五三五頁。

42――『伊藤博文伝』中巻、一七五頁。

43――佐野意見書は、「貨政考要」『明治前期財政経済資料集成』第一三巻、二六七～二六九頁。および『明治財政史』第一二巻、二二二一～二二二六頁。

44――大蔵省「貨政考要」『明治前期財政経済資料集成』第一三巻、二六七頁。

45――同上、二六七頁。

46――同上、二六七頁。

47――同上、二六七～二六八頁。

48――同上、二六八頁。

49――同上、二六八頁。

50――同上、二六八頁。

51――高橋誠、前掲書、一二三～一二四頁。

52――『明治財政史』は、次のように説明している。「明治十三年所定の海外荷為替法は事創始に属し、取扱の方法未た其宜しきを得ず……為替金返納の延滞する等種々の弊害を生したり特に普通の場合に於て該貸付金の返納は外国貨幣即ち荷物売却代金を其現貨返納の節の時価に依り紙幣に換算して返納するの規定なりしを以て当時紙幣の価格日に下落するに際し輸出商は概ね正当の目的を以て商業を営ます徒に投機心を起し紙幣価格の昂低より生する浮利を得るに汲々たるに及へり」(大蔵省『明治財政史』第九巻、五八三頁)。

53――「貨政考要」、二六九頁。

54――『明治天皇紀』第五、七四～七五頁。

55――『伊藤博文伝』中巻、九八二～九八三頁。

56――日本史籍協会『岩倉具視関係文書』第一巻、四三一～四六二頁。

57――同上、四四八～四五〇頁。

58――同上、四四〇頁。

59――同上、四五六頁。

60――同上、四六一頁。

61――同上、四四六頁。

62――同上、四五六～四五七頁。

63――御厨貴「大久保没後体制」近代日本研究会『年報　幕末・維新の日本』一九八一年、二九一頁。猪木武徳「明治前期財政整理における一挿話――五代友厚の米納論について」『季刊現代経済』第四七号。

64――日本経営史研究所編『五代友厚伝記資料』第四巻、一六五～一六六頁。五代も大隈と同様に、貿易赤字が銀貨を騰貴させ紙幣価格下落を引き起こしたと考え、紙幣が過剰であるとは見ていなかった。貿易赤字が解消されない限り、経済危機は解消しない。米価が低下すれば諸物価は下落し貿易赤字も解消すると診断し、米納が有力な方策であるとしたのである。これに対して、紙幣消却は厳しいデフレをもたらすが、「銀・紙の差」を解消させたとしても貿易赤字は解消しない。紙幣価格下落が再発するので、根本対策とはならない。財政救済に効果があるとしても、金融閉塞を招き経済困難を引き起こす副作用が大きいので、執るべき方策とは判断しがたいとしていた(一六八頁)。結局、紙幣消却を行なっても、貿易赤字が続く限り、その効果は期待できないという評価になる。

65——『大隈文書』第三巻、三四五頁。

66——地租米納論の政策的健全性についての検討は、猪木武徳「地租米納論と財政整理」(『松方財政と殖産興業政策』)参照。

67——地租改正の評価については、林健久『日本における租税国家の成立』東京大学出版会、一九六五年参照。

68——御厨貴「大久保没後体制」二九三頁。坂野潤治『近代日本の国家構想』岩波書店、一九九六年、八八~八九頁。

69——『世外井上侯伝』第三巻、一四三~一四四頁。

70——御厨貴「明治憲法体制の成立」『日本歴史体系4近代I』山川出版社、一九八七年、五六〇~五七〇頁参照。

71——梅村又次「創業期財政政策の発展」(『松方財政と殖産興業政策』)参照。

72——『世外井上公伝』第三巻、一六六頁。

73——同上、一六六~一七三頁。

74——『公爵松方正義伝』乾巻、八四一頁。

75——松方正義「紙幣整理概要」『日本金融史資料明治・大正編』第一六巻、一五五頁。

76——松方正義「紙幣整理」(国家学会創立満三十年記念松方正義談)『日本金融史資料明治・大正編』第一六巻、一七六頁。

77——『明治天皇紀』第五、一八〇~一八一頁。

78——『伊藤博文伝』中巻、一八〇頁。

79——『大隈文書』第三巻、四五五~四六二頁。

80――同上、四五五〜四五六頁。
81――同上、四五八頁。
82――『明治前期勧農事蹟輯録』上巻、六六〜六七頁。
83――「公爵松方正義卿実記（二）」『松方正義関係文書』第二巻、大東文化大学東洋研究所、一九八一年、一七頁。
84――『明治財政史』第九巻、五二九頁。
85――「紙幣整理始末」、三八頁。
86――大石嘉一郎「松方財政と自由民権家の財政論」福島大学『商学論集』第三〇巻二号、一九六二年。
87――『大隈文書』第三巻、四七二〜四七四頁。
88――同上、四七二頁。
89――室山『松方財政研究』、一五九頁。
90――『大隈文書』第三巻、四七三頁。
91――同上、四七三頁。
92――同上、四七二頁。
93――同上、四七二〜四七三頁。
94――同上、四七三頁。
95――同上、四七四頁。
96――同上、四七三頁。
97――「今政十宜」西村真次編『小野梓全集』下巻、富山房、一九三六年、二六四〜二七五頁。
98――木村毅監修『大隈侯昔日譚』早稲田大学出版部、一九六九年、一六七頁。
99――室山『近代日本の軍事と財政』、四七頁以下参照。

100――前掲『小野梓全集』、二七〇頁。
101――同上、二七二頁。
102――『公爵松方正義伝』乾巻、八四九頁。
103――「海東侯伝資料　談話筆記第一」『松方正義関係文書』第一〇巻、五八頁。
104――日本史籍協会『大隈重信関係文書』第四巻、四八一頁。
105――『大隈重信関係文書』第四巻、四八一～四八二頁。
106――中村尚美『大隈財政の研究』校倉書房、一九六八年、二四五～二四八頁。室山『松方財政研究』一一三頁。
107――『松方伯財政論策集』、四三六頁。
108――『公爵松方正義伝』乾巻、七九二頁。
109――一四年政変前後の政治過程については、大久保利謙「明治一四年の政変」『明治政権の確立過程』(明治史研究叢書I)御茶ノ水書房、一九五四年、および御厨前掲論文、坂野前掲書を参照。
110――「松方正義聞書ノート」『松方正義関係文書』第一〇巻、一四五頁。「伊藤は侯を参議兼内務卿に薦む　黒田、西郷、寺嶋、皆侯に勧めて之を辞せしむ」と記述されている。
111――『明治天皇紀』第五、五五五頁。御厨貴『明治国家形成と地方経営』東京大学出版会、一九八〇年、二二〇～二二四頁。
112――「公爵松方正義卿実記」『松方正義関係文書』第二巻、五五頁。
113――『伊藤博文関係文書』七、塙書房、一九七九年、一〇二～一〇三頁。

第2章

1――『松方伯財政論策集』二八六頁。

2――同上、三五七～三六五頁。

3――室山『松方正義』ミネルヴァ書房、二〇〇五年、九九～一〇〇頁。

4――国立銀行条例の改正は、直接的には殖産興業資金の創出という役割を担うものであったが、同時に華士族の財産保全（士族の救済）をも目的としていた。銀行紙幣発行抵当公債の約九割、四八〇〇万円が金禄公債であった（『明治財政史』第一三巻、四一六～四一七頁、「条例改正前後銀行紙幣抵当公債証書券面及実価一覧表」参照）。

5――『公爵松方正義伝』乾巻、七〇〇～七〇一頁。

6――『松方正義関係文書』第一巻、三八六～三八七頁。

7――『松方伯財政論策集』、六二二頁。

8――兵頭徹「松方正義の滞欧期における経過と分析――谷謹一郎『明治一一年滞欧日記』を中心として」『東洋研究』七三号、一九八五年。

9――『公爵松方正義伝』乾巻、七一〇頁。

10――同上、七一七頁。

11――同上、五二三～五二四頁。

12――小林正彬『日本の工業化と官業払下げ――政府と企業』東洋経済新報社、一九七七年、一一一頁。

13――「財政管窺概略」（明治一三年五月）「松方伯財政論策集」『明治前期財政経済史料集成』第一巻、一九三一年、五三二～五三五頁。

14――同上、五三二頁。

15——同上、五三五頁。
16——同上、五三五頁。
17——『明治天皇紀』第五巻、四二七頁。
18——「財政議」(明治一四年九月付)『松方伯財政論策集』、四三三〜四三七頁。
19——同上、四三五〜四三六頁。
20——同上、四三六頁。
21——同上、四三七頁。
22——同上、四三七頁。
23——前掲「海東伝記資料　談話筆記第一」五四〜五五頁、「松方正義聞書ノート」一四四頁。
24——同前、五四〜五五頁。
25——『伊藤博文関係文書』七、九八〜九九頁。
26——同上、九九頁。
27——御厨貴「14年政変と基本路線の確定」大久保利謙・児玉幸多・永原慶二・井上光貞編『日本歴史体系4　近代1』山川出版社、一九八七年、五七九頁。
28——『明治天皇紀』第五巻、四一八頁。
29——「海東伝記資料　談話筆記第一」『松方正義関係文書』第一〇巻、五五頁。
30——『樺山資紀日記』国立国会図書館憲政資料室所蔵、明治一四年一〇月三日、四日。
31——『伊藤博文関係文書』七、九九〜一〇〇頁。
32——『松方伯財政論策集』、四三七頁。
33——「公爵松方正義卿実記(二)」『松方正義関係文書』第二巻、五五〜五七頁。
34——「海東伝記資料　談話筆記第一」、六一頁。

35――『公爵松方正義伝』乾巻、八四二頁。
36――同上、八四三～八四六頁。
37――「公爵松方正義卿実記（二）」、五三頁。
38――「紙幣整理」『日本金融史資料』第一六巻、一七七頁。
39――前掲「海東伝記資料　談話筆記第二」、五八頁。
40――『公爵松方正義伝』乾巻、八七四～八七五頁。
41――『明治天皇紀』第五、五九六頁。
42――『松方伯財政論策集』、四七九頁。
43――同上、四七九頁。
44――『松方正義関係文書』第一五巻、四六七頁。
45――前掲「紙幣整理」、一七五～一七六頁。
46――大久保利通「殖産興業に関する建議（明治七年）」『大久保利通関係文書』第五巻。
47――『松方伯財政論策集』、四三六頁。
48――「紙幣整理始末」、三九頁。
49――『明治財政史』第一巻、七六六頁。
50――『大蔵卿第八回年報書』、八五頁。
51――同上、八頁。
52――「明治三十年幣制改革始末概要」『明治前期財政経済資料集成』第一一巻、四一三頁。
53――同上、四一四頁。
54――同上、四一三～四一四頁。準備金については、高橋誠『明治財政史研究』青木書店、一九六四年、第二章参照。

55――『松方伯財政論策集』、三一五頁。
56――『明治財政史』第九巻、五九五頁。
57――海軍大臣官房『海軍軍備沿革』一九三四年、五～六頁。
58――陸軍省編『陸軍省沿革史』、一八六頁。
59――『福澤諭吉全集』第八巻、二四三～三三二頁。
60――『世外井上公伝』第三巻、四五七頁。
61――大山梓編『山県有朋意見書』、一一九～一二〇頁。
62――『岩倉公実記』下巻、八九七～八九九頁。
63――同上、一九五七～一九五八頁。
64――同上、一九八八頁。
65――『海軍軍備沿革』、七～八頁。
66――『松方伯財政論策集』、三四〇～三四二頁。
67――『明治財政史』第三巻、八四七頁。軍部の軍備拡張要求総額が九〇〇〇万円であったとすれば、海軍拡張費五七一六万円、陸軍拡張費三二八四万円であったということになる。松方案は、海軍拡張費四二〇〇万円、陸軍拡張費一七五二万円の合計六〇〇〇万円を提示したのであるから、総額で三三%、海軍二七%、陸軍四五%の大削減案を提示したことになる。海軍の要求額は、その主要部分が認められたにも拘らず、陸軍要求額はほとんど半減させられた。ここに陸軍の巻き返しが強力になる原因あったと考えられる。
68――『松方伯財政論策集』、五七二頁。
69――伊藤博文関係文書研究会編『伊藤博文関係文書』一、塙書房、一九七三年、一七七頁。
70――『松方伯財政論策集』、三四〇～三四二頁。

71――第五章二五四～二五六頁及び第五章註22参照。

72――『海軍軍備沿革』、一〇～一一頁。

73――巨額の予算未消化が発生した原因は、海外発注の遅れや、国内建造建造能力の不足から工期が遅れたためである(池田憲隆「軍備部方式の破綻と海軍拡張計画の再編――一八八三―八六年(上)(中)(下)」『人文社会論叢』第一一号、二〇〇二年二月)。

74――伊藤博文『秘書類纂　兵制関係資料』原書房、一九七〇年、二五七頁。

75――同上、二五七～二五八頁。

76――この点に関しては、年七五〇万円の既定財源の中で陸軍軍拡の追加が認められたことは、当初財政計画の修正(海軍拡張計画の縮小)に帰着するか、陸軍セクショナリズムの勝利を意味し、したがって陸軍拡張は、政府の財政計画を破壊し、軍事的合理性を無視するものであったとする見方もある(高橋秀直『日清戦争への道』東京創元社、一九九四年、九四～九六頁参照)。

77――『伊藤博文関係文書』七、一〇九頁。

78――明治一五年一〇月に太政官に提出された、「酒類造石税増加之議」は、次のように造石税増税の妥当性を主張している。一三年に実施された酒税増税は、一四年度実績でみると、一升当たりに換算すれば壱銭となるが、酒販売価格は一升当たり二八～三〇銭へと、五銭上昇し、増税額の五倍に及んだ。「故に此間営業家の利を射ること尠なからす、今之に増税を為すも敢て造石高の減少すへき理あるを看す。何となれは営業家は利益多く之を殺きて納税するを得へけれはなり。好しや醸造家は之を酒価に倍乗し以て自用者に負はせんとするも、為めに費消額の減すへき理あるを視す。何となれは人民の生計優なれは従て種類の如き奢侈物は日に月に需要を増すの勢あり」(『松方伯財政論策集』、三九一～三九二頁)と。

このような判断を基礎として、一五年一〇月の「酒増税則改正之議」が建議された。

79——増税による増収見込み総額は、大きく変化している。一五年一一月下旬には、酒税増徴九〇〇万円、煙草税増徴一〇〇万円で海軍拡張を行い、売薬印紙税・米商会所並株式取引所仲買人規則制定による二〇〇万円で土木費か郡区長棒給の全額国庫支弁を実行しようという計画が構想されていた(『伊藤博文関係文書』一、一七六頁)。しかし、一二月九日には軍備拡張財源はおおよそ八五〇万円と修正された(同書、一八二頁)、さらに一二月二六日の松方財政答申では、軍備拡張財源は七五〇万円へと圧縮された。

軍拡財源七五〇万円の内訳は、平年度ベースで、酒造税六三七万円、煙草税一二四万円、仲買人税二七万円合計七八八万円から徴税費三八万円を控除したものであった(伊藤博文『秘書類纂　財政資料』中巻、三二一~三三三頁参照)。つまり、酒造税収入見積もりを大幅に圧縮し、仲買人税を財源に加え、純増収額を七五〇万円と設定したものであった。

僅か一ヵ月の間に軍備拡張財源、ことに酒造税増収額が九〇〇万円から六三七万円へと、二六三万円(二九%)も縮小した理由としては、(A)酒需要見通しが修正されたか、(B)技術的再見積もりによる減少か、(C)支出上限枠をはめるために内輪に見積もる処置がとられたかであるが、大蔵省は増税を行っても酒需要は増大すると見ていたので(A)は主な要因ではなかろう。また(B)の技術的要因が大幅な収入低下をもたらすとは考えられない。したがって(C)が最もありうる要因であり、総額年七五〇万円という増収見通しは、相当慎重な見積もり額を提示したものと見られる。

酒税は、免許税、造石税、自家用料鑑札料から構成されており、造石税が全体の九一~九四%と圧倒的割合を占めている。したがって酒造税収全体が、ほぼ造石高に比例して変動すると考えてよい。

清酒一石当り二円から四円へと二円の従量課税を実施されるとして、一一月段階の酒税増収額見通しは九〇〇万円であり、一五年度当初予算が九六一万円であるから、一六年予算は一八六一万円と概算されていることになる。課税ベースは、四六五万石程度と想定されていたことがわかる。一四年度、一五年度の醸造高実績は五〇〇万石強であり、清酒需要に大きな変化がないと想定する場合、極めて現実的な見通しであるといってよい。

一方、一六年度、一七年度に、政府が計上した酒造税収入「当初予算」は、一六七七万円、一六八一万円であった。一五年度予算と比較した増収幅は、一六年度六二六万円、一七年度六三七万円である(大蔵省「歳入歳出決算報告書」)。一挙に二七〇万円の収入低下が生じている。

酒造税の「当初予算」の課税ベースとなった造石高は、概算で四二〇万石程度と一割低下していることになる。一六年度予算は、きわめて慎重は清酒需要見通しのもとで、予算が編成されていることがわかる。大蔵省が編成した一六年度酒造税の税率増加は、一石当たり二円であるから、増税による増収額は、理論的には八四〇万円程度ということになろう。

一方、一六年度軍備皇張費の財源として示された造石税増収額は六二七万円であり、平年度ベースで六三七万円であった。そこでは実質的に、造石高を三二〇万石弱とする積算が行われていることがわかる。一六年度当初予算による酒税増収額と、一六年度以降の軍備拡張財源として提示された増収額との間には、二〇〇万円程度の差があった。松方は、税率増加による税収増大八四〇万円の内、対前年増収分六三七万円のみを軍拡財源として提示しているのである。

松方の財政計画は、財源確保に十分配慮した慎重な計画であったといってよい。一四〜一五年度の五〇〇万石程度の酒需要(造石高)実績を念頭に置きながら、一六年度以降の酒税増税にあたっては四二〇万石程度の極めて内輪の課税ベースに基づいて予算編成を行い、軍拡財源としては格段に控えめな三二〇万石を基礎とした対前年予算増収額を提示していたのである。

また煙草税の増収額は、平年度一二四万円と見積もられていた。これに、造石税増税額八四〇万円を加えると、一六年予算編成段階で、一六年度以降の酒・煙草両税の純増収効果を、概算で九六〇万円前後(その他の仲買人税をも加えれば一〇〇〇万円程度)と想定していたと見られる。そして軍拡財源としては、対前年予算増加額分の七五〇万円のみを提示した。

このように慎重な財政計画も思わぬ造石高の急低下が生じたために齟齬を来たした。課税ベースの大幅減少は、予め織り込まれていた余裕を一挙に消滅させ、さらには酒税実績を、一六年度二三〇万円、一七年度二六八万円の大幅減収に導いてしまった。一六年度、一七年度の酒造税、一三四九万円、一四〇七万円という実績は、造石高に換算すれば三四〇〜三五〇万石であり、まさに造石高が劇的に落ち込んだことを示していた。財政収支は大幅に悪化せざるをえない。準備金からの資金繰入で財政赤字を補填することが必要となったゆえんである。

80——『公爵松方正義伝』乾巻、九七二〜九七三頁。

81——『秘書類纂　兵制関係資料』、二五七頁。

82——同上、二五五頁。

83——同上、二五二頁。

84——同上、二五一頁。

85——『山県有朋意見書』、一二〇頁。

86——戸部良一『逆説の軍隊』中央公論社、一九九八年、一一二頁。

87——川上操六「日本軍事鉄道論」小谷松次郎『鉄道意見全集』一八九二年、二二一〜二二三頁。

88——『松方伯財政論策集』、五四六頁。

89——軍備部については、決算額に信憑性がなく、初年度から軍備部繰り入れは(殆ど)行われず、軍備部は発足当初より破綻していたという見方もある(池田憲隆「軍備部の破綻と海軍拡張計画の再編」)が、再検討の余地があると考えられる。

軍備部方式では、年平均七五〇万円の財源枠が軍備拡張に充当される。それは、各年度の税収額の増減によって直接的に左右されるものではない。政府予算の歳出予算には拘束性があるが、税収予算は単なる見積もりに過ぎず、景気変動などで当然増減する。他の事情が変らなければ、税収低下が生じた場合、財源補塡措置が執られることになる。なお税収低下が会計年度の変更を介して軍備部に与えた影響については、本文を参照されたい。

90——「歳入歳出決算報告書(明治一三年度)」『明治前期財政経済資料集成』第五巻、二九頁。

91——「歳入歳出決算報告書(明治一五年度)」同上、三一四頁。

92——「歳入歳出決算報告書(明治一六年度、明治一七年度)同上、第六巻、一四頁、一五三頁。

93——同上、一七頁。

94——「会計年度改定の議」(明治一七年一〇月一八日)『松方伯財政論策集』、四九四頁。

95——同上、四九四頁。

96——「会計年度更正趣意書」同上、四九四〜四九五頁。

97——高橋秀直、前掲書、一一二頁。

98——海軍拡張計画と海軍公債発行問題については、室山義正『近代日本の軍事と財政』東京大学出版会、一九八四年、一三二〜一三五頁、および高橋秀直、前掲書、二一五〜二二七頁参照。

99——『松方伯財政論策集』、三二〇〜三二一頁。

100——同上、三三一〜三三三頁。

101——『公爵松方正義伝』坤巻、一三二頁。

102——『明治大正財政史』第一巻、七四頁。明治一九年度以降実際に償還されたのは、一億七三〇一万円であり、七分利付き征討費借入金を除くすべての公債は、明治二六年四月以前に償還を完了した(同書、七六頁)。

103——導入の経緯は、林建久『日本における租税国家の成立』東京大学出版会、一九六五年、二九四頁以下参照。当時、所得税は財源として大きな比重を占めるとは考えられていなかった。所得に応じた負担を求めることで税負担の公平化を目指すスタンスを明確に示し、併せて議会開設以前に将来有望になるかも知れない税目をあらかじめ導入しておこうとする議会対策でもあったと考えられよう。

104――室山、前掲書、一三五～一三七頁。
105――『松方伯財政論策集』、五四六～五五二頁。
106――「鉄道問答　一一年一一月」『松方伯財政論策集』、五一八頁。
107――『公爵松方正義伝』乾巻、一〇九六～一〇九八頁。
108――『松方伯財政論策集』、三一五頁。
109――同上、三一五～三一六頁。
110――同上、三一六頁。
111――同上、三一七頁。
112――「地租第四期改定の議」、同上、三九六頁。
113――『松方伯財政論策集』、三一八～三一九頁。
114――同上、三一八頁。
115――『明治財政史』第一巻、八九四頁。
116――『大蔵卿年報書』第一〇回、一六七～一六八頁。
117――『紙幣整理始末』、一二四頁。
118――『松方伯財政論策集』、三一八頁。
119――同上、三一九頁。
120――実際、外国人の応募はほとんどなかった（神山、前掲書、一二三頁）。
121――『公爵松方正義伝』乾巻、一一〇二～一一〇三頁。
122――御厨、前掲書。

123——日本銀行「一般金融の概況並其調節」(『日本銀行沿革史』第二巻)『日本金融史資料 明治大正編』第一九巻、三頁。
124——『伊藤博文関係文書』七、一一二頁。
125——『松方伯財政論策集』、六二五頁。
126——ハロルド・U・フォークナー(小原敬士訳)『アメリカ経済史』至誠堂、一九七一年、六七〇〜六七四頁。米国では南北戦争後、一時的不況の後に鉄道を中心とする投資ブームが発生したが、一八七三年恐慌を契機に不況に沈み継続的な物価の低落にさらされることになった。全米経済研究所は、不況が一八七三年一〇月から一八七九年三月まで六五ヵ月続いたとしている。それは米国史上最長の不況であった。ちなみに一九二九年に始まる大恐慌は四三ヵ月であった(Robert J. Gordon, ed., *The American Business Cycle: Continuity and Change*, University of Chicago Press, 1986, Appendix A)。
127——日本銀行百年史編纂委員会『日本銀行百年史』第一巻、二五一〜二五六頁。

第3章

1——朝日新聞社編『日本経済統計総観』一九三〇年。
2——貨幣制度調査会編『貨幣制度調査会報告』(日本銀行調査局編『日本金融史資料 明治大正編 第一六巻』)、五七〇〜九五七頁。
3——「紙幣整理始末」一〇二〜一〇五頁。政府紙幣額は、第一種政府紙幣と第二種政府紙幣の合計額である。
4——滝沢直七『稿本日本金融史論』有斐閣、一九一二年、一一七〜一一八頁。
5——『世外公事歴維新財政談』下巻、四四八頁。

6——前掲「海東侯伝資料　談話筆記第二」、五四頁。

7——『法令全書』明治一四年、一二三一〜一二五〇頁。

8——時系列モデルについては、山本拓『経済の時系列分析』創文社、一九八八年、広松毅・浪速貞夫『経済時系列分析』朝倉書店、一九九〇年、刈屋武昭・田中勝人・矢島美寛・竹内啓『経済時系列の統計——その数理的基礎』岩波書店、二〇〇三年、P・J・ブロックウエル、R・A・デービス（宇佐見嘉弘他訳）『入門時系列解析と予測』シーエーピー出版、二〇〇四年参照。

9——この反動が、欧米への輸出不振をきっかけに「困民党」事件などを引き起こすこととなり、負債が累積してその返済条件緩和を求めて実力に訴えるという過激な行動を呼び起こすことになるのである（土屋喬雄・小野道雄『明治初年農民騒擾録』勁草書房、一九五三年、井上治幸『秩父事件』中公新書、一九六八年、鶴巻孝雄『民権ブックス8　武相の困民党と民衆の世界』町田市立自由民権資料館、一九九四年参照）。

10——残差の自己相関は20期までのラグで皆無であり、10期までのLjung–Box検定のp値も総て有意性の限界の上方に位置しているので、残差はホワイトノイズと考えてよく、残差に系列相関はないと判断できる（参考図2）。

参考図2　残差の検定結果

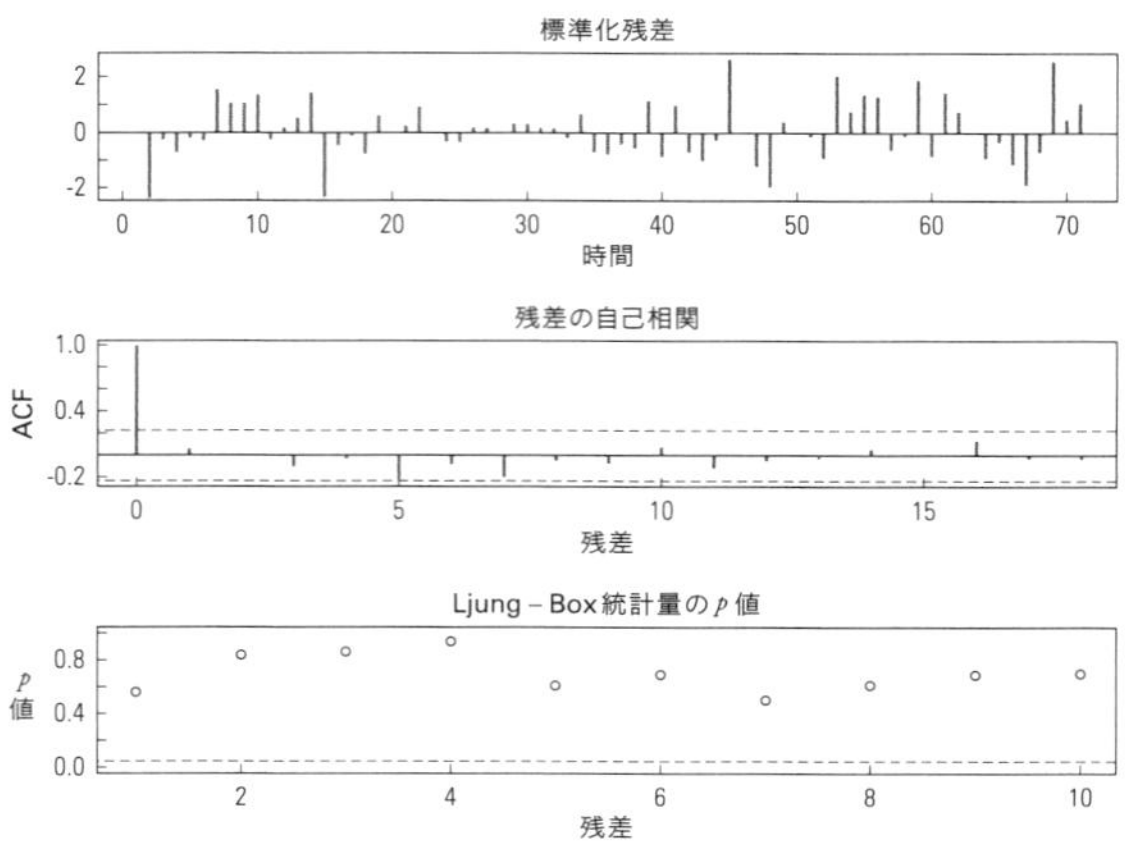

第4章

1——松方が地租改正の実務を担当し、農商務行政や地方農村地域の実情に通暁していたことについては、室山『松方正義』ミネルヴァ書房、二〇〇五年参照。

2——前田正名「興業意見」『明治前期財政経済史料集成』第一八巻。

3——鈴木武雄『財政史』東洋経済新報社、一九六二年、四二頁。

4——在来産業とは、原則として「農林水産業を除いた、近世以来の伝統的な商品の生産流通ないしサービスの提供にたずさわる産業であって、主として家族労働、ときには少数の雇用労働に依存する小経営によって成り立っている産業」(中村『明治大正期の経済』一七七頁)をさす。

5——GNP構成項目の実質系列を算出し、実質GNPを算出する作業を行う必要があるが、後の課題としたい。本稿では、暫定的に『長期経済統計6　個人消費支出』表八−九の「総計インプリシット・デフレーター」をデフレーターとして使用して、実質系列の傾向的動きの見当をつけるにとどめる。

6——「総計インプリシット・デフレーター」は、一八八三年二〇・四二、一八八四年一九・三四、一八八五年二二・三四、一八八六年二〇・三三、一八八七年一九・八七となっており、一八八五年は前後の年よりも特に大きな値となっているため、一八八五年の「実質GNP」に一時的な落ち込みが現われることになっている。

7——中村隆英『昭和経済史』岩波書店、一九八六年、四九〜五〇頁。

8——安達誠司『脱デフレの歴史分析』。

9——中村隆英「一九世紀末日本経済の成長と国際環境」(梅村又次・中村隆英編『松方財政と殖産興業政策』東京大学出版会、一九八三年)。

10――この時期の海外貿易収支は、大蔵省の公式「通関統計」ベース（『日本貿易精覧』等に記載された数値）で見るだけでは十分ではない。金銀混計問題や運賃保険料を考慮して評価しなければ、その実態を捉えることができないからである。例えば、一八八七（明治二〇）年に松方大蔵卿は「二十一年度予算調製の期に際し経済社会の景況並に救済の儀に付建言」（『明治前期財政経済史料集成』第一巻、五四七頁）で、国際収支について説明し、表面上一千万円にのぼる貿易黒字は、実質一八四万円に過ぎず、運賃保険料などを考慮した総合収支では逆に五五〇万円の赤字になるとの収支実態を示している（参考表2）。

参考表2　1887（明治20）年国際収支予想

区分		金額
輸出品高	1	53,188
輸入品高	2	42,907
輸入品銀貨換算高	3	51,345
輸出超過	4＝1−2	10,280
実質輸出超過	5＝1−3	1,843
貿易外支払	6	9,972
運賃保険料		6,572
その他外債費		1,400
軍艦代		2,000
貿易外収入	7	1,613
輸出税		1,613
貿易外赤字	8	−8,359
総合収支赤字	9	−5,517

注：明治20年1〜9月の実績をもとに松方（大蔵省）が見積もったもの。

例えば、金銀混計による輸入品高は四二九一万円であるが、それを銀貨ベースに換算すると五一三五万円になり、八四四万円もの過小計上となっていることがわかる。このため当時の通関統計ベースの「貿易輸出超過額」は巨大な過大評価となっているのである。さらに運賃保険料を加味し、f.o.b.、c.i.f.などの統一ベースへと補正すれば、実際には貿易収支は赤字となることは明らかであろう。したがって松方財政期の対外収支の動向を評価するには、少なくとも銀貨統一ベースで評価する必要がある。その場合、松方財政期以降の大幅な見かけの貿易収支黒字はほぼ消滅することになる。

11――幕末開港以来、輸入綿布が国産綿布を圧迫して日本市場を支配してきたと考えられてきた。輸入綿布の市場占有率が四〇・二％の最高に達したのは一八七四（明治七）年であった（中村哲「世界資本主義と日本綿業の変革」表一　河野健二・飯塚二郎編『世界資本主義の形成』岩波書店、一九六七年）。しかし綿織物業の再編要因を輸入綿布圧力に求める研究に対して、輸入綿布と国産綿布の競争関係を基本的に否定する説（川勝平太「明治前期における内外綿布の価格」『早稲田政治経済学雑誌』第二四四〜五合併号、一九七六年、「明治前期における内外綿関係品の品質」同第二五〇－一合併号、一九七七年、「一九世紀末葉における英国綿業と東アジア市場」『社会経済史学』第四七巻二号、一九八一年等）が提起された。英国製綿布は長繊維綿花による細糸を原糸とする薄地綿布であり、短繊維綿花による太糸を原糸とする厚地綿布とは直接的な代替関係にないとして、輸入綿布による在来綿織物業への圧迫を否定した。その後、これを支持する主張（阿部武司「明治前期における日本の在来産業」前掲『松方財政と殖産興業政策』）と、これを批判する主張（高村直助『再発見　明治の経済』塙書房、一九九五年）が対立している。

12――松方正義「紙幣整理始末」（日本銀行調査局編『日本金融史資料　明治大正編』第一六巻、一九五七年）、六四頁。

13――室山『近代日本の軍事と財政』、一四八〜一五二頁参照。

14――例えば鈴木『財政史』三八頁参照。

15――「大蔵省出納条例（明治九年九月）『明治財政史』第一巻、六四七〜七〇八頁。当時の一会計年度（毎年七月から翌年六月）は、当年度所属の歳出を当年度において支出する「甲」部と、翌年度に支出される「乙」部の合計からなっており、甲部の七月から、乙部の六月までの二四ヵ月の歳出が一括して計上される仕組みであった。しかし実際には出納を完結できず、さらに次年度（丙部）にまで延長されるのが常態であった。歳入の場合もまったく同様であった。

したがって例えば一三年度歳出決算は、一三年度に支出される甲部、一四年度に支出される乙部、一五年度に支出される丙部の歳出決算の合計となるため、一三年度から一五年度にいたる三年度（三六ヵ月)分の歳出合計が計上される。これに対して一三年度の一ヵ年に実際に支出される歳出は、一三年度甲部歳出、一二年度乙部歳出、一一年度丙部歳出の合計額となる(参考表3)。このようなシステムでは、両者は大きく乖離した動きを示し、それゆえ予算執行過程で「裁量」の余地も生じ得るのである。

16――『公爵松方正義伝』乾巻、一〇四五~一〇四六頁。
17――同上、一〇四八頁。
18――『松方伯財政論策集』、四九四~四九七頁。
19――同上、四九四頁。

第5章

1――『大蔵卿第七回年報書(明治一三年七月~一四年六月)』、一二九頁。
2――同上、一三一頁。
3――「司法省調査」『貨幣制度調査報告』。
4――ポール・マイエット「日本農民ノ疲弊及其救治策」桜井武雄編『明治農業論集』創元社、一九五五年、二一〇頁。
5――『公爵松方正義伝』は当時の状況を、「紙幣の価格大に回復し、銀紙の差、次第に減少するに至り、一時は三倍若くは四倍に暴騰せる田畑売買価格は、漸次平準に復し来たったので、之が投機的売買者流は、破産の運命に遭遇するもの相踵ぎ、茲に又た紛擾を醸すに至った」と記述している(乾巻、六四〇頁)。米投機の破綻と踵を接して、田畑投機破綻が進行し、それが原因で多くの破産

参考表3　年度歳出決算と年度財政支出の概念的差異

	11年度支出	12年度支出	13年度支出	14年度支出	15年度支出
10年度決算	乙部歳出	丙部歳出			
11年度決算	甲部歳出	乙部歳出	丙部歳出		
12年度決算		甲部歳出	乙部歳出	丙部歳出	
13年度決算			甲部歳出	乙部歳出	丙部歳出

者が出た事情を知ることができよう。この時期の田畑売買価格の動きについては、序章註31の参考図1参照。

松方財政期には、資力に余裕のない中農層を中心に負債清算のために土地処分を余儀なくされるものが相次いだ。他方、田畑価格が急落して米価低下幅を大きく上回る状況が生じ、さらに一八八五年以降に米価上昇が生じて農地収益性が上昇すると田畑所有は有利となり、資力に余裕があり、また土地購入資金等を融通していた大・中地主や商人などによる土地兼併が促進されたと見られる。例えば、借金により一反一〇〇円で土地を購入したが、地価が四〇円に低下した場合、高利の利子負担を度外視するとして、土地処分代金を負債返済に充ててもなお六〇円の負債が残る計算となる。負債を清算するには、さらに保有する土地を売却するか、新たに土地を抵当として借金せざるをえないことになる。農家収入が低下する中で、高利の負債を負えば土地喪失に繋がる事態は避けられない。逆に価格が急落した農地を兼併する地主は割安で土地を入手できるため、農業経営対象として有利となる。田畑投機の破綻による農地価格の急低下によって生じた農地採算制の上昇と高利負債清算の必要性が、地主制を拡大させる動きを生み出していったと考えてよかろう。

6――梅村推計や速水佑次郎『日本農業の成長過程』創文社、一九七三年などがある。

7――「興業意見　巻二」『明治前期財政経済史料集成』第一八巻、三七頁。

8――採算性が地主制拡大の主要因であったことについては、中村隆英『戦前期日本経済成長の分析』岩波書店、一九七一年、四八～五〇頁参照。

9――その後負担率は九％台で推移し、日清戦争が勃発した一八九四年には七・七％となって七％台へ低下し、一八九七年以降は六％へと低減していく。

10――地租率が地価の三％と定められた根拠は、「地租改正始先ツ旧来ノ歳入ヲ減セラサヲ目的トシ」たことにあった（「地租改正書類彙纂」44『明治前期財政経済史料集成』第七巻）

11――『公爵松方正義伝』乾巻、六四一～六四五頁。
12――同上、六四八～六五七頁。
13――同上、六五八～六五九頁。
14――同上、六五八～六五九頁。
15――坂野潤治『明治憲法体制の確立』東京大学出版会、一九七一年。
16――図5－11の「貨幣制度調査会」の数値は、製造業を含む非農業部門賃金の東京基準の「時相場」の単純平均値の動きを示したものである。それは賃金率を直接反映するものではない。『長期経済統計』には、明治一〇年代全体をカバーする時系列の製造業賃金率推計はないが、内閣統計局『日本帝国統計年鑑』に基づき、一九種の職種について行なった製造業の賃金率系列の部分的な推計値がある(『8物価』第二五表職種別賃金(A系列))。男子賃金(銭)の動きは、一八八〇年の二四に始まり、一八八一年欠、一八八二年二七、一八八三年二五、一八八四年二〇、一八八五年二二、一八八六年二〇、一八八七年二一と続き、一八八八年から一八九一年は「貨幣制度調査会報告」の数値を採用している。銀貨換算値で見れば、一八八〇年一六・二、一八八二年一七・二、一八八三年一九・八、一八八四年一八・三、一八八五年二〇・八、一八八六年二〇・〇、一八八七年二一・〇、一八八八年二一・〇となる。ボトムの一八八一年の数値が得られないので確かなことはいえないが、一八八一年前後から一八八六年前後にかけて一六銭前後から二〇～二一銭水準(一八八五～八七年平均二〇・六銭)へと二五～三〇％程度(同二八・八％)上昇していると見られる。
17――例えば、平均賃金(銀貨ベース)は、一八八六年の一三六から、一八八七年には一三四となり、一八八九年に一三三、一八九〇年は一三一へと低下している。
18――松方デフレ期の農民層分解作用は、「地主制を成立させる」ほど強力なものではなかった(中村『戦前期日本経済成長の分析』、四九頁)。

19――『郵政百年史資料』第五巻、一九七〇年、四七頁。

20――第二章および室山『松方財政研究』参照のこと。

21――「紙幣整理始末」、六八頁。

22――「準備金収支内訳」(参考表4)によれば、準備金所有の紙幣・公債を正貨に交換したことに伴う損失を反映する諸項目は、「諸地金類損」三一六・一万円、「正貨交換差損」八三〇・八万円、「公債証書損」一六六・九万円などであり、正確な数値を特定することは出来ないが、対民間収支ではほぼ一三一四万円見当の損失を出したものと考えてよいであろう。一方、準備金の正貨を常用予算と時価交換したことにより、八一二・二万円の差益をあげていた。

参考表4　準備金収支内訳

(明治11年7月1日～18年12月31日)

収入金額	
歳入出決算残金繰入	8,054
従前常用本払のものより更に受入	1,141
紙幣銷却元資繰	7,000
営業資本及繰替金に対し常用より償戻	14,003
常用諸貸付金返納予備部へ収入	3,965
常用より軍備金繰入	1,567
諸地金類益	286
正貨交換差益	8,122
貸金及預け金利子	1,344
諸株券益	733
地所家屋貸下料	5
公債証書利子及当籤元金並年賦金差益	8,397
輸出品諸益	0
雑収入	751
合計	55,370
支出金額	
十六年度常用歳入不足補填	3,995
第十五国立銀行借入金の内償還	5,000
国債償還金補充	14,960
紙幣製造費	1,309
日本銀行横浜正金銀行株券宮内省へ引継	3,500
営業資本及繰替金証書常用へ引継	14,003
軍備繰入	182
諸地金類損	3,161
正貨交換差損	8,308
預り金利子	298
貸出金損	637
公債証書損	1,669
雑支出	827
合計	57,849
差引支出超過	2,479

資料:『紙幣整理始末』、61頁。

準備金現在高が最高額に達したのは明治一四年六月の五五七九万円だが、その後、大規模な繰入が行なわれたにもかかわらず、一八年一二月末には四八七九万円に減少していた。正貨と紙幣の混合ベース表示による減少であるが、この間の収支を見ると、その最大の要因が正貨と紙幣の交換差損にあったことは間違いない。

23――松方正義『紙幣整理始末』、七七～七八頁。
24――同上、三七頁。
25――「甲乙財政制度」下での赤字の具体的メカニズムについては、第四章の註8および室山『松方財政研究』、二八一～二八五頁。
26――高村直助『明治経済史再考』ミネルヴァ書房、二〇〇六年、一六三～一七二頁。
27――『紙幣整理始末』、六三頁。
28――同上、六三頁。
29――高橋誠『明治財政史研究』青木書店、一九六四年、八六頁。
30――『大日本外国貿易五十六年対照表』東洋経済新報社、一九二四年、三～四頁。
31――『明治財政史』第九巻、六二八～六三〇頁。取組高に占める外国人比重は、一八八四(明治一七)年度には六九・二%を記録した
32――『紙幣整理始末』、六三～六四頁。
33――高橋『明治財政史研究』、九九～一〇〇頁。
34――『紙幣整理始末』、五四～五五頁。
35――郵便貯金については、迎由理男『郵便貯金の発展とその諸要因』国連大学人間と社会の開発プログラム研究報告(HSDRJE-61J/UNUP-373)参照。
36――斉藤修・谷本雅之「在来産業の再編成」『日本経済史三　開港と維新』岩波書店、一九八九年、二

六七頁。

37——谷本雅之「幕末・明治前期織物業の展開——埼玉県入間郡を中心として」『社会経済史学』第五二巻二号、一九八六年、三〇～三二頁。

38——問屋制度の展開は、松方デフレ期にかなり見られるが、本格的な展開は次の企業勃興期であったと考えられている(阿部武司「綿工業」『日本経済史4　産業化の時代　上』岩波書店、一九九〇年、一九六～一九七頁)。

終章

1——『田口全集』第七巻、五〇～六一頁。

2——同上、四〇七～四〇八頁。

3——第一議会会派別議員構成内訳は、弥生倶楽部一三〇、大成会七九、議員集会所四一、国民自由党五、無所属四五であった(衆議院・参議院編『議会制度七十年史・政党会派編』二五二頁)。

4——選挙干渉問題を含めて、松方と伊藤の確執については、本章註9において概観する。。

5——前掲『議会制度七十年史・政党会派編』、二六五頁。

6——伊藤は、天皇の諮問に対して、この措置に賛成ではないと奉答している(『伊藤博文伝』中巻、七八八～七九〇頁)。

7——松方内閣が提出した鉄道建設案は軍事利用を主とし、鉄道効率と収益性の確実な優良線に限定して建設しようと考えられたもので、積極的な地方利益の誘導によって政策への支持を調達することを意図したものではなかったが、地方利益を刺激し政府計画に呼応する動きを招いたのである。換言すれば、松方の健全財政「富国強兵」政策路線は、民党の側の政府と提携しようとする運動を呼び起こした。鉄道計画に山梨県関連の計画が含まれていることが知れると、山梨県では官設鉄道敷設要求が高まり、自由党員も運動を積極的に支援したのである(有泉貞夫『明治政治史の基礎過程』吉川弘文館、一九八〇年)。山梨は、生糸・養蚕などの主要な生産地の一つであった。生糸は日本の主力輸出産業であり、鉄道など運輸交通網の整備は、地方経済への波及効果に止まらず、日本経済の発展にも大きな影響を与えることから、極めて重要な動きということができる。そして生糸生産を支える養蚕は、米作と並ぶ農業経済を支える大きな支柱であった。松方型の経済財政路線が、日本の代表的輸出産業や農業経営の発展と結合した民党の自発的提携の動きを生み出したことは重要な兆候であり、建設路線の取捨選択次第では、超然主義を基礎とした日本の政治統合や政策路線を進展させる契機を宿していたことを示している。実際に議会で成立した鉄道建設法案は、政府案六路線に建設路線が加わり、比較線を多く含む九路線となって、建設総額は政府原案の三六〇〇万円から六〇〇〇万円へとふくれあがった。自由党も鉄道建設法案の審議の過程で、積極的な建設を志向する方向性を示していた(室山『近代日本の軍事と財政』一七六〜一八四頁を参照)。

8 ――伊藤之雄『立憲国家の確立と伊藤博文』九六頁。陸奥派代議士を中心に再組織された独立倶楽部は、第三議会開院式当日に二五名となっていた。そして独立倶楽部が民党に合流したため、松方首相を問責する選挙干渉決議案は一五四対一一一で可決され、これが尾を引いて七月内閣は総辞職するに至る(二八八〜二八九頁)。

9 ――松方と伊藤との経済財政路線の対立は、西南戦争後から明治一四年政変後の時期に起源をもつものであり、伊藤が積極政策への志向を示し主導することは何ら不思議ではない。だが後に自由党と提携して積極政策路線へと転換していく伊藤の動きの直接的契機は、初期議会における松方との政治主導権をめぐる確執に関わっていたと考えられる。それは、一応は経済財政論の対立とは別の次元の問題であり、この時点で具体的経済政策論での軋轢が生じていたわけではない。しかしこの松方と伊藤の政治的確執こそが、後の二大政策潮流を生み出していく源泉になったといってよい。松方総理誕生と辞任のあらましを見ておこう。

第一議会では、最初の議会で予算不成立に終わるようでは、欧米諸国が日本の立憲政治運営能力に疑問をもち、日本の信用が失墜するとの自制心が働き、土佐派が動いて政府と自由党との妥協が成立した。しかし山縣有朋首相は、民党が衆議院の過半数を占める状況で、第二議会の運営に、まったく自信が持てず、伊藤を後継首相に推薦した。しかし伊藤は、憲法が発布され国会が開催されたが、民度が低く憲法政治を行うことは容易ではない。この状況では誰が首相となっても永続性はない。まして自分には反対が多い。暗殺されるか爆弾を投げられるかの危険がある、と天皇に上奏して固持した。紛れもない責任放棄であった。伊藤は、後継に西郷従道と松方正義を推した。西郷は固辞し、松方を推した。松方は温厚で反対もなく、なおかつ薩摩閥では黒田清隆を除くと、首相適格者は松方以外にいなかった。厳しい状況を目前に松方も当然固辞した。政府が望む軍備拡張と民党が主張する民力休養(地租軽減)を調整できる目途が立たなかったからである。しかし天皇の信認の言葉に、松方はあえて首相の地位に昇った。松方内閣に期待された役割は、民党の要求を拒否し、解散に次ぐ解散を敢えて辞さず、民党が要求を引き下げるか、選挙で政府吏党が多数派を形成するか、どちらかの状況を作り出すことであった。民党が地租軽減論を棚上げすることはあり得なかった。地租軽減論自体は、実際にはすでに重要な経済問題ではなくなっていたが、それが民党の唯一の経済財政策論であり、民党の究極の存在理由だったからである。政府と民党が連携し妥協できる環境にはなかった。必ずしも緊急問題ではない地租軽減を梃に、国の発展に緊要な「富国強兵」政策が実行不可能に追い込まれていたからである。

松方は、決死の覚悟で選挙戦を制し、政府吏党が議会多数派を獲得する状況を作り出す以外に方法はなかった。伊藤の勧めで「内閣議定書」および「内閣規約」が作成され、内閣不統一を防ぐ措置がとられた。松方の政治能力は、低く見られていた。

第二議会の明治二四年一二月、松方は衆議院で政府の基本政策を明らかにした。一国が繁栄し独立を保つには、貿易の伸張、運輸交通の発達、海陸軍備の整備が必須の条件である。今日の国力が許す限り、国防と国家経済とを目的として、最も優先度の高いものを選び、決行しなければならない。諸事業のうち、軍備拡張、製鋼所設立、河川修築、北海道土地調査費等の臨時的性格をもつものは明治二三年度・二四年度歳計剰余一、一六四万円を財源として実施し、経常的性格を持つ監獄費国庫支弁等各種事業は二五年度経常予算剰余財源六九〇万円を以て支弁する。政府は、努めて経費を節減し、必要な事業を実行するという方針をとっている。対外的には国際協調に努め国権を拡張し、対内的には国防充実と実業奨励に努め、常に財政の安全を維持する覚悟である、とその所信を締めくくった。

国際協調と政府の健全財政「富国強兵」路線に基づき、国民に新たな負担を求めない堅実な予算であった。また鉄道建設・買収法案も提案されていた。民党は、「国是」関連事業について正面から反対する理由はなかった。しかし経常財源は民力休養(地租軽減)に使用されねばならない。民党は地租軽減が実現されない限り、どのような政策も是非に拘わらず反対したのである。

松方は議会解散に踏み切った。解散を重ね、選挙で政府党が過半数を確保する状況を作り出す覚悟であった。松方は、民党について、政策論として見るべきものがなく、万世一系の天皇による統治という日本の国体の根本を忘れ、みだりに英国の代議制に心酔し模倣しようとするものであると考えていた。

そして明治天皇は、徳大寺侍従長を通じて枢密院議長伊藤に選挙についての意向を伝えた。「第二帝国議会開会以来の景況和衷協同を欠き、政府提出案は悉く否決し、予算案に就ても非常の減額をなす、国家経済国防の発達を阻滞するを以て、……終に昨二五日衆議院解散被命候。……議員再選挙に就ては、同一の議員を再選致候ては幾度も解散、不詳の結果を生ずべくやと深憂慮被遊、松方大臣への度々御沙汰相成、各地方長官へも注意の儀内示有之候得共将来良民の議員となること為望候。……先各大臣盟約の旨趣を守り、内を一致協同して外に当るべき旨総理大臣へ御沙汰相成、先内閣纏りは相付、然て解散の運に至れり。然れ共将来内閣一致協和は、陸奥大臣の席を占居候では、徹頭徹尾調和相成難しと深御案痛被遊候」（『伊藤博文伝』中巻、八一八〜八一九頁）。

議会における国策渋滞に懸念をもち、松方内閣の選挙方針を承認し政府系の「良民」議員が多数を占める状況を望み、特に書中「閣議の際一二の人異論有之由」と言及し、内閣の一致した行動を確保するため伊藤直系の陸奥の辞任が望ましいと伝えていた。これに対して伊藤は、選挙戦の最中の明治二五年一月二二日に政党を組織したいとの上奏を行なって松方内閣への反撃に転じるが、天皇はそれを不可として却下した（同書、八二二〜八二三頁）。

総選挙では、自由・改進両党は結束して政府を弾劾し、息詰まる選挙戦が全国で展開された。山県系の品川弥二郎内相は、激しい選挙干渉を行って流血騒ぎが相次いだ。選挙の結果、与党および準与党（無所属）は一三七名となり大きく議席を伸ばした。民党の自由・改進両党は一七一名から一三二名へと大幅に議席を減らし、議会の過半数を割った。政府系は、過半数を制することはできなかったが、自由・改進連合勢力を上回る状況が作りだされた。そして態度が明確でない独立倶楽部三一名を取り込むことに成功すれば、議会で多数を占めることが可能な状況となった。松方内閣は、一度の解散で劣勢を挽回し、来る第三議会で優勢に立てる可能性を掴んだのである。松方の健全財政「富国強兵」路線は、議会でさらに正統性を確立できる目途がつきつつあった。そして民党の民力休養＝地租軽減論の重要性は低下しており、国家政策の中で実現すべき優先度は低い問題であった。

選挙が終わると、民党側は一斉に政府攻撃を始めた。このままでは民党がジリ貧状態に追い込まれるため、品川内相の責任を激しく追及した。一方、品川問題を乗り切れば、政府は民党を押さえ込むチャンスが生じていたのである。ここで選挙干渉について、政府部内から強力な責任論が沸き起こった。閣内からは、後藤象二郎逓相と陸奥宗光農商相が責任追及の狼煙をあげ、さらに閣外から枢密院議長伊藤博文が強硬な責任論を述べて内閣に干渉してきたのである。選挙干渉に関係した官僚全員を処分すべきであるとの強硬論を展開したが、実は後藤と陸奥は選挙干渉の立役者でもあった。二人は、松本剛吉を呼び「全国で一番やかましい」熊本・福岡・佐賀への出張を命じた。郵便局長を用いて選挙干渉を行う秘策を授けられた松本は、過去警部補であった経歴を活かして奔放に選挙干渉を行い、命令された仕事に当たったのである。（岡義武・林茂校訂『大正デモクラシー期の政治　松本剛吉政治日記』三〜四頁）。

伊藤や伊藤に近い閣僚による揺さぶりは、閣内の統一を根本から破壊し、内閣を弱体化させた。松方は品川と陸奥を更迭し、民党に近い副島種臣・河野敏鎌を内相と農商相に起用して立て直しをはかったが、弱体化は免れなかった。そして陸奥の影響下にあった独立倶楽部は、民党へと合流する動きを見せ、結局松方は敗北する。

伊藤は、議会困難を思い、自らは命の危険があるとまでいって、責任を回避し、松方を後継に推薦した。民党との妥協は難しく、解散に次ぐ解散で、議会多数を獲得する以外に方法はないが、それは極めて困難であると考えられた。松方内閣は、選挙干渉という手段で民党を追い詰め、独立倶楽部の支持を得れば、議会多数派を形成できるところまで漕ぎ着け、議会運営の可能性を見出しつつあった。超然主義を標榜する天皇直臣として、松方は大きな成果を挙げ、政治的に大きな成功を収める可能性を見出しつつあったのである。他方、新政党を組織して議会運営で主導権を確保しようとしていた伊藤は、明治天皇や元勲の反対で断念に追い込まれていた（『伊藤博文伝』中巻、八二二〜八三四頁）。このまま事態が進行すれば、経済財政のエキスパートとしての名声を確立していた松方は、「誰がやってもうまくいかない」難局を乗り切り、政治家として重きを成すことになろう。

伊藤は、丁度このようなタイミングで、閣内の陸奥と呼応して内閣による選挙干渉の責任を追及し、内閣の不統一と弱体化をもたらしたのである。伊藤が「誰がやってもうまくいかない」と奏上した困難な議会運営を、「能力が劣る」と見下していた松方が天皇の意向を体して成功させれば、伊藤の存在は輝きを失うことは間違いなかった。伊藤の干渉がなく、内閣が選挙干渉問題を乗り切り、政府が一丸となって独立倶楽部の取り込みに全力を挙げていたら、第三議会以降の様相と、その後の日本の政策進路はかなり異なる道を辿っていた可能性はある（室山『松方正義』二三〇〜二三九頁参照）。

その後、伊藤は自由党との提携によって議会政治を主導する方向を明確にし、次第に経済財政路線でも積極政策を中心に置くようになっていく。伊藤は、憲法・議会開設の推進者としての政治財産を実際の政策運営と国運の発展に活かす道を示すことができなければ、自らの存在意義を示すことはできない。そこに政党と取引してでも憲政の成果を実証しなければならない必然性があったといえよう。したがって松方の「超然主義」に立脚する経済財政政策路線と政党利益の合体が生じる事態を何としても避けねばならず、松方の政治的成功が経済財政的成功と結合することは何としても阻止しなければならなかった。

とはいえ伊藤も、「超然主義」を正面からは否定できない天皇制官僚として、安易な政党宥和策を自らの責任で実行するわけにはいかない。自らの責任を回避しつつ伊藤の政治目標を達成するには、天皇を利用するほかない。「和協の詔勅」によって政策転換と自由党との連携を実現した意図が明確になろう。そして自らが主導する経済財政論は、松方路線を踏襲するものであってはならない。健全財政「富国強兵」路線から離れ、自分の年来の政策性向に基づく大規模かつ積極的な「富国強兵」政策を実行することで、松方路線との差別化がはかられる。政治面と経済政策面での両面で主導権を掌握する動きである。松方型健全政策路線と伊藤型積極政策路線は日清戦争・戦後経営期を通じて競合し、次第に後の二大政策潮流を生み出す源泉を形成することになっていく（以上、室山『近代日本の軍事と財政』、『松方正義』、および『明治天皇紀』第八–九参照）。

松方は、日本の国力と国際社会と調和した身の丈に合った経済発展を是とし、軍事を国策全般と調和するように抑制して、健全財政・健全通貨に立脚する「富国強兵」路線を実行すべきだと考えていた。政府の関与を控え、基本的に市場経済の運行に任せる自由主義的政策スタンスに立った経済発展を目指した。伊藤は、大規模な公債発行を意に介さず政府事業を行なう積極政策を考え、経済財政の整合性を頭に置いた政策立案というよりも、政党を活用して議会政治を処理し、国政を旨く運用し、政治的に成功することを重視した。

一方、民党は、松方・山県の「超然主義」路線と伊藤の政党提携路線への接近と離反を繰り返したが、条約改正や言論集会の自由などの主張を除けば、地租軽減以外の独自の経済財政論を持っていなかった。政府の富国強兵路線には賛成せざるをえない。政府と提携するには、地租軽減のスローガンが邪魔になるが、地租軽減こそがその存在理由であった。問題は、地租軽減要求が実際には経済的にそれほど重要な課題ではなかったにも拘わらず、それを民党の存在理由として掲げた点にあり、大局的に見ればそれが柔軟な行動を妨げる最大の弱点となり、議会運営と政策遂行に無状の時間と労力をかけるもととなったのである。民党が近代国家を建設しつつ政党政治の確立を目指す以上、富国強兵論は是認せざるをえず、地租軽減論から地方民衆の関心が高い民力発展施策へ政策重心を移行して行くことは自然の流れであった。不信用の政府、腐敗した政府に大切な国策を任すことは出来ないとの苦肉の論法は、政府が行政整理の実を挙げる形式を整えれば役割を終え、政府と協同して国事にあたる方向への政略転換を生み出すのは当然であった。

松方財政の成功は、超然主義の基礎を生み出すとともに、民党の掲げる「地租軽減論」の正統性の基盤をも奪う事態を作り出していたのである。民党は、「地租軽減の足枷」を自らに課すこととなるのである。そして民党が議会で多数派を占めたことで、国政は渋滞を来した。

近代国家として船出した日本がとるべき道は、「富国強兵」の実を速やかにあげることであった。その方法如何が政策論として戦われるべきものであった。すでに重要な経済的負担ではなくなり、その後の経済発展の中で益々負担が減少していく地租の負担軽減を先決課題とし、その存在意義としていたため、すべての政策論議がその壁に遮られていくことになったのである。ただし、それが結果として日本の「小さな政府」を生み出して当面の財政余剰の蓄積をもたらし、日清戦争時の財政運営に資することになった点は、忘れてはならない。

日清戦後経営の再編で地租増徴が実現し、旧来の民党の存在意義が消滅したことで、伊藤を中心とした新たな立憲政友会が結成され、民党は新たな出発を始めることが可能になる。伊藤路線は、地方利益の誘導を梃子とする政友会の「積極政策」で拡大再生産され、政党政治の裾野を広げ、議会政治で主導権を獲得しようとする動きを生み出し、松方型の自由主義的スタンスに立脚する健全経済運営の政策遺伝子は、商工業者の利害を反映しつつ官僚系の同志会をへて立憲民政党にいたる流れを生み出していくのである。

10――明治天皇は、伊藤型の立憲国家の漸進的定着路線に支持を与えていた（伊藤之雄『立憲国家の確立と伊藤博文』）。しかし他方では、松方型の「超然主義」に立脚した経済財政路線にも厚い信頼を寄せ支持していた。

ことに戦時財政運営や重要国策に関する松方への信認は絶大であった。例えば日清戦後経営計画立案に関して、明治天皇は特に松方に伊藤内閣の蔵相に就任するよう異例の要請を行なった。戦後の財政整理を行なう上で「戦争の結果として、陸海軍拡張論も起るべく、……巨多之金額を請求あるとも、大蔵の基礎を確定せられ、外国債を不起」（明治二八年四月二一日付「徳大寺侍従長の松方宛書簡」『公爵松方正義伝』坤巻、五三六頁）というのが天皇の意向であった。天皇は、外債非募債方針を貫き、軍部等の強硬論を抑え、財政基盤を確立するという仕事ができるのは松方以外にないという強い信任を表明した。また戦後松方が第二次内閣を組織し、金本位制への移行を決断したときにも、伊藤等政府有力者や民間の有識者・財界が反対する中で、天皇は裁可を求める理由書を読み、内容を理解することは困難だが「従来卿が事に当りて、其の成功を見ざるはなし。故に今卿が奏請する所も亦卿に信頼して之を裁可すべし」（同、六七五頁）と支持を与えた。そして松方は辞職するに際にも、議会多数派の支持を得るため交渉した後、超然主義で議会に臨み解散を辞さず前進する決意を固め、政党に大きく妥協することは望ましくないという天皇の意向を戴して行動した。天皇は、松方に対して「政党的内閣たらんとするよりは、寧ろ独力敢行して所謂松方流を発揮せよ、議会の解散はやむを得ない、曖昧に一時を糊塗するのは朕の執らざるところであり、松方は主義を持し、一貫して進むべし」と告げ、松方の腹はきまったのである（『明治天皇紀』第九、三四二頁）。天皇は、紙幣整理以来、一貫して松方の経済財政政策路線に対する絶大な信頼を寄せ支持し、また議会政党に譲歩しすぎることは好ましくないとして、松方流の超然主義を支持しているのである。天皇は、健全財政・健全通貨「富国強兵」路線により、軍部の強硬論を抑えつつ、国策の優先順位を考慮したバランスある国策進路を望んでおり、それを実現するための政治を松方に期待していたことがわかる。

つまり天皇は、伊藤型の政党との提携を基礎とした国家進路を一方で支持し、他方では松方流の「超然主義」に立脚した経済財政路線の実現が望ましいと支持を与えることで、両者のバランスをとっていたと考えることができよう。

そして伊藤が立憲君主制を目指すスタンスをとりつつ、困った場合には天皇にすがるという行動をとり、松方も天皇の意思を忠実に政治に反映させようと努力する行動をとったため、明治憲法体制は立憲政治の進歩への歩みを続けつつ、絶えず天皇の意思決定への関与を引き出す結果となり、複雑な性格を帯びたシステムとなった。

あとがき

著者は、二〇〇四年に『松方財政研究』（ミネルヴァ書房）を上梓している。あれから丁度一〇年、再び「松方期」を主要な対象とする本書を手がけることになった。しかし本書の内容は、もともとこのような単行の形で世に問うことを意図して準備されたものではなかった。

昨年五月に『アメリカ経済財政史 1929－2009』（ミネルヴァ書房）をまとめたことによって、ここ数年来精力を集中してきたアメリカ研究に区切りをつけることができた。著者は、日本の財政と安全保障を軸にして研究生活をスタートさせ、日米関係を分析する作業に進み、その後アメリカ研究へ導かれることになった。このような経緯から、研究対象と関心が日本とアメリカの言わば二兎を追う形となり、日本の当面の仕事に区切りをつけては、アメリカ研究へ移行し、一段落つくとまた日本の仕事に復帰するという循環運動のような研究スタイルをとることになったのである。

二〇〇九年にアメリカ研究に復帰した時、還暦を迎えたという感慨のためか、そろそろ自己の研究活動の総括を行なわなければならないとの思いに襲われた。その中で、この機会にまずアメリカ経済財政の研究に自分なりの決着をつけ、次いで日本を明治期から通史的に分析する作業を行い、それを踏まえた上で改めて日米関係を捉え直そうという漠たる考えが浮上してきた。その時は、過大なる思いをそれ以上深く考えることはせず、先々のことをあれこれ考えても仕方がない、とにかく挑戦し、気力と体力が続く限り出来るところまでやってみようと決心して、アメリカ大陸に上陸したのである。

ともあれ幸いにも二〇一三年春にアメリカ研究に一応の決着をつけることができたので、書斎を整理しつつ、日本の分析に必要なデータと資料の準備に取りかかることにした。これまで、明治維新から現在に至る日本の軌跡を、経済・財政・安全保障などを包含した政策論とマクロ経済の動態とを統合した形で分析してみたいという思いを抱きながら研究を進めてきた。その際、日本の大きな構造転換期には「デフレ政策」を経験し対外的な軍事問題が発生していると いう事情から、松方財政以来の「デフレ政策」とその導入前後の状況を軸として日本の軌跡を辿り、「井上財政」、「ドッジライン」、グローバル経済下の「平成不況」まで系統的に辿る作業を行なうことができればと考えてきた。そこで、第二次大戦以降の時期はアメリカの国際主義の影響下での歩みとなるため一括りに扱い、それ以前の西南戦争前後から昭和の日中戦争あたりまでを一括りに扱う二部構成で、通史的な分析を行なうことができるのではないかと目星をつけたのである。

こうして戦前期のマクロ経済の主要統計データを睨みながら、まず高橋財政あたりまでを射程に入れた経済財政の動態と政策過程を総括することを目標にして、基本的な史・資料を系統的にじっくりと読み返す作業を始めた。時代の節目で、限られた判断材料と経験の制約の中で、日本の将来を左右する決断を迫られた当事者の緊張感と信念、錯誤と幸運が織成す世界へと次第に引き込まれていった。当時の状況と選択結果が示されているマクロデータで経済財政の大きな流れを捉えながら、その流れの中で競合する国策論の意味を明らかにし、その後の展開に与えたインパクトや政策遺伝子を抽出するという枠組で分析を行なうという方針が固まるまでさしたる時間はかからなかった。そこで「松方デフレ」期を中心とした明治前期の部分から時代を追って作業を進めることにしたのである。

西南戦争前後から「松方デフレ」を経て企業勃興期に至る日本経済の離陸プロセスは、日本が政治的にも近代国家としての基本骨格を整えた時期である。松方の政策イニシアティブが日本の「富国強兵」路線と経済財政の特性形成に果した意味を抽出し、近代日本発展の起点となったことを明らかにすることがメインテーマとなる。マクロデータの整備状況という点からも、この時期を先行的にひとまとめにして取り扱うことが便利であった。

千倉書房の神谷氏が、アメリカ関連の企画をもって研究室に来られたのが、丁度この頃である。著者は、その企画に興味を持ったが、作業を進めつつあった仕事が優先する事情を説明し、手元にあった関連図表を数枚示しながらその内容を話してみた。神谷氏は、一度に長期間を対象とするまとまった内容を本にするのも一法だが、いくつかに分割して出すのも有力な方法ではないかと示唆された。

日本の通史的分析を一纏めにしようという思考が頭を支配していたので、不意を打たれた感覚をもった。だが『アメリカ経済財政史』執筆の経験を思い返し、自分の能力と年齢による作業効率から推して、一度に書物にまとめるという方針に固執すべきではないと思い直した。この方針変更は、著者が持つ制約条件と過ぎたる目標に照らして合理的な選択であったと思う。しかし他面では、直面する目標が定まったために萎れた老骨に再び鞭を入れるという結果をもたらすことになった。

このような経緯から本書は、長期的射程を意識し、マクロ経済データを基礎とする成長要因や物価分析を軸に置いて経済財政の大きな流れを捉え、その中で基本的な史・資料の再吟味を行いつつ政策論の展開を分析し、そのインパクトを抽出しながら論を進めるという方針を採用している。したがって前著のエッセンスを引き継いではいるが、分析視点や力点の置き方ならびに分析手法はやや異なったものになっている。前著で提起されたマクロ経済上の諸論点も新しいアプローチの下で掘り下げられ、また十分に展開されることなく残された諸課題にも新たに挑戦する機会となった。

経済成長の寄与要因の定量的分析、「二つの物価」の意味とインフレ期待の推計、そして松方紙幣整理方式自体が持つ経済浮揚作用、「デフレ過程」における農業部門と非農業部門の経済位相の相違など前著で踏みこむことができなかった諸点に分析の枠を広げたことで、経済変動を引き起こした要因と基本的メカニズム、あるいは紙円インフレ（期待）から銀円インフレ（期待）へのシフトが引き起こされたことに伴う経済的影響などを統一的なマクロ経済ベースで分析することが可能となり、大隈財政が失敗した理由や松方財政が起死回生の政策実践たり得た理由も一貫した視点から解明することができたと思う。

本書によって、大隈財政期から松方財政期にかけての日本経済の動態が明らかとなり、経済停滞から高成長経済へとダイナミックな躍動を示した日本経済の新しい時代像と、松方財政の「成功」が後の政策運営に与えたインパクトを歴史的な流れの中で捉えることが可能になったと考えている。

しばし筆を休めたいというのが、今の率直な気持ちである。その前に、本書の文字通りの生みの親である神谷氏に感謝したい。編集者としての確かな見識と熱意が込められた簡潔なコメントには心から敬服している。最後になってしまったが、本書を執筆する上で学恩を被った方々のお名前は、巻末の参考文献に掲げてある通りである。改めて深甚の感謝の意を表したい。

二〇一四年一月二七日

◆主要参考資料文献

〈統計〉

朝日新聞社編『日本経済統計総観』一九三〇年。

大川一司・篠原三代平・梅村又次監修『長期経済統計』（全一四巻）東洋経済新報社、一九六五〜一九八八年。
①大川一司他『国民所得』一九七四年。
②梅村又次他『労働力』一九七一年。
③大川一司他『資本ストック』一九六六年。
④江見康一『資本形成』一九七一年。
⑤江見康一他『貯蓄と通貨』一九八八年。
⑥篠原三代平『個人消費支出』一九六七年。
⑦江見康一『財政支出』一九六六年。
⑧大川一司他『物価』一九六七年。
⑨梅村又次他『農林業』一九六六年。
⑩篠原三代平『鉱工業』一九七二年。
⑪藤野正三郎『繊維工業』一九七九年。
⑫南亮進『鉄道と電力』一九六五年。
⑬梅村又次他『地域経済統計』一九八三年。
⑭山澤逸平・山本有造『貿易と国際収支』一九七九年。

大蔵省編　土屋喬雄・大内兵衛校『明治前期財政経済史料集成』全二一巻、改造社、一九三一〜三五年。
貨幣制度調査会編『貨幣制度調査会報告』(日本銀行調査局編『日本金融史資料　明治大正編　第一六巻』所収)。
勧業寮「明治七年府県物産表」明治文献資料刊行会『明治前期産業発達史資料』第一集、一九五九年。
東洋経済新報社編『大日本外国貿易五十六年対照表』一九二四年。
東洋経済新報社編『明治大正財政詳覧』一九二五年。
東洋経済新報社編『明治大正国勢総覧』一九二七年。
東洋経済新報社編『日本貿易精覧』一九三五年。
内閣統計局『日本帝国統計年鑑』各年版。
日本銀行統計局『明治以降本邦主要経済統計』一九六六年。
日本銀行統計局編『日本金融史資料　明治大正編』全二五巻、一九五五〜一九七四年。
農商務省『農商務統計表』各年版。
農商務省『米穀統計年報』各年版。

〈史資料〉

伊藤博文関係文書研究会編『伊藤博文関係文書』一〜七、塙書房、一九七三〜七九年。
伊藤博文編『秘書類纂　財政資料』上・中・下巻、原書房、一九七〇年。
伊藤博文編『秘書類纂　兵制関係資料』原書房、一九七〇年。
伊藤博文編『秘書類纂　実業・工業資料』一九三五年。
伊藤博文編『秘書類纂　憲法資料』上・中・下巻、原書房、一九七〇年。

春畝公追頌会『伊藤博文伝』上・中・下、統正社、一九四〇年。

井上馨侯伝記編纂会編『世外井上侯伝』第三巻、内外書籍、一九三四年。

沢田章編『世外公事歴　維新財政談』上・中・下、原書房、一九七八年。

岩倉公旧蹟保存会『岩倉公実記』下巻、一九二七年。

日本史籍協会『岩倉具視関係文書』第一巻、一九二七年。

立教大学日本史研究会編『大久保利通関係文書』第五巻、吉川弘文館、一九七一年。

大隈侯八十五年史会編『大隈侯八十五年史』第一巻、一九二六年。

日本史籍協会『大隈重信関係文書』第四巻、一九七〇年。

早稲田大学社会科学研究所編『大隈文書』第三巻、一九六〇年。

木村毅監修『大隈侯昔日譚』（大隈重信叢書第三巻）早稲田大学出版部、一九六九年。

『樺山資紀日記』国立国会図書館憲政資料室所蔵。

鼎軒田口卯吉全集刊行会『鼎軒田口卯吉全集』第六〜八巻、一九二八〜二九年。

日本経営史研究所編『五代友厚伝記資料』第四巻、東洋経済新報社、一九七四年。

『渋沢栄一伝記資料』第五巻、渋沢栄一伝記資料刊行会、一九五九年。

徳富猪一郎編述『公爵松方正義伝』乾・坤巻、一九三五年。

藤村通監修『松方正義関係文書』全一八巻別巻一補一、大東文化大学東洋研究所。一九七九〜二〇〇一年。

「公爵松方正義卿実記（一）（二）（三）」『松方正義関係文書』第一〜三巻所収。

「海東侯伝資料　談話筆記第一」『松方正義関係文書』第一〇巻所収。

「松方正義聞書ノート」『松方正義関係文書』第一〇巻所収。

松方正義「紙幣整理（国家学会創立満三十年記念松方正義談）」『日本金融史資料明治・大正編』第一六巻所収。

松方正義「紙幣整理概要」『日本金融史資料明治・大正編』第一六巻所収。
松方正義『紙幣整理始末』『明治財政史』第一一巻、日本銀行調査局編『日本金融史資料　明治大正編』第一六巻所収。
宮内庁編『明治天皇紀』第五～九、吉川弘文館、一九七三年。
大山梓編『山県有朋意見書』原書房、一九六六年。
徳富蘇峰編述『公爵山県有朋伝』上・中・下、原書房、一九六九年。
明治財政史編纂会編『明治財政史』全一五巻、一九〇四～五年。
大蔵省『明治大正財政史』全二〇巻、財政経済学会、一九三六～四〇年。
大蔵省「歳入歳出決算報告書」明治一三～一七年度『明治前期財政経済資料集成』第五～六巻所収。
大蔵省『大蔵卿年報書』各年度。
『大蔵省百年史上巻』大蔵財務協会、一九六九年。
大蔵省『松方伯財政論策集（明治二六年一月）』『明治前期財政経済史料集成』第一巻所収。
大蔵省『貨政考要』上・中・下、一八八七年『明治前期財政経済資料集成』第一三巻所収。
大蔵省『明治三十年幣制改革始末概要』『明治前期財政経済資料集成』第一一巻所収。
衆議院事務局編『自第一回帝国議会至第九十二回帝国議会衆議院議員党籍録』一九五七年。
衆議院・参議院編『議会制度七十年史・政党会派編』大蔵省印刷局、一九六一年。
地租改正資料刊行会『明治初年地租改正基礎資料』上・中・下、有斐閣、一九五六年。
日本銀行『日本銀行沿革史』第二巻『日本金融史資料　明治大正編』第一九巻所収。
日本銀行百年史編纂委員会『日本銀行百年史』第一巻、一九八二年。
前田正名『興業意見』『明治前期財政経済史料集成』第一八巻所収。
『福沢諭吉全集』第八巻、岩波書店、一九七〇年。

明治法制經濟史研究所編『元老院會議筆記』第一三巻、元老院会議筆記刊行会。

海軍大臣官房『海軍軍備沿革』一九三四年。

『海軍省年報』各年度。

「海軍艦船拡張沿革」海軍省『山本権兵衛と海軍』一九〇四年。

海軍有終会編『近世帝国海軍史要』一九三八年。

横須賀海軍工廠編『横須賀海軍船廠史』第二巻、一九二五年。

内閣官報局編『法令全書』明治一四〜一八年。

農林省農務局編『明治前期勧農事蹟輯録』上巻、長崎出版、一九三九年。

郵政省編『郵政百年史資料』第五巻、吉川弘文館、一九七〇年。


〈書籍・論文〉


安達誠司『脱デフレの歴史分析』藤原書店、二〇〇六年。

阿部武司「明治前期における日本の在来産業」『松方財政と殖産興業政策』一九八三年所収。

阿部武司「綿工業」『日本経済史4　産業化の時代　上』一九九〇年所収。

有泉貞夫『明治政治史の基礎過程』吉川弘文館、一九八〇年。

池田憲隆「軍備部方式の破綻と海軍拡張計画の再編――一八八三－八六年（上）（中）（下）」『人文社会論叢』第一一号、二〇〇二年二月。

伊豆公夫・松下芳男『日本軍事発達史』三笠書房、一九三七年。

板垣退助監修『自由党史』上、岩波文庫、一九五七年。

伊藤博文『憲法義解』岩波文庫、一九四〇年。

伊藤之雄『立憲国家の確立と伊藤博文――内政と外交　一八八九－一八九八』吉川弘文館、一九九九年。

稲田正次『明治憲法成立史』上・下、有斐閣、一九六〇年。

井上治幸『秩父事件』中公新書、一九六八年。

猪木武徳「地租米納論と財政整理」『松方財政と殖産興業政策』一九八三年所収。

猪木武徳「明治前期財政整理における一挿話――五代友厚の米納論について」『季刊現代経済』第四七号、一九八二年四月。

岩田規久男編『昭和恐慌の研究』東洋経済新報社、二〇〇四年。

梅村又次・山本有造編『日本経済史三　開港と維新』岩波書店、一九八九年。

梅村又次・中村隆英編『松方財政と殖産興業政策』東京大学出版会、一九八三年。

梅村又次「創業期財政政策の発展」『松方財政と殖産興業政策』一九八三年所収。

大石嘉一郎「松方財政と自由民権家の財政論」福島大学『商学論集』第三〇巻二号、一九六二年。

大石嘉一郎『自由民権と大隈・松方財政』東京大学出版会、一九八九年。

大久保利謙「明治一四年政変」『明治政権の確立過程』御茶ノ水書房、一九五四年。

大島清・加藤俊彦・大内力『人物日本資本主義一、二』東京大学出版会、一九七二、一九七四年。

岡義武・林茂校訂『大正デモクラシー期の政治　松本剛吉政治日記』岩波書店、一九五九年。

岡田俊平『明治前期の正貨政策』東洋経済新報社、一九五八年。

小野梓「今政十宜」西村真次編『小野梓全集』下巻、富山房、一九三六年。

楫西光速・加藤俊彦・大島清・大内力『日本資本主義の成立Ⅱ』東京大学出版会、一九五六年。

神山恒雄『明治経済政策史の研究』塙書房、一九九五年、
刈屋武昭・田中勝人・矢島美寛・竹内啓『経済時系列の統計――その数理的基礎』岩波書店、二〇〇三年。

川勝平太「一九世紀末葉における英国綿業と東アジア市場」『社会経済史学』第四七巻二号、一九八一年。

川勝平太「明治前期における内外綿関係品の品質」同第二五〇～一合併号、一九七七年。

川勝平太「明治前期における内外綿布の価格」『早稲田政治経済学雑誌』第二四四～五合併号、一九七六年。

川上操六「日本軍事鉄道論」小谷松次郎『鉄道意見全集』一八九二年。

小林丑三郎・北崎進『明治大正財政史』巌松堂書店、一九二七年。

小林正彬『日本の工業化と官業払下げ――政府と企業』東洋経済新報社、一九七七年。

坂入長太郎『日本財政論』新評論、一九七五年。

杉山伸也『日本経済史　近世－現代』岩波書店、二〇一二年。

鈴木武雄『財政史』東洋経済新報社、一九六二年。

高橋秀直『日清戦争への道』東京創元社、一九九四年。

高橋誠『明治財政史研究』青木書店、一九六四年。

高村直助『再発見　明治の経済』塙書房、一九九五年。

高村直助『明治経済史再考』ミネルヴァ書房、二〇〇六年。

滝沢直七『稿本日本金融史論』有斐閣、一九一二年。

谷本雅之「幕末・明治前期織物業の展開――埼玉県入間郡を中心として」『社会経済史学』第五二巻二号、一九八六年、三〇～三一頁。

長幸男『日本経済思想史研究――ブルジョア・デモクラシーの発展と財政金融政策』未来社、一九六三年。

土屋喬雄・小野道雄『明治初年農民騒擾録』勁草書房、一九五三年。

鶴巻孝雄『民権ブックス8　武相の困民党と民衆の世界』町田市立自由民権資料館、一九九四年。

寺西重郎「松方デフレのマクロ経済的分析」梅村又次・中村隆英編『松方財政と殖産興業政策』東京大学出版会、一九八三年。

寺西重郎『日本の経済発展と金融』岩波書店、一九八二年。

「紙幣下落救治の方策」『東京経済雑誌』第二五号、明治一三年四月二一日。

戸部良一『逆説の軍隊』中央公論社、一九九八年頁。

中村尚美『大隈財政の研究』校倉書房、一九六八年。

中村哲「世界資本主義と日本綿業の変革」河野健二・飯塚二郎編『世界資本主義の形成』岩波書店、一九六七年。

中村隆英「一九世紀末日本経済の成長と国際環境」『松方財政と殖産興業政策』一九八三年所収。

中村隆英『昭和経済史』岩波書店、一九八六年。

中村隆英『戦前期日本経済成長の分析』岩波書店、一九七一年。

中村隆英『明治大正期の経済』東京大学出版会、一九八五年。

西川俊作『日本経済の成長史』東洋経済新報社、一九八五年。

西川俊作・山本有造『日本経済史五　産業化の時代　下』岩波書店、一九九〇年。

西川俊作・阿部武司『日本経済史四　産業化の時代　上』岩波書店、一九九〇年。

林健久『日本における租税国家の成立』東京大学出版会、一九六五年。

原朗編『近代日本の経済と政治』山川出版社、一九八六年。

原田三喜雄『日本の近代化と経済政策』東洋経済新報社、一九七二年。

速水佑次郎『日本農業の成長過程』創文社、一九七三年。

坂野潤治『明治憲法体制の確立』東京大学出版会、一九七一年。

坂野潤治『近代日本の国家構想』岩波書店、一九九六年。

坂野潤治『日本近代史』ちくま新書、二〇一二年。

兵頭徹「松方正義の滞欧期における経過と分析――谷謹一郎『明治一一年滞欧日記』を中心として」『東

洋研究』七三号、一九八五年。

広松毅・浪速貞夫『経済時系列分析』朝倉書店、一九九〇年。

フォークナー、ハロルド・U（小原敬士訳）『アメリカ経済史』至誠堂、一九七一年。

『福澤諭吉全集』第八巻。

藤野正三郎『日本の景気循環』勁草書房、一九六三年。

藤村通『松方正義　日本財政のパイオニア』日本経済新聞社、一九六六年。

ブロックウエル、P・J・R・A・デービス（宇佐見嘉弘他訳）『入門時系列解析と予測』シーエーピー出版、二〇〇四年。

マイエット、ポール「日本農民ノ疲弊及其救治策」桜井武雄編『明治農業論集』創元社、一九五五年。

松下芳男『改訂　明治軍政史論』上・下、国書刊行会、一九七八年。

マンキュー『マクロ経済学I』東洋経済新報社、二〇〇三年。

御厨貴『明治国家形成と地方経営』東京大学出版会、一九八〇年。

御厨貴「大久保没後体制」近代日本研究会編『年報　幕末・維新の日本』山川出版社、一九八一年。

御厨貴「14年政変と基本路線の確定」大久保利謙・児玉幸多・永原慶二・井上光貞編『日本歴史体系4　近代1』山川出版社、一九八七年。

南亮進『日本の経済発展』東洋経済新報社、一九八一年。

宮本又郎・阿部武司・宇田川勝・沢井実・橘川武郎『日本経営史』有斐閣、一九九五年。

三和良一『経済政策史の方法――緊縮財政の系譜』東京大学出版会、二〇一二年。

迎由理男『郵便貯金の発展とその諸要因』国連大学人間と社会の開発プログラム研究報告（HSDRJE-61J/UNUP-373）。

室山義正「松方デフレーションのメカニズム」『松方財政と殖産興業政策』一九八三年所収。

室山義正『近代日本の軍事と財政』東京大学出版会、一九八四年。
室山義正『松方財政研究』ミネルヴァ書房、二〇〇四年。
室山義正『松方正義』ミネルヴァ書房、二〇〇五年。
『明治財政史綱』東洋経済新報社、一九一一年。
山本拓『経済の時系列分析』創文社、一九八八年。
山本有造「大隈財政の本態と擬態」『松方財政と殖産興業政策』一九八三年所収。
山本有造『両から円へ　幕末・明治前期貨幣問題研究』ミネルヴァ書房、一九九四年。
吉川秀造『日本財政史』日本評論社、一九四〇年。
吉野作造編『明治文化全集』第二二巻雑誌篇。

二大政策路線　285-286
日本銀行　056, 058, 070, 080, 088, 104, 138, 140, 179, 182, 254, 259, 265, 273
日本鉄道　087, 182
『日本貿易精覧』　010, 207, 209-210
農商務省　064, 225, 226

ハ

不換紙幣　001, 003, 011, 017, 025, 027, 037-039, 044, 049, 078, 101-102, 135, 146, 152, 250, 271, 278
富国強兵　020, 123, 239-240, 281-285
物価水準　019, 047, 141, 148, 181, 244-245
米価高騰　019, 055, 174, 221, 248, 271
貿易赤字　001, 003-005, 011, 018, 026-028, 031, 033, 037, 039, 042-043, 045-046, 050-051, 053-055, 153, 155, 203, 272
貿易不均衡　050, 052, 077-078, 081
北海道開拓使　064
――（官有物）払下げ　002, 073, 092, 096

マ

マクロ経済　003, 009, 014-016, 022, 181, 183, 187, 193-194, 197, 206, 208, 268, 272, 275, 281
松方財政　001, 003-004, 006-009, 012, 014, 016-019, 021-023, 075, 077, 100, 103, 108-110, 112, 143, 145, 159-160, 169-171, 174, 176, 178, 182, 185, 187, 189, 194, 198-199, 201, 215-216, 219, 227, 236, 239, 271-272, 274-275, 278-282, 286
松方財政期　003, 006-007, 009, 012, 016, 019, 022-023, 103, 140, 145, 153, 161-163, 175-179, 182-183, 190-191, 193, 197, 199, 201-203, 206, 208, 210-212, 215, 217-218, 221-222, 225, 228-230, 235-236, 240-244, 246-247, 249, 251-252, 257, 261, 264-266, 268, 270-271, 274-275, 277, 281
松方デフレ　002-003, 007, 012, 016-017, 022, 142, , 172, 182, 191, 194, 208, 211, 229, 270
三井銀行　033, 035
民党　020, 239-240, 276, 280, 282-285
民政党　021, 285
民力休養→地租軽減を参照
明治一四年の政変　001-002, 004-005, 070, 072-073, 096, 109, 158, 273
メキシコ銀　077-078

ヤ

郵便貯金　178, 251-252, 265
横浜正金銀行　033, 047, 065, 088, 110, 255, 263
予備紙幣　008, 037, 084, 086-087, 094, 104-111, 128-130, 138-139, 213, 216, 253, 273

ラ

立志社　031

――流通（制度） 037-040, 042, 045, 059, 067, 084, 156, 258, 273
政策イニシアティブ 022, 065, 109, 157-158
政治的進歩主義 018
政治的保守主義 018, 021, 285
成長抑制要因 193, 206, 210
西南戦争 001, 003, 012, 022, 025, 027, 029, 045, 047, 079, 102, 124, 143, 145, 147-149, 152, 155, 160-163, 168-169, 175, 181-182, 185-186, 190, 195, 199-200, 221, 225, 229, 240, 244, 246-248, 257, 276
政友会 021, 285
積極財政 002, 020, 025, 071, 074-075, 096

タ

第十五国立銀行 025, 045
第一国立銀行 033, 035
退蔵銀貨 159, 253, 257, 269
大同団結 238, 282
第二国立銀行 033
高橋（是清）財政 279
兌換制度 006, 049, 075, 078-080, 082, 087, 089-090, 094-095, 102, 104, 111, 129, 132, 198, 252, 259, 270, 273, 276, 282
択善会 033
煙草税（烟税） 113, 115, 120, 123, 127
地租改正 055, 182, 237-239
地租軽減 020, 031, 239-240, 282-283
地租負担率 225, 227-229, 237, 239, 249, 280
地租米納論 049-050, 052-053
秩父困民党事件 142, 223, 276, 280
秩禄処分 079
中央銀行 002, 006, 067, 069, 079-082, 088-089, 091, 103-104, 117-118
『長期経済統計』 009-010, 160-162, 164, 181, 184, 187-188, 204, 215, 219, 224-225, 232-233, 236, 242-243
長州閥 043, 056, 071
超然主義 283-285
貯蓄銀行 088
通貨供給 004, 026-027, 036, 039-040, 042, 155, 258, 270, 273, 277
通貨統一 008
鉄道建設（敷設） 005, 021, 068, 080-082, 087-088, 126, 133-139, 260, 274, 284-285
鉄道公債 131, 133-140, 159, 260
中山道―― 131, 134, 137-140
デフレーター 014-015, 187-188
デフレ政策 007, 012, 016, 054, 141, 215, 279, 281
田畑（土地）投機 019, 174, 178-179, 222, 229, 235, 248, 276, 278-281
『東京経済雑誌』 032
投機抑制 032
同志会 021, 285
統帥権 125
問屋制 267-269, 277

ナ

内外債 002, 004-006, 013, 017, 046, 048, 066-067, 069-072, 074, 088-092, 094, 097, 103, 109, 158, 253, 273
内閣制度 020, 125, 282
内需拡大 214-215

在地綿織物業（綿糸商） 266-268, 277
薩摩閥 043, 056-057, 062, 071, 074, 093, 096, 115
三大事件建白運動 238, 282
実質成長率 015
実体経済 012, 155, 271
紙幣インフレ 001, 012, 015, 020, 026, 102, 153, 156, 170, 172-174, 222, 240-242, 247-250, 252, 257, 262, 271-273, 275
紙幣円 011, 014, 145-146, 149, 153, 156, 163, 165, 179, 181-183, 187, 191, 193, 225-227, 241, 250, 261-262
紙幣消却 002, 004-005, 008, 027, 029-031, 033-036, 040, 042, 047-049, 051-052, 054, 056-058, 060-062, 065-066, 069, 072, 074, 085, 087, 094, 097, 102-103, 105, 108-111, 129, 141, 157-158, 213, 253, 257
紙幣整理 001-004, 006-008, 011, 013, 016-018, 022, 029-031, 036-037, 046, 049, 053, 056-057, 059-061, 066, 069, 071, 074, 079-080, 086-087, 089, 093-104, 108-110, 112-119, 121, 123-124, 128-130, 132, 134-141, 157-159, 162-163, 178-179, 189, 212, 214, 216, 229-230, 253-256, 258-261, 268-269, 272-274, 278-280
紙幣相場 013-014, 040, 056, 100, 102, 118, 150-152, 158, 163-165, 169, 176, 179, 189, 225, 226-227, 229, 262, 280
紙幣増発 001, 026, 032-034, 037, 052, 079, 084, 111, 155
紙幣デフレ 001, 135, 159, 174, 179, 241, 247-250, 270, 274, 278
自由党 020-021, 238, 281, 283-285
自由民権運動 001, 020, 031, 049, 053, 060, 238, 281
酒造税 063, 120, 122, 127, 158
準備金 004, 006, 008, 026, 031, 034, 037-038, 046-047, 051, 056, 058-060, 064-065, 068, 078, 085, 087, 094-095, 104-111, 115, 118, 128-130, 133, 141, 157-159, 212, 214-216, 253-256, 259-262, 264-265, 269, 272-273
純輸出 010, 184-185, 187, 191-193, 195-198, 200-204, 206, 209, 211-212, 219, 258, 274-275
消費者物価指数 164
条約改正 031, 044, 081, 096, 239, 282
殖産興業 004, 026-027, 038, 063, 083, 182
壬午事変 013, 112, 114, 116, 118-119, 125, 254
身代限 223
スタグフレーション 014, 153, 280
正貨 008, 017, 026-028, 033-034, 037-040, 042, 045-052, 056-062, 065-068, 077-079, 084-085, 087-089, 095, 099, 102, 104-108, 110-111, 117-118, 132, 134-136, 138, 141, 163, 177, 253-255, 257, 259-264, 272-273, 277
——蓄積［原蓄］ 005-006, 008, 044, 057, 059, 075, 078, 084, 087, 089, 094-095, 102-103, 105, 107, 110-111, 117, 136, 141, 256, 259-264, 278-279

276
銀貨騰貴　028, 033-034, 036-037, 052-053, 060, 106, 154-156, 222, 272
「銀・紙の差」　002, 011-012, 018, 034, 048, 056, 094, 102-104, 110, 135-136, 158-159, 178-179, 186, 252, 256, 263, 269-270, 273, 276
均衡財政　215
緊縮財政　003, 007, 011, 046, 100, 260
金本位制　078, 104, 133, 141
銀本位制　011, 016, 104, 132, 194, 198
金融政策　006
金禄公債　053, 079, 131, 138-139, 170-173, 177, 240
軍備拡張　002, 112-118, 120-121, 123-125, 128, 132-133, 213-214, 241, 254, 260, 274, 284-285
軍備部　115-116, 120-121, 123, 126-128, 130
景気後退　009, 012, 014, 016-017, 141, 201, 244, 248, 275, 278, 280
経済成長　001-002, 012, 016, 019, 022, 133, 185, 190, 193-195, 198-199, 202, 206, 208, 219, 248, 263, 274, 277, 279
経済的健全路線（松方路線）　018-021, 065, 078, 080, 104, 111, 118, 123, 133, 281-285
経済的積極路線（大隈・伊藤路線）　003-007, 011-012, 018, 020-022, 025-028, 031, 035-044, 050-055, 057, 060, 062-066, 068-071, 073-075, 079, 083, 087-088, 091-092, 096, 102-103, 110-111, 115, 124, 133, 153, 155-158, 253, 266-267, 272-273, 282, 285
「減債方案（按）」　004, 029-030, 035-036, 040, 042, 045-046, 049, 051, 056-058, 060-061, 065, 157-158
憲法制定　002, 020, 282
甲申政変　140, 254
高成長　006, 017, 019-020, 178-179, 187, 190, 195, 197-198, 202, 219, 249, 254, 259, 270, 272, 274-275, 278, 281
国民総支出　009-010, 022, 181, 183-186, 188
国民総生産　007, 009, 014-017, 022, 181, 183, 185-199, 202-203, 206-212, 214-215
国立銀行条例　079
個人消費　009-010, 019, 175, 184-185, 187-188, 190-202, 208, 217-221, 225, 230, 243, 246-249, 270, 274-275, 278, 281
国会期成同盟　031
古典派経済学　019, 047, 079, 103
米騒動　033

サ

財源調達　037, 058, 062-065, 113
「財政更改の議」　004-005, 061-063, 065-066, 068
財政政策　006, 020, 022, 032, 073, 075, 092, 096
財政支出　007, 010, 184, 212-215, 242, 260-261
財政整理　049, 089, 131-132, 139
財政投融資　005, 008, 026, 087, 111, 252, 272
財政余剰　026, 042, 069, 110

主要事項索引

英数字

GNE→国民総支出を参照
GNP→国民総生産を参照

ア

愛国社　031
井上(馨)財政　006, 057
井上(準之助)財政　016, 278-279
インフラ整備　063, 140, 274
インフレ期待　008, 012, 014, 016, 022, 035-037, 100-102, 153, 156, 164, 168-171, 175-176, 178-179, 222, 249-251, 253, 259, 263, 270, 272, 277, 280-281
英国型モデル　103
欧州不況　179, 209-210, 222, 235, 249-250, 275-276, 280
大隈財政期　006-008, 012, 014, 019, 022-023, 025, 032, 143, 183, 185, 191, 193, 195, 197, 199, 206, 229, 240, 250-251, 262, 270-272, 274
大阪紡績会社　182

カ

海外荷為替　008, 046-047, 051-053, 056, 065, 079, 084, 088-89, 104, 106, 110, 159, 253, 255, 257, 261-265, 273, 277
海関税　026, 046, 077-078, 084
海軍公債　130-132, 139
外債亡国論　005, 043
外資導入　002, 005, 037, 042, 046, 062-063, 066-067, 073, 080-081, 111, 138, 156
『貨政考要』　048
貨幣制度調査会　146-147, 225, 244-245
紙円インフレ　150, 156, 159, 163, 270
為替相場　179, 193, 203, 205, 279
勧業銀行　088
勧業政策　040-041, 063-065, 083-084
『勧農要旨』　041, 064, 082
生糸輸出　208-211, 222, 235, 249, 275-276, 280
議会開設　020, 283, 286
起業公債　004, 026, 031, 042, 052, 068, 199
企業勃興期　011, 022-023, 143, 162, 183, 191, 193-195, 197-198, 203, 206, 208, 210-211, 218-219, 246, 248, 266, 274-275
期待インフレ率　154, 163-165, 169-172, 176-177
恐慌　007, 034, 189
共同運輸会社　182
金解禁　016, 021, 278
銀貨円　011, 014, 145-146, 149, 153, 162, 175-178, 181, 183, 186, 195-197, 225-226
銀貨兌換制　002, 006, 008, 017, 095, 179, 183, 198, 252, 259, 269-270,

098
浜口雄幸　278
福沢諭吉　112
ボイル　133

マ

マイエット，ポール　225
前田正名　182, 229
松方正義　001-004, 006-009, 011-014, 016-019, 022, 037, 041, 043-044, 046, 049, 059, 064, 071-072, 074-075, 077-098, 100-101, 103-105, 107-111, 113-124, 126, 128, 130-133, 135, 139-142, 153-154, 157-159, 162-163, 168, 178-179, 182, 212, 216, 237, 252-254, 261-262, 264, 268, 272-274, 276, 278-280, 282-286
陸奥宗光　100, 284
明治天皇　002, 005-006, 043, 049, 060, 071-074, 085, 092-093, 097, 103, 158, 252, 284-286
メッケル，クレメンス・ヤコブ・　125

ヤ

安場保和　087
山尾庸三　043
山縣有朋　043, 060, 071, 112-113, 125, 133
山田顕義　043, 071, 237
吉原重俊　142

ラ

ロベルトソン　014, 069, 098

ワ

若槻礼次郎　278-279

主要人名索引

ア

浅野総一郎　182
有栖川宮熾仁　060, 070, 072
伊藤博文　002, 004-005, 020-021, 025, 032, 040, 043-044, 056-057, 060-061, 063, 066-067, 069-075, 081, 083, 088-094, 096-097, 100, 103, 109, 117, 120, 157-158, 253, 282-286
犬養毅　279
井上馨　006, 043, 055-062, 070, 072, 096, 098, 112, 117, 157, 169
井上毅　073
井上準之助　016, 278-279
岩倉具視　044, 050-054, 062, 073, 091-092, 114, 118
榎本武揚　043, 071
大木喬任　043, 050
大久保利通　025, 079, 103
大隈重信　001-008, 011, 017-018, 025-042, 044-047, 049, 052, 054-075, 079, 081-082, 084-085, 087-094, 096-097, 102, 109-111, 153-158, 168, 222, 252, 272
大山巌　043, 071, 124-125
小野梓　067-069

カ

片岡健吉　031
加藤済　080
樺山資紀　093
カランツ　080, 133
川上操六　126
川村純義　043, 070, 112
グラント，ユリシーズ　043
黒田清隆　002, 018, 043, 057, 070, 073, 075, 096, 112
河野敏鎌　043
河野広中　031

サ

西郷従道　043, 070, 093
佐々木高行 133
佐野常民　043-049, 052, 056-057, 065-066, 069-070, 072, 085, 090-091, 096, 109-110, 156-158
三條実美　044, 060, 070, 090-091, 093, 097, 099, 115
品川弥二郎　283
渋沢栄一　033, 100, 157
セー，レオン　079-080

タ

高橋是清　279
田口卯吉　282
田中不二麿　043, 071
寺島宗則　032, 157

ナ

西野喜代作　003

ハ

パークス，ハリー　005, 014, 069, 094,

［著者略歴］
室山義正（むろやま・よしまさ）

1949年生まれ。東京大学大学院経済学研究科修了。経済学博士（東京大学）。九州大学大学院経済学研究院教授、拓殖大学大学院地方政治行政研究科教授などを歴任。主著に『アメリカ経済財政史1929-2009――建国理念に導かれた政策と発展動力』『松方財政研究――不退転の政策行動と経済危機克服の実相』（ともにミネルヴァ書房）、『日米安保体制――冷戦後の安全保障戦略を構想する』（有斐閣）、『近代日本の軍事と財政――海軍拡張をめぐる政策形成過程』（東京大学出版会）などがある。

近代日本経済の形成
松方財政と明治の国家構想

二〇一四年五月一二日　初版第一刷発行

著者　室山義正
発行者　千倉成示
発行所　株式会社 千倉書房
〒一〇四―〇〇三一　東京都中央区京橋二―四―一二
電話　〇三―三二七三―三九三一（代表）
http://www.chikura.co.jp/
造本装丁　米谷豪
印刷・製本　中央精版印刷株式会社

ISBN 978-4-8051-1035-5 C3021
乱丁・落丁本はお取り替えいたします

京都の近代と天皇　伊藤之雄　著

維新により都の地位を失った京都は、皇室との縁と御所空間を軸に都市としての再生を図る。日本の近代を映す都市の評伝。

❖四六判／本体　二六〇〇円＋税／978-4-8051-0951-9

近代日本のリーダーシップ　戸部良一　編著

日本人は指導者に何を求め、為政者はどう振る舞ってきたか。近代から現代を照射し、指導者の要諦を問う。

❖Ａ５判／本体　三四〇〇円＋税／978-4-8051-1031-7

「八月の砲声」を聞いた日本人　奈良岡聰智　著

民間人が大量に抑留された初めての戦争、第一次世界大戦。異邦の地で拘束された日本人の想いと行動の記録。

❖四六判／本体　三二〇〇円＋税／978-4-8051-1012-6

表示価格は二〇一四年五月現在

千倉書房

「死の跳躍」を越えて

佐藤誠三郎 著

西洋の衝撃という未曾有の危機に、日本人は如何に立ち向かったか。近代日本の精神構造の変遷を描いた古典的名作。

❖A5判／本体 五〇〇〇円＋税／978-4-8051-0925-0

「南進」の系譜

矢野暢 著

南方へ向かったひとびとの姿から近代日本の対外認識をあぶり出す。続編『日本の南洋史観』も併せて収録。

❖A5判／本体 五〇〇〇円＋税／978-4-8051-0926-7

なぜ歴史が書けるか

升味準之輔 著

歴史家は意味や効用があるから歴史を書くのではない。政党史研究の泰斗が傘寿を越えてたどり着いた境地。

❖四六判／本体 二八〇〇円＋税／978-4-8051-0897-0

叢書
21世紀の国際環境と日本

001
同盟の相剋
水本義彦 著
比類なき二国間関係と呼ばれた英米同盟は、なぜ戦後インドシナを巡って対立したのか。超大国との同盟が抱える試練とは。
❖A5判／本体 三八〇〇円＋税／978-4-8051-0936-6

002
武力行使の政治学
多湖淳 著
単独主義か、多角主義か。超大国アメリカの行動形態を左右するのは如何なる要素か。計量分析と事例研究から解き明かす。
❖A5判／本体 四二〇〇円＋税／978-4-8051-0937-3

003
首相政治の制度分析
待鳥聡史 著
選挙制度改革、官邸機能改革、政権交代を経て「日本政治」は如何に変貌したのか。二〇一二年度サントリー学芸賞受賞。
❖A5判／本体 三九〇〇円＋税／978-4-8051-0993-9

千倉書房

表示価格は二〇一四年五月現在